财务管控信息系统操作指引

主编　冯兴振

中国矿业大学出版社
·徐州·

图书在版编目(CIP)数据

财务管控信息系统操作指引 / 冯兴振主编. —徐州：中国矿业大学出版社，2020.12

ISBN 978-7-5646-4885-5

Ⅰ.①财… Ⅱ.①冯… Ⅲ.①财务管理—管理信息系统 Ⅳ.①F275－39

中国版本图书馆 CIP 数据核字(2020)第 256754 号

书　　名 财务管控信息系统操作指引
主　　编 冯兴振
责任编辑 史凤萍
出版发行 中国矿业大学出版社有限责任公司
(江苏省徐州市解放南路　邮编 221008)
营销热线 (0516)83884103　83885105
出版服务 (0516)83995789　83884920
网　　址 http://www.cumtp.com　**E-mail**:cumtpvip@cumtp.com
印　　刷 苏州市古得堡数码印刷有限公司
开　　本 787 mm×1092 mm　1/16　**印张** 19.75　**字数** 502 千字
版次印次 2020 年 12 月第 1 版　2020 年 12 月第 1 次印刷
定　　价 78.00 元

《财务管控信息系统操作指引》
编写委员会

主　编　冯兴振

副主编　石炳华　陈　宁

委　员　冯兴振　石炳华　陈　宁　陈伟东　刘三兴

王开红　崔恒文　史先国　苗　壮　陈　凤

王建军　杨　珉　徐南苏　姬鹏程　孟晴晴

柳　杰　盛海林　袁龙泉　冯　宽　张坚强

张立龙　宋小龙

序

当前,云计算、大数据、区块链等信息技术创新活跃,互联网、移动互联网加速向传统产业渗透,构建统一开放的数字化运营管理体系,成为煤炭行业践行新发展理念、破解发展难题、增强发展动力、厚植发展优势的战略举措和必然选择。

2007 年,徐州矿务集团有限公司开始建设和使用财务管控信息系统(用友 NC5)。在十多年的使用过程中,该系统已成为徐州矿务集团有限公司实现财务核算、资金结算和物资供应管理的有力工具。为适应管控和转型升级需要,2018 年徐州矿务集团有限公司实施了 NC 系统升迁,并于 2019 年正式切换运行新系统。新系统不仅搭建了基于移动互联网、大数据、人工智能和云计算等新技术的统一应用基础平台,还提供了电子发票、电子票据池、条码等新应用拓展空间,奠定了后续实施共享中心的坚实基础。

为巩固应用成果,项目组对整个系统进行了全面的梳理、总结和提炼,结合企业集团业务特点,将全面预算、物资供应和销售、资金结算、票据池等业务内容及新系统的应用心得、操作步骤整理汇编成册,作为经营管理人员的培训教程希望相关人员学好用好这个工具,切实提高工作效率和水平。

下一步,徐州矿务集团有限公司将继续深化信息基础设施及管理信息化应用,加快信息化与自动化融合,使信息化应用服务更加全面,移动、协同办公更加高效。我相信,财务信息化的持续深化,必将促进财务组织重构,加快财务会计向管理会计转型,进一步释放组织和人员活力,为构建“一体两翼”战略格局、加快建设国际化特大型省属能源集团提供强有力的财务支撑!

前　言

一、项目背景介绍

2007年，徐州矿务集团有限公司(以下简称集团公司)开始建设和使用财务管控信息系统(用友NC5)。在十多年的使用过程中，该系统已成为集团公司实现财务核算、资金结算和物资供应管理的有力工具，也是集团公司实现财务管控的重要手段。

近年来，集团公司的快速发展和转型升级，对财务管控系统运行效率和安全稳定性提出了更高的要求，同时也对财务管理和内控体系建设提出了持续改进和强化的要求。集团公司于2017年完成了NC系统的硬件网络升级改造，于2018年实施了NC系统的升迁，于2019年1月1日实现了升迁后的系统运行。

升迁后的NC系统不仅在集团公司搭建了基于移动互联网、大数据、人工智能和云计算等新技术的统一应用基础平台，而且提供了诸如电子发票、电子票据池、条码等新应用拓展空间，并为后续实施共享中心奠定了坚实的基础。

二、项目总体目标

(1) 打造基于互联网、大数据、云计算、物联网等技术的集团信息化管理应用平台。

集团公司信息化方案是以多元化战略管控、精细化业务运营、一体化集成平台和全程化电子商务为应用目标的管理信息体系，以业务驱动为源头、财务管理为中心、现金流为纽带、成本控制为重点，实现涉及集团公司各职能单位与部门、各生产厂矿及下级单位的计划预算、物资供应、煤炭生产、煤炭运销、在建工程项目管理、设备管理、人力资源管理与集团财务管理的一体化应用，从而有效强化对整个集团经营管理过程的管控，实现企业价值最大化。

集团公司信息化基于“统一规划、统一标准、统一平台、统一监管、共享服务”的思想，其整体架构可以概括为:“一个标准、两套体系、六大平台、一组共享服务”，具体如下：

一个标准:建立集团公司信息化建设统一标准，以集团信息化总体规划为蓝图，构建集团信息化建设所需的网络标准、软硬件选型标准、应用集成接口标准、信息分类与编码标准等。

两套体系:集团公司在信息化建设应用中的访问控制、安全防护体系和IT运维体系，是集团公司管理信息化建设中的护航卫士。

六大平台:为保证物流、商流、资金流、信息流在集团内部的畅通和一致，实现集团内外部供应链间的协同，集团公司的信息化规划了六大平台:基础支撑平台、应用集成平台、厂矿业务运行平台、集团集中管控平台、集团决策支持平台、协同门户与电子商务平台。基础支撑平台是企业信息化和上层应用实现的基础，也是信息化建设的保证。应用集成平台是实现集团内部应用之间、异构系统及外部应用之间进行数据、应用、业务、界面集成的重要手段。厂矿业务运行平台和集团集中管控平台支持企业各产业厂矿、产业单位的业务执行与全成本考核管理，是企业各产业业务的发起和执行端，主要包括生产与执行业务一体化解决方案、厂矿级管理与内部市场化核算解决方案等，实现企业在厂矿层和集团层对核心业务的

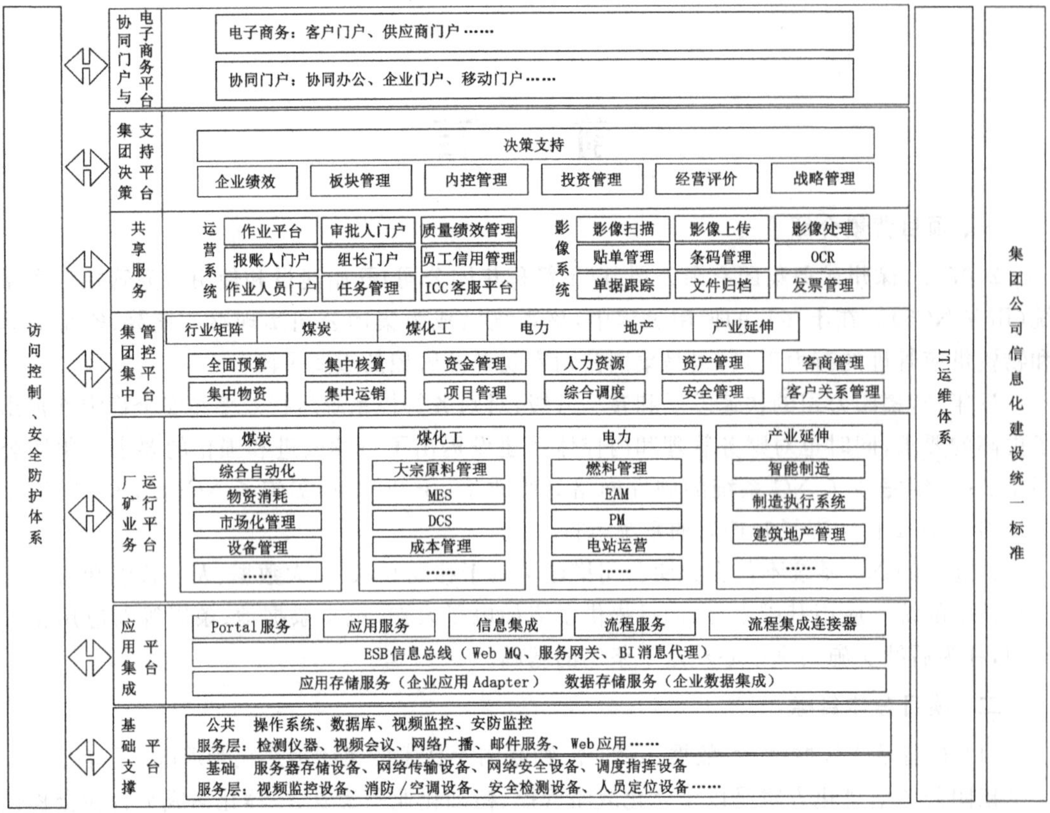

集中管控，是企业事前计划—事中控制—事后分析闭环管理的重要保证。集团决策支持平台为集团公司进行跨板块、跨企业的业务协作、集中分析和决策提供支持，最终实现知识在集团内的共享。协同门户与电子商务平台使企业能够释放和存储内部和外部的各种信息，使企业员工、客户、供应商、合作伙伴及股东能够从单一的渠道访问其所需要的个性化信息，是打通企业供应链上下游全产业链集成协同应用的桥梁和纽带。

一组共享服务：依托共享运营系统和影像系统，实施共享服务中心的规划建设。通过共享服务中心的建设，撬动并最终实现管理制度化、制度流程化、流程表单化，实现财务管理从“核算型”向“管控型＋服务型”、从“价值记录型”向“价值创造型”的转变，从分散型的基础财务，走向共享服务＋管理会计＋智能财务。

(2) 基于业务源头驱动，实现内外部上下游协同应用和业财全面一体化。

依托物资供销公司、基层矿井和长青能化物资采供应用的经验，将物资采供业务在集团所有基层单位推广应用，同时在现有的煤款结算系统的基础上深化煤炭营销全过程应用，融合计量管理应用，拓展实施煤炭销售管理系统，实现集团公司所有基层单位购销上下游业务同财务的深度融合。

(3) 开展财务共享服务中心探索，撬动集团公司信息化提档升级。

集团公司财务共享服务中心建设的目标是通过财务共享在实现管理规范化和强化管控的基础上，进一步降低管理成本，提高管理效率，实现从财务会计向管理会计转型升级。即将分散在各个厂矿业务单元的同质化、重复性和易于标准化的财务工作集中到一个新的组织(财务共享服务中心),通过统一制度、流程、表单和作业标准,运用信息技术,实行前后台分离、专业化分工和流水线作业(会计工厂),将财务责任主体与作业主体分离,明确企业财务的管理中心、服务中心与服务对象的职能分工,实现集中应收、应付、费用报销服务,集中资金结算,集中成本、资产、薪酬等会计核算和会计报表业务,有效控制成本与风险,使得财务工作在统一规范、信息准确、风险控制、资源配置、运作效率等方面获得提升。

三、项目实施采取的策略路线

在项目的实施过程中,集团公司将实施策略路线的确立放在了重要位置。实施策略路线的主要内容有:

① 集团化财务管控信息系统的实施,得到集团公司领导及各部室、基层单位的高度重视和积极参与;

② 在总体规划和系统分析的指导下,分阶段实施,使系统尽快取得效果;

③ 在引进 NC 新系统的同时,引进先进的管理模式和思想,进一步提升集团公司财务管理水平;

④ 立足应用,注重实施,按系统工程的观点对企业进行总体分析和规划,指导集团公司财务管理信息系统的建立;

⑤ 健全实施组织,进行全员培训并考核,调动全体人员参与的积极性。

四、项目实施主要内容回顾

为支撑集团公司"一体两翼"战略格局和努力建成国际化特大型省属能源集团的发展目标,进一步提升财务信息系统运行效率和安全稳定性,强化财务管理、内控体系建设和业财税一体化,集团公司在 2017 年年底实施了财务信息系统的升迁改造,包括硬件网络提升改造和财务信息系统升迁。

硬件网络提升改造包括服务器、交换机、路由器等硬件网络设施的更新改造,此工作于 2018 年 4 月底成功完成。

财务信息系统升迁是将用友 NC 系统的 57 版本升迁到 65 版本。此项工作于 2018 年 7 月开始,2019 年 1 月成功完成。

用友 NC 系统升迁涉及集团公司 164 家核算主体的财务及资金应用、9 家矿井及物资供销公司的供应链应用,涉及的模块有:财务(总账、应收应付、固定资产)、资金(现金、银企直联、资金计划、资金调度、资金结算、银行存/贷、内部存/贷、商业汇票、票据集中管理、票据池、电子票据、票据直联)、费用报销、供应链(合同、采购计划、采购、库存、销售、内部交易)及动态建模平台。

在基础档案层面,目前已统一并标准化的档案有:客户、供应商、存货、会计科目、收支项目、银行档案、内部银行档案等。

在业务流程层面,涉及采购流程(集中采购、独立采购)、销售流程(本部煤炭销售、长青能化销售)、收款流程(包含委托中心对外收款)、付款流程(包含委托中心付款)、内部转账流程、资金调拨流程、承兑汇票流程、内外部存贷款流程、费用报销流程等。

在供应链业务应用层面,物资供销公司、9 家矿井单位、长青能化以及各电厂实现了从物资需求申请到需求平衡利库、采购计划、采购订单、采购入库单、调拨出库单、调拨入库单、领料单、采购发票全业务流程的梳理规范和系统落地,长青能化同时实现了集团销售合同、销售发货、销售结算的销售系统全流程应用。

在结算、核算应用层面，已覆盖到集团公司及所有基层单位。本次结算、核算升迁应用除全面覆盖现有应用外，还将实施票据池及电子票据同银行的直联应用，实现票据的集成化、自动化处理，从系统上解决票据错配问题，从而达到盘活金融资产、降低财务成本、提升工作效率等目的。兴业银行和浙商银行的票据池及电票系统已在2019年8月中旬成功上线运行，江苏银行的票据池及电票系统正在进行中。

五、项目应用效果分析

(1) 搭建了集团公司统一的财务管控系统平台。

通过项目的实施，建立了以多台PC服务器搭建的虚拟化硬件平台，以用友NC65为应用平台的集团公司统一的财务管控系统平台，进一步提升了集团财务管控水平。

(2) 构建了集中会计核算平台，统一了会计核算和基础档案。

通过项目的实施，科目体系、会计核算、客户、供应商等基础档案进一步得到了统一。通过简化核算层次、规范基础数据，实现了会计核算集中管理，从机制上保障整个集团管控的贯彻执行；梳理规范了集团公司会计核算体系，杜绝了核算方法不统一现象，规范了集团财务管理制度；统一了全集团的客商档案资料，强化了全集团的客商资源和风险管理；统一了全集团的结算方式。

(3) 构建了资金集中管理平台，强化了资金的统一管理。

通过项目的实施，建立了一个以资金平衡为基础，满足集团公司资金计划管理、结算业务管理、信贷业务、财务核算一体化的集团资金管理平台；进一步完善了资金的集中管理体系，从而掌握成员单位资金的流入、流出和存量；运用资金计划管理预测集团公司整体资金需求，根据资金余缺状况统筹规划投融资活动，平衡各成员单位的资金流动；进一步梳理了全集团的内部结算账户；完善了内部账户设置和内部转账业务处理。

通过票据池及电子票据同银行的直联应用，实现了票据的集成化、自动化处理，从系统上解决了票据错配问题，从而达到盘活金融资产、降低财务成本、提升工作效率等目的。

(4) 构建了物资管理平台，实现物资采供销业务财务一体化自动处理。

通过项目的实施，进一步统一和规范了集团公司的物资供销管理流程和材料档案数据，实现了集团全面物资管理系统关键业务的控制，实现了集团公司、各职能部门、各矿区的物资全过程业务的规范化、统一化、可视化管理。

(5) 加强内控管理，降低财务风险。

财务管控系统的使用，实现了集团公司对所属单位的监控点前移，通过实时透视下属单位的财务状况和经营情况，对分布在各地的所属单位进行监督、检查和指导，实现财务的实时集中监控，有效保障了内控制度在整个集团的贯彻执行。通过NC系统的预警平台设置、权限设置、审批设置等手段，进一步健全了内控制度。

六、项目经验总结

(1) 领导重视，业务需求驱动，关键用户主导。

项目各方密切合作，充分发挥各方优势，是项目成功的重要动因。系统实施和设计考虑了集团公司具体业务实际，又结合了软件系统先进的管理思想，在组织架构及流程设计上充分考虑了灵活性，为企业创新发展提供了保障。各个重要环节都以业务需求驱动、关键用户主导,尽可能发挥关键用户密切结合业务实际合理配置和运用系统功能的作用,从实际效果和工作效率方面都较好地保证了系统功能的适用性。

(2) 整体规划、分步实施、逐个突破。

本次项目实施单位数量较多,地域跨度大,管理层级多,涉及多个行业。会计和成本核算的业务特点各有侧重,对业务模式与需求差异的理解也存在沟通与协调问题,需要在设计和实施中从全局角度作整体性思索,最大程度减少个性需求,最大限度按业务共性设计流程,为系统持续改进和优化奠定基础,同时从财务集中核算和资金集中管理入手,分步实施、逐个突破也最终保证了系统的成功实施。

(3) 采取先试点、后推广的实施模式。

集团公司在本次系统升迁项目建设中,首先选择业务有代表性、信息技术基础好的单位进行试点,通过试点建立标准模板,然后在其他单位推广实施。这种模式有效降低了实施风险,确保在整个集团公司建成统一、集成的财务信息系统。

(4) 高度重视项目培训工作。

在项目实施过程中,集团公司组织了多次集中培训,包括视频课件等多种形式的线上培训,同时通过电话、网上远程或现场个别指导等多种形式及时解决上线及运行过程中出现的问题,最终保证了系统的持续正常运行。

目　录

第三篇 财务核算

第四篇 资金结算

第八篇　技术维护

第一篇 应用基础

第一章 应用流程说明

用友 NC 系统初始使用时，首先由用友技术顾问和集团公司数据库管理员共同在集团公司数据库服务器上建立数据库用户，并对相关参数予以配置，同时形成数据库用户配置手册、数据库用户维护手册和数据库操作日志等纸质文档并存档。

系统管理员运行 wasSysConfig，进行数据源的配置。配置完成后重启 WAS 中间件，并登录系统，进行账套的建立、数据源的配置、账套管理员的设置，完成账套数据的初始安装和系统管理员的建立，同时同步形成纸质的系统管理员清单、账套管理员清单及系统管理员操作日志并存档。完成后需要重启 WAS 中间件。

集团管理员登录系统，首先修改自己的密码，然后按集团管理员清单要求进行管理员维护设置。

应用流程见图 1-1-1。

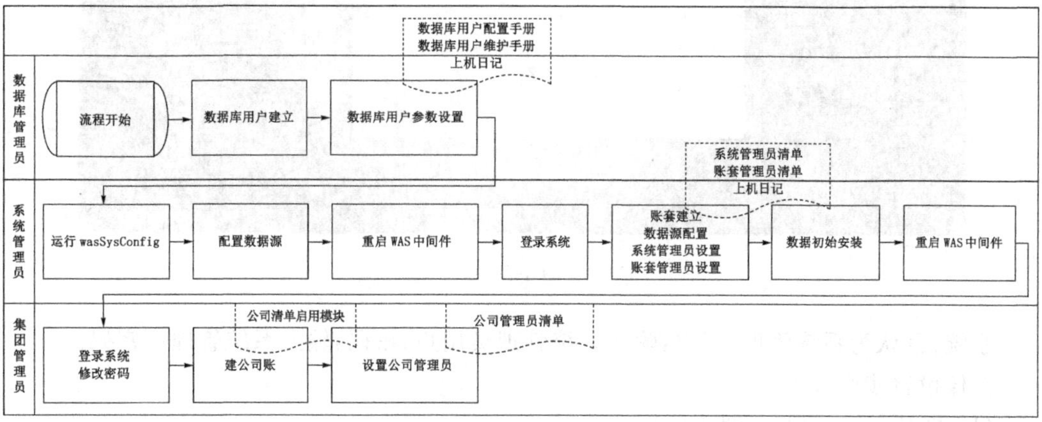

图 1-1-1

第二章 管理员操作指引

第一节 系统管理员操作指引

一、系统维护

系统管理员以超级管理员身份运行系统。(图 1-2-1)

图 1-2-1

系统:默认为系统管理;用户:输入系统管理员用户;密码:输入系统管理员密码。具体设置步骤如下:

(1) 打开系统管理。(图 1-2-2)

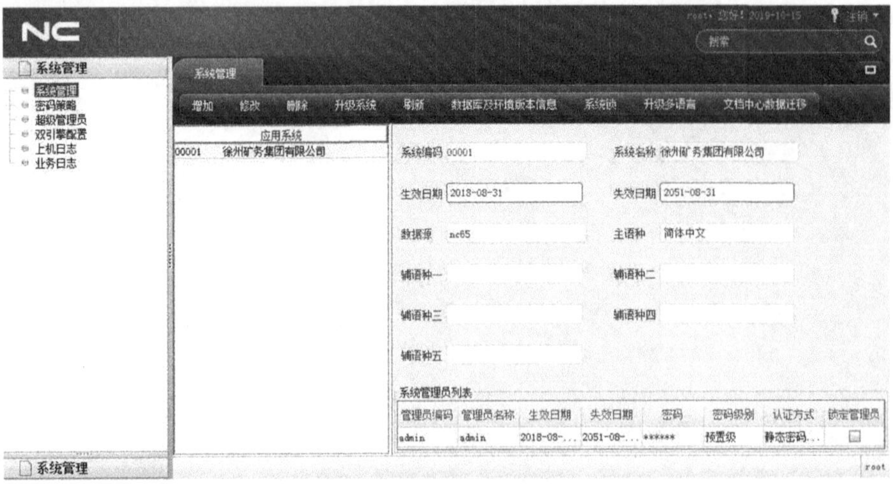

图 1-2-2

(2) 点击【增加】按钮。

(3) 录入系统编码、系统名称,设置生效日期、失效日期,选择数据源,选择主语种。

(4) 增加系统管理员。

(5) 点击【保存】按钮,系统会弹出"建库向导"。(图 1-2-3)

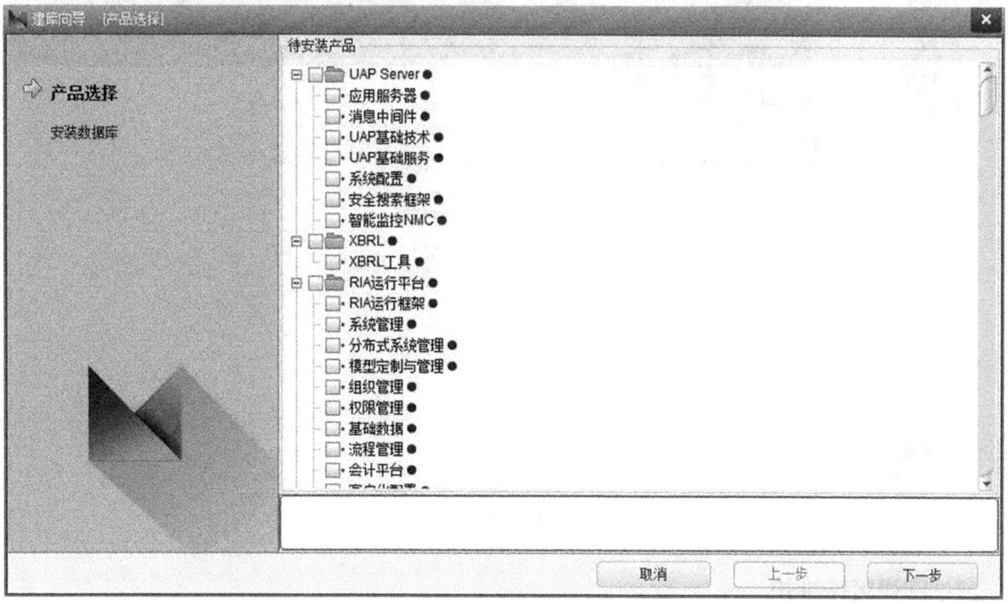

图 1-2-3

(6) 在要安装的产品前方框内打钩,点击【下一步】。

(7) 点击【开始安装】,系统会进行数据库建库操作。(图 1-2-4)

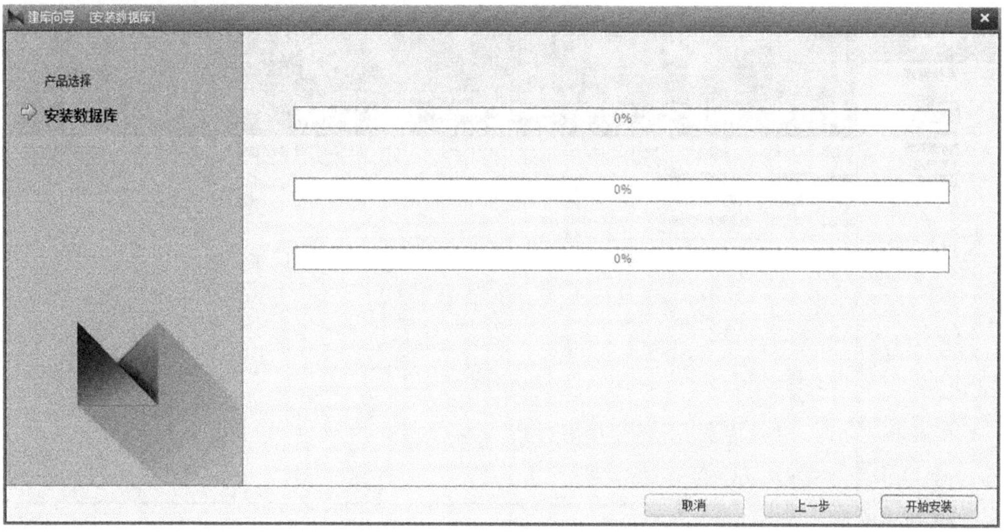

图 1-2-4

二、超级管理员维护

在超级管理员的维护界面可进行“新增”“删除”“修改”等操作。(图 1-2-5)

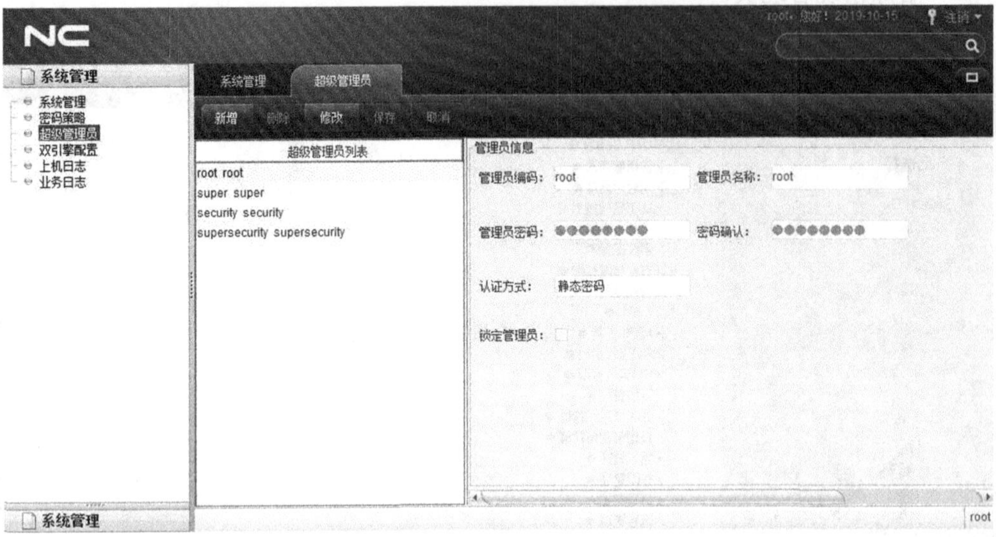

图 1-2-5

三、密码策略维护

密码策略是按照用户对于密码安全性的需要,将密码强度进行分级的机制。每个用户信息的设置都要应用一种密码策略,按照该密码策略的规则对密码进行设置。以系统管理员用户登录 NC 的“系统管理”,选择“密码策略”节点即可进行密码策略的设置。(图 1-2-6)

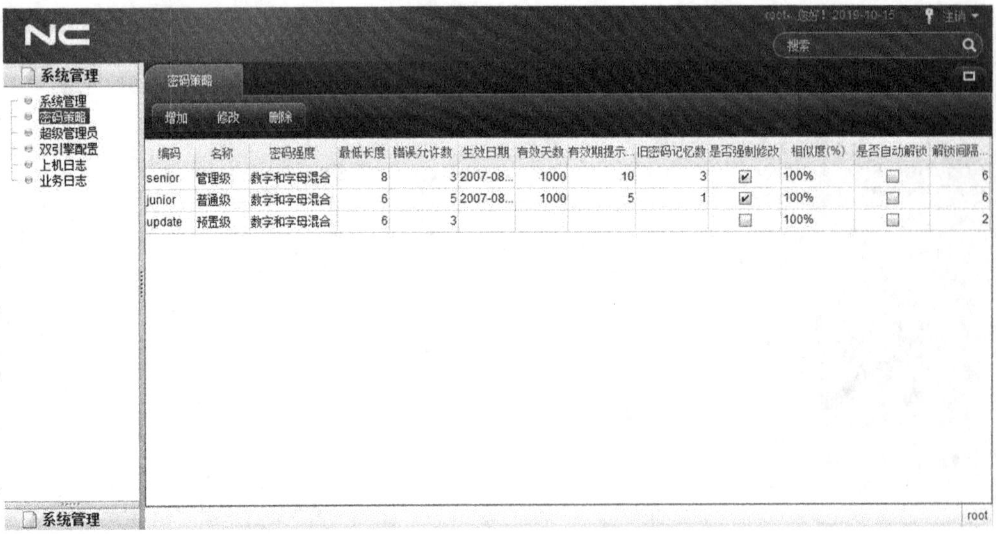

图 1-2-6

第二节 集团管理员操作指引

一、参数设置

在系统中，对于同一业务应用场景或业务流程等，不同的对象有不同的应用要求、控制范围和处理方式，可以通过设置不同的变量得到满足，这些变量称为参数，这个配置过程即为参数设置过程。具体操作即在参数设置平台中输入和设置系统所有的参数值，使得进行相关处理时通过系统设置的参数值即可判断如何控制。

参数根据其影响范围进行划分，可以分为全局级参数、集团级参数和组织级参数。

全局级参数：参数仅能在全局中进行设置，影响范围是整个全局，是系统级统一设置的参数。例如，上机日志明细级别等。（图 1-2-7）

图 1-2-7

集团级参数：参数可以在各个集团中进行设置，影响范围是本集团，不同集团间的参数无控制关系。例如，集团本位币、数量小数位、会计平台启用时间等。（图 1-2-8）

组织级参数：参数根据所影响业务范围的主组织进行设置，对于存在上下级关系类型的组织，上级组织的参数对下级组织起控制作用。例如，科目显示名称模式（主体账簿级）、采购最高库存控制（采购组织级）等。（图 1-2-9）

二、职责设置

职责是一组具有相关联的业务意义的功能节点、页签和业务活动的集合。系统不支持单独的节点、页签及按钮授权，它们必须组装成有业务意义的职责。系统通过以职责为中间

图 1-2-8

图 1-2-9

环节，为角色或用户分配功能权限，使得角色的定义更加清晰、一目了然。

职责分为业务类职责和管理类职责，业务类职责只能设置业务类的功能明细，管理类职责只能设置管理类的功能明细。职责的界面见图 1-2-10，具体设置步骤如下：

(1) 点击【新增】按钮，增加职责。

(2) 选取职责所属组织，录入组织编码、名称。

(3) 选择职责类型，不同职责类型所能分配的功能节点权限不同。

(4) 点击【保存】按钮保存。

(5) 点击“功能设置”页签右侧 按钮分配功能权限。

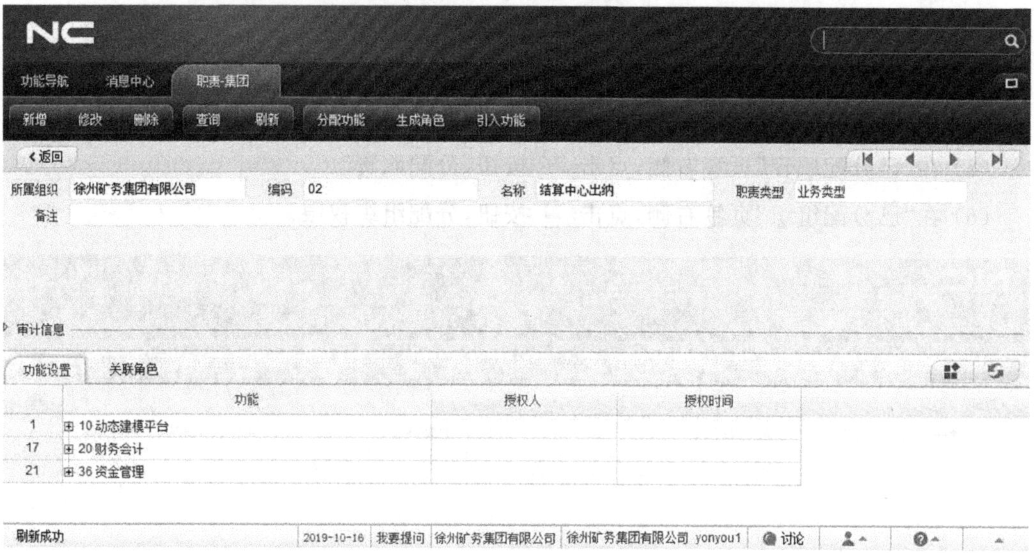

图 1-2-10

三、角色组设置

角色组的界面见图 1-2-11。

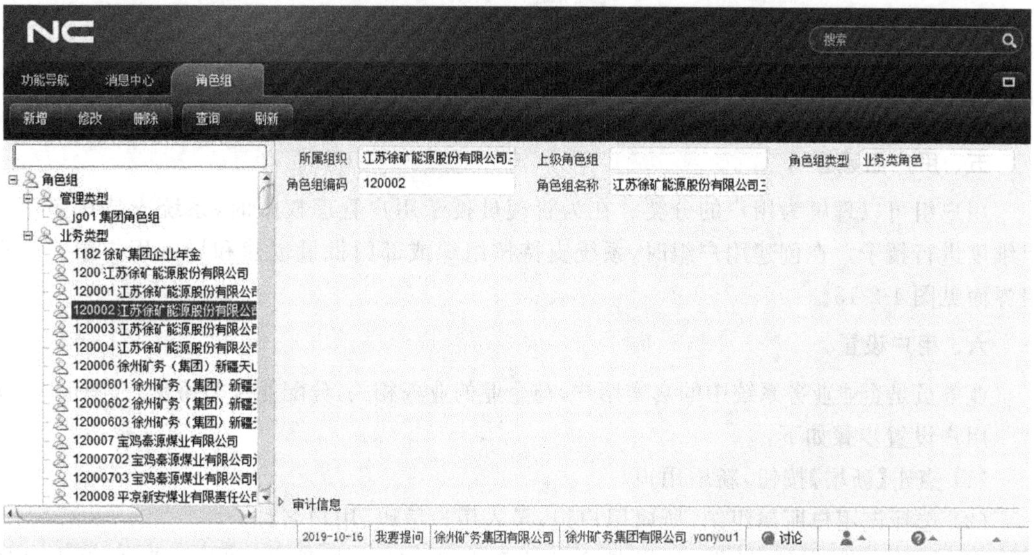

图 1-2-11

四、角色设置

角色是一组权限的集合，用户通过扮演不同的角色来完成权限的控制。

角色可分为业务类角色和管理类角色，这种分类将角色的管理从职能上进行分离。

业务类角色界面见图 1-2-12，具体设置步骤如下：

（1）点击【新增】按钮增加角色。

（2）选择角色所属组织，录入角色编码、角色名称，选择角色组。

（3）点击【保存】按钮保存。

（4）在“已关联用户”页签右侧，点击 按钮，关联用户。

（5）在“已分配职责”页签右侧，点击 按钮，分配职责。

（6）在“已分配组织”页签右侧，点击 按钮，分配组织权限。

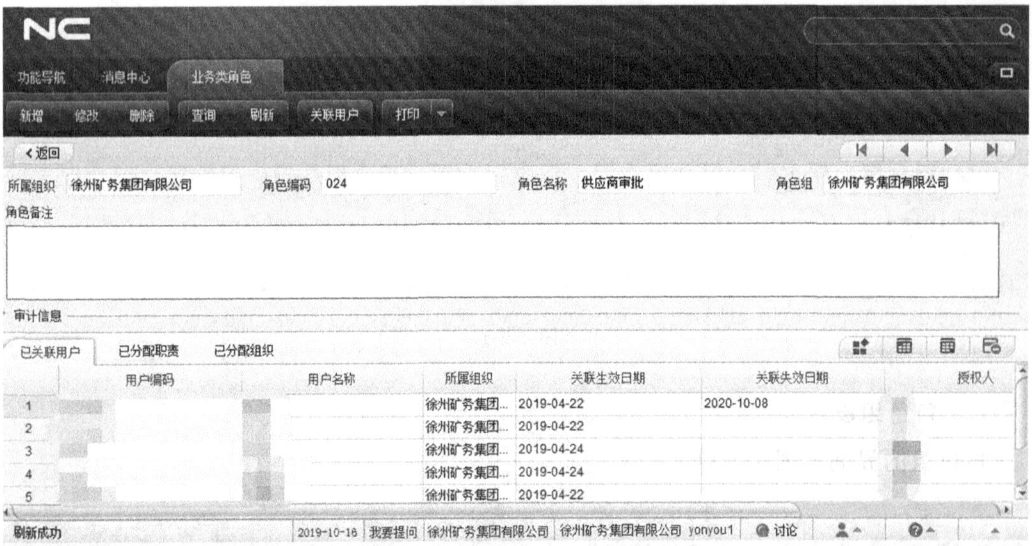

图 1-2-12

五、用户组设置

用户组可以理解为用户的分类。在为管理员授予用户管理权限时，系统支持按照用户组维度进行授予。在创建用户组时，系统支持按组织或部门批量创建和导入用户组。用户组界面见图 1-2-13。

六、用户设置

业务员是企业业务系统中的真实用户，与企业的业务相关，分配业务类角色。（图 1-2-14）

用户设置步骤如下：

（1）点击【新增】按钮，新增用户。

（2）选择该用户所属组织、所属用户组，录入用户编码、用户名称。

（3）选择身份类型、身份，如果是企业内部员工，身份类型选择“员工”，身份为具体人员。

（4）选择认证类型。

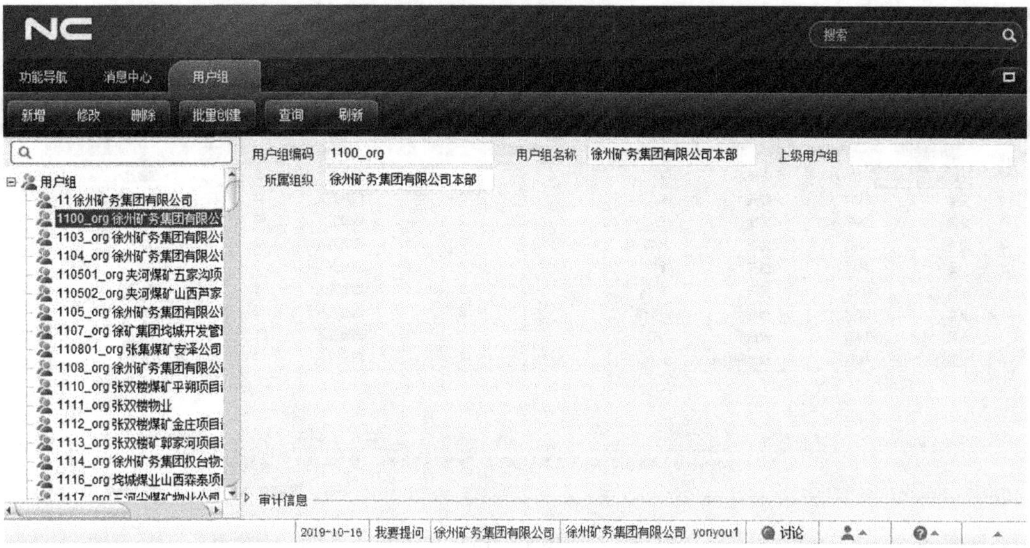

图 1-2-13

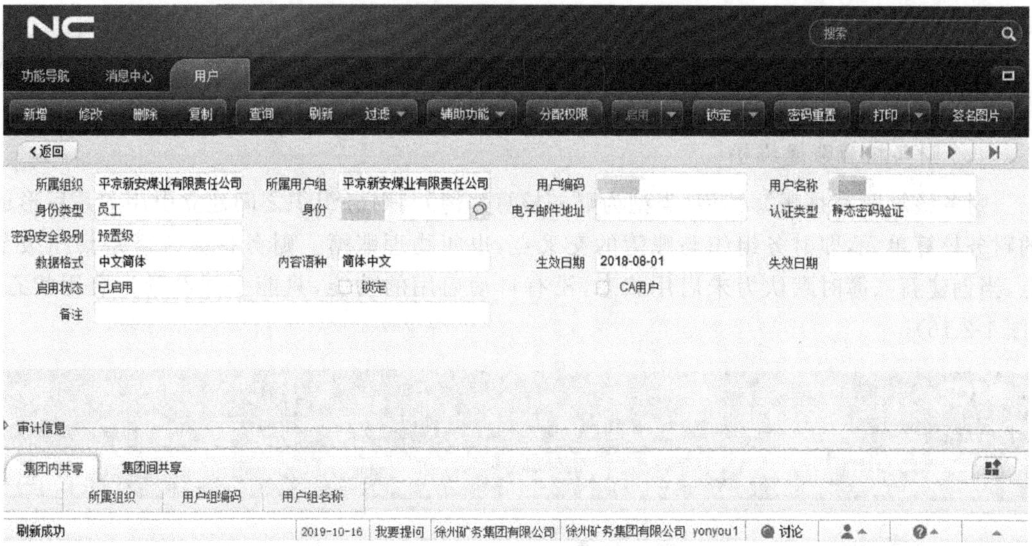

图 1-2-14

(5) 选择密码安全级别，默认为“预置级”。

(6) 点击【保存】按钮保存。

(7) 点击【分配权限】按钮，可以关联用户角色。

(8) 点击【密码重置】按钮，重置密码。

(9) 点击【锁定】/【解锁】按钮，可以进行用户锁定和解锁操作。

七、币种档案维护

币种档案是全局级节点，用于维护全局范围内用到的币种。(图 1-2-15)

点击【新增】按钮，录入币种编码、币种名称、币种币符、金额小数位等币种信息。录入完

图 1-2-15

毕后，点击【保存】按钮，保存新增内容。在增加过程中，点击【取消】按钮，系统将不保存币种信息而返回增加前的状态。

注意：全局本位币选项框，用于指定全局的本位币，所有币种中只能存在一个，保存时校验；若平台以外其他的领域引用了币种档案，则不可修改默认值。

八、财务核算账簿维护

财务核算账簿是账簿类型(类型为财务核算账簿)与财务组织之间建立引用关系后形成的财务核算单元，即财务组织与账簿的交叉点，也叫物理账簿。财务核算账簿是集团级节点，当创建新账簿时默认为未启用状态，没有自动启用的功能，只能手动设置为启用状态。(图 1-2-16)

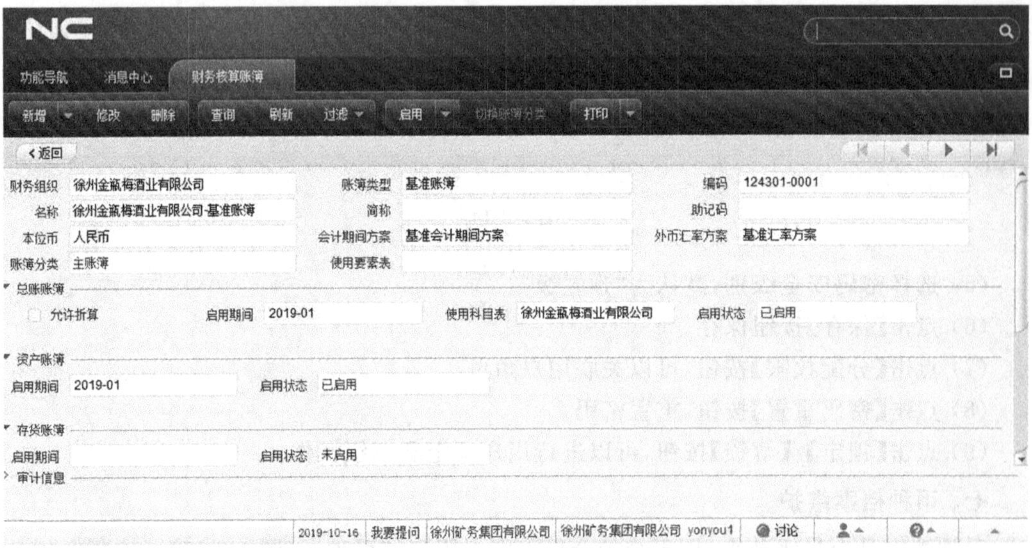

图 1-2-16

(1) 点击【新增】按钮,新增财务核算账簿。

(2) 选择财务组织、账簿类型,录入账簿编码、名称,选择外币汇率方案、账簿分类。

(3) 设置总账账簿、资产账簿、存货账簿等各类账簿的启用期间。

(4) 点击【保存】按钮保存。

(5) 点击【启用】按钮,勾选需要启用的账簿,点击【确定】按钮启用。(图 1-2-17)

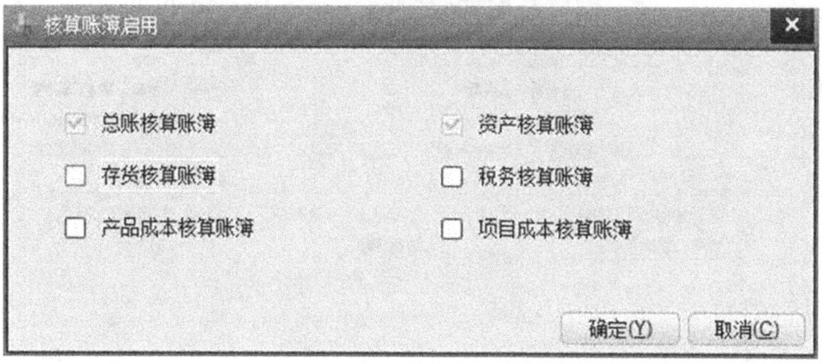

图 1-2-17

九、会计期间维护

会计期间界面见图 1-2-18。

图 1-2-18

点击【新增】按钮,设置参数后点击【保存】按钮即可。

十、业务单元维护

业务单元定位为系统内的承担独立运营职责的业务组织的集合。根据企业的实体组织、虚拟组织机构统一建立业务单元后,为每一个业务单元标识可以处理的业务,即标识其组织职能;选择某组织职能即代表该业务单元具有该类职能,一个业务单元可能具有多种组织职能。

业务单元界面见图 1-2-19。

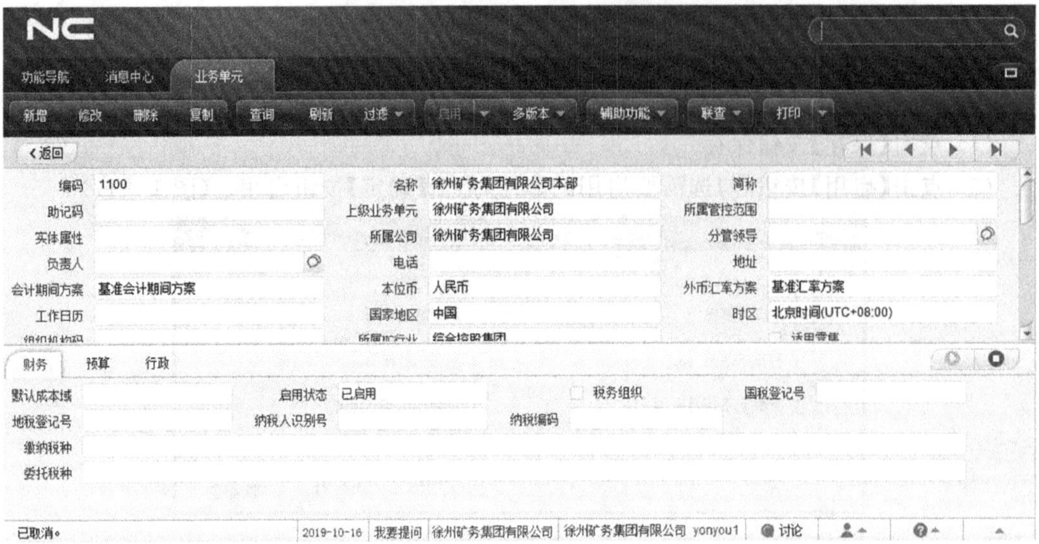

图 1-2-19

具体设置步骤如下：

(1) 点击【新增】按钮，新增业务单元。

(2) 录入编码、名称，选择上级业务单元，选择会计期间方案、本位币、外币汇率方案；

(3) 勾选组织职能。(图 1-2-20)

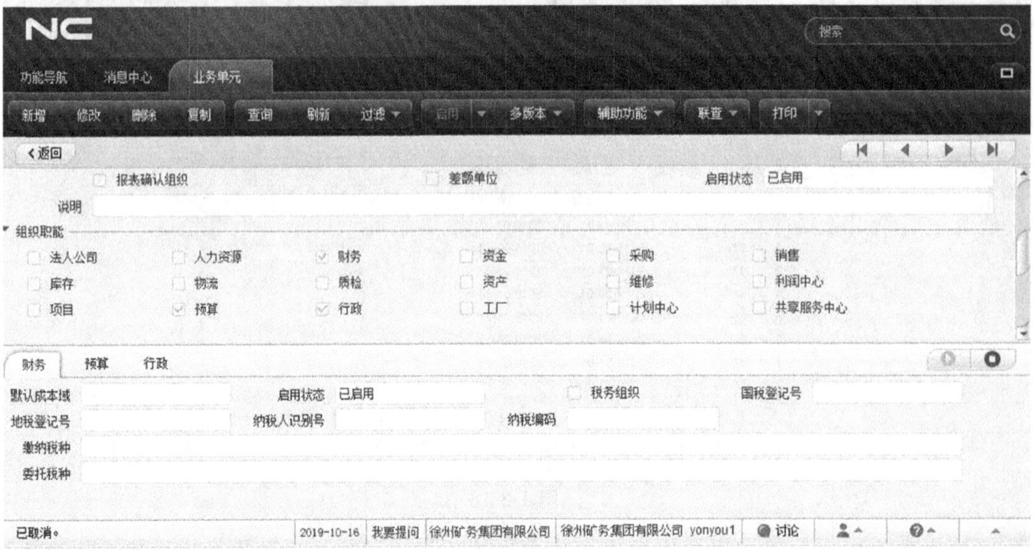

图 1-2-20

(4) 维护相关组织职能页签信息。

注意：

(1) 一个集团下的业务单元中只能有一个根节点。

(2) 如果当前的业务单元是法人公司，则该业务单元的所属公司是当前的法人公司。

(3) 资金组织建立时，在银行档案默认生成所属银行类别="9999"的银行，且银行编码=

资金组织所属业务单元编码,银行名称=资金组织所属业务单元名称,因银行编码要求全局唯一,故需确保业务单元编码规则与银行编码规则存在差异。

(4) 行政组织的根必须是人力资源组织。

(5) 业务单元树结构不代表行政树结构,仅用于组织管理维护,不用于任何业务。

十一、审批流配置

审批流定义节点用来为某个具体的业务单据或某个具体单据的一个业务类型进行审批流程的定义。被定义了审批流程的单据,将按照定义的审批流程进行传递和审批。

审批流定义界面见图 1-2-21。

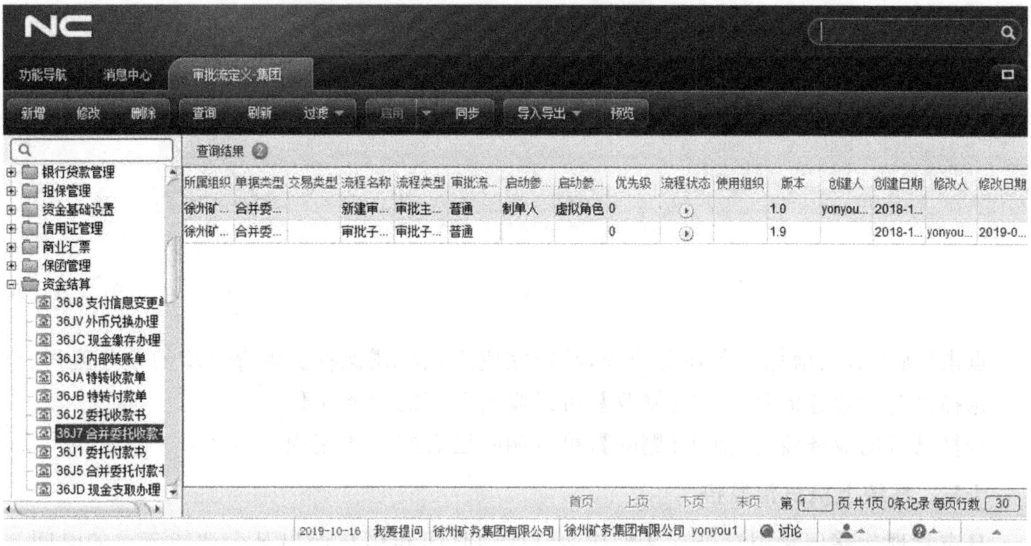

图 1-2-21

单据的审批流按照制单人启动,因此在同一组织(集团或者公司)内,同一单据类型的审批流制单人不能重复。

审批流设计面板用来显示设置的审批流程,页签的名字默认为"新建审批流程"。焦点在审批流设计面板上的时候,打开属性编辑器,在名称属性中可以对页签的名称进行修改。在审批流设计面板中增加一个子流程,就会增加一个页签,名称默认为"审批子流程",可以通过在其属性编辑器中修改名称属性实现对页签名称的修改。

十二、业务流程配置

企业的经营过程是指企业为了实现一定的经营目标,在组织机构和人员的参与下,利用企业资源(设备、计算机软硬件等),按照预先确定的业务规则,在参与者之间进行文档、信息、任务的传递与处理。

NC 业务流平台进行了简化,其设计思想基于以下认识:业务流程是由单据组成的,而单据是由动作驱动的,动作又是由组件组成的;单据、动作以及组件可以由业务系统开发实现。NC 业务流提供一种平台机制,在此可以根据用户的实际业务重新组织这些单据、动作及组件,包括每种单据的来源单据是什么、又驱动生成哪些单据、完成什么动作、动作生效的约束条件

是什么以及动作生效后将配置哪些组件等，以此更好地满足企业个性化的需求。（图 1-2-22）

图 1-2-22

点击【新增】，以增加一条业务流程，编辑完成后，点击【保存】，保存新增的业务流程。

选择已有的业务流程，点击【修改】，可以修改已有的业务流程。

选择已有的业务流程，点击【删除】，可以删除已有的业务流程。

十三、系统上机日常监控

日志管理能够记录用户进入某个功能节点的时间和用户退出某个功能节点的时间，并提供用户对日志的管理功能。上机日志使用户对系统的使用情况有了详细的了解，同时增强了系统的安全性。（图 1-2-23）

图 1-2-23

授权使用监控主要用于查询系统中 lisence 授权使用情况。其目的是查询授权许可的占用情况，当资源不足时可以调节授权占用情况，也可以由管理员根据操作的节点判断可以终止哪些用户的操作。此节点下可以查询到模块的授权占用情况以及模块下授权的使用人，还可以查询使用人打开的节点。（图 1-2-24）

	模块编码	模块名称	授权类型	授权数	占用数	剩余数	占用率
0	0000IUAPRT	运行平台	并发模式	100000	64	99936	0%
1	10	动态企业建模	并发模式	100000	2	99998	0%
2	1014	基础数据	并发模式	无限制	0		0%
3	18	企业绩效管理	并发模式	120	0	120	0%
4	20	财务会计	并发模式	220	14	206	6%
5	36	资金管理	并发模式	66	15	51	22%
6	40	供应链	并发模式	130	39	91	30%

图 1-2-24

第三节　集团管控操作指引

一、科目属性控制策略

科目根据不同的受控属性会有不同的控制策略，如科目名称只能选择“严格控制”或“不控制”，发生额方向控制只可选择“部分控制”或“不控制”。（图 1-2-25）

点击【科目属性控制策略】按钮，打开科目属性控制策略对话框，可以针对科目名称、发生额方向控制、结算方式等项目进行控制策略选择，选择完成后，点击【确定】按钮即可。

二、科目交叉校验规则

交叉校验规则是指科目与辅助项或单据对应不同档案的字段之间存在的特定核算关系。本节点主要根据科目、单据、档案信息设置交叉校验的规则。系统将根据交叉校验规则生成科目参照、档案参照，并将根据交叉校验规则对期初余额、凭证录入、单据录入的数据进行校验。

点击【添加规则】按钮，系统将弹出窗口。在窗口中输入规则名称、辅助核算项目、辅助项、绑定科目等信息，输入完毕后，点击【保存】按钮，将录入结果保存。在录入过程中，点击【返回】按钮，系统将不保存操作而返回上一级目录。（图 1-2-26）

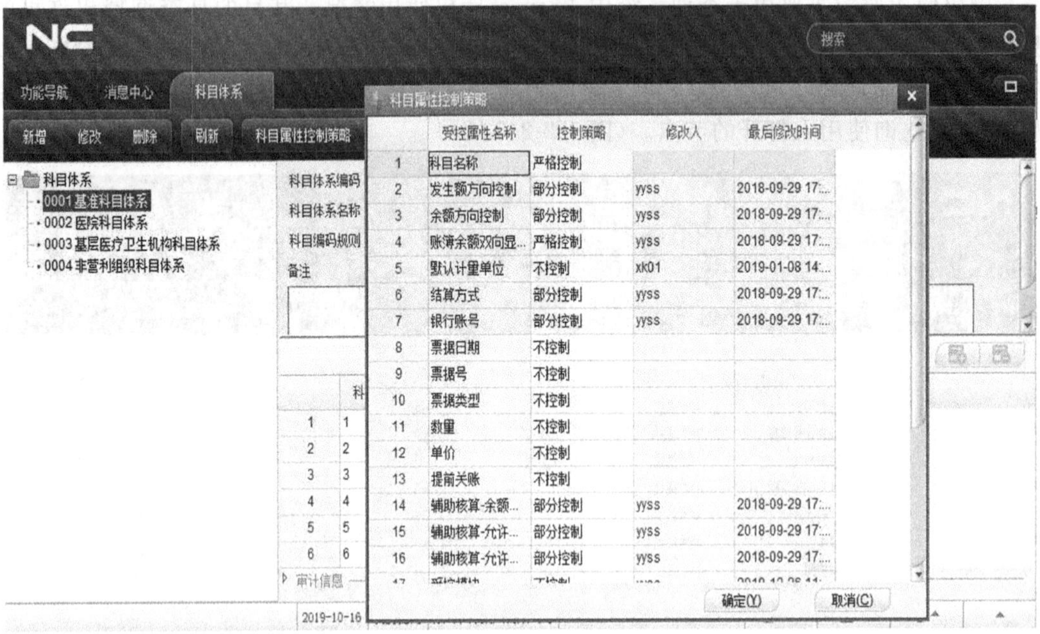

图 1-2-25

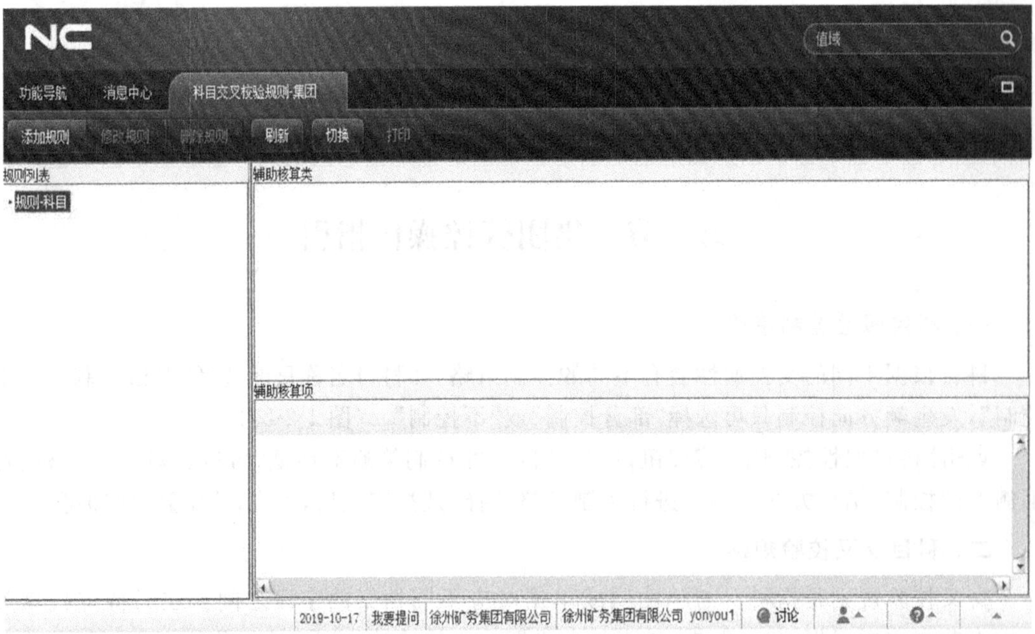

图 1-2-26

三、科目预留

科目预留功能用于集团对科目段进行预留，不允许下级公司创建预留段的科目；或者用于集团统一进行科目控制，以便针对不同的科目控制到不同的级次。(图 1-2-27、图 1-2-28)

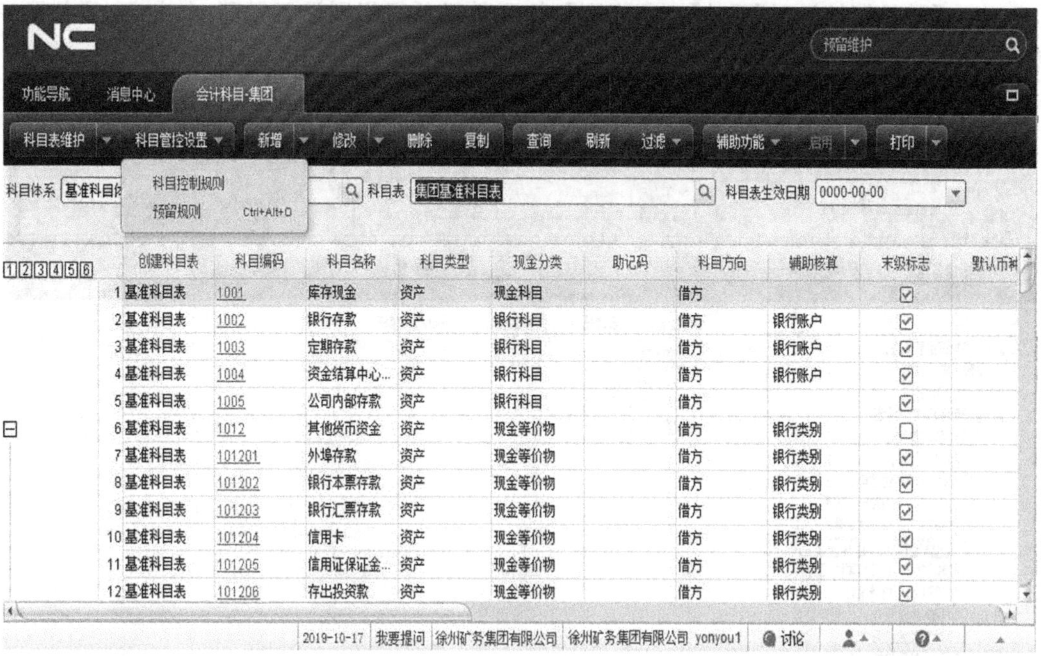
NC
预留维护
功能导航
消息中心
会计科目-集团
科目表维护
科目管控设置
新增
修改
删除
复制
查询
刷新
过滤
辅助功能
启用
打印
科目控制规则
预留规则 Ctrl+Alt+O
科目体系
科目表 集团基准科目表
科目表生效日期 0000-00-00
创建科目表 科目编码 科目名称 科目类型 现金分类 助记码 科目方向 辅助核算 末级标志 默认币种
1 基准科目表 1001 库存现金 资产 现金科目 借方
2 基准科目表 1002 银行存款 资产 银行科目 借方 银行账户
3 基准科目表 1003 定期存款 资产 银行科目 借方 银行账户
4 基准科目表 1004 资金结算中心... 资产 银行科目 借方 银行账户
5 基准科目表 1005 公司内部存款 资产 银行科目 借方
6 基准科目表 1012 其他货币资金 资产 现金等价物 借方 银行类别
7 基准科目表 101201 外埠存款 资产 现金等价物 借方 银行类别
8 基准科目表 101202 银行本票存款 资产 现金等价物 借方 银行类别
9 基准科目表 101203 银行汇票存款 资产 现金等价物 借方 银行类别
10 基准科目表 101204 信用卡 资产 现金等价物 借方 银行类别
11 基准科目表 101205 信用证保证金... 资产 现金等价物 借方 银行类别
12 基准科目表 101206 存出投资款 资产 现金等价物 借方 银行类别
2019-10-17 我要提问 徐州矿务集团有限公司 徐州矿务集团有限公司 yonyou1 讨论

图 1-2-27

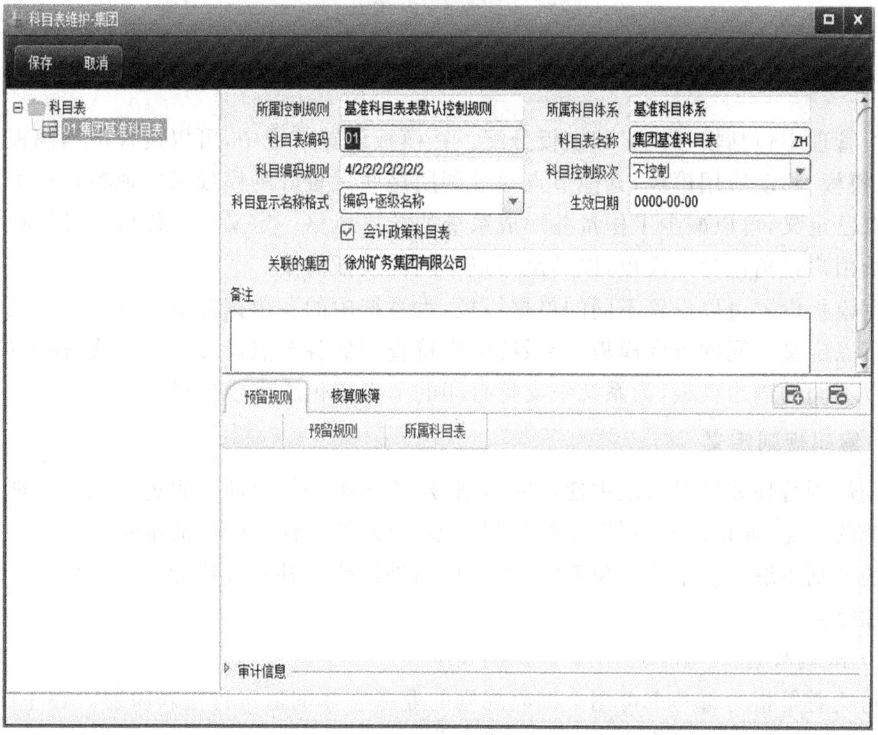
科目表维护-集团
保存
取消
科目表
01 集团基准科目表
所属控制规则 基准科目表表默认控制规则
所属科目体系 基准科目体系
科目表编码 01
科目表名称 集团基准科目表
科目编码规则 4/2/2/2/2/2/2/2
科目控制级次 不控制
科目显示名称格式 编码+逐级名称
生效日期 0000-00-00
会计政策科目表
关联的集团 徐州矿务集团有限公司
备注
预留规则
核算账簿
预留规则
所属科目表
审计信息

图 1-2-28

点击【科目管控设置】下的【预留规则】，打开科目预留规则设置界面，点击 增加预留规则，设置完成后，点击【保存】即可。

四、模板管理

图 1-2-29

模板管理中包括模板设置和模板分配。在模板设置节点中，可以设置单据模板、查询模板、输出模板、移动应用模板，其他节点通过调用这些设置好的模板来实现各自相关的功能，而不用自己定义，可以减少工作量并形成系统的统一风格。定义好模板后，可以通过模板分配节点给用户或角色分配模板，以满足用户不同的模板需要。

单据模板设置可以设置不同的单据模板，为系统中的各单据提供显示样式模板；查询模板设置可以定义不同的查询模板，为系统中支持查询的各节点设置查询样式；输出模板设置可以设置不同的输出模板，为系统中支持打印的节点提供输出模板样式。

五、编码规则定义

编码规则管理能够对系统中使用的单据号、档案编码等自动编码进行统一管理，实现编码生成器的功能；通过定义，可以根据时间类型、对象的属性、常量、流水号等类别的属性，按照一定的规则组织自动生成对象编码；通过自动进行断号补号等功能，使得编码规则管理更加系统和完善。

（一）编码映射

编码映射是指为每一个可用于编码规则的业务实体的值进行重新映射。在生成编码规则时，按照映射后的值，来作为编码的组成部分。

编码映射支持按照规则设置或者离散选择设置，同时可以通过该节点查询实体在编码规则中的引用情况。（图 1-2-30）

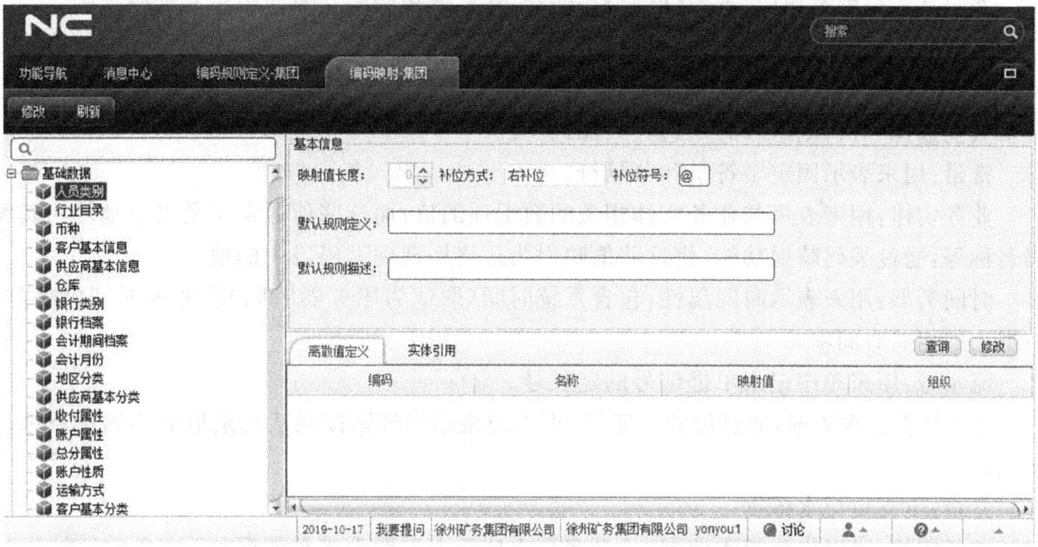

图 1-2-30

点击图 1-2-30 中的左侧对象树中要修改的对象，点击【修改】按钮，在右侧即可选择映射值长度、补位方式、补位符号等，也可通过默认规则定义进行公式设置。如有特殊值，也可以在下方离散值定义中设置。

（二）单据号管理

对系统中使用的编码规则进行集团统一管理；设置好编码规则之后，可供系统中相关业务实体在产生对象编码时使用。（图 1-2-31）

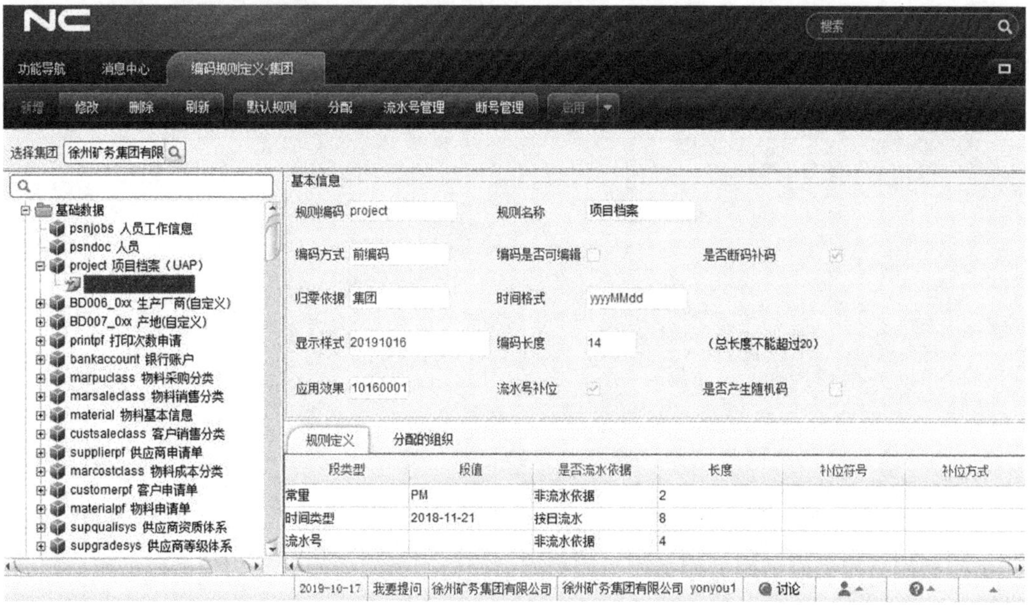

图 1-2-31

选定某一单据类型后，点击【修改】按钮后，在右侧规则定义界面中定义编码规则。

说明：

(1) 段类型：可以选择常量、业务实体、时间类型、流水号，在一个编码规则中时间类型最多只能选择一次，流水号必须选且只能选一次。

常量：用来表示固定字符串和分隔符。

业务实体：用来表示与业务实体相关的数据项的值；而这些值通常不是简单地使用其编码名称等，通过编码映射功能，将这些值映射为最终展现到编码段中的值。

时间类型：用来表示时间属性，包含系统时间(取值为服务器时间)和业务时间(取值为单据上的相关时间项)。

流水号：用来顺序记录单据编号的定长号。

(2) 是否流水依据：通过设置该字段，可以使该编码规则按照某元素值的不同重新进行流水。

常量：不支持流水依据。

业务实体：可以作为流水依据，且最多只支持两个属性为流水依据。

时间类型：可以作为流水依据，对于系统时间，可以选择按年归零、按月归零、按日归零；对于业务日期可以选择按年归零、按月归零；选择的归零方式同时受日期格式的约束，如果日期格式为 YY/YYYY，可以选择按年归零；如果日期格式为 YYMM/YYYYMM，可以选择按年归零、按月归零；如果日期格式为 YYMMDD/YYYYMMDD，可以选择按年归零、按月归零、按日归零。

流水号：不支持流水依据。

(3) 长度：说明该元素在编码规则中占的位数。

第三章 档案管理员操作指引

第一节 集团控制档案管理员操作指引

一、业务流程

相关业务流程见图 1-3-1。

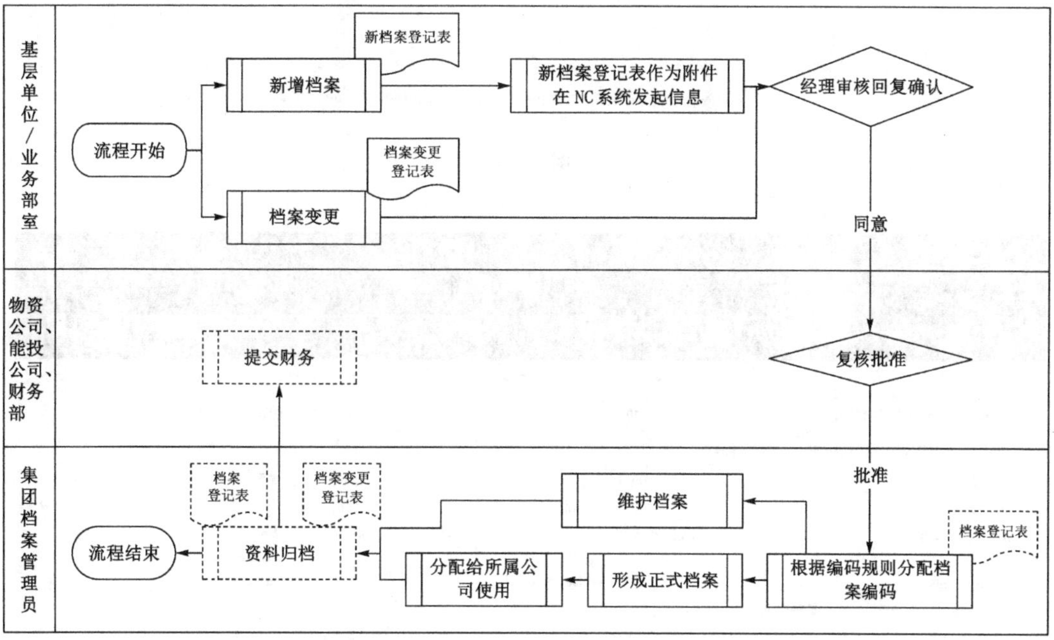

图 1-3-1

二、操作指引

（一）客户档案

客户是信息系统中非常关键的基础资料之一，是企业的利润来源。客户档案维护的信息包括基本信息、财务信息、销售信息、信用控制信息，其中财务信息、销售信息、信用控制信息允许不同的业务组织定义不同的资料。

1. 客户基本分类

客户基本分类是根据客户基本信息进行分类的方式。客户可以按销售业务进行分类，在销售管理中可以选择分类方式的参数。（图 1-3-2）

2. 客户档案维护

相关界面见图 1-3-3。

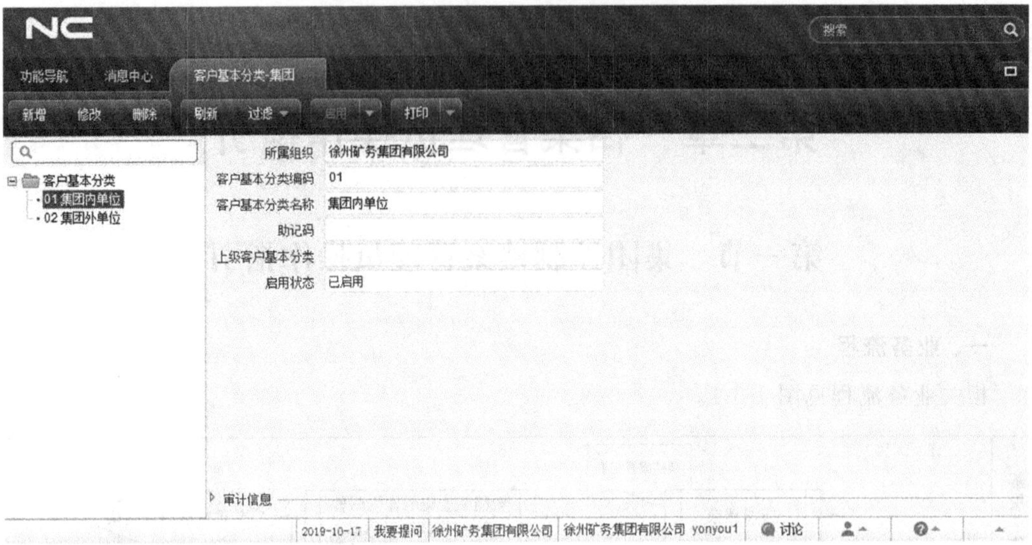

图 1-3-2

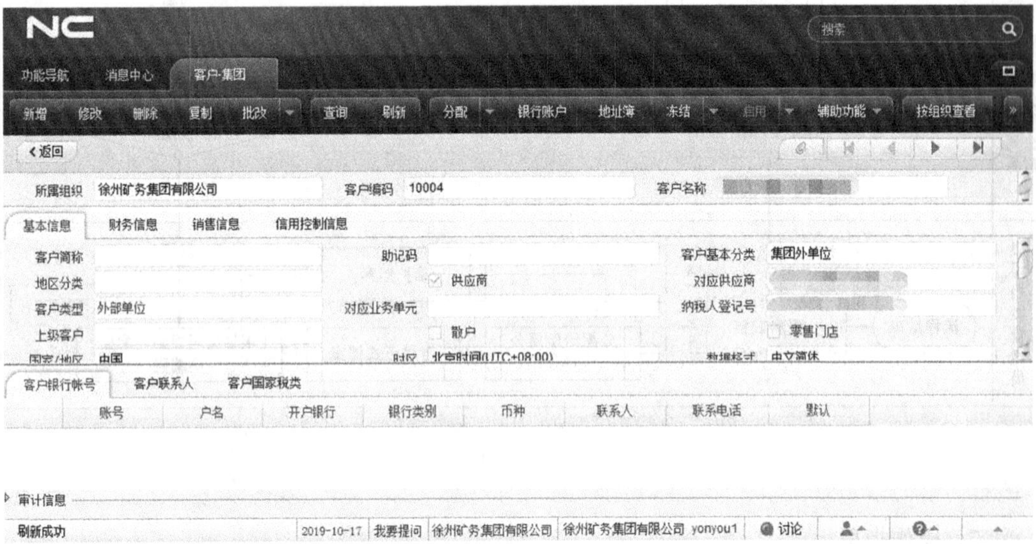

图 1-3-3

(1) 点击【新增】按钮，新增客户。

(2) 选择所属组织，录入客户编码、客户名称。

(3) 选择客户基本分类。

(4) 如果此客户同时是供应商，则勾选“供应商”，并选择其对应的供应商。

(5) 选择客户类型，维护纳税人登记号。

(6) 点击【保存】按钮保存。

(7) 点击【银行账户】按钮，维护客户银行账户信息。(图 1-3-4)

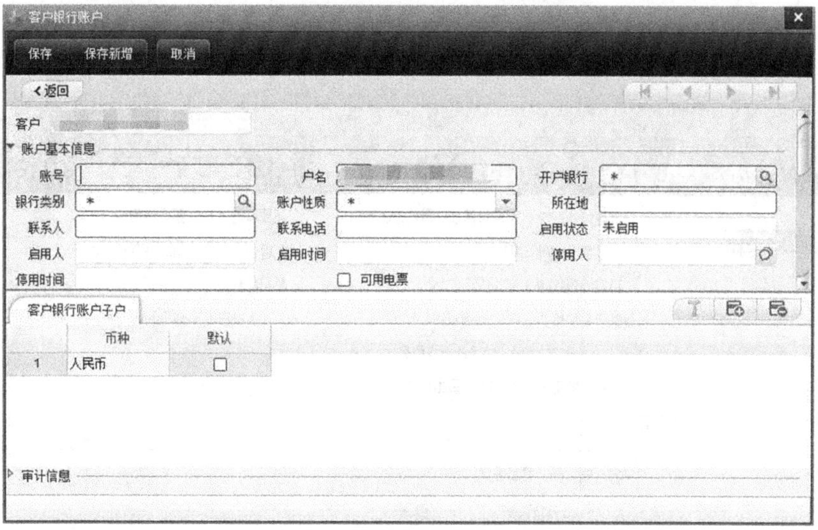

图 1-3-4

(8) 在客户银行账户页面点击【新增】。

(9) 录入账号、户名，选择开户银行、银行类别、账户性质。

(10) 维护网银信息。

(11) 点击【保存】按钮，保存客户银行账户。

(二) 会计科目

本节点用来创建科目表，并规划各科目表中的会计科目。支持在每个账簿下的各个企业通过设置科目控制方案来逐级细化、构建呈多层树形的会计科目表，以实现企业财务核算的多级管控。会计科目分为全局、集团、财务组织三级。财务组织级节点应先选择所属的财务组织才可完成后续操作。集团级会计科目界面见图 1-3-5。

图 1-3-5

1. 科目表维护

点击【科目表维护】按钮，进入科目表维护界面。(图 1-3-6)

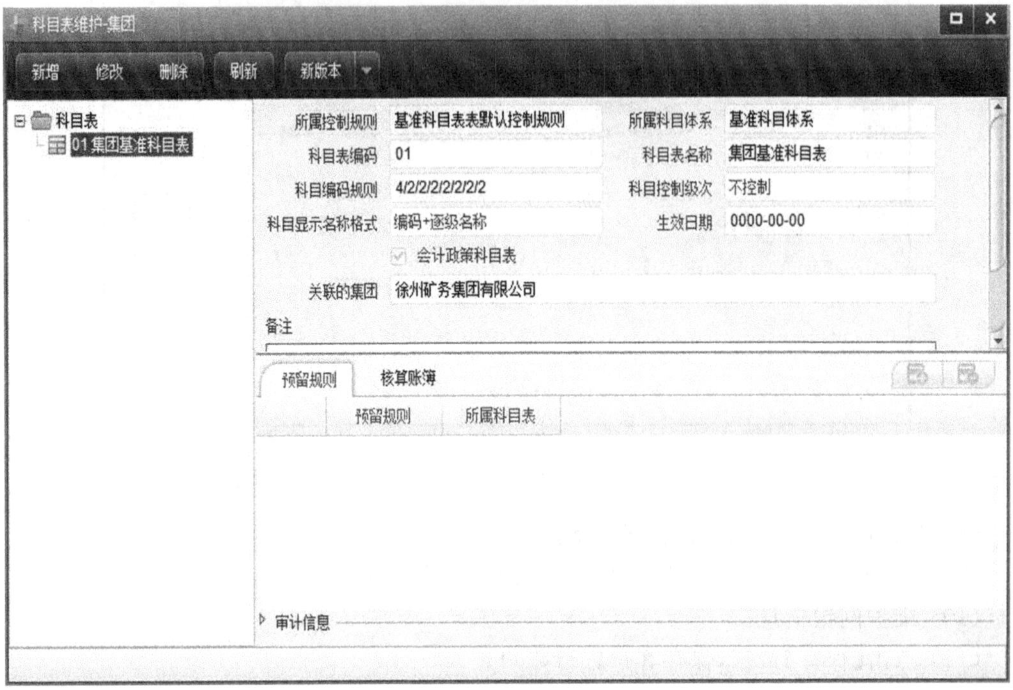

图 1-3-6

科目表分为根科目表和普通科目表。根科目表是只设置了所属科目体系，不信赖科目控制规则的科目表；普通科目表指信赖于科目体系下的某个科目控制规则产生的科目表。只有全局节点可以设置根科目表，财务组织节点不能设置根科目表；每创建一个科目体系，系统自动生成其根科目表。系统支持按照科目表进行科目预留，保证各级科目表都可以预留科目编码，支持会计科目树中间插入非末级科目。

注意：科目编码规则、科目控制级次、科目显示名称格式等，均在此维护。

2. 科目控制规则

点击【科目管控设置】—【科目控制规则】，进入科目控制规则设置界面。(图 1-3-7)

在此界面中，可以选择科目的分配方式和科目表的控制方式。

如果勾选了"分配全部科目"项目，科目控制规则所属科目表中的全部已有科目将自动被加载到控制规则的"科目"页签中，此后科目控制规则所属的科目表中每新增一个科目都会被自动加载到该科目控制规则中。若未勾选，则允许手工选择加入科目。

如果勾选了"允许直接下级组织创建科目表"，则"创建科目表"页签不可使用。约束规则分为：全局集团级为系统内的全部集团，以及各个集团下的所有财务组织；集团级为所属集团下的所有财务组织。

3. 会计科目设置

点击【新增】按钮，则进入会计科目增加界面，可在此界面增加所选科目表的会计科目。(图 1-3-8)

图 1-3-7

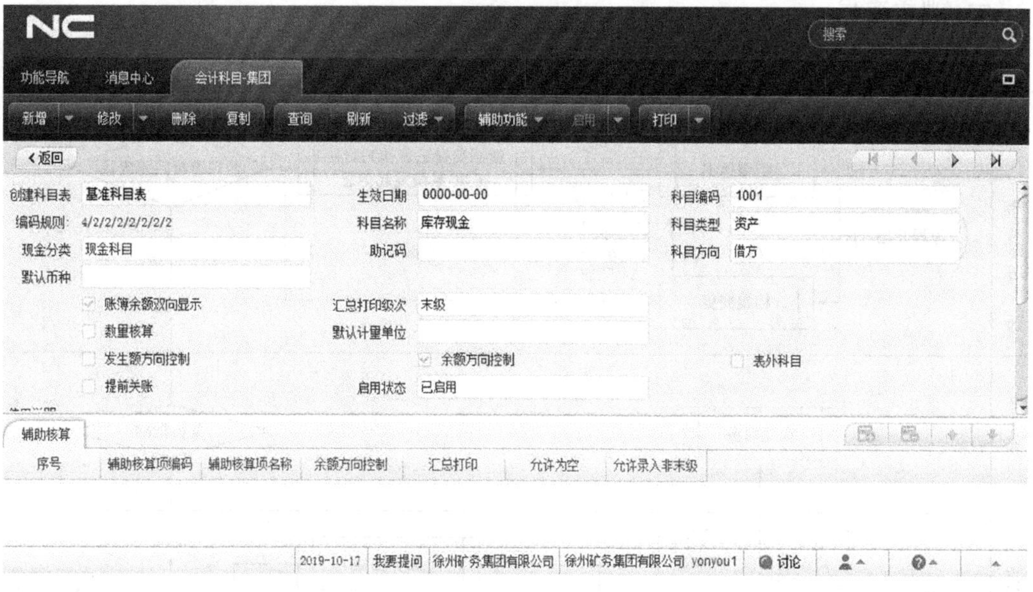

图 1-3-8

（三）会计辅助核算项目

相关界面见图 1-3-9。

（1）点击【新增】按钮，新增辅助核算项记录。

（2）录入辅助核算项编码、辅助核算项名称，选择数据对象。

（3）点击【保存】按钮进行保存。

图 1-3-9

第二节　业务单元档案管理员操作指引

一、业务流程

相关业务流程见图 1-3-10。

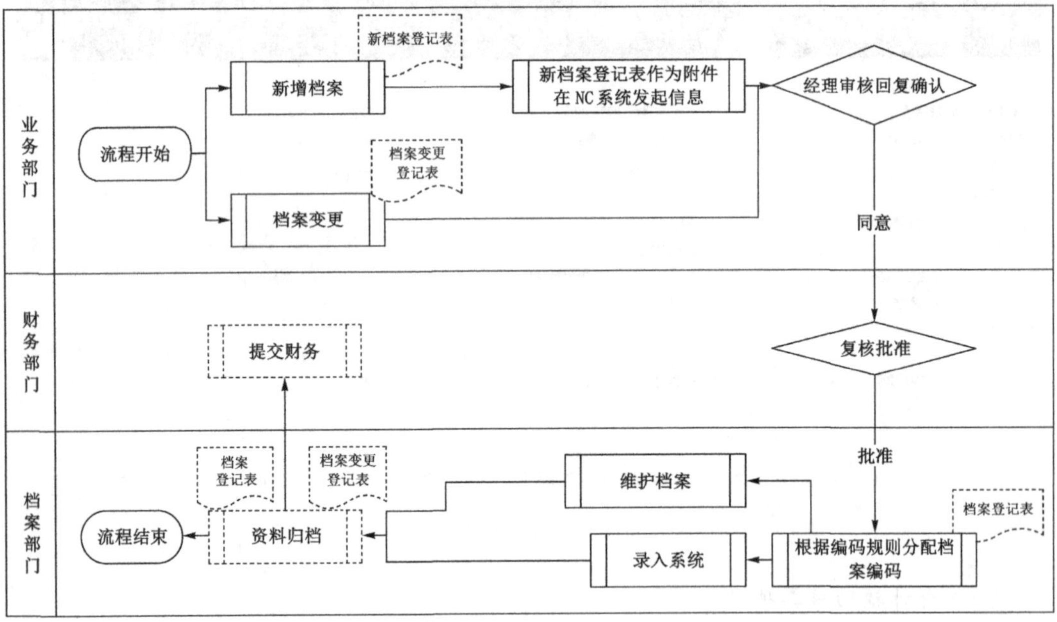

图 1-3-10

二、操作指引

（一）部门档案

部门是业务单元内部按照职能搭建起的管理单元，是业务单元下细分的行政组织，是企业最末级的组织单元；企业的员工要指定在具体的部门。部门界面见图 1-3-11。

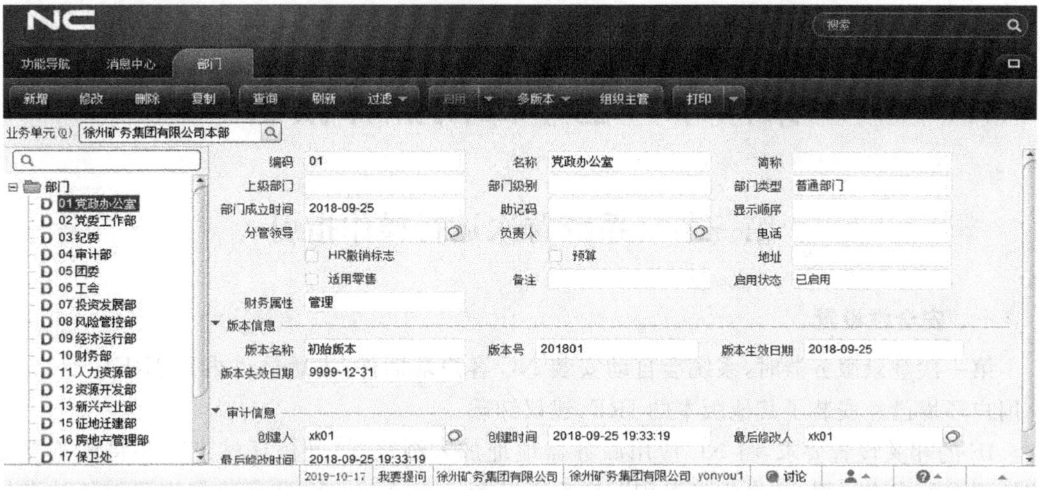

图 1-3-11

(1) 点击【新增】按钮，新增部门档案。

(2) 录入编码、名称，选择上级部门，选择财务属性。

(3) 点击【保存】按钮进行保存。

(二) 人员档案

这里指人员档案在非 HR 产品中的应用。为满足企业内控管理等的需要，主要应用于系统操作员与实体人员信息建立对应关联关系、科目辅助核算、财务核算报账人信息维护等。(图 1-3-12)

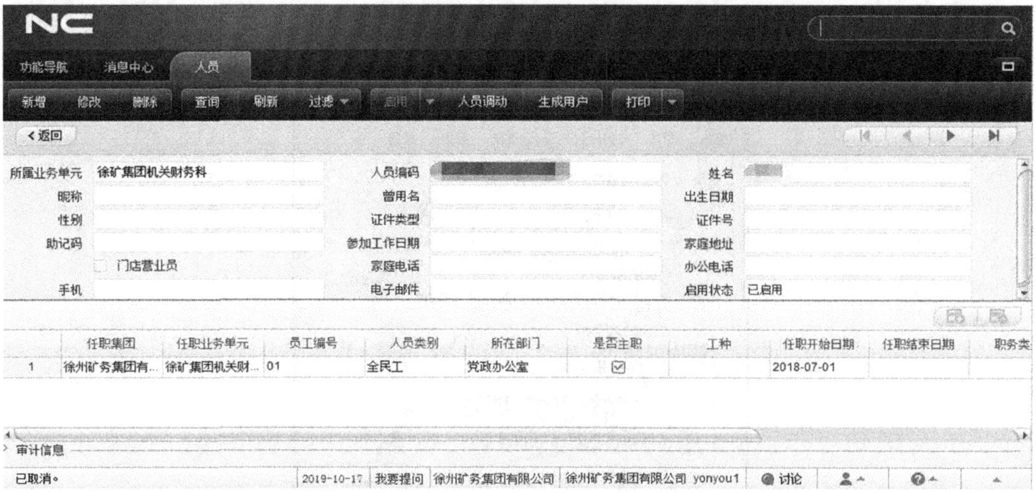

图 1-3-12

(1) 选择所属业务单元，选择部门，点击【新增】按钮，新增人员档案。

(2) 录入人员编码、姓名。

(3) 在表体中，录入任职记录。

(4) 点击【保存】按钮进行保存。

第四章　基本应用操作指引

第一节　系统首次运行操作指引

一、安全性设置

第一次登录服务器时，系统会自动安装 NC 客户端插件，本版插件内嵌 JRE1.7.0。如果用户环境已经安装了其他版本的 JRE，建议卸载。

IE 的相关设置要求：将 NC 应用服务器地址加入浏览器"受信任站点"，并将浏览器受信任站点的安全设置为"自定义级别"，启用下载和运行 ActiveX，或者直接将受信任站点的安全级别设置为"低"。安装完 JRE 后，用户可以将下载 ActiveX 安全设置为禁用。

基于网络速度和安全考虑，用户可以选择手动安装 NC 客户端插件。在系统安装盘"Client"中有独立安装程序。选择此种安装方式时，不需要修改 IE 的"下载 ActiveX"安全设置。

具体操作方法如下：

(1) 双击桌面 IE 图标，打开本机 IE 浏览器

。

(2) 在浏览器地址栏中输入 NC 网址。

(3) 打开 IE 窗口中的"工具"菜单，单击"Internet 选项"。

(4) 在"安全"页签中，选择"受信任的站点"，再点【默认级别】，将级别选为"低"。(图 1-4-1)

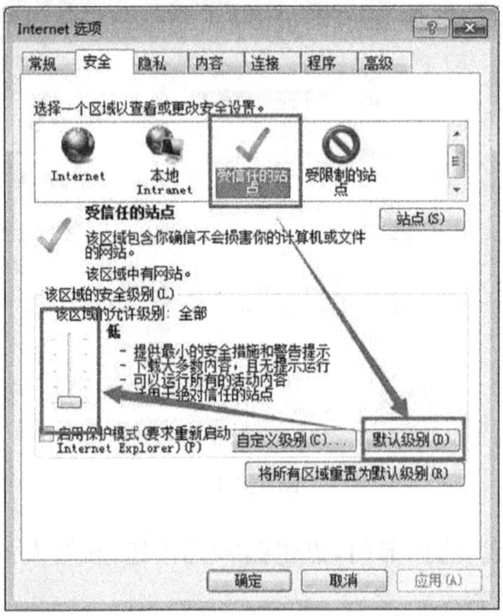

图 1-4-1

(5) 对"受信任的站点"进行设置:选中"受信任的站点",点击【站点(S)】。(图 1-4-2)

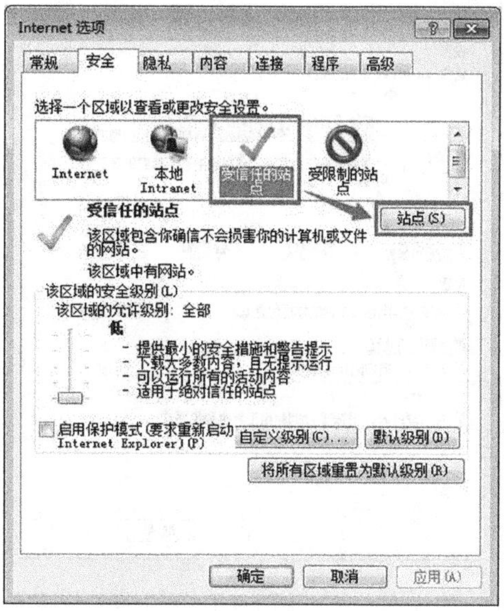

图 1-4-2

在弹出的"受信任的站点"窗口,把"对该区域的所有站点要求服务器验证(https:)(S)"前面的"√"去掉,然后把登录 NC 软件的 IP 地址输入"将该网站添加到区域(D:)"栏目,再点击【添加】,最后点击【关闭(C)】。(图 1-4-3)

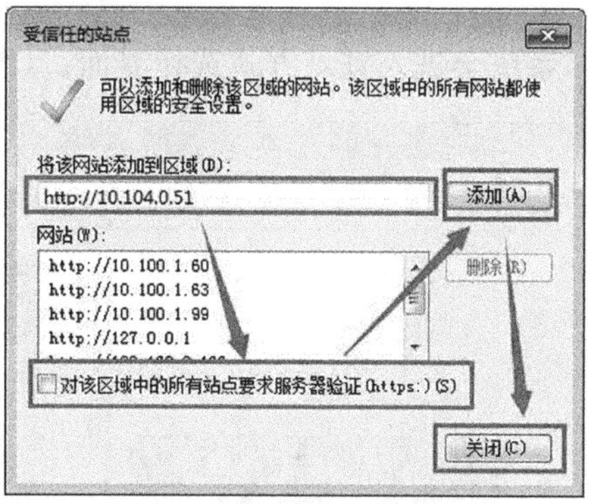

图 1-4-3

(6) 在"隐私"页签中,将"弹出窗口阻止程序"中的"启用弹出窗口阻止程序"选项的"√"去掉,再点击【确定】。(图 1-4-4)

如果经过以上设置之后,仍然无法进入 NC 管理软件,可进行以下检查:

(1) 检查 IP 地址输入是否正确。

(2) 检查公司局域网网络是否连通。

(3) 检查本机 IE 版本是否为 8.0 以上。

(4) 检查是否有拦截工具,如杀毒软件、防火墙、3721、雅虎助手、超级兔子、搜狗工具、

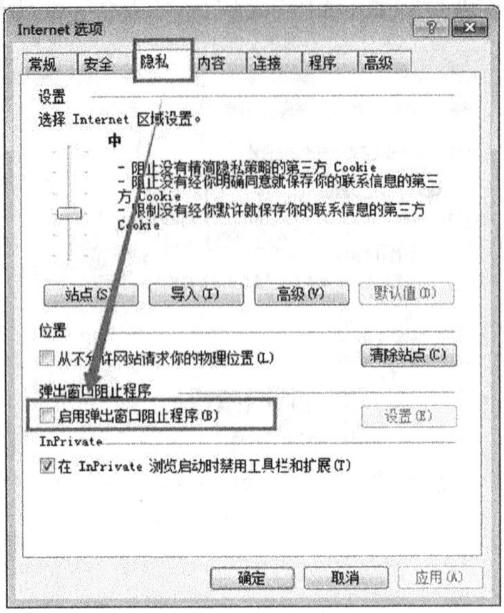

图 1-4-4

搜搜、网络实名等一些上网工具。(这些工具会在上网的过程中自行安装到电脑中,会阻止NC管理软件正常运行,请卸载)

(5) 检查是否已经安装其他高版本的 Java,如果有,必须先卸载。

(6) 如仍然不能登录系统,请下载安装 UClient 进行登录。

二、首次运行

第一次进入 NC 系统时,系统会进入登录方式选择界面。(图 1-4-5)

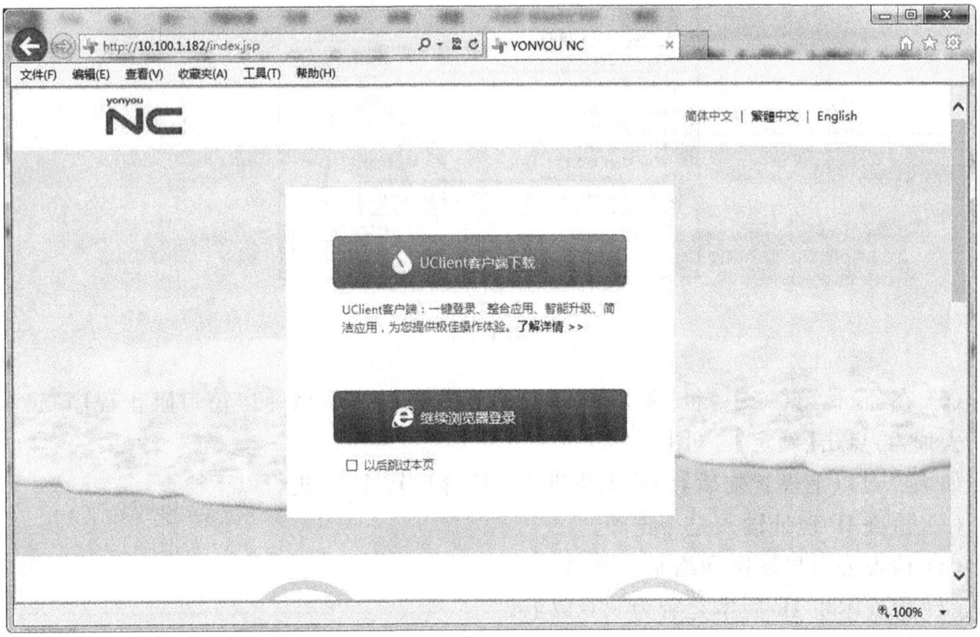

图 1-4-5

(一) Uclient 客户端方式登录

选择"Uclient 客户端下载",会下载 Uclient 客户端,将其保存到桌面即可。(图 1-4-6)

图 1-4-6

(1) 双击打开 Uclient 客户端。

(2) 点击"+",添加应用。

(3) 在搜索栏录入 NC 登录地址后,点击【搜索】按钮,搜索应用。(图 1-4-7)

图 1-4-7

（4）点击【添加】按钮，进行应用安装。（图 1-4-8）

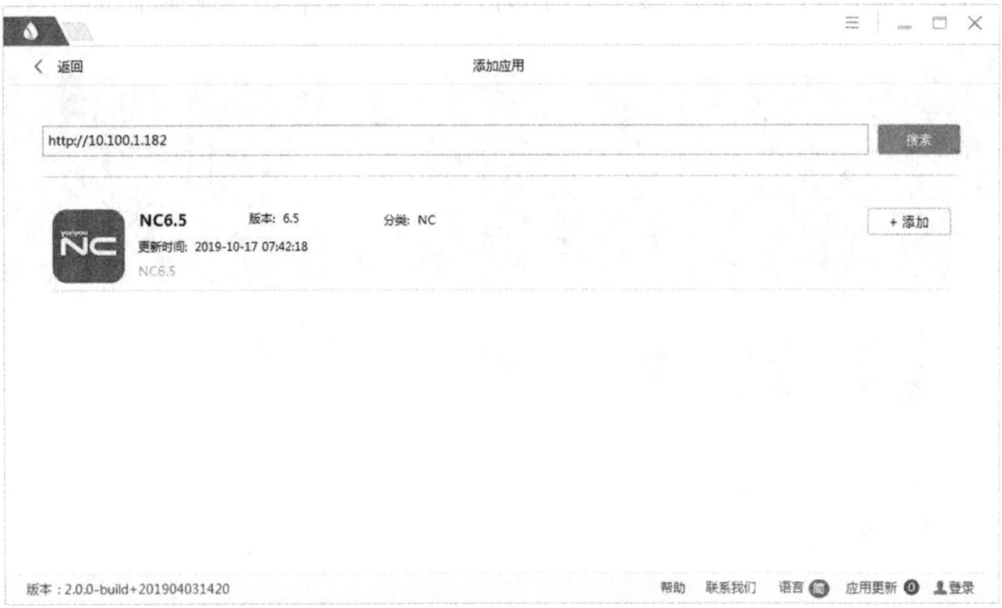

图 1-4-8

（5）安装完成后，可以返回主界面上，点击应用图标进入系统，或者右击图标进行重命名、删除、克隆、清除缓存等操作。“克隆”功能可以实现两个账号同时登录，“清除缓存”功能可以实现清除本地缓存重新加载。（图 1-4-9）

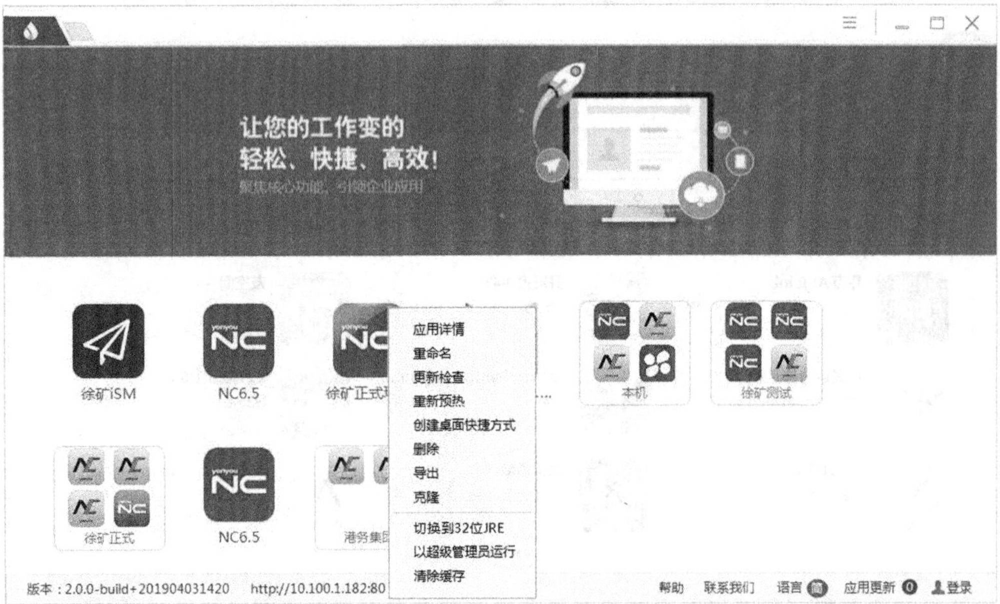

图 1-4-9

（二）浏览器方式登录

选择“继续浏览器登录”，会出现 Java 安装程序界面，按提示安装即可。（图 1-4-10）

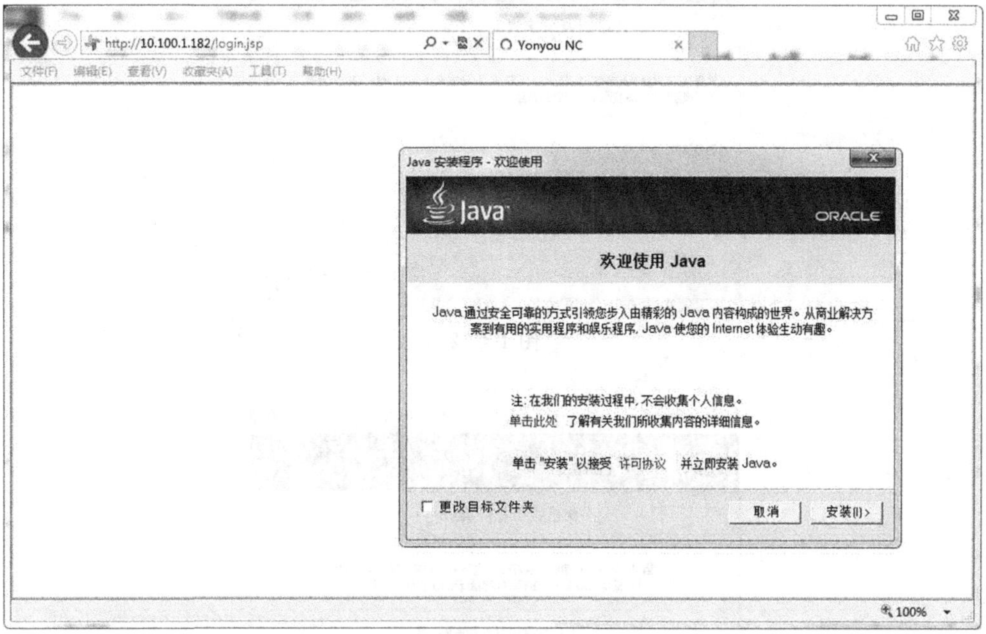

图 1-4-10

（1）点击【安装】按钮，进行 Java 安装。（图 1-4-11）

图 1-4-11

（2）安装完成后，点击【下一步】。（图 1-4-12）

（3）点击【关闭】按钮，完成 Java 安装。（图 1-4-13）

（4）如弹出“验证 Java 并查找过时版本”界面，直接关掉即可。（图 1-4-14）

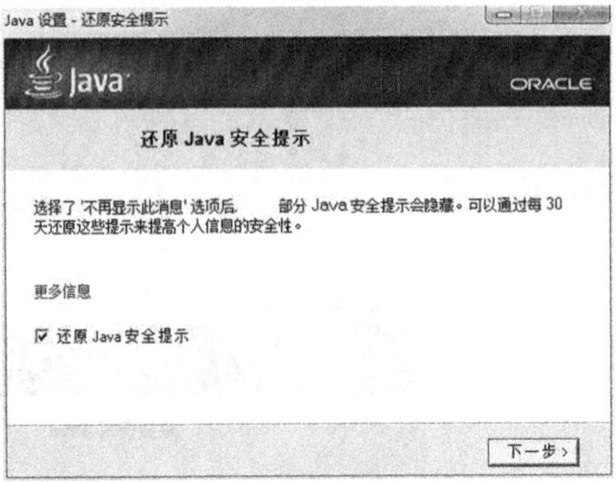

图 1-4-12

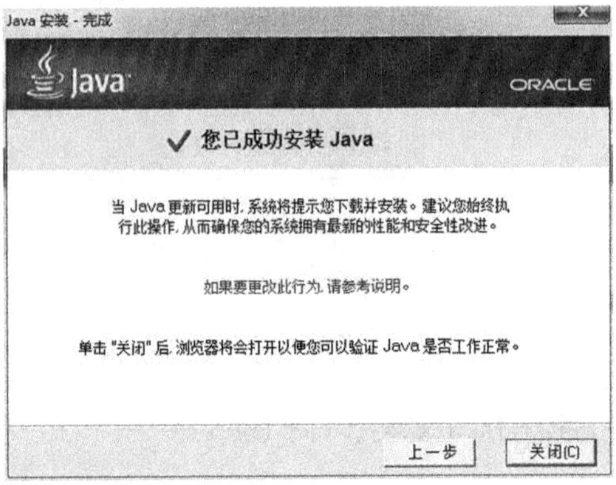

图 1-4-13

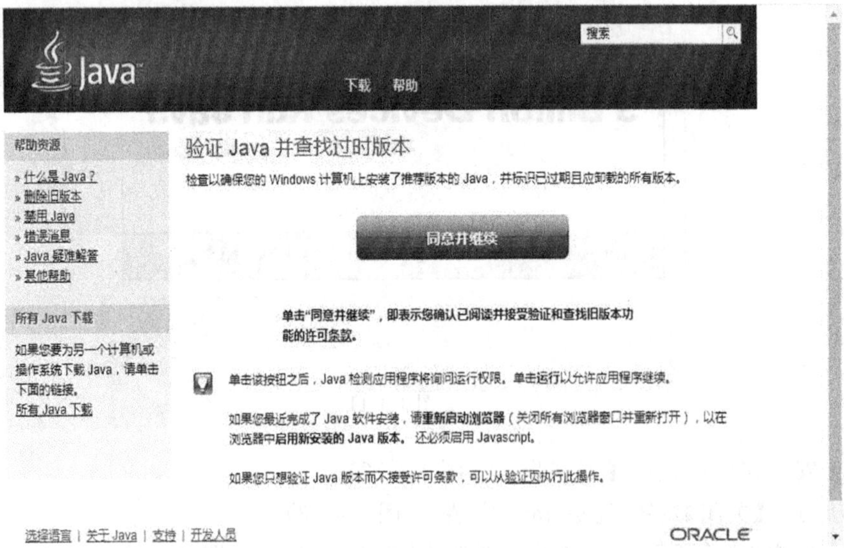

图 1-4-14

第二节　系统日常运行操作指引

一、系统登录操作

使用 Uclient 客户端或者浏览器方式登录系统。用浏览器登录时，需要在弹出的“安全警告”界面勾选“我接受风险并希望运行此应用程序(I)”，点击【运行】按钮即可。进入系统登录界面。(图 1-4-15、图 1-4-16)

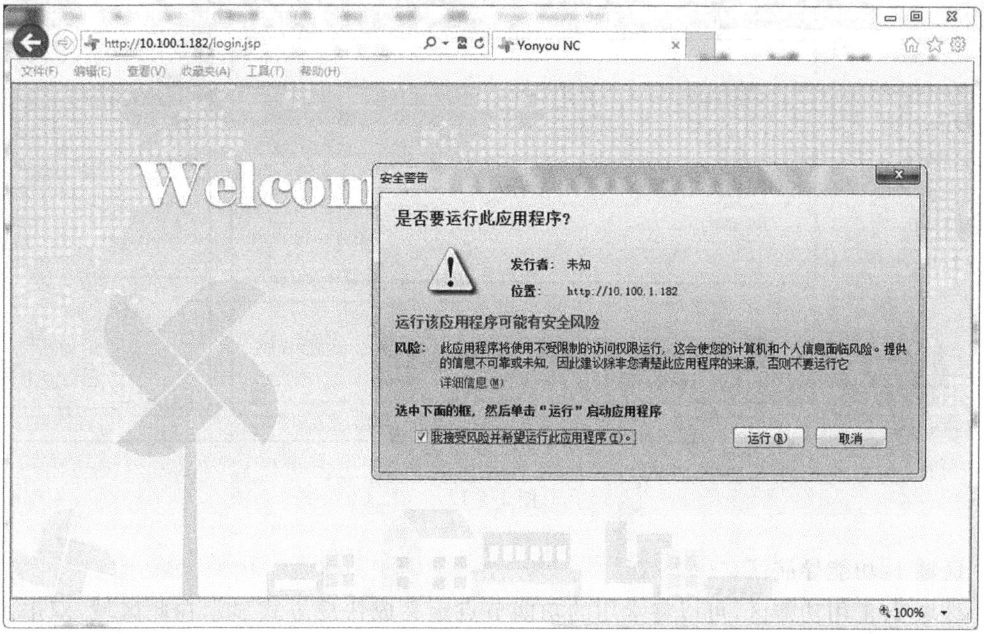

图 1-4-15

图 1-4-16

（1）登录系统选择“徐州矿务集团有限公司”。

（2）录入用户名、密码。

（3）使用回车键(Enter)或者点击图1-4-16右侧【登录】按钮登录系统。

二、主页区域

相关界面见图1-4-17。

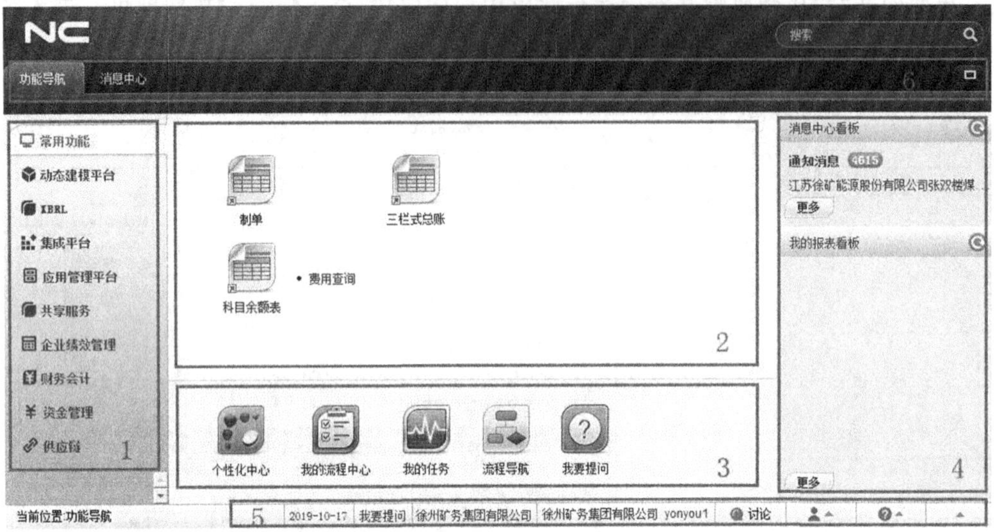

图1-4-17

区域1:功能导航区。

区域2:常用功能区,可以将常用的功能节点定义成快捷方式显示在此区域,双击图标可以打开功能节点,图标右侧显示的是单据上的查询方案,单击可以打开;支持鼠标右键功能,右键菜单包括删除此快捷方式、重命名、更改图片、排序等功能。

区域3:系统固定功能区,用户不能自定义增加、减少。

区域4:看板区,包括“消息中心看板”和“我的报表看板”。“消息中心看板”显示消息中心各大类未读数,可以直接点击查看消息或处理任务;“我的报表看板”显示已订阅的未读报表,可以直接点击打开查看。

区域5:登录信息显示区,显示当前登录的集团、用户和登录时间;点击界面下方蓝色日期,即可弹出切换日期界面,可以修改当前默认日期。

点击界面下方蓝色业务单元名称,则弹出个性化中心界面,可以进行默认业务单元、默认财务核算账簿、默认模板等默认值的设置,可以进行邮箱绑定、用户密码重置记录等操作,可以进行一些个性化应用习惯的设置。(图1-4-18)

在最右边的小三角图标展示其他常用的小功能,可以在此处修改登录密码。(图1-4-19)

区域6:功能页签栏,NC系统支持多任务,即可以同时打开多个功能节点,以多页签的形式展现在功能页签栏上。(图1-4-20)

页签上支持鼠标右键功能,右键菜单包括“关闭”页签、“关闭其他”页签、“全部关闭”页签。

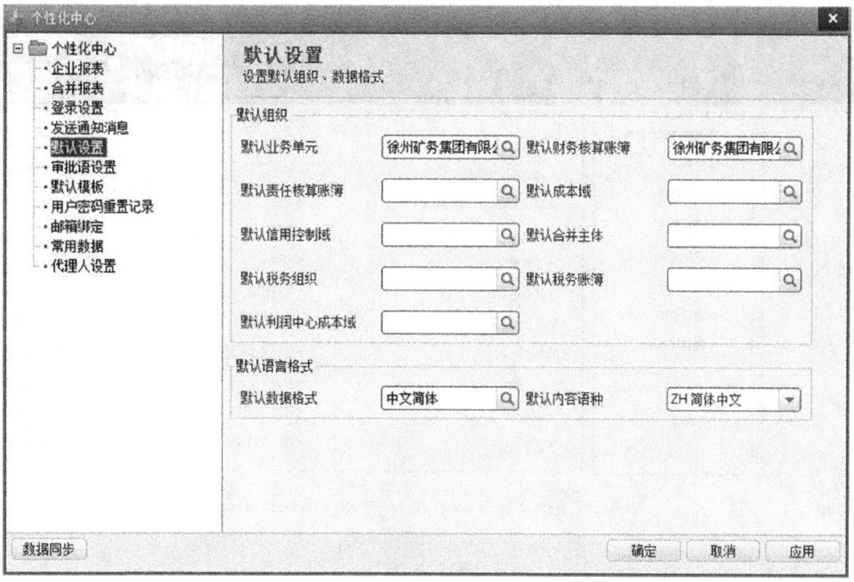

图 1-4-18

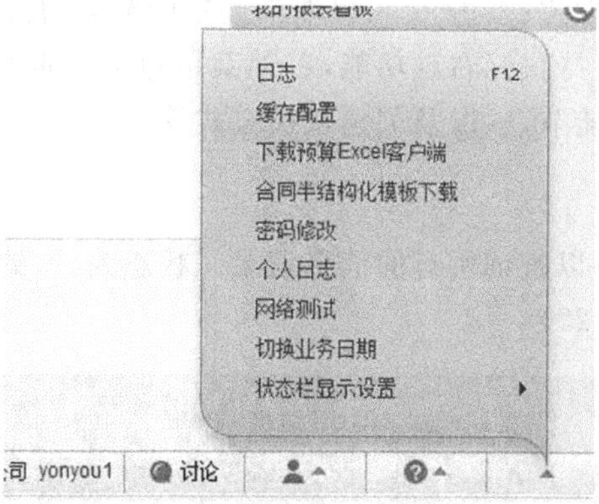

图 1-4-19

图 1-4-20

三、功能导航区域

界面见图 1-4-21。

区域 1:结合用户权限展现其工作及各领域列表,单击某条在右侧展开下级内容。

区域 2:结合用户权限展现领域下产品模块列表,单击某条在右侧展开下级内容。

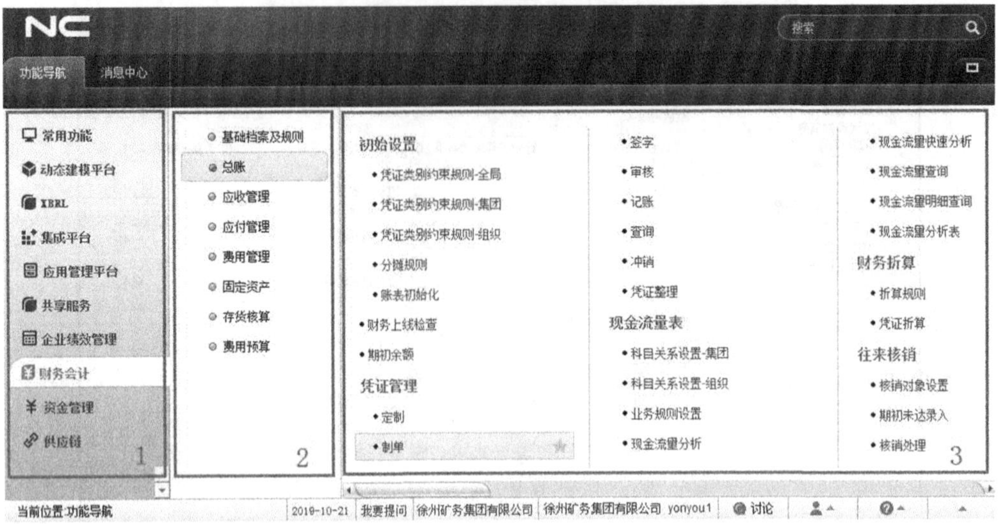

图 1-4-21

区域 3:功能地图视图区,亦要结合用户权限展现,末级功能节点双击打开;点击 可以将此功能节点定义成快捷方式;点击 可以取消此功能节点的快捷方式。

同时,末级功能节点支持鼠标右键功能,右键菜单包括以页签的形式打开此功能节点、以对话框的形式打开此功能节点,以及创建快捷方式等。

四、消息管理操作

在消息中心界面下,可以查询所有的消息记录。状态为 的为已处理消息,状态为 的为未处理消息。(图 1-4-22)

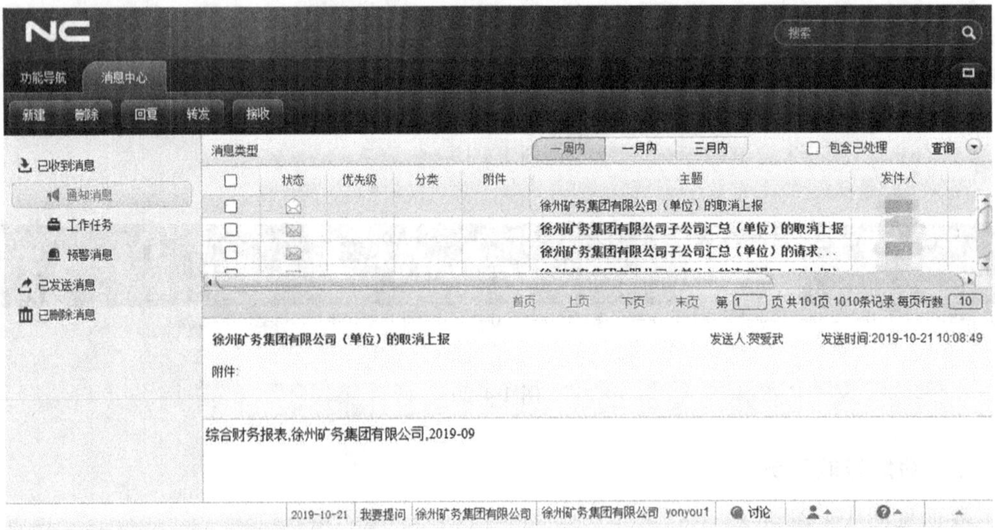

图 1-4-22

五、打印输出操作

点击【打印】按钮，进入打印预览界面。(图 1-4-23)

图 1-4-23

在界面左侧可以预览打印效果。(图 1-4-24)

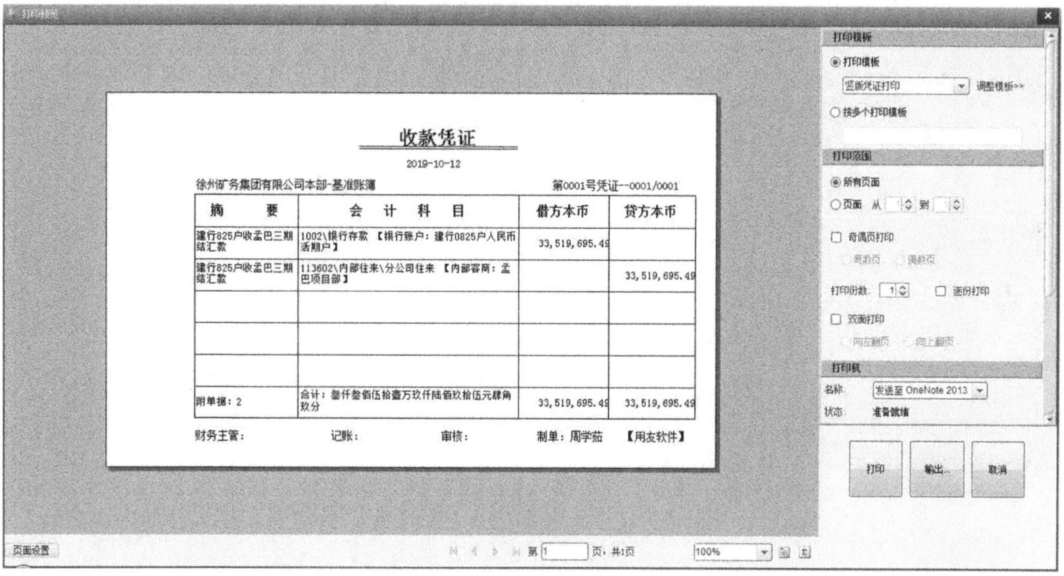

图 1-4-24

在界面右侧可以选择打印模板、打印范围、打印机，可以进行打印、输出 Excel 等操作。

六、在线帮助操作

点击界面下方 按钮选择【帮助】，或者按 F1 键，可以打开帮助功能界面。(图 1-4-25)

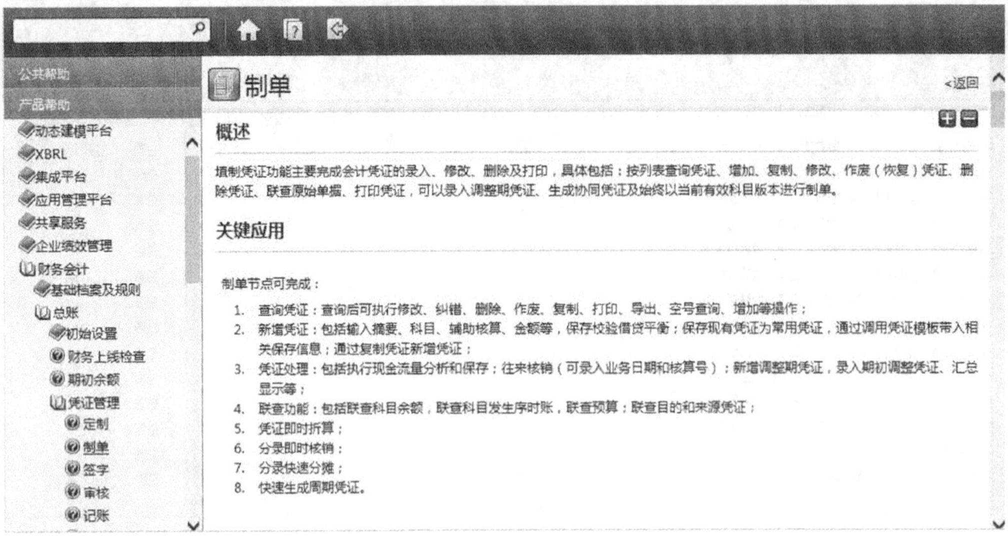

图 1-4-25

当打开某个节点，并将此节点页签显示在最前方时，打开帮助界面会自动跳转到该节点所对应的帮助界面。

可以通过左侧节点树，选择其他功能节点帮助进行查询。

第二篇　计划预算

第一章　总 体 流 程

计划预算总体流程见图 2-1-1。

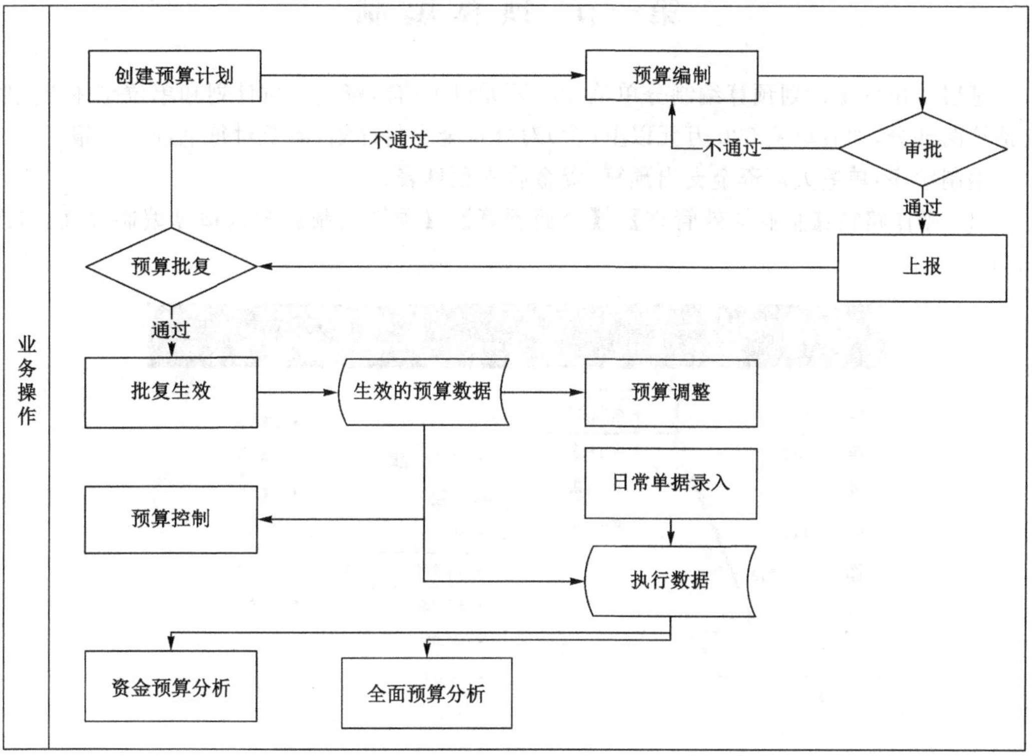

图 2-1-1

第二章 操作指引

第一节 预算填制

基层单位资金计划预算编制分单笔500万元以上(含)资金支付计划和单位整体资金收支预算两部分,如有单笔500万元以上(含)对外资金支付计划,需要对每笔进行填报。

编制顺序:单笔大额资金支出预算、资金收支预算表。

(1) 操作路径:【企业绩效管理】—【全面预算】—【预算编制】,进入预算编制界面。(图2-2-1)

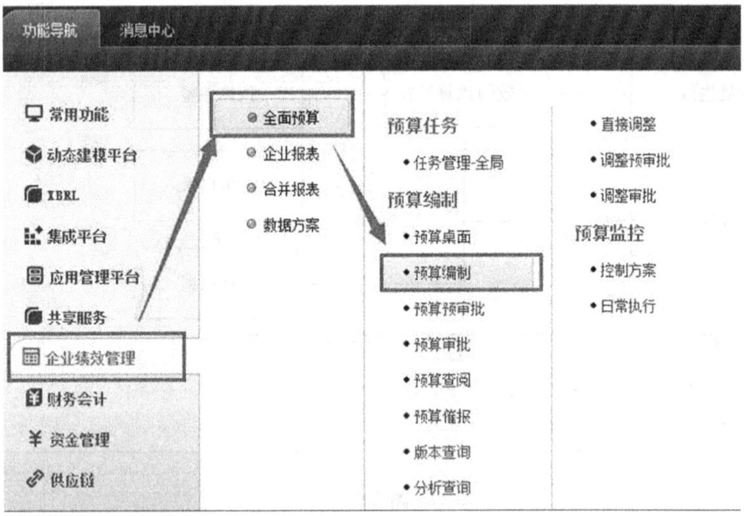

图 2-2-1

(2) 点击“”按钮,选择需要编制的预算任务“徐矿集团资金收支预算(编制)”,点击【确定】。(图2-2-2)

(3) 选择编制年度和编制月份,点击【编制】按钮,进入编制状态。(图2-2-3)

(4) 点一下粉红色动态行,然后点击右上角“”按钮,录入需要增加的行数,点击【确定】按钮,即可增加多行。(图2-2-4)

(5) 从第二行开始,录入“行号”,选择“预算项目名称”,录入“支出对象”“预计支出时间”“500万以上预算金额”、“备注说明”等项目,点击【保存】按钮进行保存。(图2-2-5)

(6) 点击【提交】按钮,录入“上报意见”,点击【确定】即可提交审批流。(注意:提交后,预算表不可再编辑,如需退回,需要上级审批人员进行驳回制单人操作)(图2-2-6)

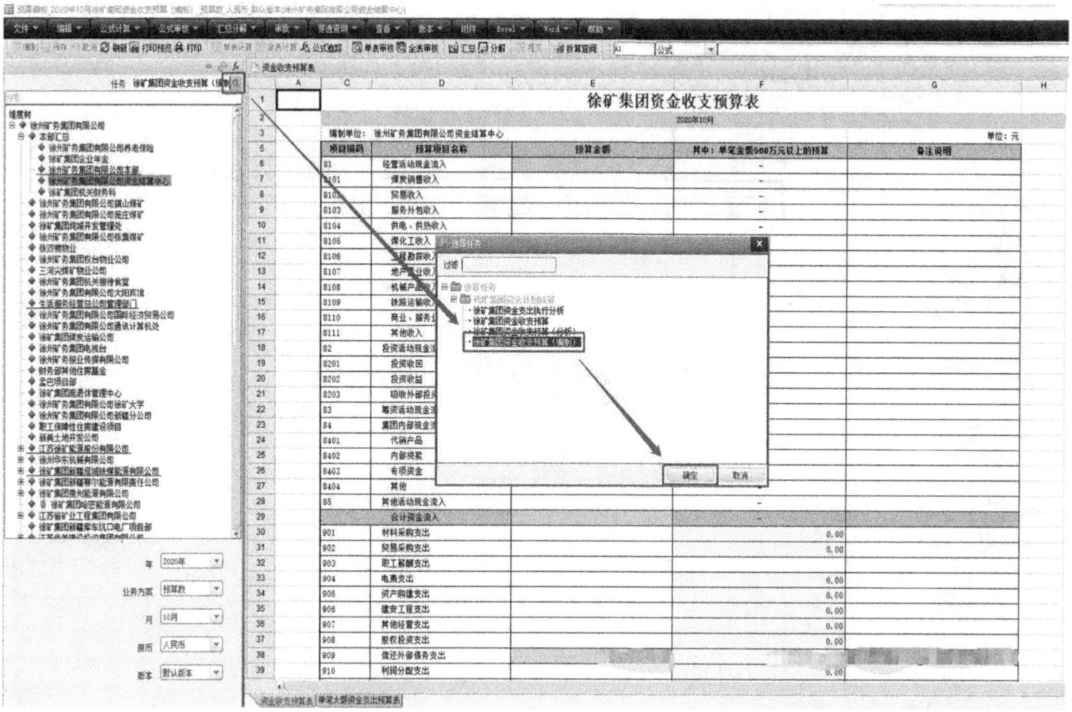
徐矿集团资金收支预算表
2020年10月
编制单位：徐州矿务集团有限公司资金结算中心
单位：元
确定
取消

图 2-2-2

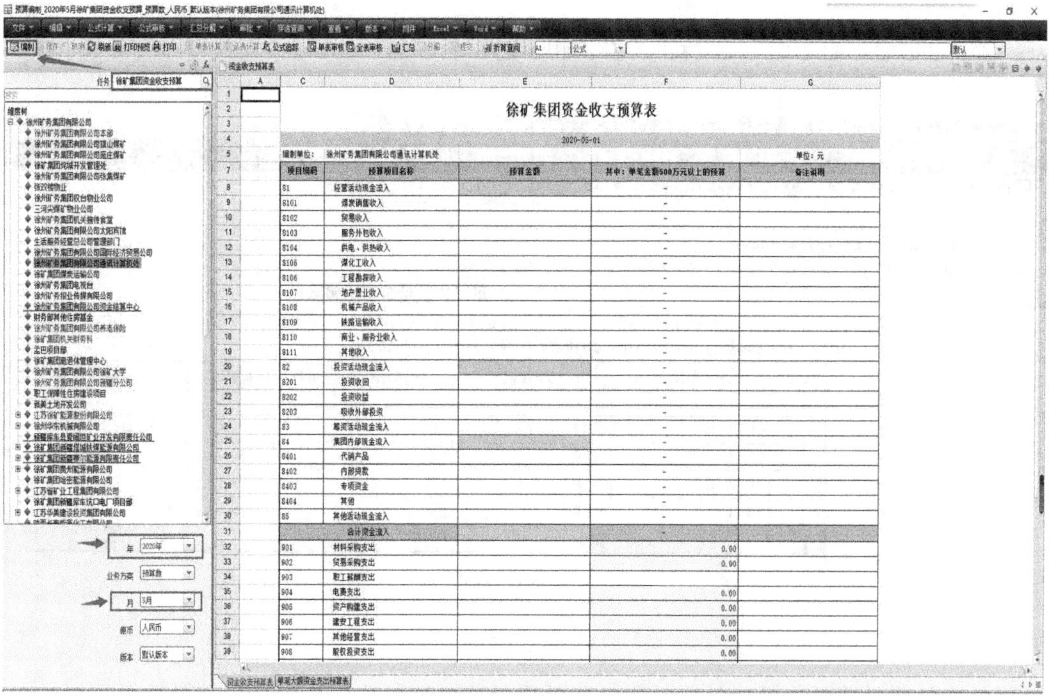
徐矿集团资金收支预算表
2020-05-01
编制单位：徐州矿务集团有限公司通讯计算机处
单位：元

图 2-2-3

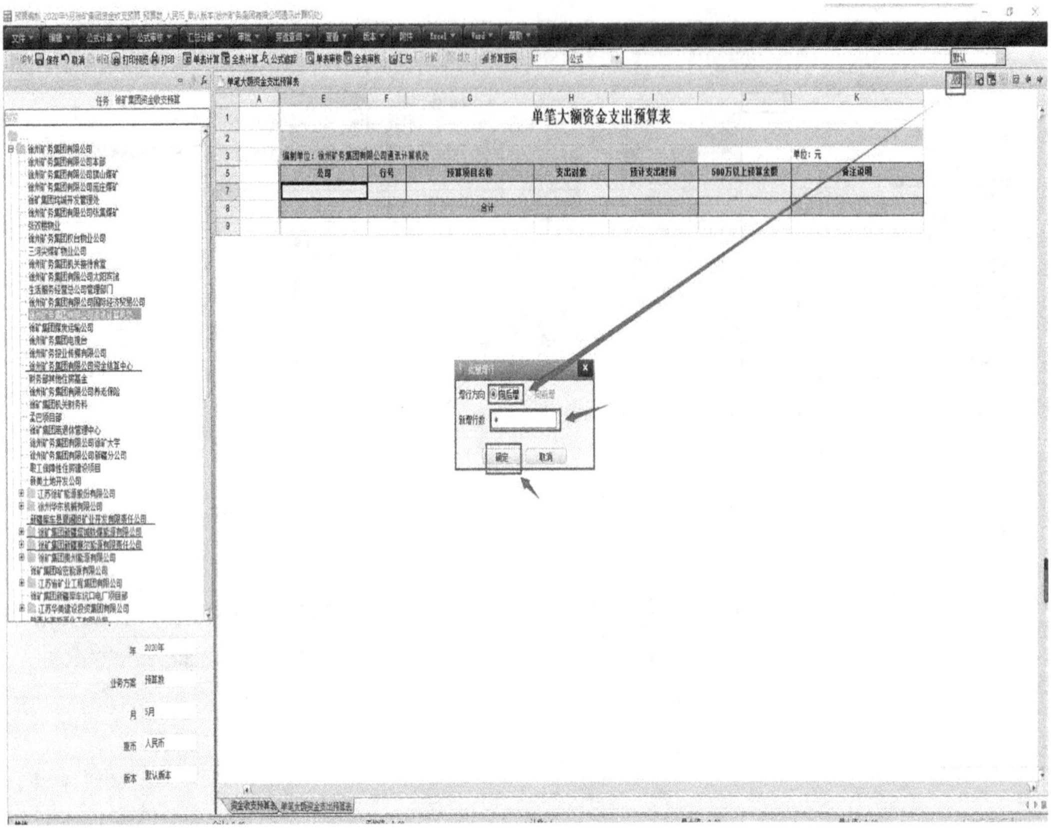
单笔大额资金支出预算表
编制单位：徐州矿务集团有限公司通讯计算机处
单位：元
行号
预算项目名称
支出对象
预计支出时间
500万以上预算金额
备注说明
合计
确定
取消

图 2-2-4

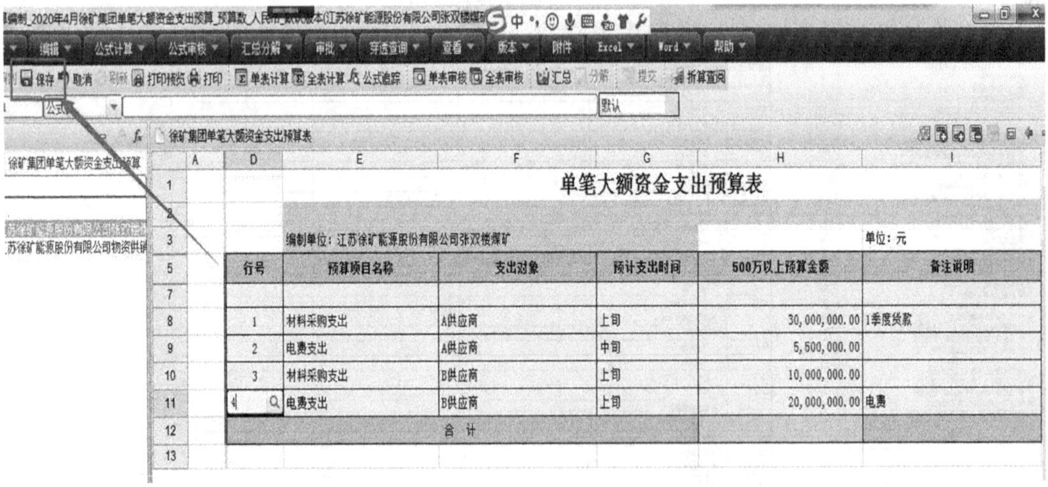
编辑
公式计算
公式审核
汇总分解
审批
穿透查询
查看
版本
附件
Excel
Word
帮助
保存
取消
打印预览
打印
单表计算
全表计算
公式追踪
单表审核
全表审核
汇总
分解
提交
折算查询
默认
徐矿集团单笔大额资金支出预算表
单笔大额资金支出预算表
编制单位：江苏徐矿能源股份有限公司张双楼煤矿
单位：元
行号
预算项目名称
支出对象
预计支出时间
500万以上预算金额
备注说明
1
材料采购支出
A供应商
上旬
30,000,000.00
1季度货款
2
电费支出
A供应商
中旬
5,500,000.00
3
材料采购支出
B供应商
上旬
10,000,000.00
4
电费支出
B供应商
上旬
20,000,000.00
电费
合 计

图 2-2-5

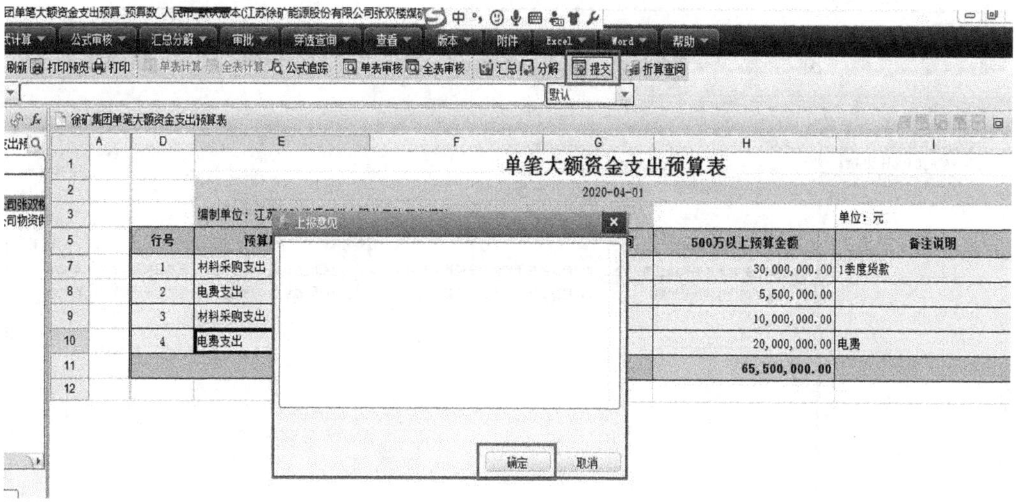

图 2-2-6

第二节 预算审批

资金计划预算提交后需要相关负责人员审批，审批可以在电脑和手机上进行。鉴于资金计划预算内容较多，建议在电脑上进行审批。

(1) 操作路径：【企业绩效管理】—【全面预算】—【预算审批】，进入预算审批界面。(图 2-2-7)

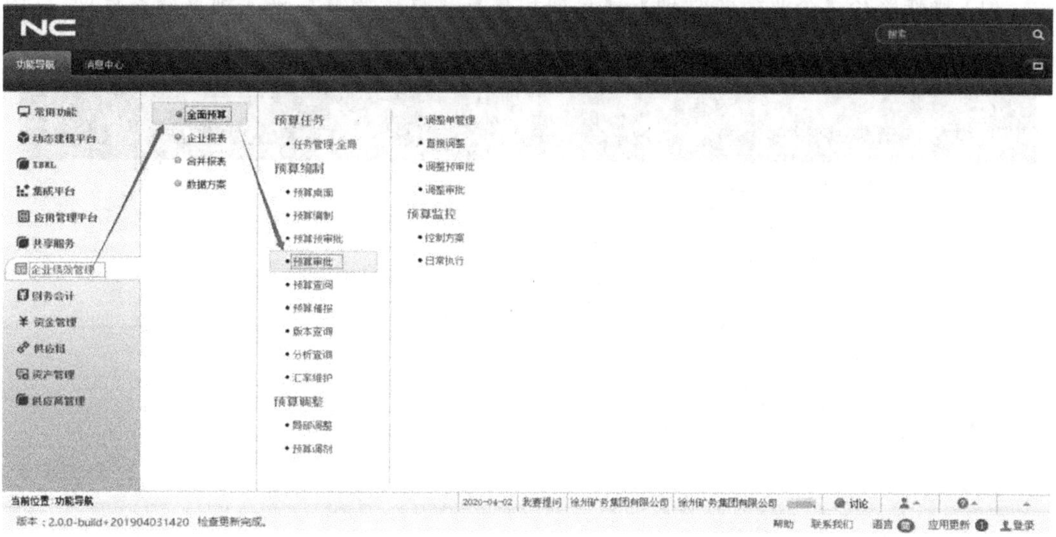

图 2-2-7

(2) 在查询条件中，可以选择编制主体、年度等信息，点击【查询】按钮，可以实现预算计划的过滤。如果想按照其他条件过滤，则可以点击右侧 ≫ 按钮，添加其他条件。(图 2-2-8)

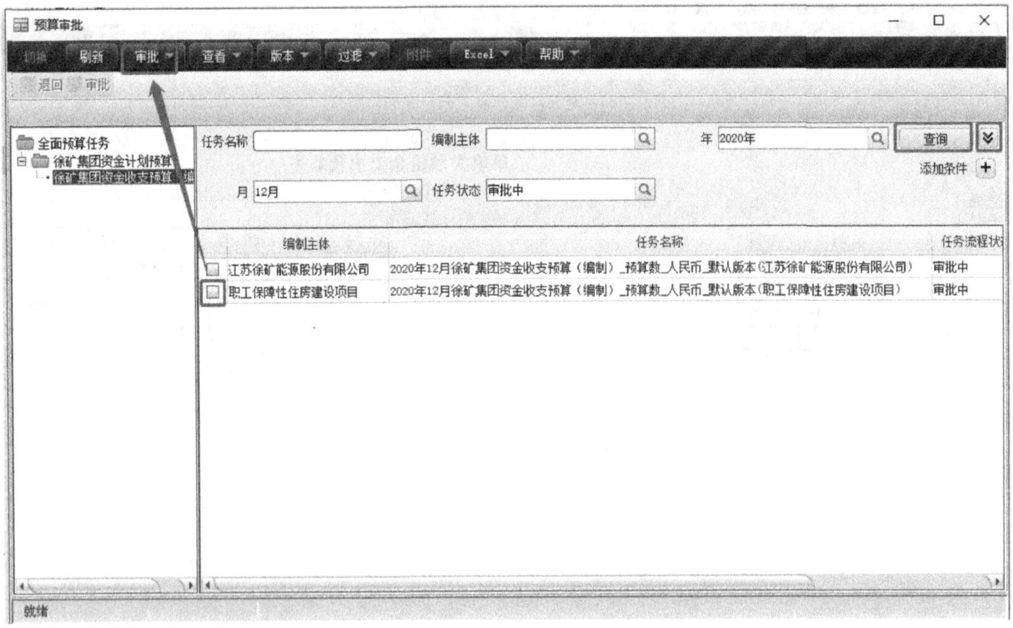

图 2-2-8

（3）在需要审批的计划前打钩，然后点击【审批】按钮完成审批。

第三节　预算调整

（1）操作路径:【企业绩效管理】—【全面预算】—【直接调整】，进入预算调整界面。（图 2-2-9）

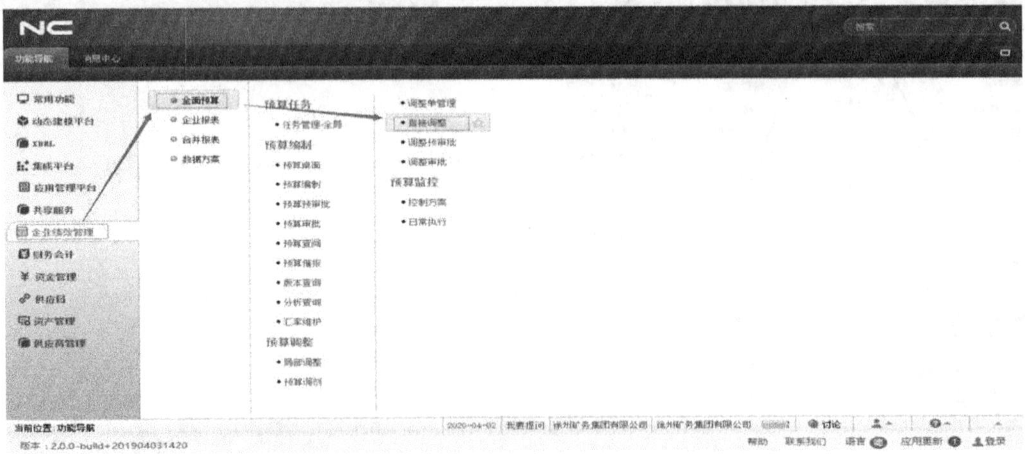

图 2-2-9

（2）点击 按钮，选择需要编制的预算任务（“徐矿集团资金收支预算”），点击【确定】。（图 2-2-10）

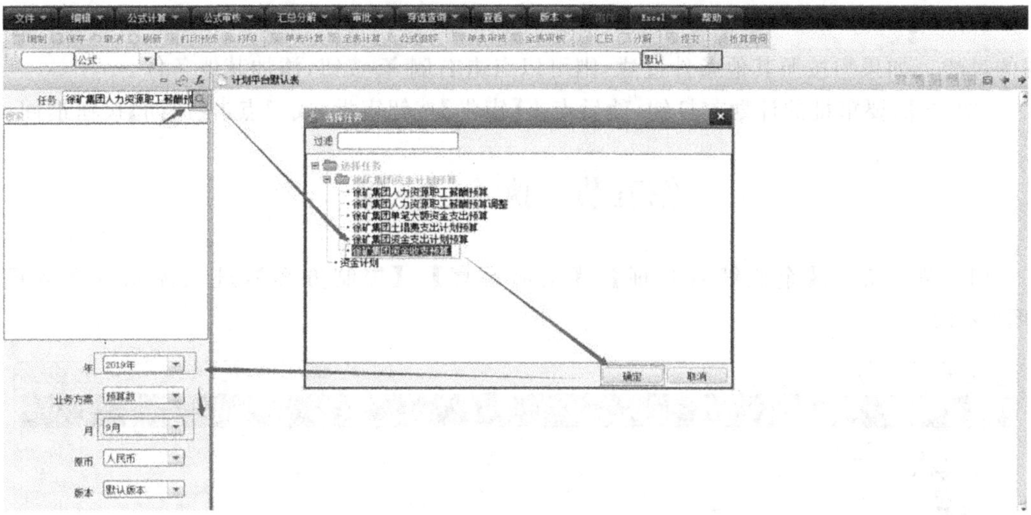

图 2-2-10

（3）在维度树中选择需要填制预算的业务单元，在左下方选择预算编制的业务期间、业务方案等。点击【编辑】按钮，进行预算数据填制，点击【单表计算】或者【全表计算】进行计算，调整完成后，点击【保存】按钮保存。

（4）保存完成后，点击【提交】按钮提交审批。

第四节 调整审批

审批人员同样需要对已调整的预算表单进行审批操作。

（1）操作路径：【企业绩效管理】—【全面预算】—【调整审批】，进入预算调整审批界面。（图 2-2-11）

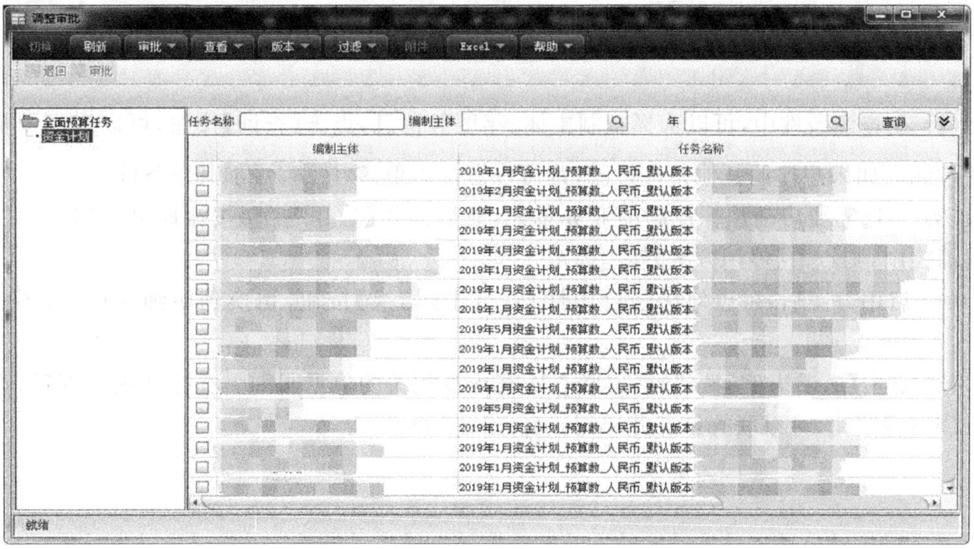

图 2-2-11

(2) 在查询条件中，可以选择编制主体、年度等信息，点击【查询】按钮，可以实现预算计划的过滤。如果想按照其他条件过滤，则可以点击右侧按钮，添加其他条件。

(3) 在需要审批的计划前打钩，然后点击【审批】按钮审批，或者点击【退回】按钮退回。

第五节　执行控制

(1) 操作路径:【企业绩效管理】—【全面预算】—【控制方案】，进入控制方案界面。(图2-2-12)

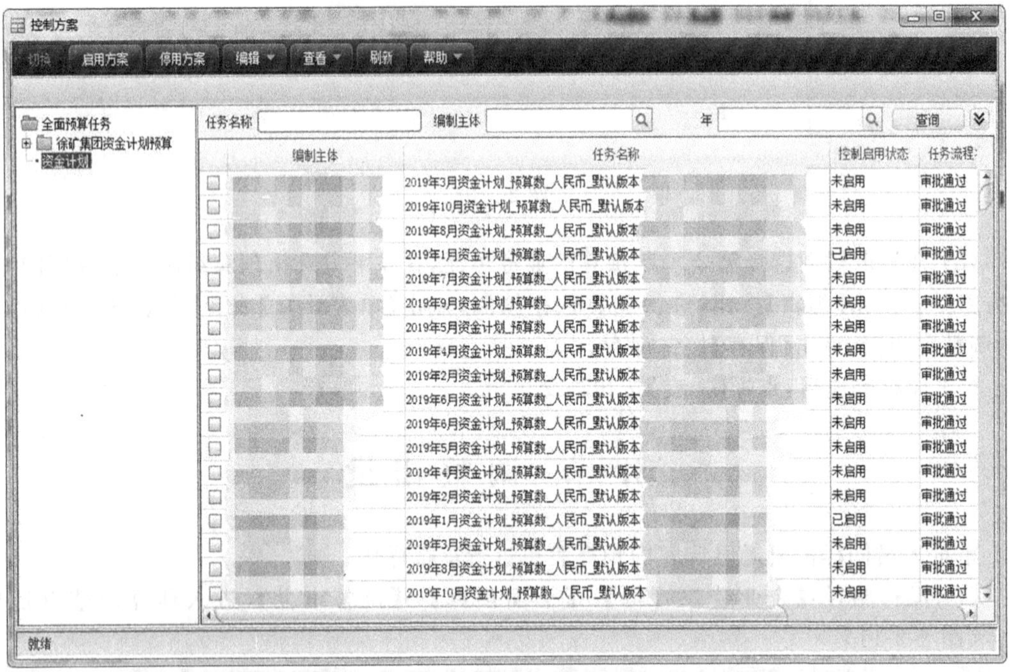

图 2-2-12

(2) 在查询条件中，可以选择编制主体、年度等信息，点击【查询】按钮，可以实现预算计划的过滤。如果想按照其他条件过滤，则可以点击右侧按钮，添加其他条件。

(3) 勾选需要启动预算控制的业务单元，然后点击【启用方案】按钮即可启用。如果需要取消控制，则点击【停用方案】停用即可。

(4) 启用方案后，可以勾选已启用计划，点击【切换】按钮，切换到明细界面。(图 2-2-13)

(5) 点击【查看方案】按钮，可以联查所有预算相关的单据明细。选择某张单据后，点击下方【联查】按钮，可以联查打开此单据。(图 2-2-14)

控制方案
返回
启用方案
停用方案
查看方案
预警方案
编辑
查看
刷新
帮助
E50
公式
默认
Sheet1
A C D E
45 2101 上交款项
46 210101 利润
47 210102 专项资金
48 210103 其他
49 2102 人工附加及统筹 11000000.00
50 210201 工资支出 3000000.00
51 210202 奖金
52 210203 补贴
53 210204 五项保险 4000000.00
54 210205 年金 3000000.00
55 210206 住房公积金 1000000.00
56 210207 福利费
57 210208 工会经费
58 210209 职教经费
59 210210 其他人工
60 2103 材料支出
61 2104 工程劳务支出
62 2105 电费 20000.00

图 2-2-13

常用控制规则查询
基本信息
控制数规则
控制信息设置面板
控制方案启用信息
联查单据明细
主体
系统
单据类型
基本档案
执行数
限责任公司[2019-01至2019-01]
[F5-Cxx-01]付款结算单-普通
[F5-Cxx-02]付款结算单-委托
[F5-Cxx-03]付款结算单-内转
[F5-Cxx-04]付款结算单-特付
[D5]付款结算单
现金管理
付款结算单
工资支出,
责任公司
[D5]工资发放
[F3-Cxx-02]付款单-委托
[F3-Cxx-01]付款单-自付
[F3-Cxx-03]付款单-内转
[D5]付款结算单
[D5]工资发放
0.00
联查
取消

图 2-2-14

第三篇　财务核算

第一章　总　　账

第一节　总体流程

财务核算总体流程见图 3-1-1。

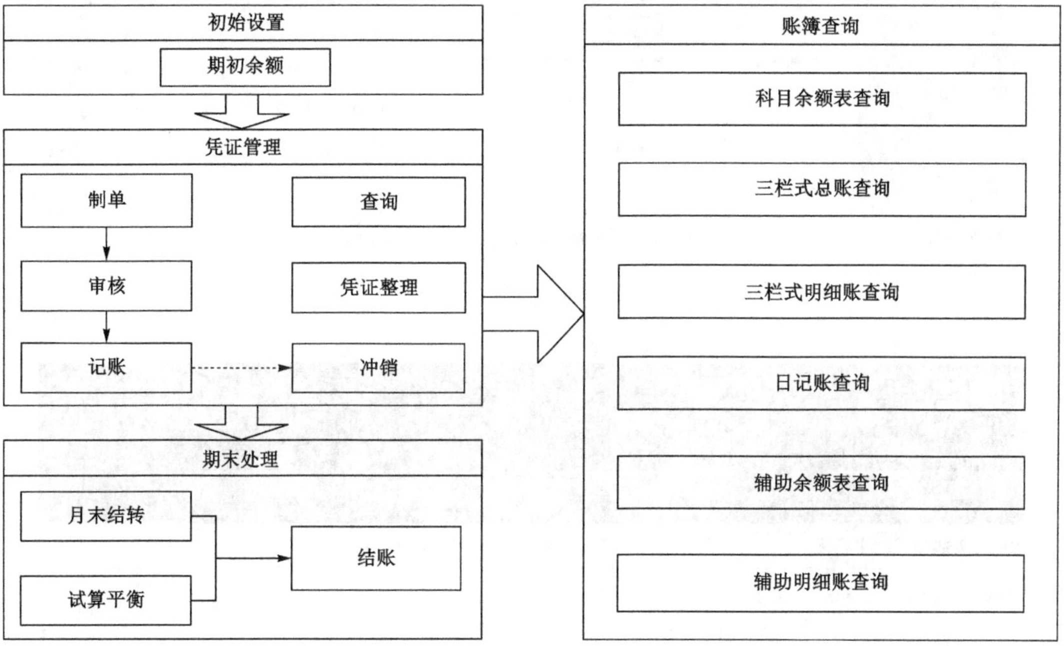

图 3-1-1

第二节　操作指引

一、初始设置

（一）期初余额

期初余额是指开始启用月份的月初余额。

（1）操作路径:【财务会计】—【总账】—【期初余额】,进入期初余额界面。（图 3-1-2）

（2）首先选择“币种”（人民币、美元、澳元等），然后在原币栏中录入期初余额，自动带出本币金额，录入完毕后，点击【保存】按钮保存。保存成功后点击【试算】按钮进行试算平衡，以确保录入正确。上级科目不需录入，由下级科目余额自动汇总得到。灰色底纹显示的科目为带有辅助项的科目，可以点击【辅助】按钮，打开辅助项录入界面，进行明细辅助项目的录入。（图 3-1-3）

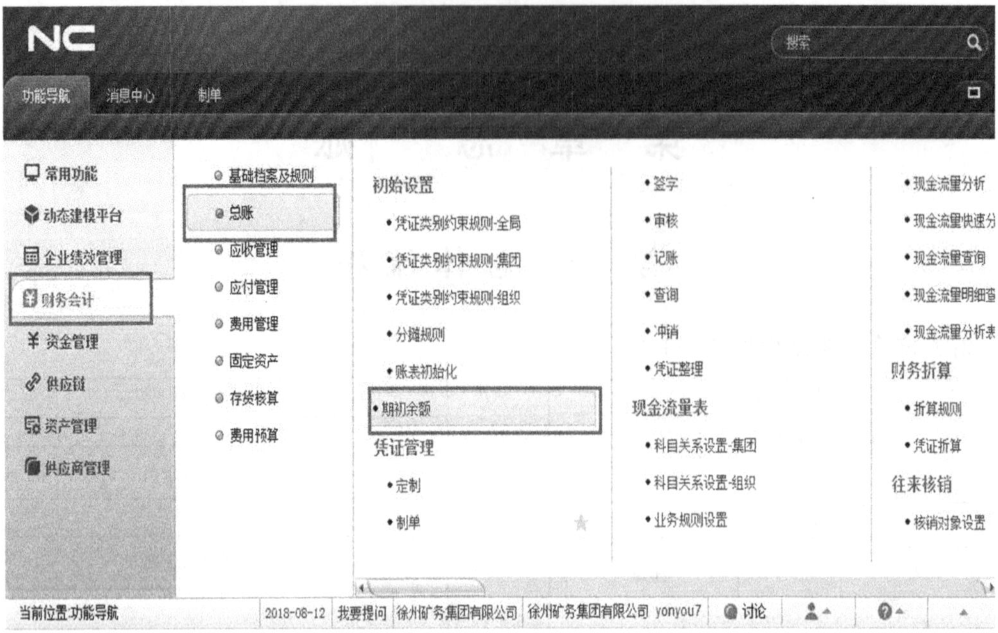

图 3-1-2

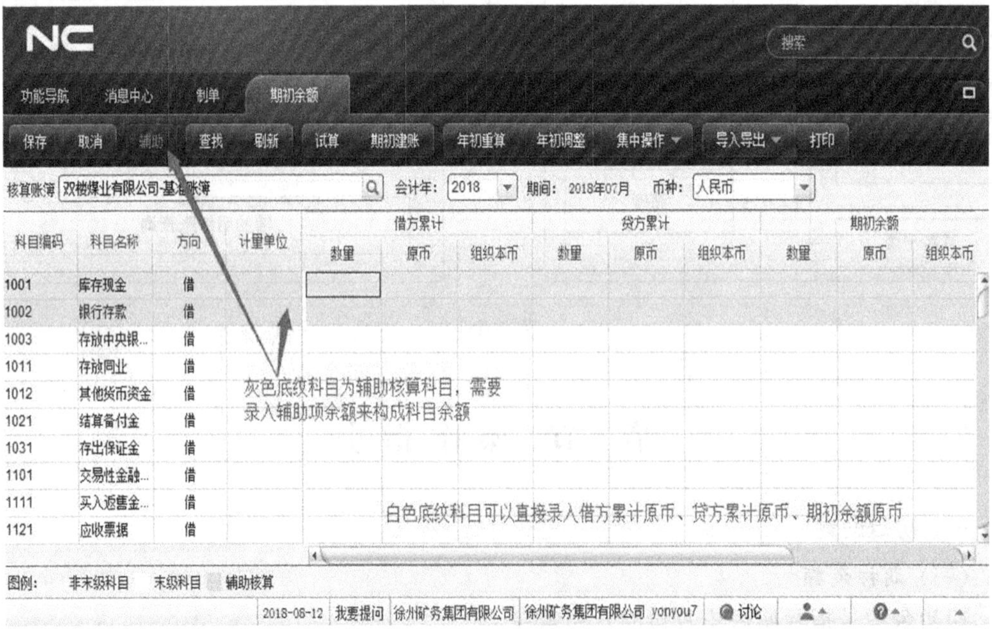

图 3-1-3

（3）当光标停留在设置了辅助核算的末级科目上时，菜单中的【辅助】按钮被激活。（图 3-1-4）

（4）点击【辅助】按钮后，可以录入辅助项的期初余额。（图 3-1-5）

（5）录入完毕点击【确定】按钮，退回到期初余额录入界面。（图 3-1-6）

图 3-1-4

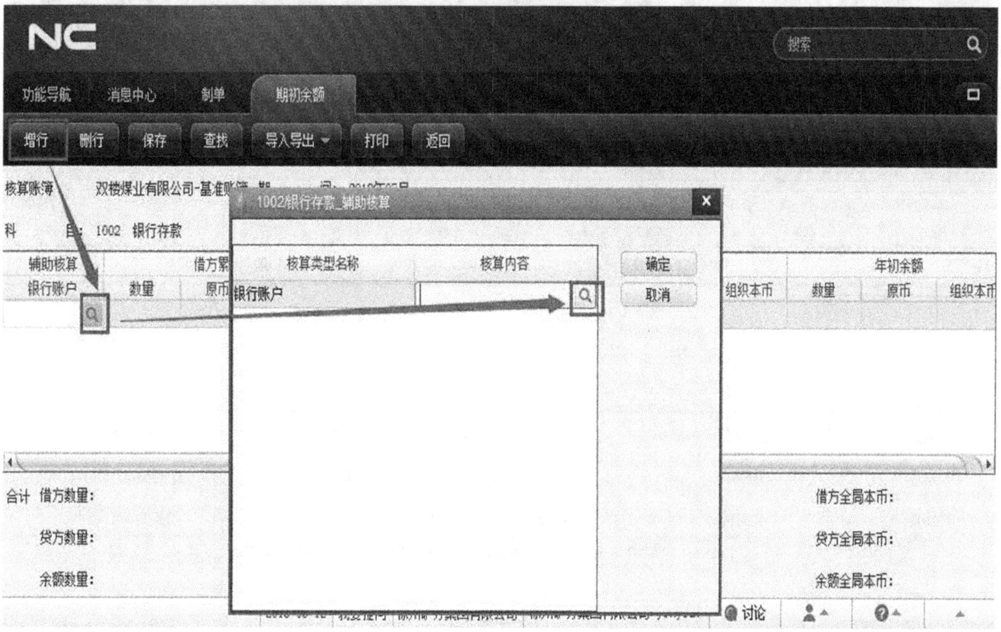

图 3-1-5

(6) 点击【保存】按钮保存录入结果。(图 3-1-7)

注意:

(1) 期初余额录入时同一科目只允许一人录入,不能多人同时录入。如多人录入时请事先分工,如一个人录资产类科目,另一人就录负债类科目。

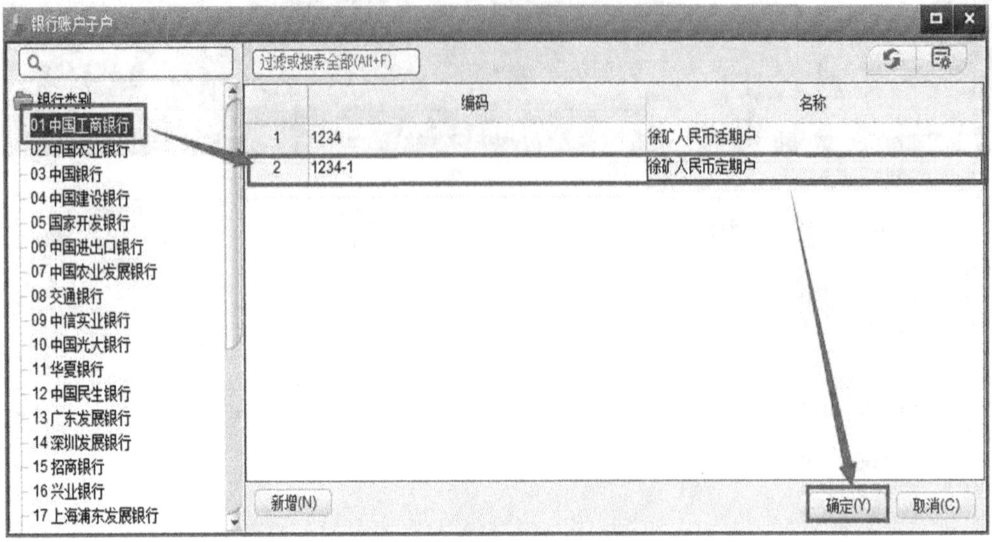

图 3-1-6

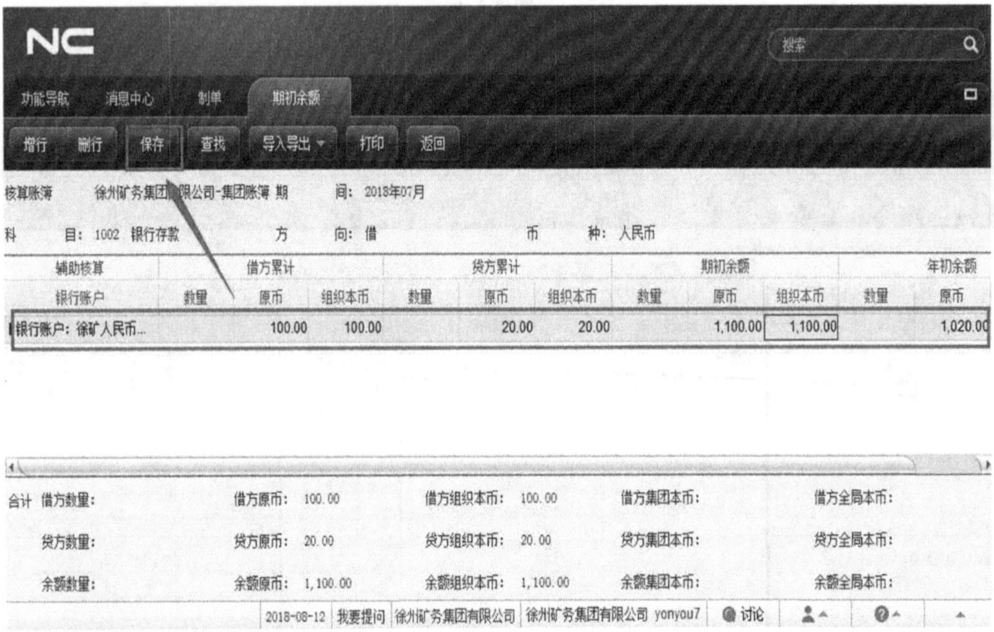

图 3-1-7

(2) 录入期初余额时一定要注意保存,以免退出时忘记保存。

(二) 期初建账

当期初数据全部录入完毕后,即可点击【期初建账】按钮,进行期初建账。(图 3-1-8、图 3-1-9)

期初建账后不能再修改期初余额,若需要修改期初数据,可以点击【期初建账】按钮,打

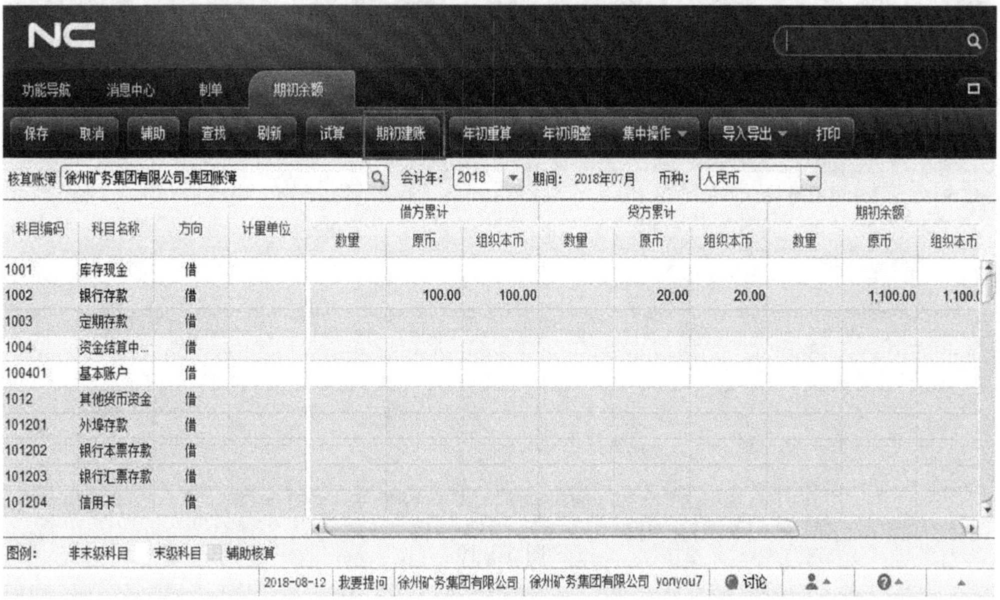

图 3-1-8

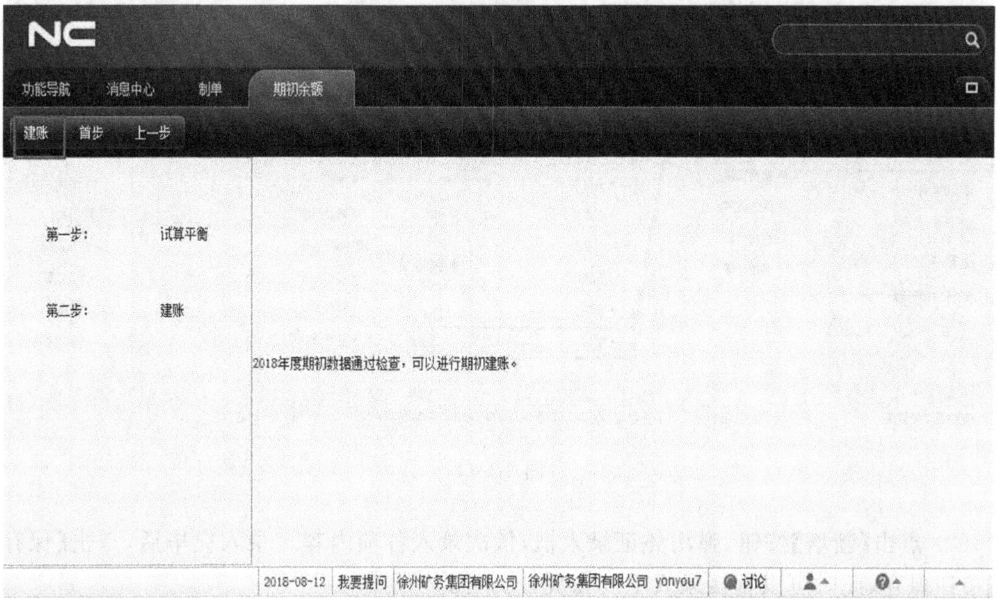

图 3-1-9

开期初建账界面后，点击【取消建账】即可。（图 3-1-10）

二、凭证管理

（一）制单

（1）操作路径:【财务会计】—【总账】—【制单】，进入制单界面。（图 3-1-11）

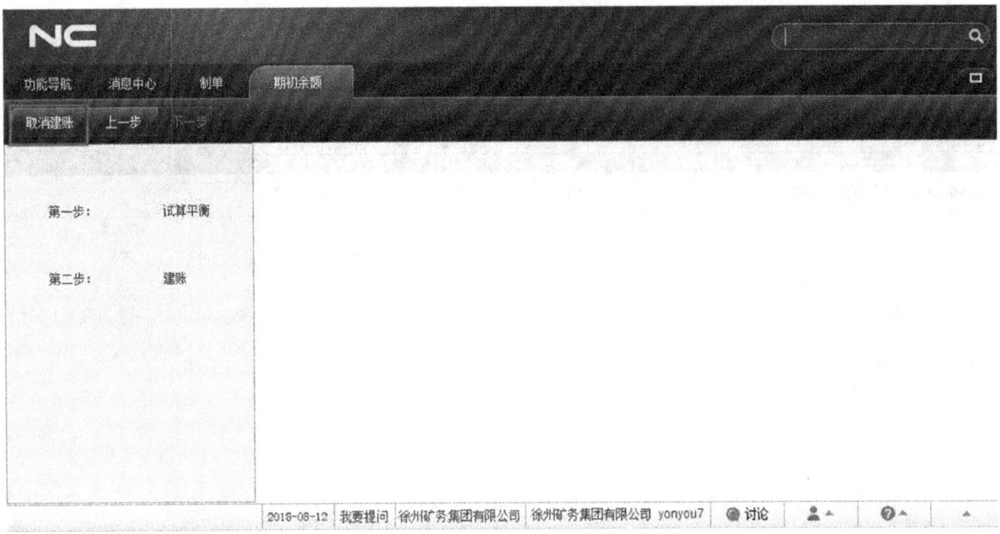

图 3-1-10

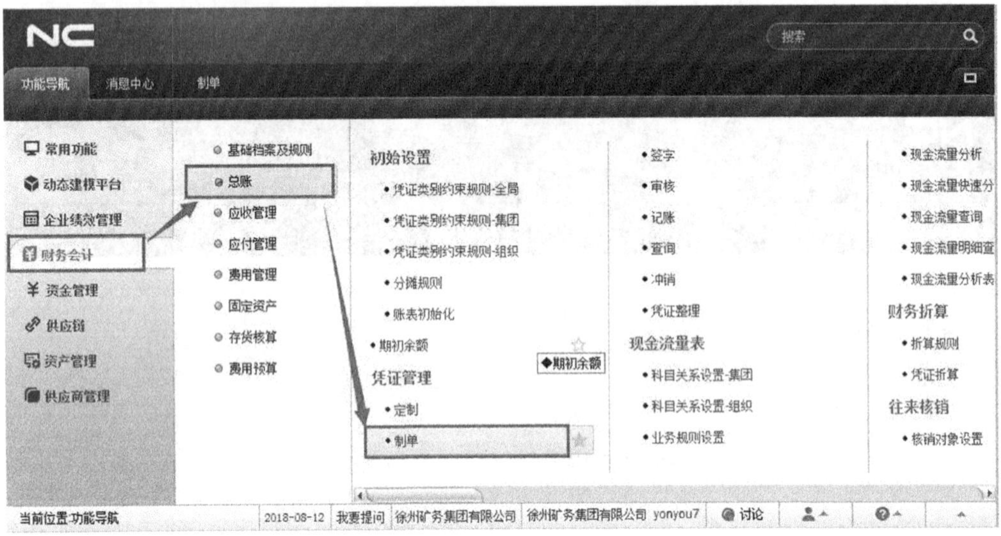

图 3-1-11

(2) 点击【新增】按钮,弹出凭证录入框,依次录入各项内容。录入完毕后,点击【保存新增】按钮保存,此时可以直接录入下一张凭证。(图 3-1-12)

● 凭证录入界面项目说明。

☆ 核算账簿:选择需要录入凭证的财务核算账簿。

☆ 制单日期:凭证的日期,默认为当前登录日期,可修改。

☆ 凭证类别:无须修改。

☆ 凭证号:系统自动生成,可以手工修改。在多人同时操作时,凭证号按保存时间先后排列,所以进入时显示的凭证号不一定是最终保存的凭证号,以最后保存时生成的凭证号为准。

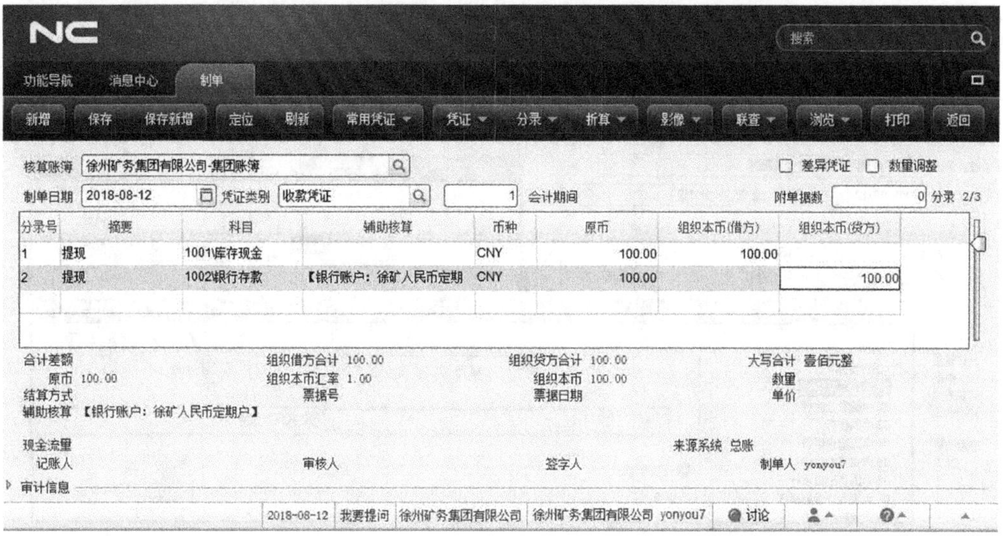

图 3-1-12

☆ 附单据数：附件的张数，手工录入，默认为 0。

☆ 摘要：凭证的摘要，手工录入或参照录入常用摘要。修改凭证时请不要点常用摘要参照框，否则会把原来的摘要清除掉。

☆ 科目：手工录入或参照录入。

☆ 辅助核算：仅当该科目设置了辅助核算时才需录入，手工录入或参照录入。

☆ 借方、贷方：录入金额，按“等于号”可以自动找平。

● 辅助核算专题说明。

为了便于企业进行多角度财务管理，可以设置部分科目进行辅助核算。包括客商辅助核算、部门辅助核算、人员辅助核算、银行账户辅助核算、自定义辅助核算等。如银行存款类的科目上设置了银行账户辅助核算，在选择该类科目后，系统自动弹出“银行账户”辅助核算窗口，勾选对应的银行账户即可。设置辅助核算的科目必须选择具体的辅助核算，否则无法保存凭证。

举例如下：选择 1001 库存现金后，回车，系统弹出“1002 银行存款_辅助核算”窗口，点“银行账户”的放大镜，选择具体的末级项目，点击【确定】。(图 3-1-13)

● 快捷键操作指南。

F2：参照，光标所在字段的参照。

F3：查询，在账表及列表中调出查询条件窗口。

Ctrl＋N：增加，新增一张凭证或单据。

Ctrl＋S：保存，继续保存单据、凭证或账表格式。

Ctrl＋E：修改，启动单据修改。

F5：刷新。

Ctrl＋Shift＋Delete：删除凭证。

Ctrl＋Q：取消当前单据操作模式。

F8：日历。

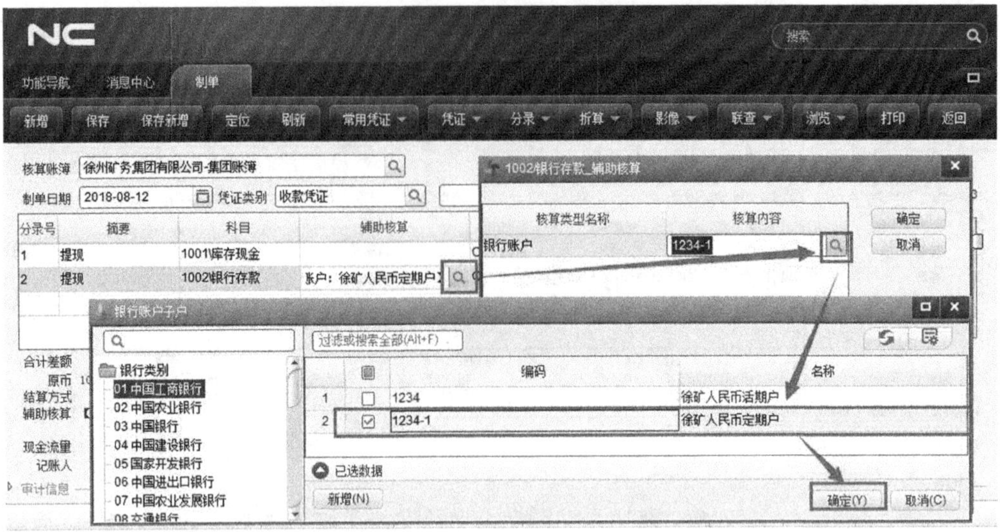

图 3-1-13

F9:计算器。

F10:弹出窗口的确认。

F12:显示命令窗。

Ctrl+I:增行,在单据和其他行录入界面操作时新增。

Ctrl+D:删行,在单据和其他行录入界面操作时删除。

Ctrl+A:全选,将凭证列表的所有记录全部置为已选。

Ctrl+X:剪切,一般用于对单元格的操作。

Ctrl+C:复制,一般用于对单元格的操作。

Ctrl+V:粘贴,一般用于对单元格的操作。

Ctrl+P:打印。

Alt+G:保存常用凭证。

Alt+T:调用常用凭证。

Alt+C:复制分录。

Alt+V:粘贴分录。

Alt+O:确认结算信息录入窗口,录入完毕后确认功能。

Ctrl+F4:注销登录。

Alt+F4:退出系统。

● 高级操作提示。

当录入科目和辅助项后,可以点击【分录】—【联查余额】查询出本科目和本辅助项的期初余额、本期借方、本期贷方、累计借方、累计贷方、期末余额。

点击【转换】按钮,可以在科目代码和科目名称间切换显示。

如果凭证被审核人标错,修改错误的分录后点击【凭证处理】—【纠错】后再保存,此时红色的错误凭证将会变为蓝色的正常凭证。

如果当前录入的凭证经常使用,可以在保存后点击【常用凭证】—【维护常用】,将其保存为常用凭证。以后只需点击【常用凭证】—【调用常用】，选择后就可生成一张一样的凭证，修改金额后就可保存。

可以将当前显示或录入的凭证复制为新凭证，点击【凭证处理】—【复制凭证】即可。

注意：点击后的凭证号是当月的最后一张凭证号也就是新的凭证号，此时修改完后就可保存。

可以在凭证处理界面作废或删除已经保存但尚未签字、审核、记账的凭证。

作废凭证与删除凭证的区别：作废凭证后，该凭证仍然存在，在查询凭证时仍能看到，只是不再参与汇总记账，在任何查询总账数据的功能中不可见，该凭证的凭证号仍然被占用；删除凭证后，该凭证已不存在，不能在查询凭证中看到，也不可能参与汇总记账，该凭证的凭证号被空出。其他模块生成的凭证不能直接作废或删除。作废的凭证还可以取消作废。

在凭证列表界面点“空号查询”可以查询凭证空号，也可以用 Ctrl 或 Shift 键加鼠标选择多张凭证连续打印，按 Ctrl 键可跳选，按 Shift 键可以连续多选，还可以直接修改、作废、删除本人所填制的凭证。

凭证暂存：在制单过程中如因某种原因，一张凭证无法录完，又想用系统保存时，可以用“系统暂存”功能，将没有录入完的凭证暂时保存，下次再进入时可以进行修改，修改完毕保存为正常的凭证。

现金流量分析：在保存时，如果报现金流量错误，则点击【凭证】—【现金流量分析】。打开界面后，查看现金流量分析情况，如果分析有误，可以点击【载入】按钮手工进行现金流量项目指定。

（二）审核

（1）操作路径：【财务会计】—【总账】—【审核】，进入审核界面。（图 3-1-14）

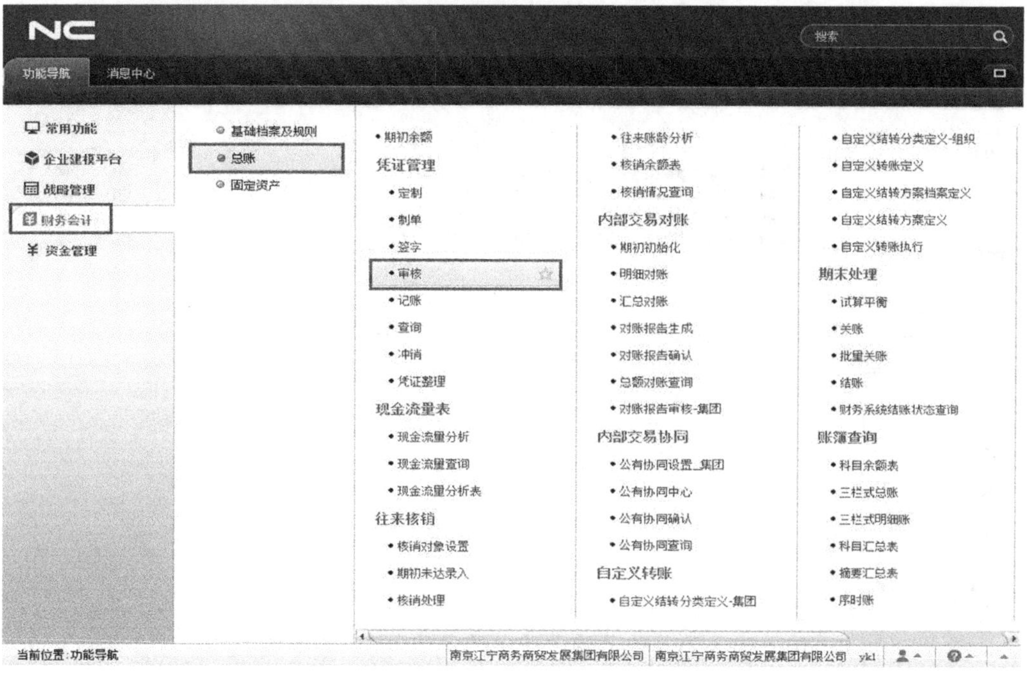

图 3-1-14

（2）点击【查询】按钮，录入查询条件，点击【确定】按钮出现凭证列表。（图 3-1-15、图 3-1-16）

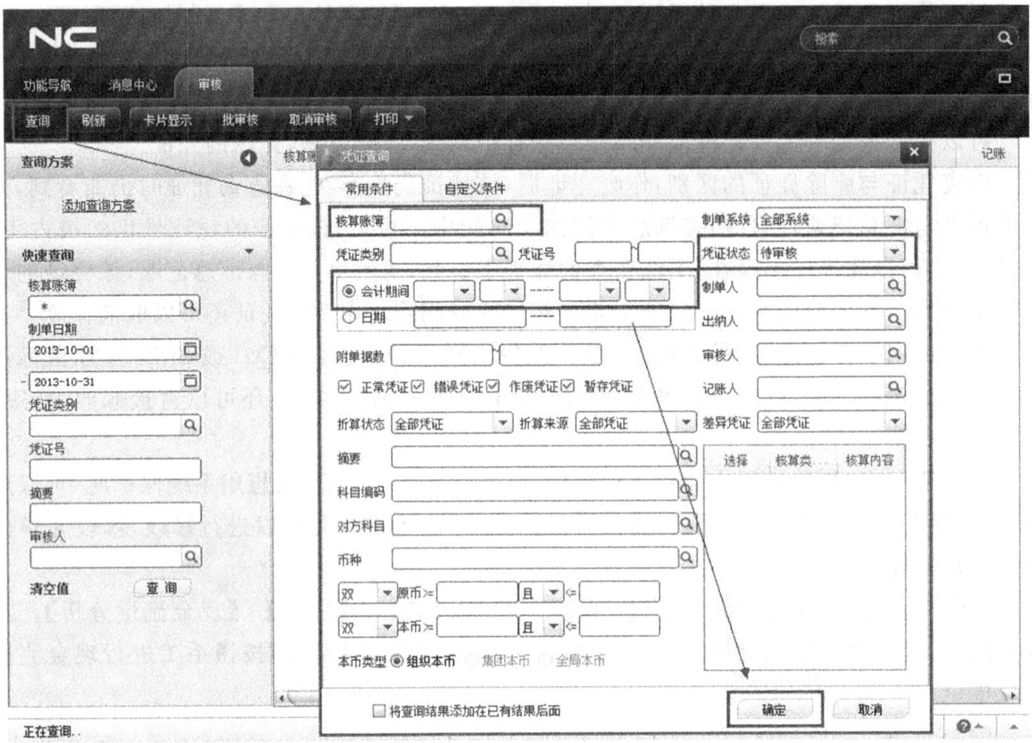

图 3-1-15

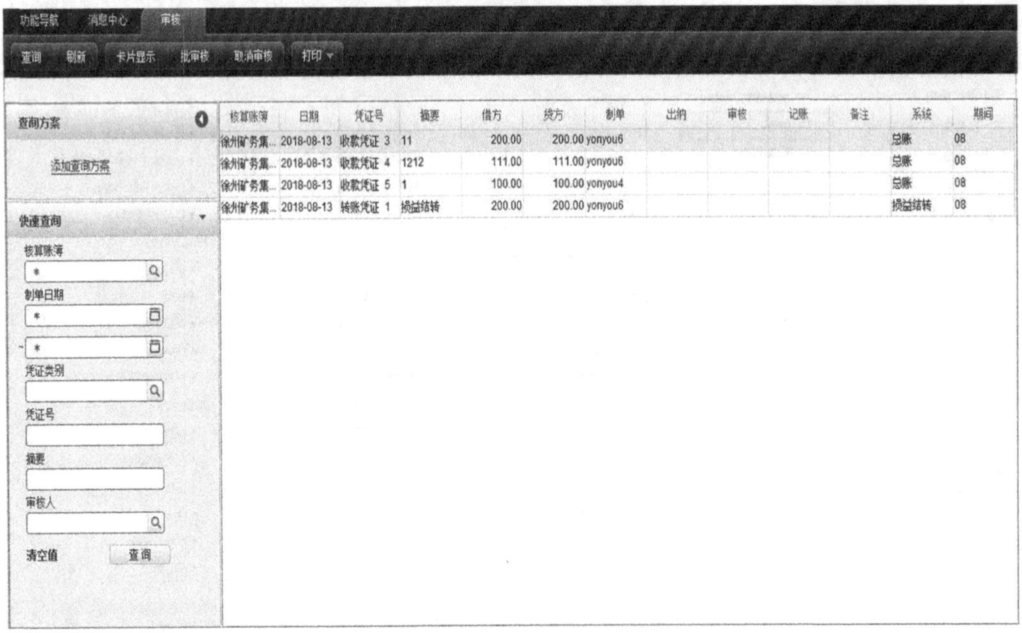

图 3-1-16

（3）双击某张凭证后出现凭证分录界面，如确认无误点击【审核】。（图 3-1-17）

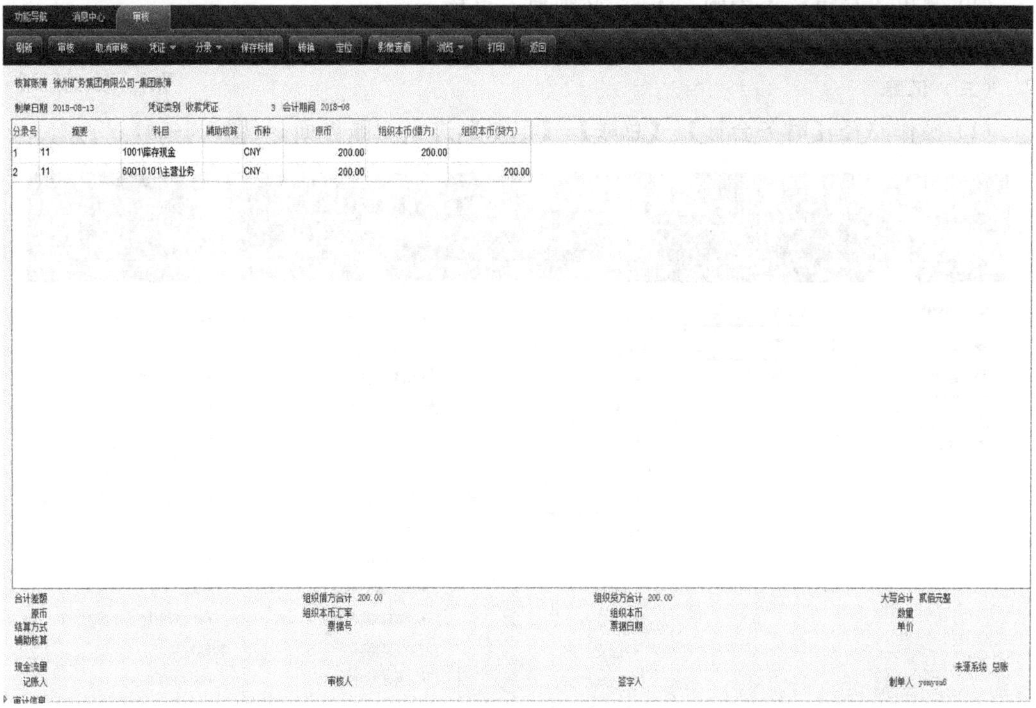

图 3-1-17

（4）如果凭证审核后发现审核有错，在记账之前还可以取消审核，操作方法和审核一样，当在凭证列表中点中“已审核”的凭证时，点击【取消审核】即可取消对该张凭证的审核。

（5）批量审核。在凭证列表中可以用 Ctrl 或 Shift 键加鼠标选择多张凭证成批审核或成批取消审核，按 Ctrl 键可跳选，按 Shift 键可以连续多选。（图 3-1-18）

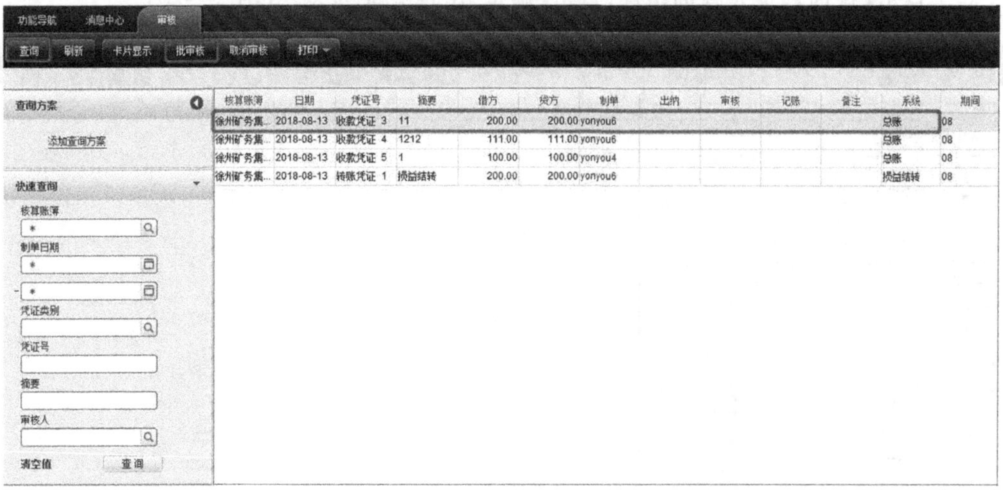

图 3-1-18

注意：

（1）制单人与审核人为同一人时，必须换人审核。

（2）取消审核也必须由本人取消，即谁审核谁取消。

（三）记账

（1）操作路径：【财务会计】—【总账】—【记账】，进入记账界面。（图 3-1-19）

图 3-1-19

（2）点击【查询】，录入查询条件，点击【确定】出现凭证列表。（图 3-1-20）

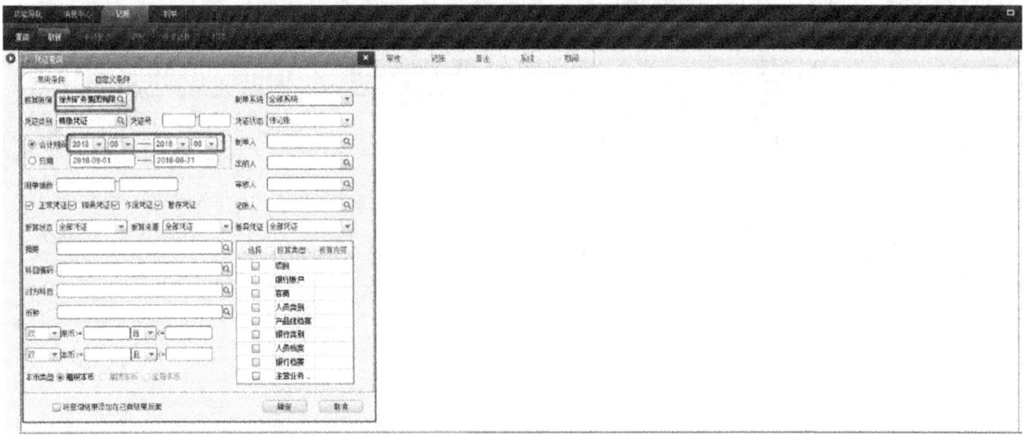

图 3-1-20

(3) 双击其中一张凭证即可查看明细分录，点击【记账】即可。也可以用Ctrl或Shift键加鼠标选择多张凭证成批记账或成批取消记账，按Ctrl键可跳选，按Shift键可以连续多选。

记账和审核的操作方法基本类似。

注意：取消记账时，只要在图3-1-21所示的框内任意位置点三下，即出现【取消记账】按钮，选中凭证，点击【取消按钮】按钮取消记账即可。

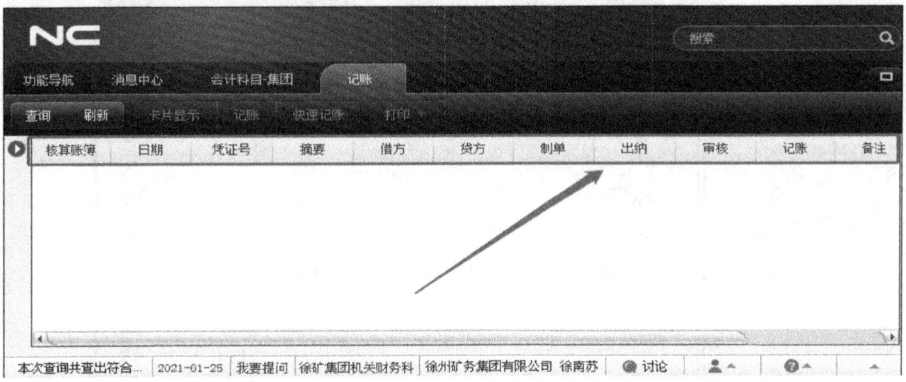

图3-1-21

(四) 查询

(1) 操作路径：【财务会计】—【总账】—【查询】，进入查询界面。(图3-1-22)

图3-1-22

（2）点击【查询】按钮，录入查询条件，点击【确定】将符合条件的凭证显示为查询结果凭证列表，在列表中双击可打开凭证查看。（图 3-1-23）

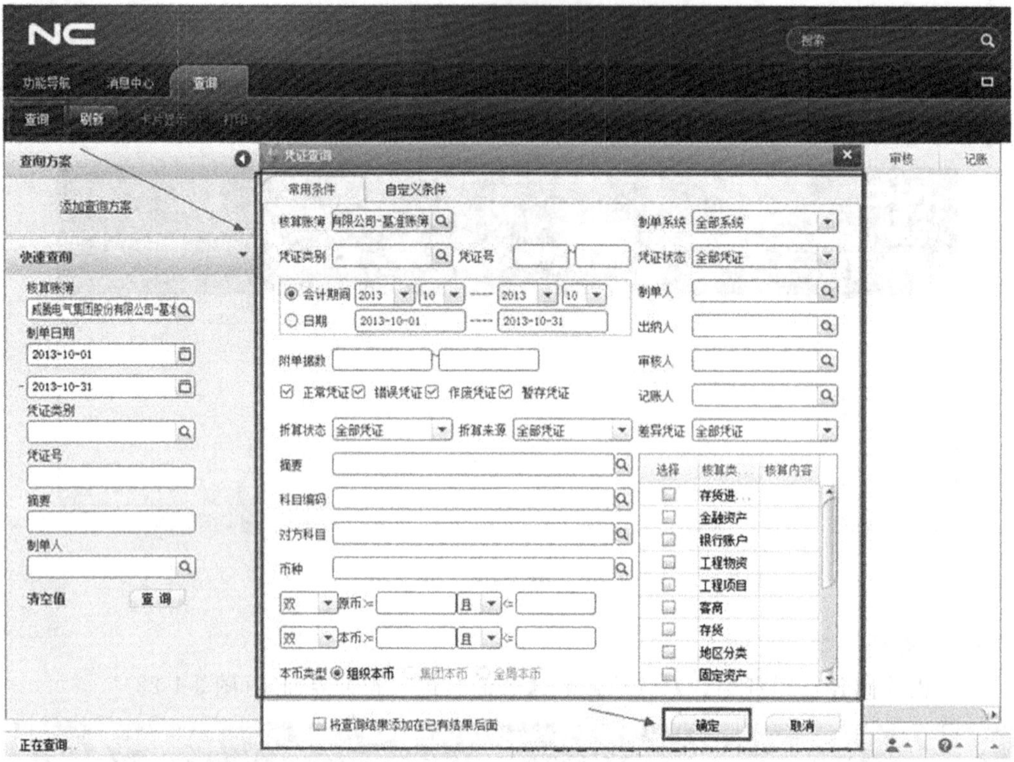

图 3-1-23

● 查询条件的设置技巧。

☆ 制单系统：默认为“全部系统”，也可以仅选择“总账”“固定资产”中的一种以缩小查询范围。“总账”是指在“制单”处直接填制的凭证，“固定资产”是指由固定资产模块转会计平台生成的凭证。

☆ 凭证状态：默认为“全部凭证”，分为“已记账”“待记账”“未记账”“已审核”“待审核”“未审核”“已签字”“待签字”“未签字”九种状态，可选择一种。

☆ 凭证类别：默认为“全部凭证”，无须修改。

☆ 凭证号：默认为全部，可输入起止号。

☆ 制单人、出纳人、审核人、记账人：选择某人制单或签字、审核、记账的凭证。

☆ 会计期间或日期：选择凭证所在的会计期间或指定起止日期。

☆ 附单据数：附单据数的张数，输入起止张数。

☆ 正常凭证、错误凭证、作废凭证：默认为全部凭证，可勾选。

如果点中“将查询结果添加在已有结果后面”，则本次查询出的凭证将放在上次查询出的凭证后面，否则只有本次查询的凭证。这个条件可以在一次不能查询出全部符合条件的凭证时多次用不同的条件查询，将结果组合在一起。

查询出的结果可以多选后连续打印凭证或打印凭证列表。

在制单、签字、审核、记账、冲销时的查询条件与此一致。

(五) 打印

凭证打印可在多处菜单中进行,在制单、签字、审核、记账、查询等处均可打印凭证。一般有两种凭证打印方法,一种是制单保存后立刻打印,这种方法的优点是当场打印出来的凭证可以直接粘贴在原始单据上,但一旦整理断号后就与电脑中的凭证号对应不上,必须重新打印重新粘贴;另一种是月末集中打印,这种方法的优点是一旦出现凭证断号经过整理后凭证还是连号的,比较美观,但打印出来后要找到对应的原始单据再粘贴。

在查询结果列表中单击某张凭证,拖动鼠标选中所需打印的凭证,再点击菜单中的【打印凭证】,可将所有选中的凭证按凭证号连续打印出来。(图 3-1-24)

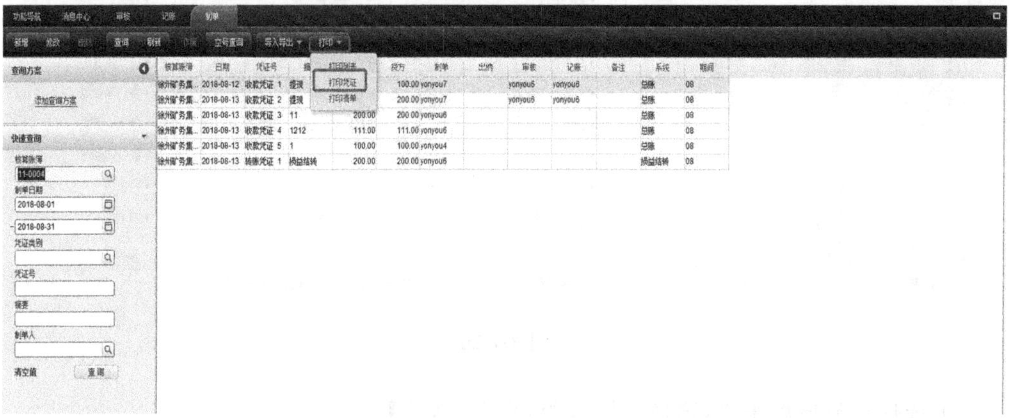

图 3-1-24

点击【打印】—【打印凭证】后出现的窗口见图 3-1-25。

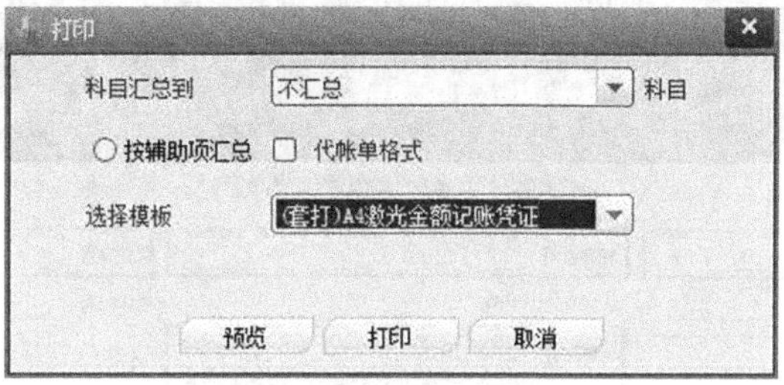

图 3-1-25

出现是否汇总科目的窗口,一般选“不汇总”,点击【确定】。如果打印月底结转凭证,可选择按照那一级汇总打印,直接点击【确定】,系统根据分配好的默认打印模板直接打印。如果有多个打印模板,则会弹出打印模板选择框供选择。

三、月末结转

(一) 自定义转账定义

要进行自动结转,需要先进行自定义转账定义。

(1) 操作路径:【财务会计】—【总账】—【自定义转账定义】,进入自定义转账定义界面。(图 3-1-26)

图 3-1-26

(2) 选择财务核算账簿,选择结转分类,点击【增加】。

(3) 在“凭证定义”页签中录入“编号”、“转账说明”、“凭证类别”、“转账属性”和“转账时间”。(图 3-1-27)

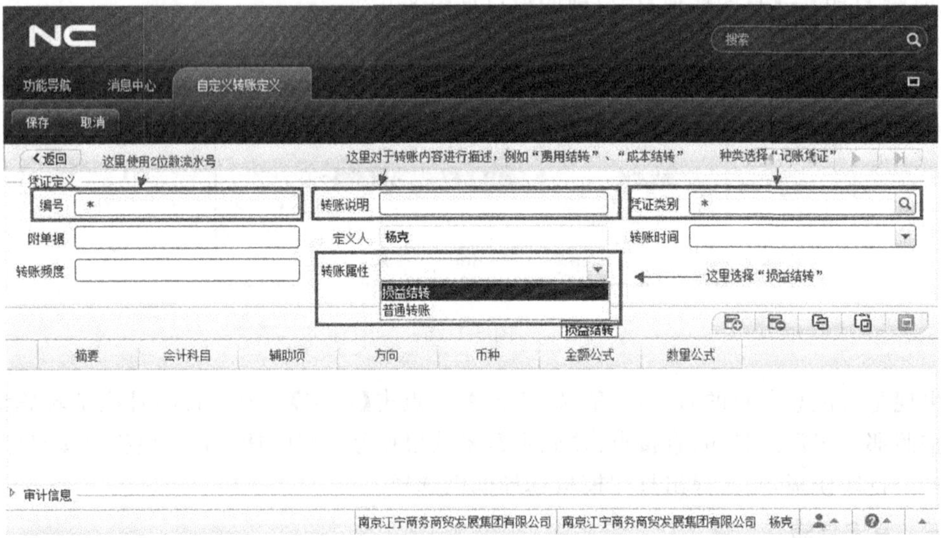

图 3-1-27

(4) 点击下方的  ,录入摘要、会计科目、方向、币种、金额公式,录入完毕后点击

【保存】即可。(图 3-1-28)

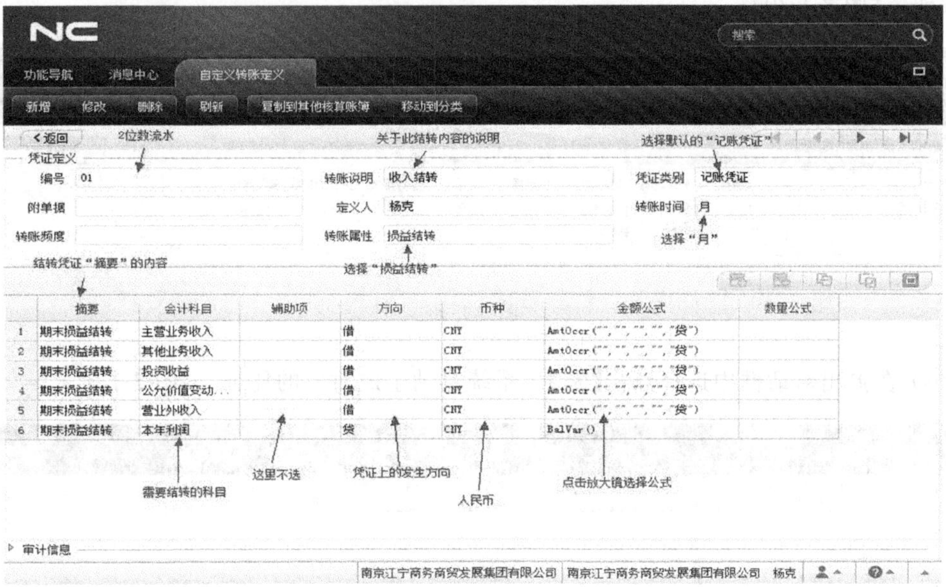

图 3-1-28

(5) 如需要修改已经定义好的转账定义,则先选中需要进行修改的条目,再点击【修改】按钮进行修改。

(二) 自定义转账执行

(1) 操作路径:【财务会计】—【总账】—【自定义转账执行】,进入自定义转账执行界面。(图 3-1-29)

图 3-1-29

(2) 选择核算账簿及会计期间,选择“结转分类”,勾选要结转的方案编码,点击【生成凭证】按钮。(图 3-1-30)

图 3-1-30

(3) 在弹出对话框中选择点击【是】。系统自动生成对应的凭证。(图 3-1-31)

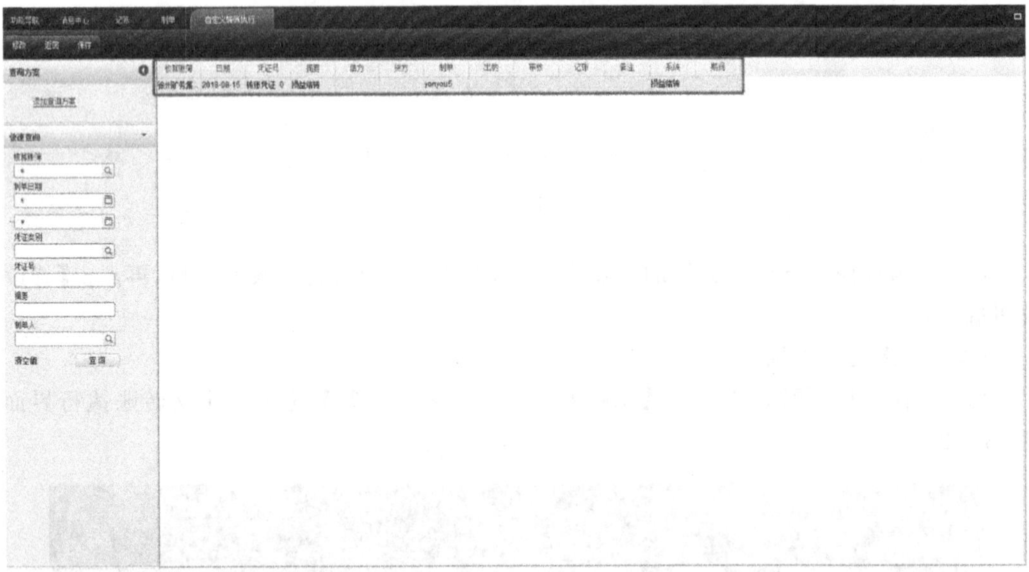

图 3-1-31

(4) 此时可以双击凭证打开凭证制单界面查看凭证内容,保存后成为正式凭证。如果觉得有问题,可以点击【返回】。

注意:核对“制单日期”。

(三) 月末处理

到了月末,所有的业务处理完毕后,应当进行期末处理。

(1) 操作路径:【财务会计】—【总账】—【结账】。(图 3-1-32)

(2) 选中需要结账的财务账簿和月份,点击【下一步】。(图 3-1-33、图 3-1-34、图 3-1-35)

(3) 如果系统提示“工作检查未通过,不能结账”,点击【上一步】,在“月度工作报告”中查找原因。

(4) 如果系统提示“工作检查成功完成,可以结账”,点击【结账】,即可完成月末结账。(图 3-1-36、图 3-1-37)

图 3-1-32

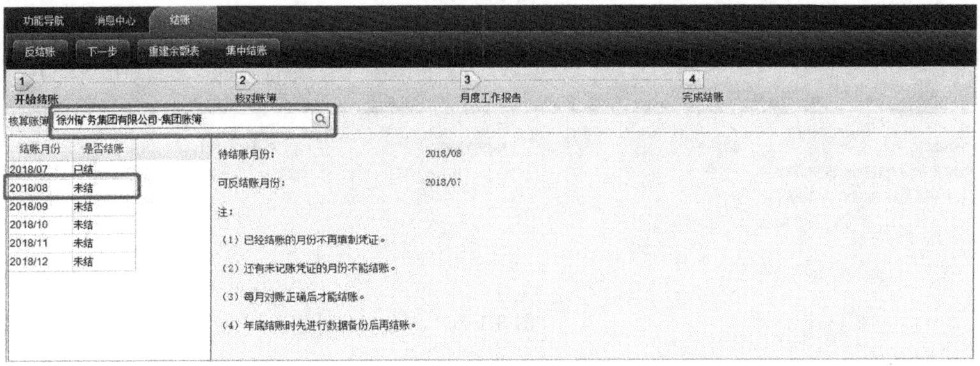

图 3-1-33

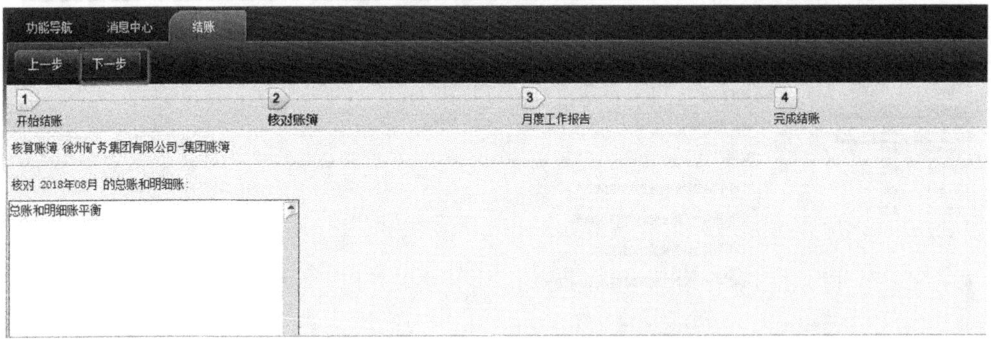

图 3-1-34

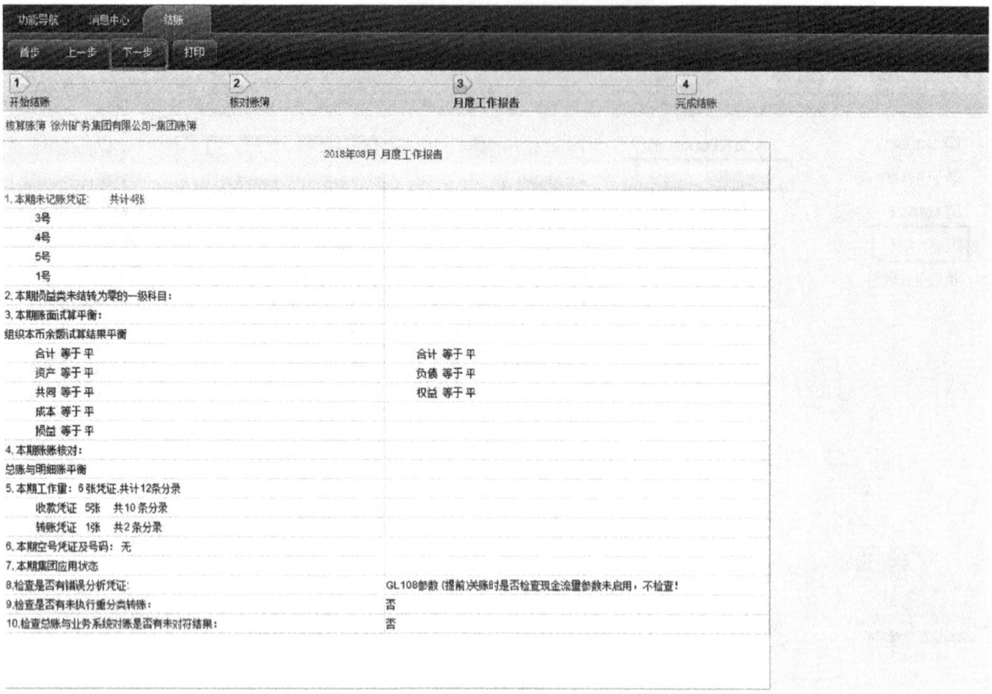

图 3-1-35

图 3-1-36

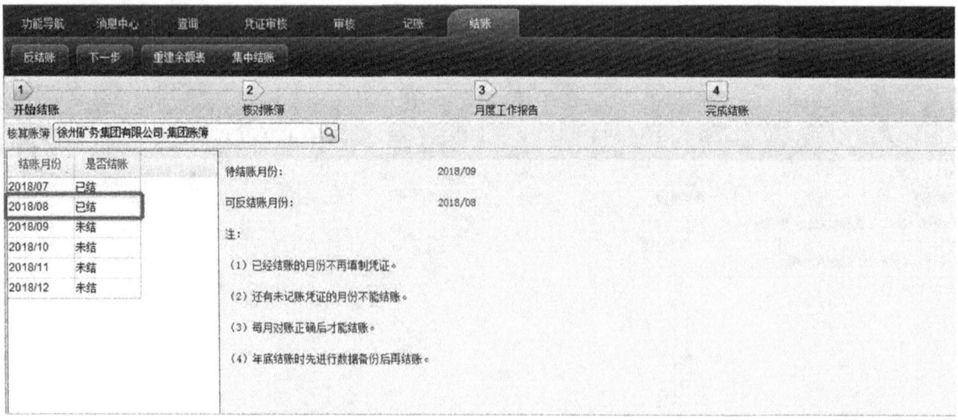

图 3-1-37

四、账簿查询

（一）余额表查询

操作路径:【财务会计】—【总账】—【科目余额表】,进入科目余额表界面。点击【查询】,可以设置查询条件。(图 3-1-38、图 3-1-39)

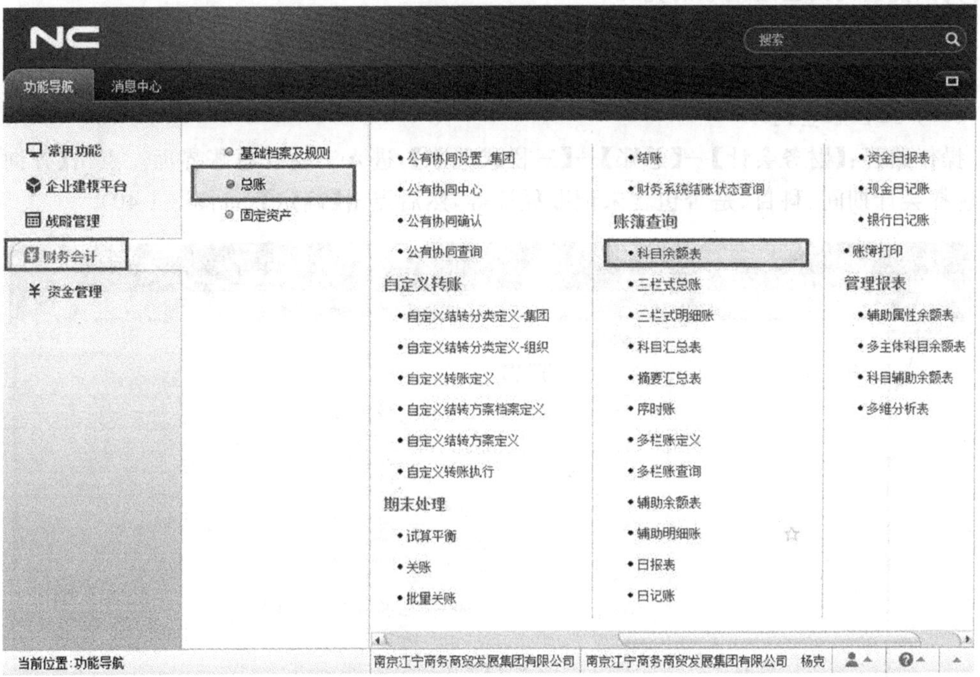

图 3-1-38

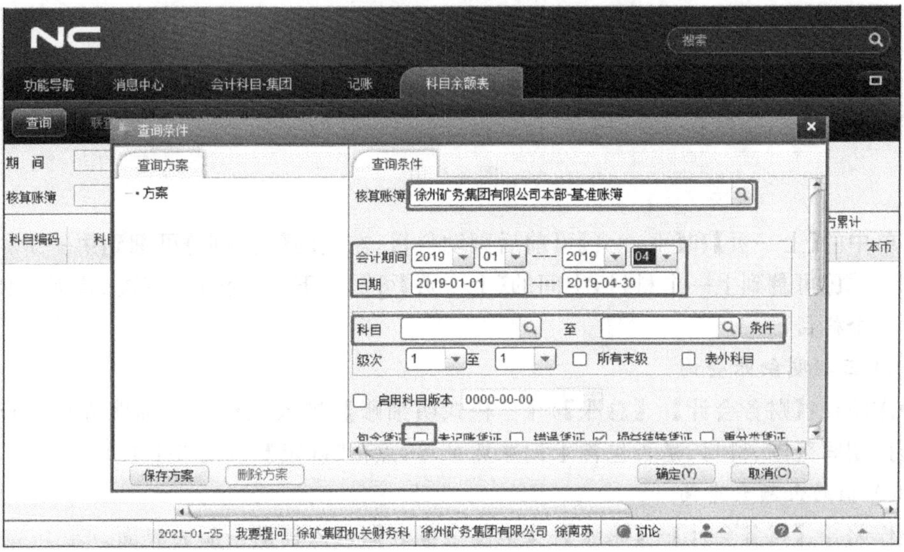

图 3-1-39

注意：

（1）如果不选科目则默认为所有科目，科目可按级次来选择，如 1 级至 5 级科目。如在“所有末级”前打钩，表示查询所有的末级科目。

（2）在“未记账凭证”前打钩时，查询出来的余额表包含已制单但尚未记账的凭证，如果不打钩只能查询出已经记账的凭证。

（3）选中具体科目，再点击【明细】，可查询对应科目的明细账。

（4）选择一条明细记录，点击【联查凭证】，可查询到具体凭证。

（二）三栏账查询

操作路径：【财务会计】—【总账】—【三栏式总账】，进入三栏式总账界面。点击【查询】按钮，选择会计期间、科目、是否包含未记账凭证等，然后点击【确定】。（图 3-1-40）

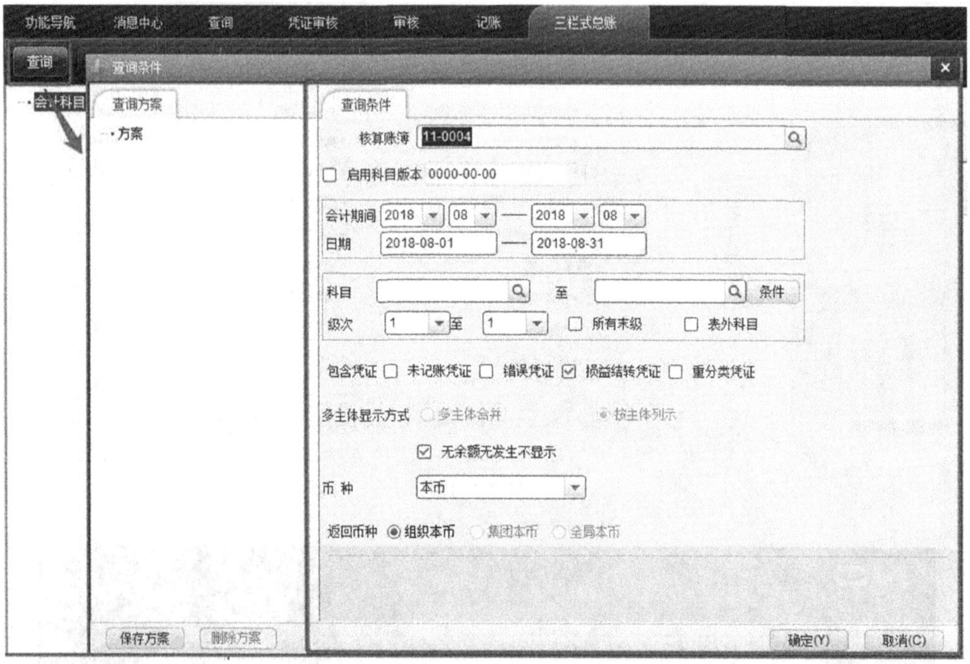

图 3-1-40

菜单中的【上一页】和【下一页】可前后翻动科目，左边的【上一页】可翻到第一个科目，中间的【下一页】可翻到上一个科目，中间的【上一页】可翻到下一个科目，右边的【下一页】可翻到最后一个科目。

（三）三栏明细账查询

操作路径：【财务会计】—【总账】—【三栏式明细账】，进入三栏式明细账界面。点击【查询】，选择期间范围、科目、是否包含未记账凭证等，点击【确定】。（图 3-1-41）

（四）辅助余额表查询

操作路径：【财务会计】—【总账】—【辅助余额表】，进入辅助余额表界面。

点击【查询】，选择查询对象，点击【确定】。（图 3-1-42）

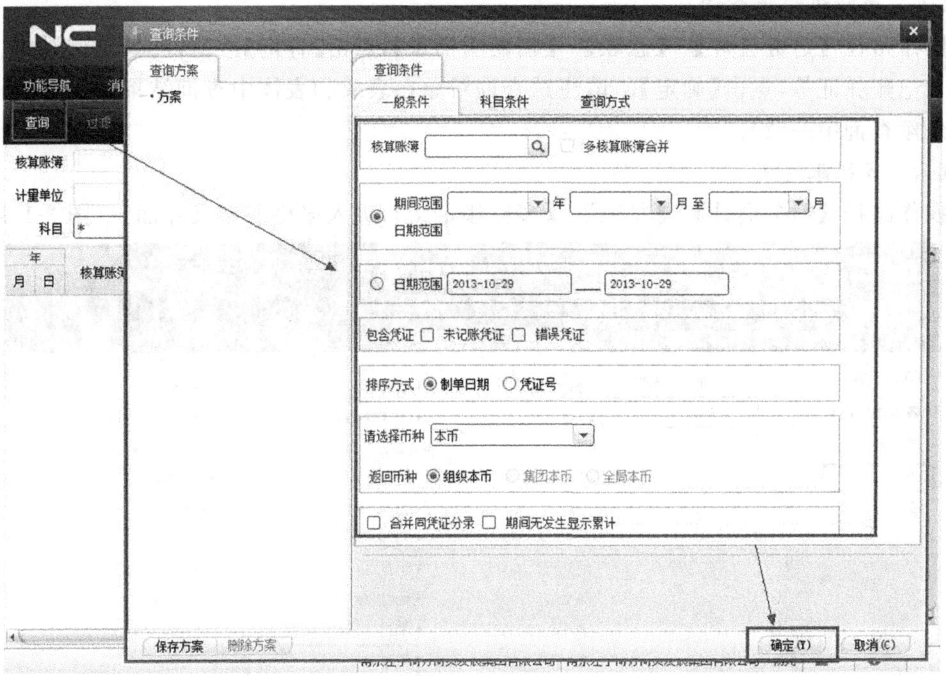
NC
查询条件
功能导航
查询
核算账簿
计量单位
科目 *
年
月 日
查询方案
·方案
查询条件
一般条件
科目条件
查询方式
核算账簿
多核算账簿合并
期间范围
年
月 至
月
日期范围
日期范围 2013-10-29
2013-10-29
包含凭证 未记账凭证 错误凭证
排序方式 制单日期 凭证号
请选择币种 本币
返回币种 组织本币 集团本币 全局本币
合并同凭证分录 期间无发生显示累计
保存方案 删除方案
确定(Y) 取消(C)

图 3-1-41

功能导航 消息中心 查询 凭证审核 审核 记账 三栏式总账 辅助余额表
查询 刷新
查询条件
对 象
期 间
摘要 方向 原币
查询方案
·方案
查询条件
一般条件 查询方式
核算账簿 *
启用科目版本
查询对象 查询范围 显示位置 计算小计 包含下级
表体
表体
表体
表体
会计期间
日期
包含凭证 未记账凭证 错误凭证 损益结转凭证 重分类凭证
币种
返回币种 组织本币 集团本币 全局本币
余额范围 双向
无发生不显示 本期无发生无余额不显示
多核算账簿显示方式 多核算账簿合并 按核算账簿列示
多核算账簿排序方式 核算账簿+查询对象 查询对象+核算账簿
保存方案 删除方案
确定(Y) 取消(C)

图 3-1-42

（五）辅助明细账查询

操作路径:【财务会计】—【总账】—【辅助明细账】,点击【查询】按钮,选择查询对象、是否包含未记账凭证等,点击【确定】。请注意查询对象在表头和表体中查询结果显示的区别(与辅助余额查询中一致)。

（六）多栏账定义

操作路径:【财务会计】—【总账】—【多栏账定义】,进入多栏账定义界面。(图 3-1-43)

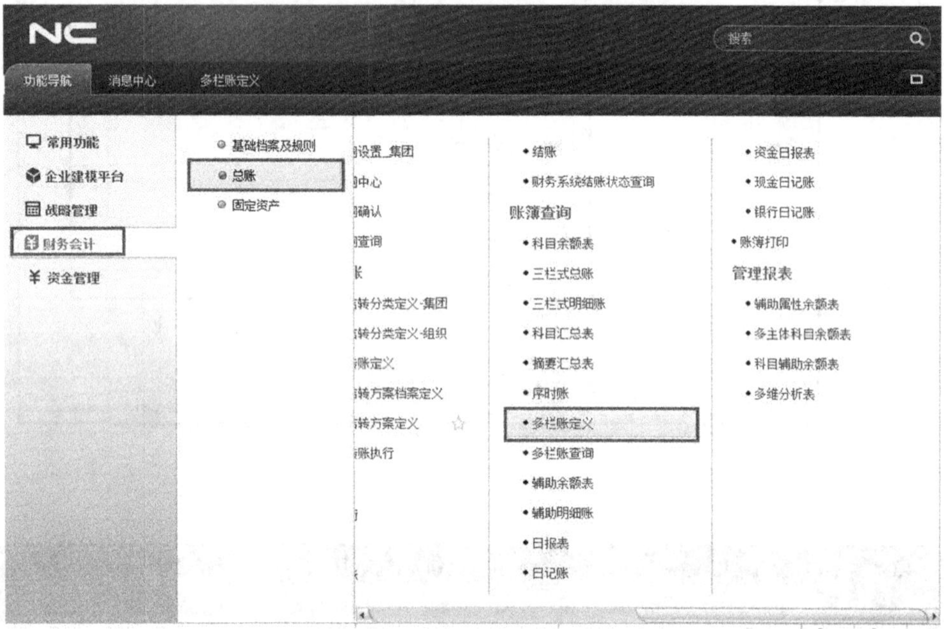

图 3-1-43

选择财务核算账簿后,点击【增加】。(图 3-1-44)

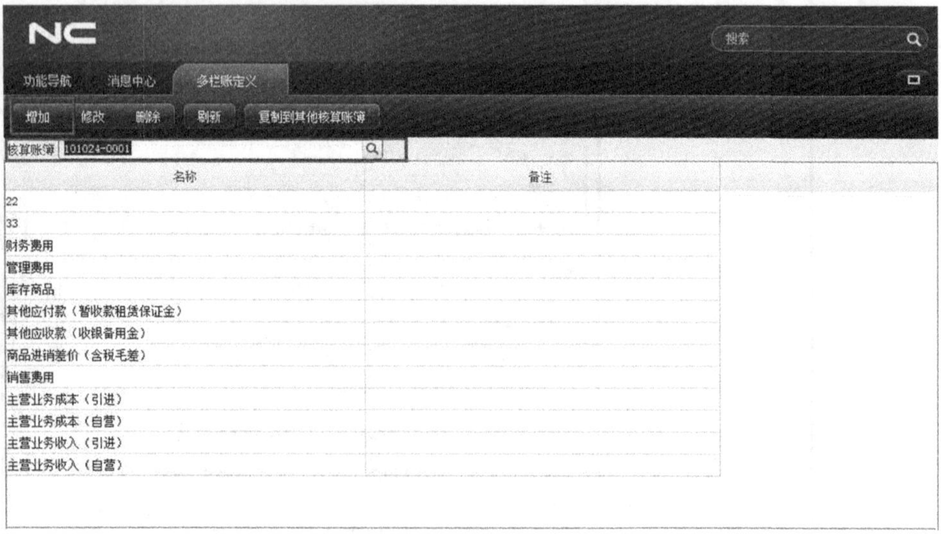

图 3-1-44

多栏账名称：输入当前多栏账的名称，该名称在查询多栏账时将作为该多栏账的标题显示，如“管理费用多栏账”。(图 3-1-45)

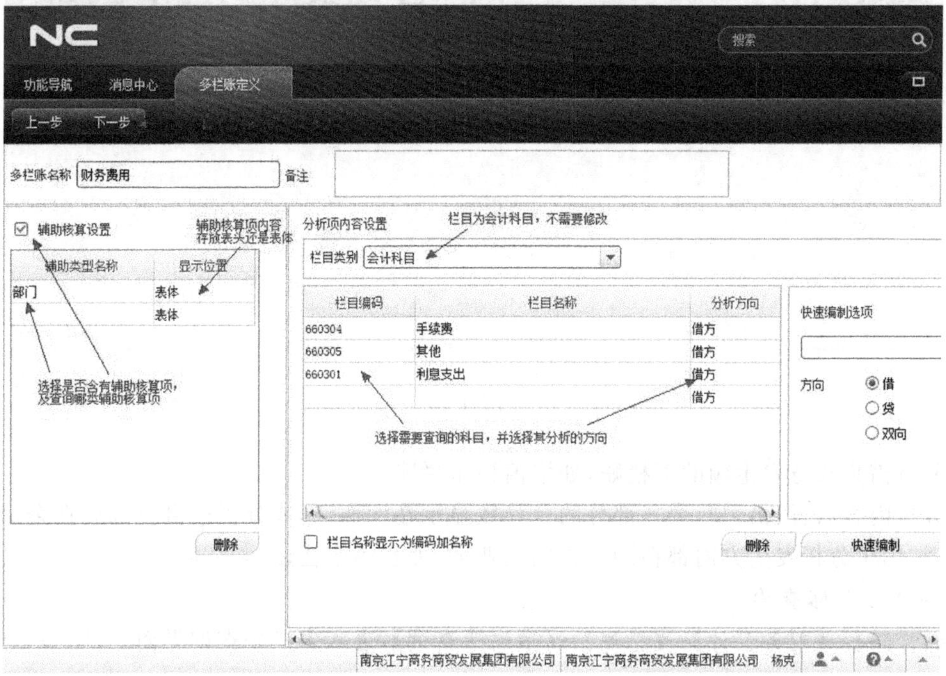

图 3-1-45

辅助核算设置：若当前多栏账需要按辅助核算项查询，则必须在此选中“辅助核算设置”，并指定要查询的辅助核算类型，如部门、存货分类等。

分析栏目：设置当前多栏账的具体分析栏目，如哪些科目、部门、项目等，包括栏目类别、栏目编码、栏目名称、分析方向等。

栏目类别：即确定分析栏目属于哪一类基本档案。若选择科目，则分析栏目为具体的会计科目；若选择某一辅助核算类型，则分析栏目为该类辅助核算下的辅助项。

栏目编码：设置所选栏目类型下的具体项目。

栏目名称：此栏目名称就是在查询当前多栏账时显示的栏目名称，系统会根据所选栏目编码自动生成一个栏目名称，可根据需要进行修改，系统以实际输入的栏目名称为准。

分析方向：确定当前栏目的分析方向，如选“借”，则分析借方发生额；如选“贷”，则分析贷方发生额；如选“双向”，则借贷两个方向都进行分析。

当查询条件录入完成后点击【下一步】，观看其预览效果。(图 3-1-46)

输出多栏：所有多栏账数据将分为借方、贷方、余额三个部分，若选择此项，则该部分数据可按分析栏目的设置进行分栏显示；若不选择此项，则该部分数据将合为一列，不再分栏显示。

输出格式：根据分析栏目与合计栏的前后位置不同，可分为分析栏目前置式与分析栏目后置式两种多栏账输出格式。

分析内容前置：借、贷、余三部分的分析栏目合计列与其分析栏目一起显示，常用于需要

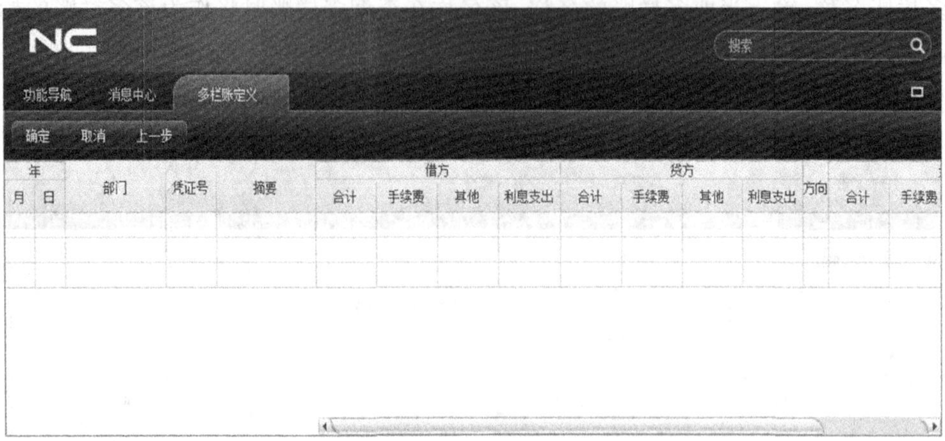

图 3-1-46

同时分析借贷双方发生额的多栏账，如增值税多栏账。

分析内容后置：借、贷、余三部分的合计数显示在前面，具体分析栏目全部放在余额列后显示，常用于分析发生方向都在同一方向的业务，如费用多栏账。

（七）多栏账查询

操作路径：【财务会计】—【总账】—【多栏账查询】，进入多栏账查询界面。（图 3-1-47）

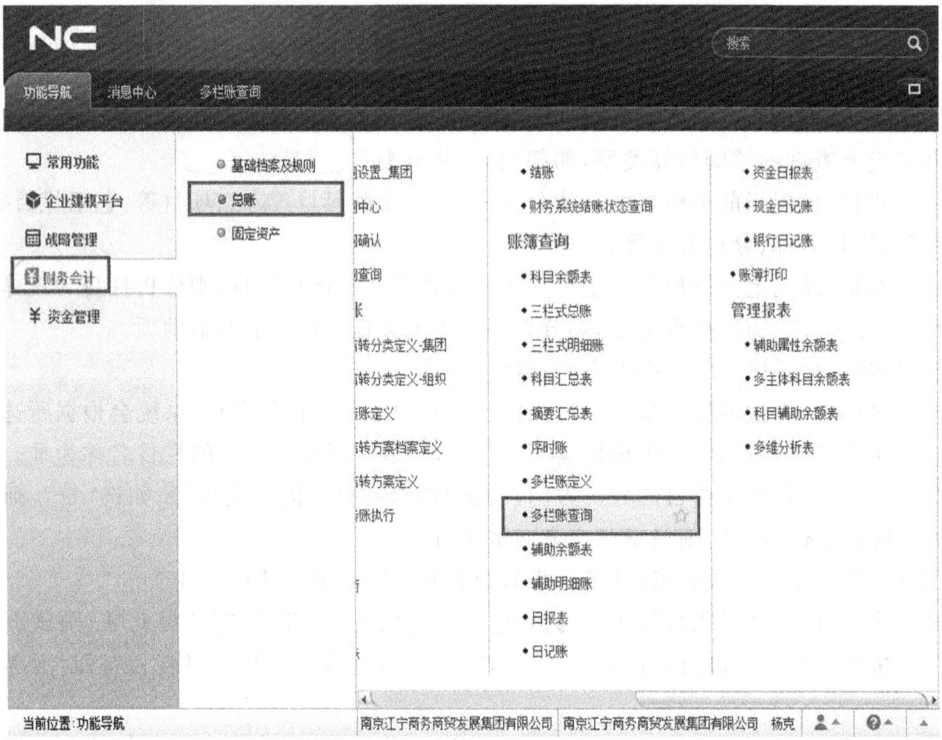

图 3-1-47

点击【查询】,录入查询条件后点击【确定】。(图 3-1-48)

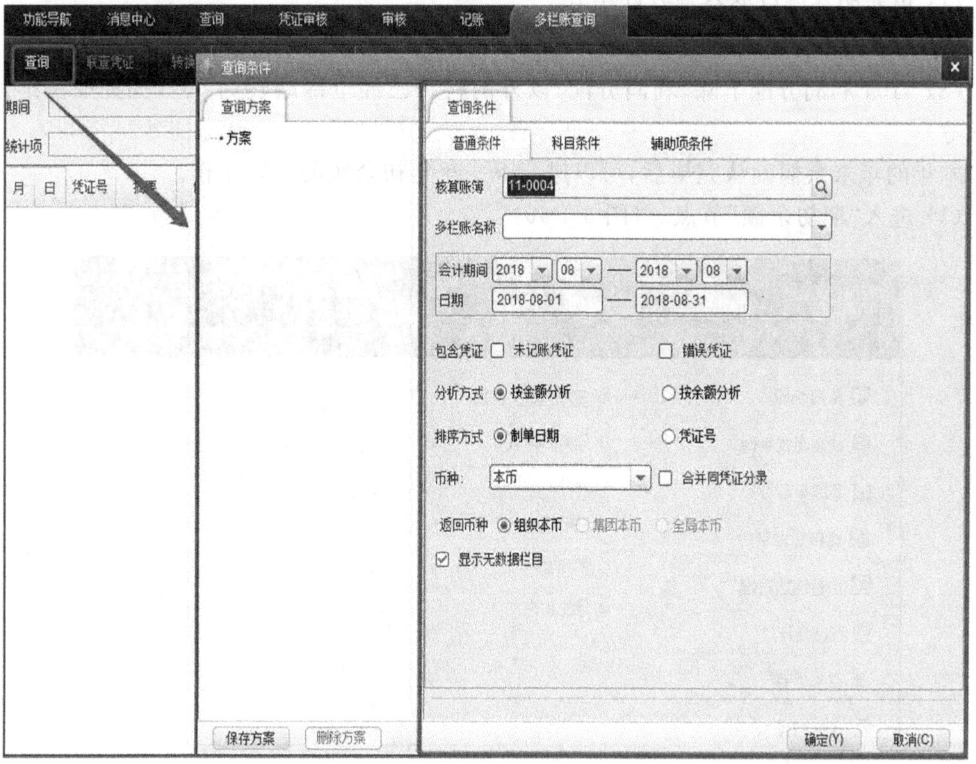

图 3-1-48

核算账簿:点击核算账簿参照,即可在弹出的核算账簿窗口选择要查询科目余额表的核算账簿,若要查多个账簿,只需将待选账簿添加到右边窗口即可。

多栏账名称:选择一个已定义的多栏账名称。

包含凭证:选“未记账凭证”,则查询数据中包含记账凭证、未记账凭证数据;若选“错误凭证”,则查询数据中包含记账凭证、未记账凭证、错误凭证数据。

分析方式:可选“按金额分析”和“按余额分析”,默认为“按金额分析”。若选按金额分析,则系统只输出其分析方向上的发生额;若选按余额分析,则系统对其分析方向上的发生额按正数输出,其相反发生额按负数输出。如:11901 科目为借方分析,若选择金额方式,系统只输出其借方发生额;若选择余额方式,系统将其借方发生额按正数输出,其贷方发生额按负数输出。

合并凭证分录:若在查询条件中设置了“合并同凭证分录”,则同凭证的分录数据合并在同一行显示,摘要取该凭证第一条分录的摘要,各分析栏目的金额为该栏目在整张凭证中所有发生额的合计。若在查询条件中未选“合并同凭证分录”,则一条分录在多栏账中列一行。

保存格式:进行多栏账查询时,可将查询结果的列宽进行保存。

五、年结过账

每年的年末,需要把本年的余额结转至下一年作为年初数,此时,请确认已完成如下操作再进行结转：

(1) 损益的余额已经全部结转为0。

(2) 本年利润的余额已经全部结转为0。

(3) 4104利润分配下除“利润分配”以外的科目已经全部结转为0。(如提取法定盈余公积等)

本年的年末余额确认完毕后，可以进行下一年年初余额的结转工作。

(1) 进入“期初余额”节点。(图3-1-49)

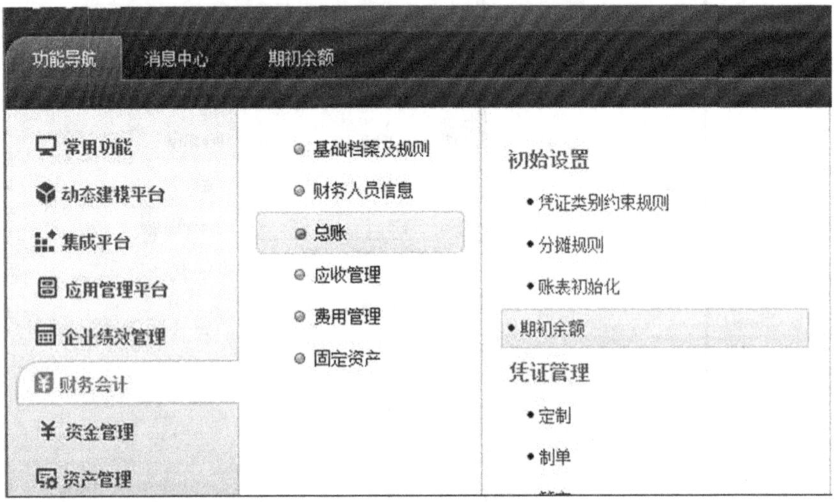

图3-1-49

(2) 首先注意会计年度是否为新的一年，然后点击【年初重算】按钮。(图3-1-50)

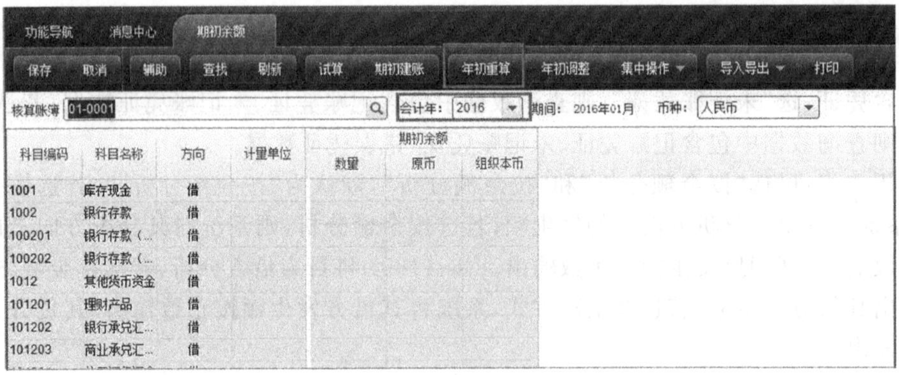

图3-1-50

(3) 选择需要结转的科目(可以点击双箭头全选)，损益类科目处理方式“不结转”。(图3-1-51)

(4) 此时上一年的余额就可以成功结转了，点击【期初建账】，对本年的年初余额进行建账操作，一直点击【下一步】直到建账完毕。(图3-1-52、图3-1-53)

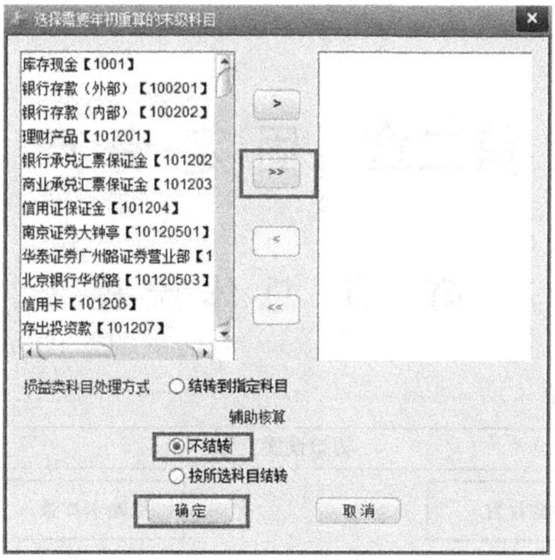

图 3-1-51

图 3-1-52

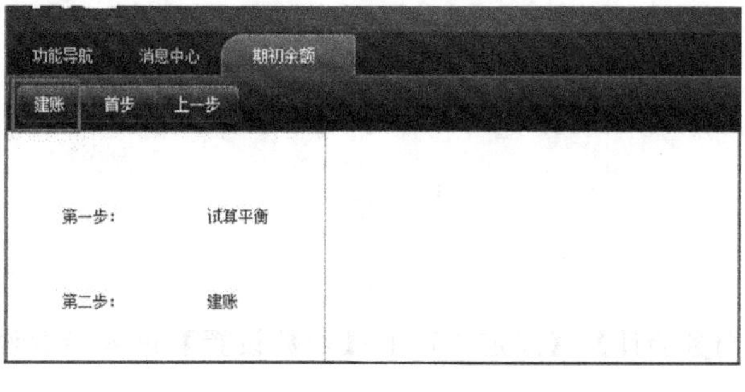

图 3-1-53

注意：如果需要反结账上年 12 月，必须先取消本年年初的建账，才可以回去反结账上年 12 月改动期末余额，改动完期末余额后，切记重新进行“年初重算”操作，来重算本年的年初数。

第二章 固定资产

第一节 总体流程

总体流程见图3-2-1。

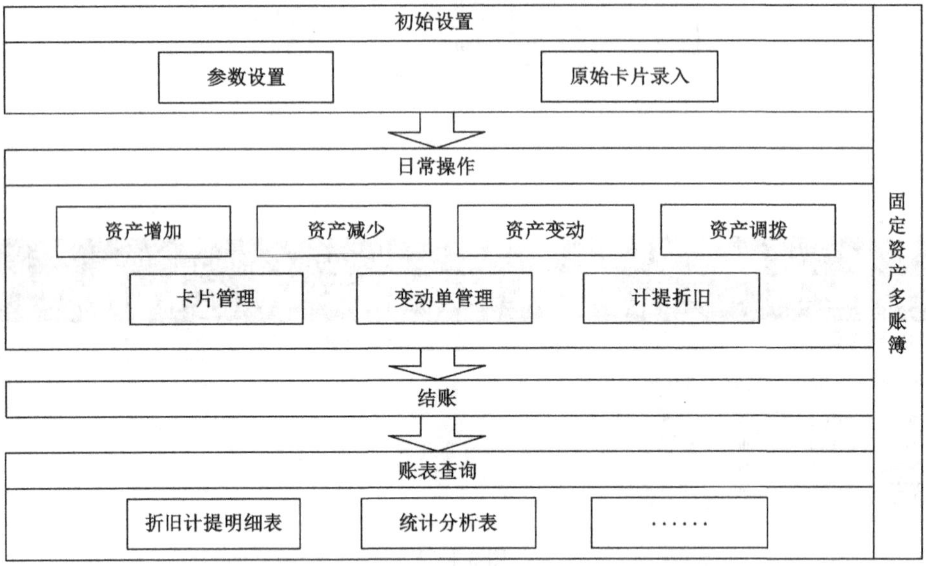

图3-2-1

第二节 操作指引

一、初始设置

（一）参数设置

（1）操作路径:【财务会计】—【固定资产】—【参数设置】,进入参数设置界面。（图3-2-2、图3-2-3）

（2）点击【修改】,资产编码方式中有手工输入和自动编码两种方式,参数统一设置为自动编码中的“类别编码＋序号”编码方式,序号为4位数。在日常操作中,如有个别需要手工输入编码的情况,可以随时将参数修改为手工输入,待完成所需的工作后再修改回来即可。

（二）原始卡片录入

（1）操作路径:【财务会计】—【固定资产】—【录入原始卡片】,进入录入原始卡片界面、。点击【新增】后选择交易类型,选择待录入卡片的资产类别,点击【确定】。（图3-2-4、图3-2-5）

（2）依次录入资产名称、原币原值等信息。（图3-2-6）

图 3-2-2

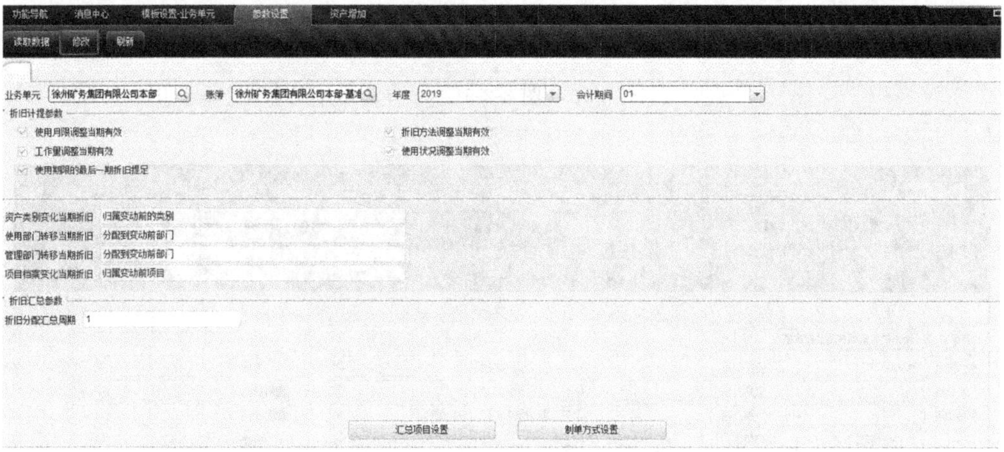

图 3-2-3

图 3-2-4

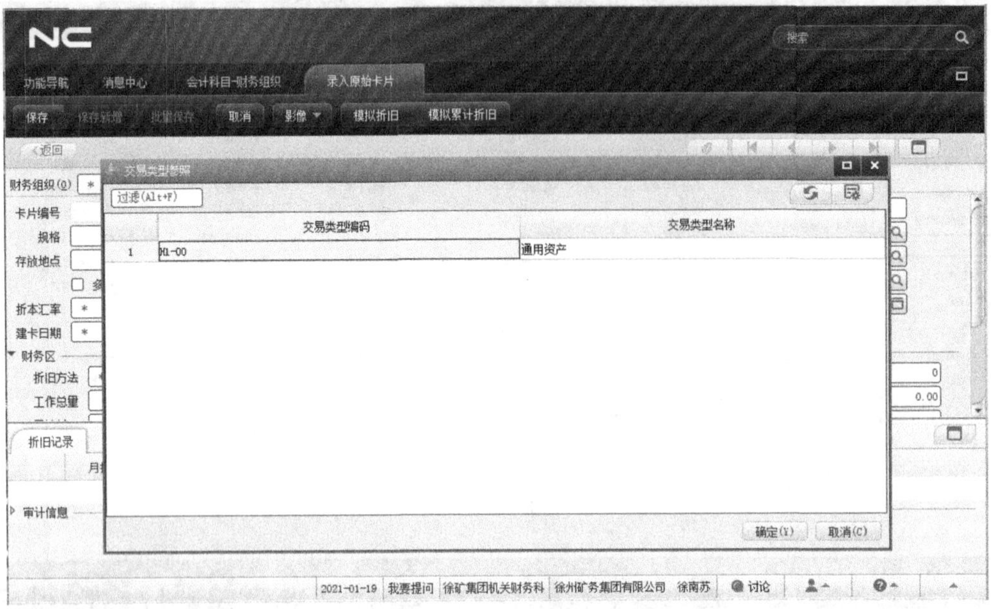

图 3-2-5

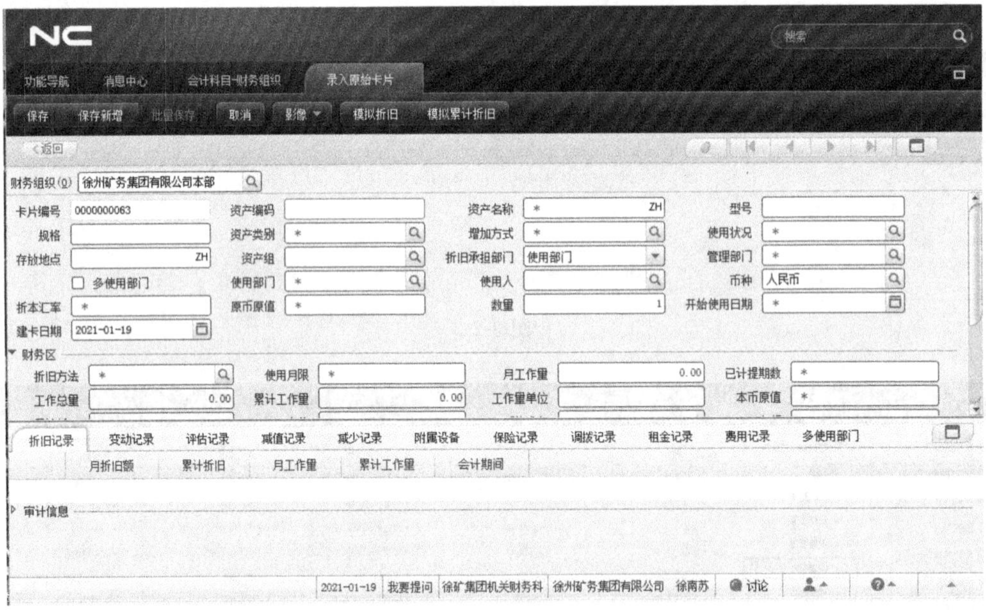

图 3-2-6

(3) 录完后,点击【保存】。

注意:红色星号的项目为必填项,不可空缺,非红色星号的项目可以为空。

如果一次性购入了多份同样的资产,可以使用复制功能,在录入原始卡片或资产增加界面中点击【复制】后输入卡片复制数量,确定后系统会自动生成卡片编号不同的同样内容的卡片,并且可以进行修改。(图 3-2-7)

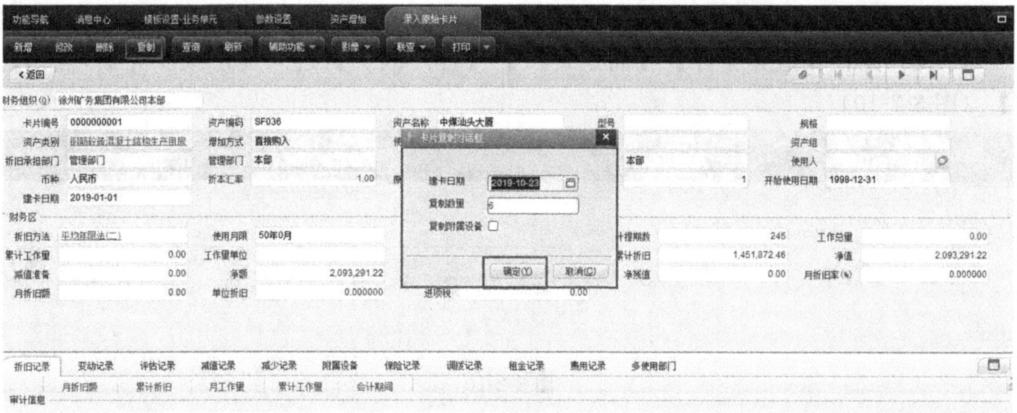

图 3-2-7

二、日常操作

（一）资产增加

操作路径:【财务会计】—【固定资产】—【新增资产】—【资产增加】,其他操作与初始设置中的录入原始卡片基本相同。区别是录入原始卡片是录入当月之前(包含系统启用之前)的资产信息,卡片上的开始使用日期为空,需要手工录入 ,而资产增加是当月增加的资产的信息,开始使用日期为系统日期,可以修改。(图 3-2-8、图 3-2-9)

图 3-2-8

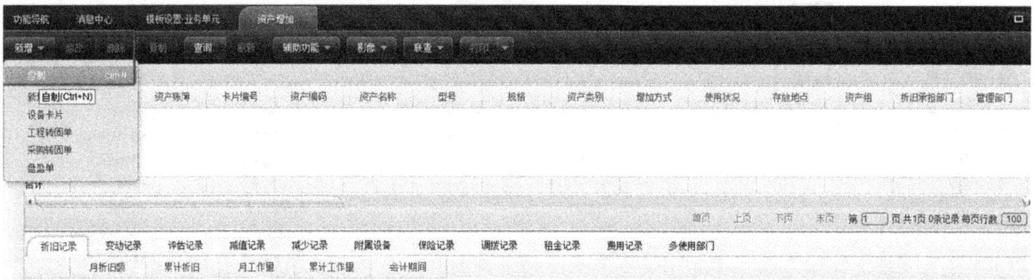

图 3-2-9

（二）资产减少

（1）操作路径:【财务会计】—【固定资产】—【资产减少】，进入资产减少界面，点击【新增】。（图 3-2-10）

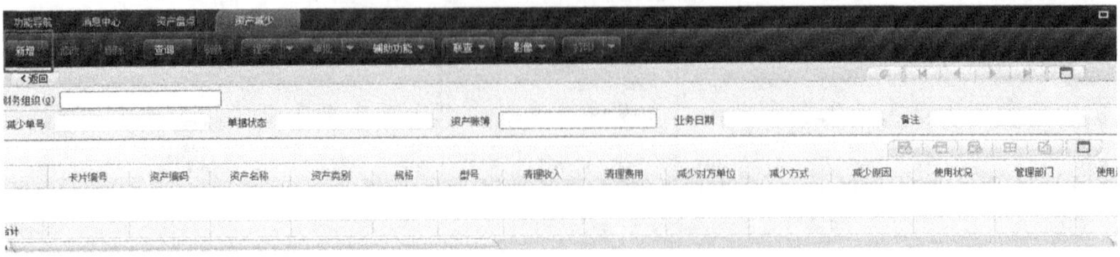

图 3-2-10

（2）编辑固定资产减少审批单据，选择减少方式、减少原因，保存即可。

（3）如果一次性减少多个资产，可以点击屏幕上面【行操作】—【增行】，会在固定资产减少审批单据中新增一行记录，录入待减少的资产卡片编号，录入减少方式、减少原因，即可在一张单据中同时减少多个。（图 3-2-11）

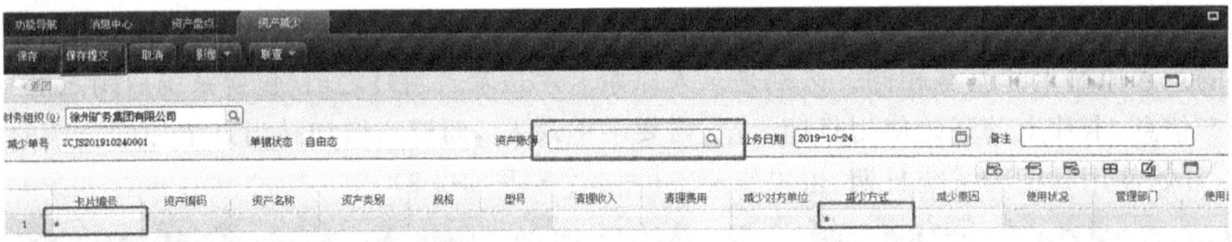

图 3-2-11

（4）对于保存后的单据，点击菜单中的【审核】与【确认】按钮，该资产才被正式减少，否则该资产依然是在役资产。对于已经减少的资产在当月可以撤销减少。

（三）卡片台账

（1）操作路径:【财务会计】—【固定资产】—【账表查询】—【卡片台账】，进入卡片台账界面。点击【查询】，弹出查询条件窗口，选择财务组织、资产账簿、会计期间，点击【确定】按钮。（图 3-2-12、图 3-2-13）

图 3-2-12

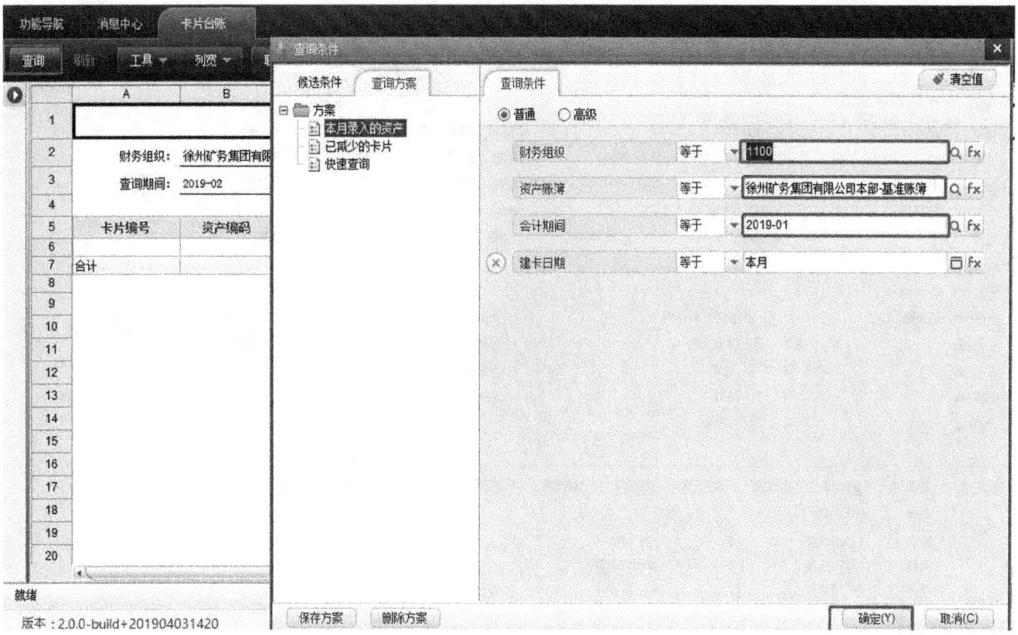

图 3-2-13

（2）点击【确定】后可以查看到所有符合条件的资产的信息，并可通过【联查】—【联查】—【联查卡片】联查到卡片的详细信息。（图 3-2-14、图 3-2-15）

卡片编号	资产编码	资产名称	规格	型号	本币原值	累计折旧	本年折旧	净值	减值准备	净额	资产类别
0000000001	SF036	中煤汕头大厦			3,545,163.68	1,457,769.05	41,276.16	2,087,394.63	0.00	2,087,394.63	钢筋砼砖混凝...
0000000002	SF037	汽修车间			563,830.78	563,830.78	0.00	0.00	0.00	0.00	钢筋砼砖混凝...
0000000003	SF038	木工房			108,404.81	92,538.34	1,426.20	15,866.47	0.00	15,866.47	钢筋砼砖混凝...
0000000004	SF039	烤漆车间			46,875.36	40,057.25	612.88	6,818.11	0.00	6,818.11	钢筋砼砖混凝...
0000000005	SF040	汽修检测站			465,000.00	347,700.12	9,291.08	117,299.88	0.00	117,299.88	钢筋砼砖混凝...
0000000006	SF041	车间工具室			42,940.32	35,471.88	591.56	7,468.44	0.00	7,468.44	钢筋砼砖混凝...
0000000007	SF042	一汽车间			2,904,830.70	2,025,873.19	51,326.00	878,957.51	0.00	878,957.51	钢筋砼砖混凝...
0000000008	SF043	锅炉房			67,969.35	67,969.35	0.00	0.00	0.00	0.00	钢筋砼砖混凝...
0000000009	SF044	车间仓库			23,160.56	23,160.56	0.00	0.00	0.00	0.00	钢筋砼砖混凝...
0000000010	SF045	库房			12,948.86	12,948.86	0.00	0.00	0.00	0.00	钢筋砼砖混凝...
0000000011	SF046	锻工房			12,113.07	12,113.07	0.00	0.00	0.00	0.00	钢筋砼砖混凝...
0000000012	SF047	五十铃车间			46,658.00	46,658.00	0.00	0.00	0.00	0.00	钢筋砼砖混凝...
0000000013	SF048	喷漆车间			20,000.00	20,000.00	0.00	0.00	0.00	0.00	钢筋砼砖混凝...
0000000014	SF049	汽修二车间			266,263.93	266,263.93	0.00	0.00	0.00	0.00	钢筋砼砖混凝...
0000000015	010101010001	庞庄矿办公楼			17,970,032.97	4,818,693.20	241,308.96	13,151,339.77	0.00	13,151,339.77	钢结构生产用户
0000000016	010101010002	北京房产			10,188,077.30	1,178,562.52	150,946.56	9,009,514.78	0.00	9,009,514.78	钢结构生产用户
0000000017	010103010001	金山桥厂房4			536,337.54	62,670.54	14,897.28	473,667.00	0.00	473,667.00	钢筋砼砖混凝...
0000000018	010103010002	配电室			478,126.28	55,868.58	13,280.40	422,257.70	0.00	422,257.70	钢筋砼砖混凝...

图 3-2-14

（3）在卡片列表界面，点击【打印】按钮可以将卡片按卡片形式（模板打印）或列表形式（直接打印）打印出来，分别见图 3-2-16、图 3-2-17。

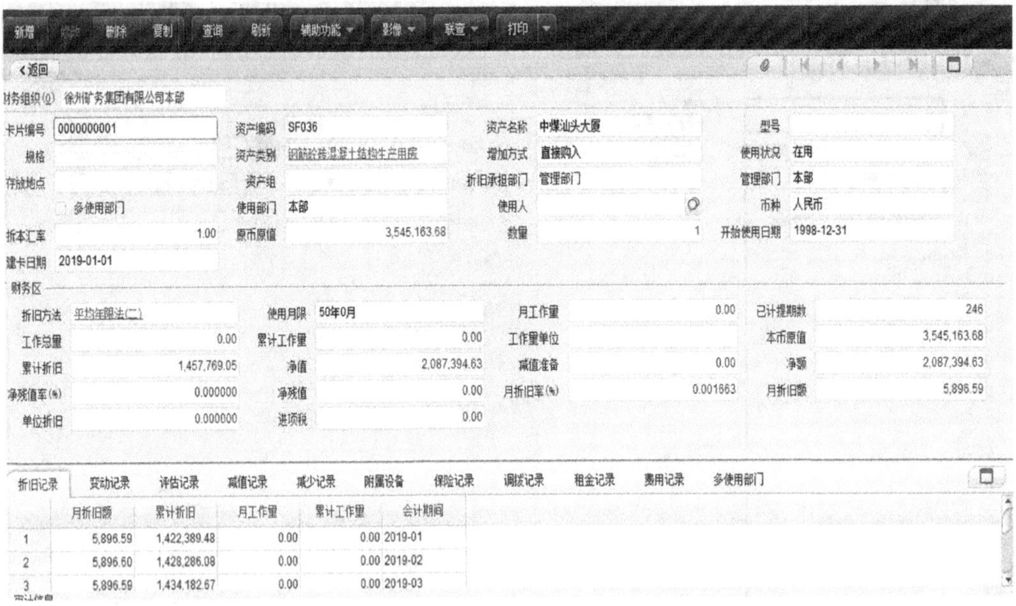

图 3-2-15

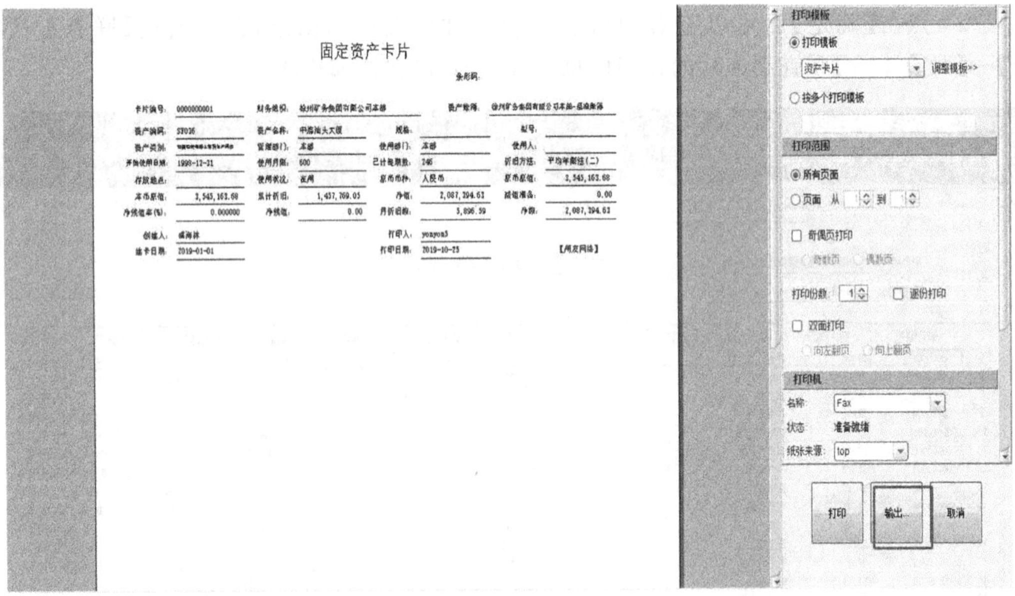

图 3-2-16

(4) 固定资产明细表可以通过图 3-2-17 所示的输出按钮，分别输出为 Excel、PDF、CSV 等格式文件；或者按住 Ctrl、点击鼠标左键选住范围，再使用 Ctrl＋C，然后 Ctrl＋V 就可以复制到 Excel 当中。(图 3-2-18)

(5) 根据查询需求的不同，可以用候选条件缩小查询的范围。以查询资产名称与“锅

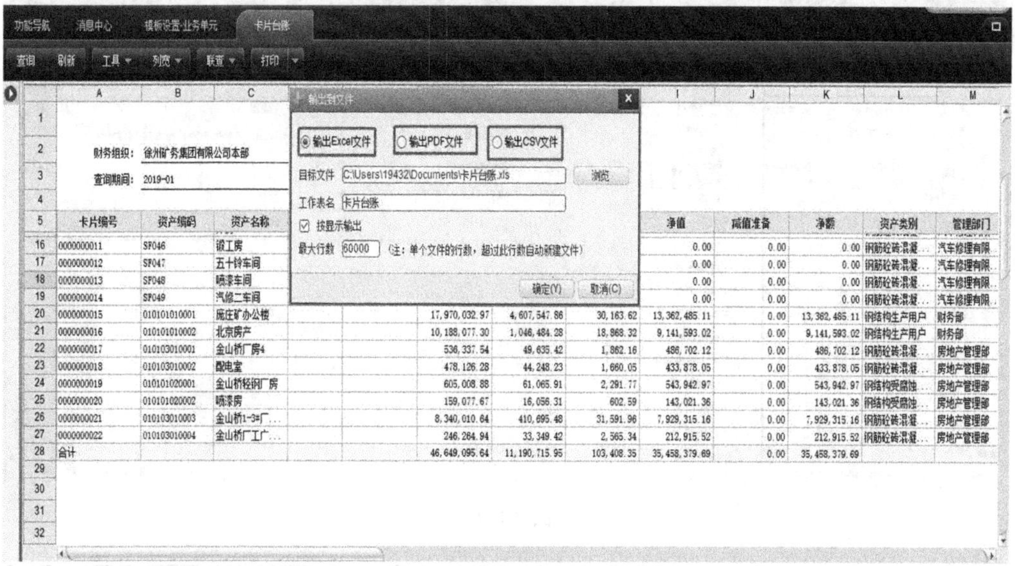

图 3-2-17

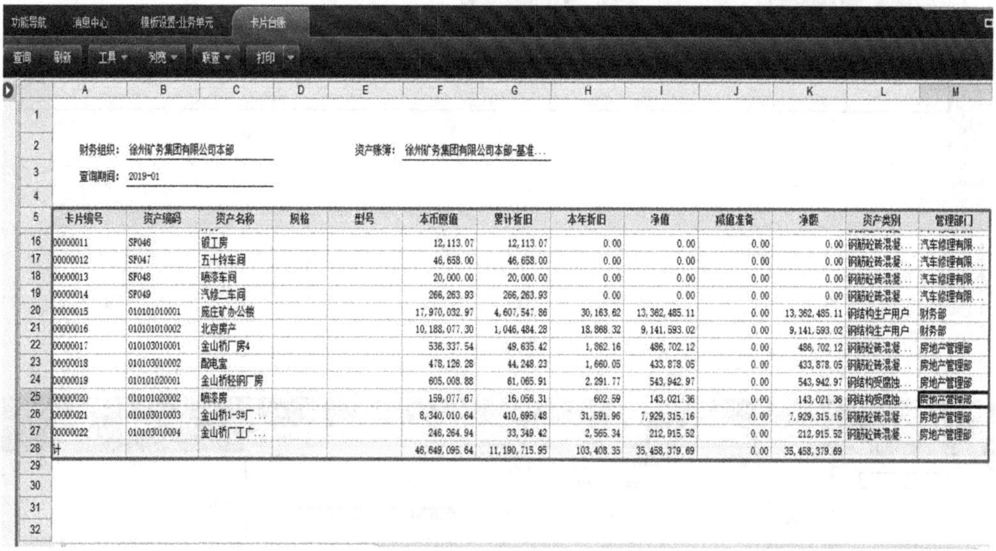

图 3-2-18

炉”相关的资产为例，以上述查询为基础，双击候选条件中的“资产名称”，选择“包含”，输入“锅炉”。（图 3-2-19）

（6）可以通过图 3-2-19 中用框线标注的条件筛选出所有包含“锅炉”的资产。（图 3-2-20）

（四）变动单台账

操作路径：【财务会计】—【固定资产】—【变动单台账】，进入变动单台账界面。点击【查询】，录入查询条件可以查询到所有变动类型的资产变动记录。（图 3-2-21）

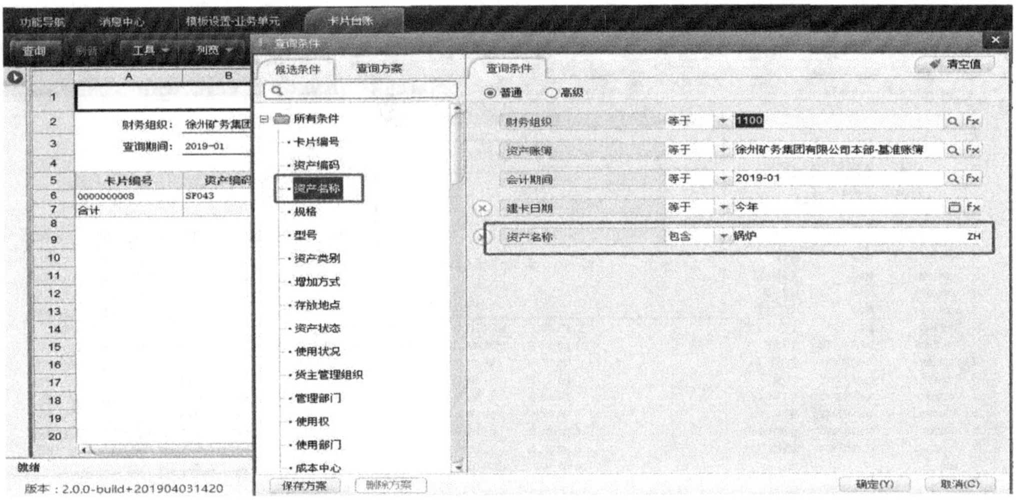

图 3-2-19

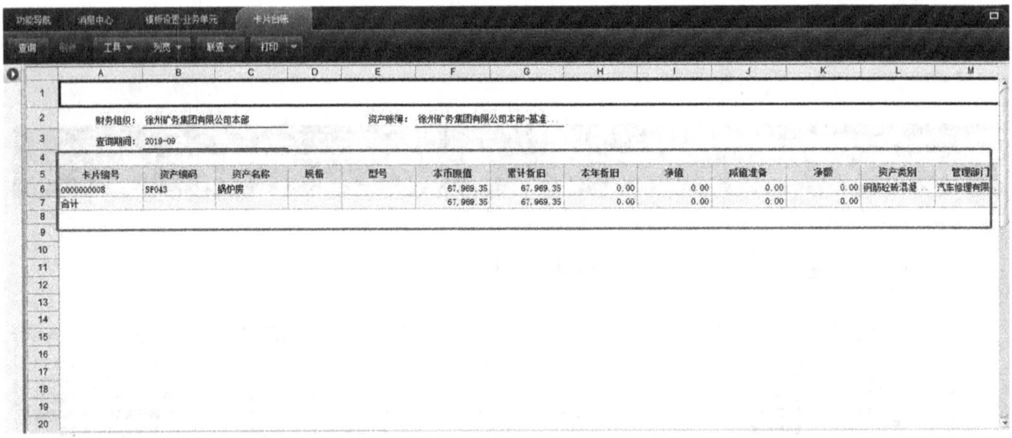

图 3-2-20

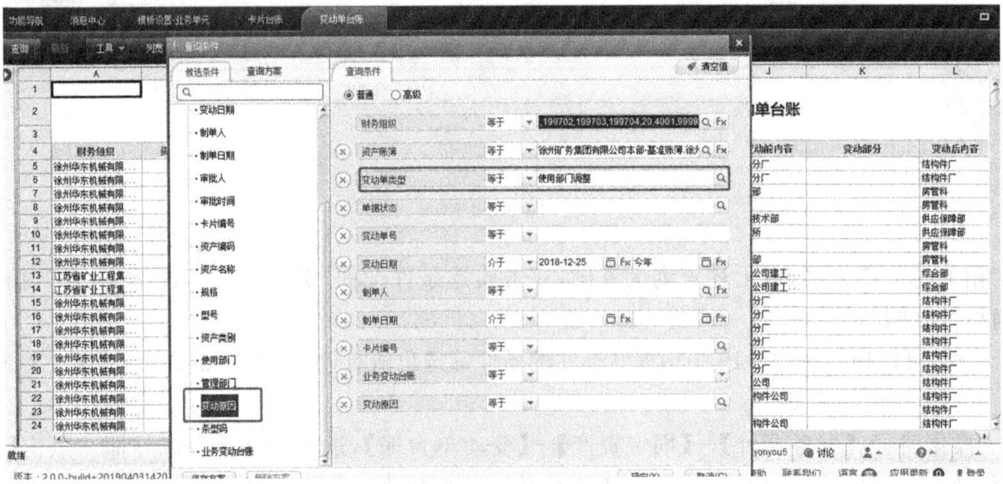

图 3-2-21

（五）资产调拨

1. 资产调出

(1) 操作路径:【财务会计】—【固定资产】—【资产调拨】—【资产调出】,进入资产调出界面。(图 3-2-22)

图 3-2-22

点击【新增】,选择财务组织,录入业务信息。点击【查询】,录入查询条件,过滤出要调出的资产,进入编辑状态。(图 3-2-23)

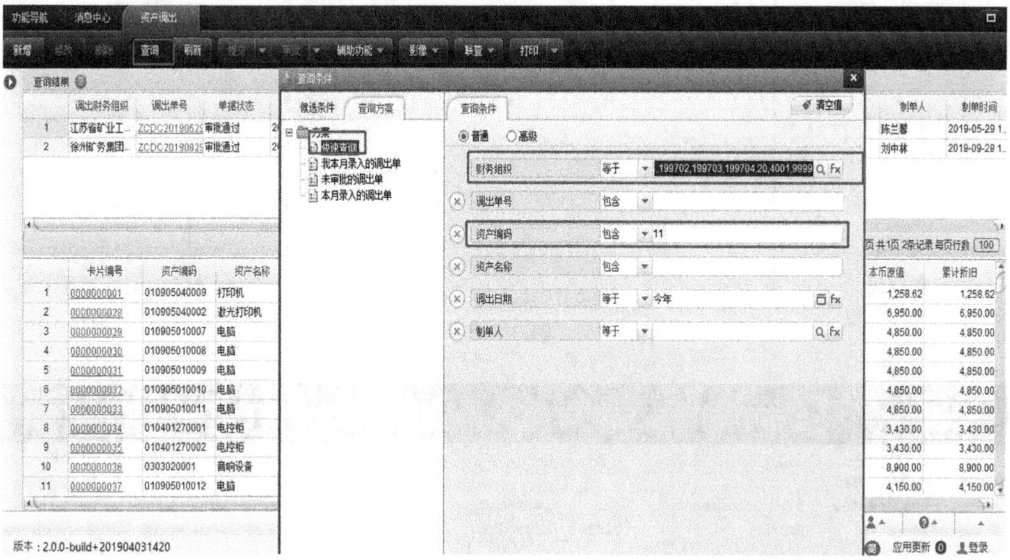

图 3-2-23

(2) 选择调入公司,录入减少方式,点击【保存】。再依次点击【审核】与【确认】按钮,完成该资产的调出(图 3-2-24)。

注意:资产调出相当于本公司资产减少,所以必须计提完折旧后才能进行调出操作。

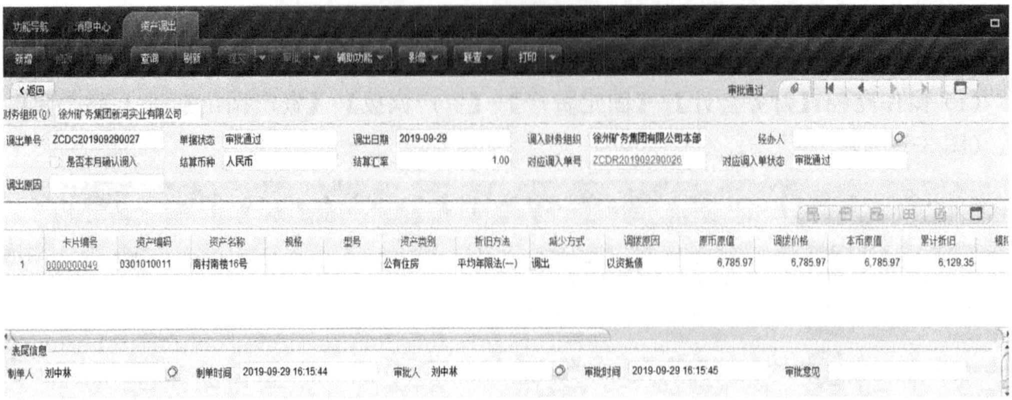

图 3-2-24

2. 资产调入

(1) 操作路径:【财务会计】—【固定资产】—【资产调拨】—【资产调入】,进入资产调入界面。点击【查询】,录入查询条件,过滤出要调入本公司的资产调入单据。(图 3-2-25、图 3-2-26)

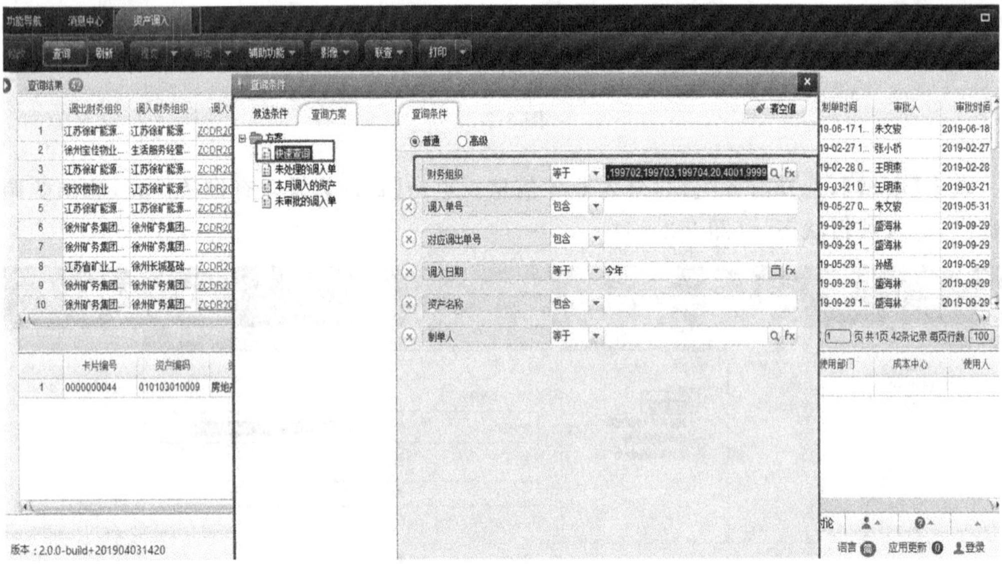

图 3-2-25

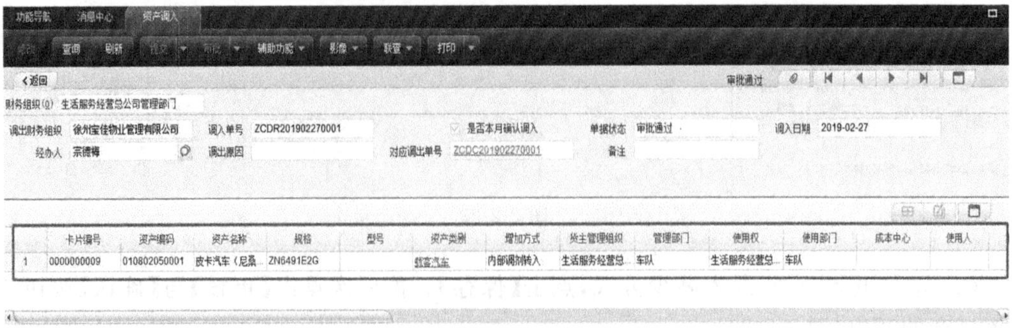

图 3-2-26

(2) 双击相应记录,进入单据界面,修改表体中的增加方式、管理部门、使用部门等内容,保存单据;然后点击【提交】与【审核】按钮,完成该资产的调入工作。

(3) 对于已调入的资产,可以在卡片管理中进行查询。(图 3-2-27)

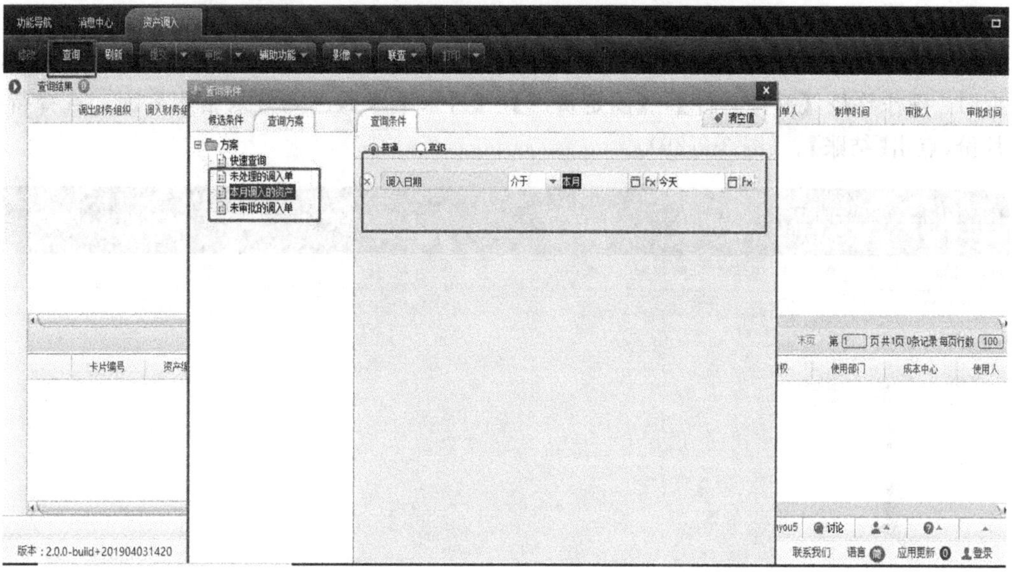

图 3-2-27

(六) 折旧计提

(1) 操作路径:【财务会计】—【固定资产】—【折旧与摊销】,进入折旧计提界面,在两个账簿中分别点击【读取数据】,再点击【折旧计提】,在“折旧清单”页签中可查看到本月计提数据。(图 3-2-28)

	卡片编号	资产编码	资产名称	计提原值	本月折旧	累计折旧	月折旧率	单位折旧	本月工作量	累计工作量	是否继承
1	0000000003	SF038	木工房	108,404.81	178.28	92,538.34	0.001645	0.000000	0.00	0.00	☐
2	0000000004	SF039	烤漆车间	46,875.36	76.61	40,057.25	0.001634	0.000000	0.00	0.00	☐
3	0000000005	SF040	汽修检测站	465,000.00	1,161.39	347,700.12	0.002498	0.000000	0.00	0.00	☐
4	0000000006	SF041	车间工具室	42,940.32	73.95	35,471.88	0.001722	0.000000	0.00	0.00	☐
5	0000000007	SF042	一汽车间	2,904,830.70	6,415.75	2,025,873.19	0.002209	0.000000	0.00	0.00	☐
6	0000000015	010101010001	庞庄矿办公楼	17,970,032.97	30,163.62	4,818,693.20	0.001679	0.000000	0.00	0.00	☐
7	0000000016	010101010002	北京房产	10,188,077.30	18,868.32	1,178,562.52	0.001852	0.000000	0.00	0.00	☐
8	0000000017	010103010001	金山桥厂房4	536,337.54	1,862.16	62,670.54	0.003472	0.000000	0.00	0.00	☐
9	0000000018	010103010002	配电室	478,126.28	1,660.05	55,868.58	0.003472	0.000000	0.00	0.00	☐
10	0000000019	010101020001	金山桥轻钢厂房	605,008.88	2,291.77	77,108.30	0.003788	0.000000	0.00	0.00	☐
11	0000000020	010101020002	喷漆房	159,077.67	602.59	20,274.44	0.003788	0.000000	0.00	0.00	☐
12	0000000021	010103010003	金山桥1-3#厂房...	8,340,010.64	31,591.96	631,839.20	0.003788	0.000000	0.00	0.00	☐
13	0000000022	010103010004	金山桥厂工广及...	246,264.94	2,565.34	51,306.80	0.010417	0.000000	0.00	0.00	☐
合计				42,090,987.41	97,511.79	9,437,964.36			0.00	0.00	

图 3-2-28

(2) 本月已计提的折旧数可以修改，直接点击修改按钮即可，保存后还可以在列表的最后一列打上继承标志，表示该资产下月依旧按照本月的折旧数进行计提。

(3) 折旧计提完成后可在上述界面中直接点击【生成凭证】，形成会计凭证。

三、结账

每月的业务处理完成后应及时结账，否则总账就无法及时结账。

(1) 操作路径：【财务会计】—【固定资产】—【月末结账】，进入月末结账界面。选择待结账月份，点击【结账】。(图 3-2-29)

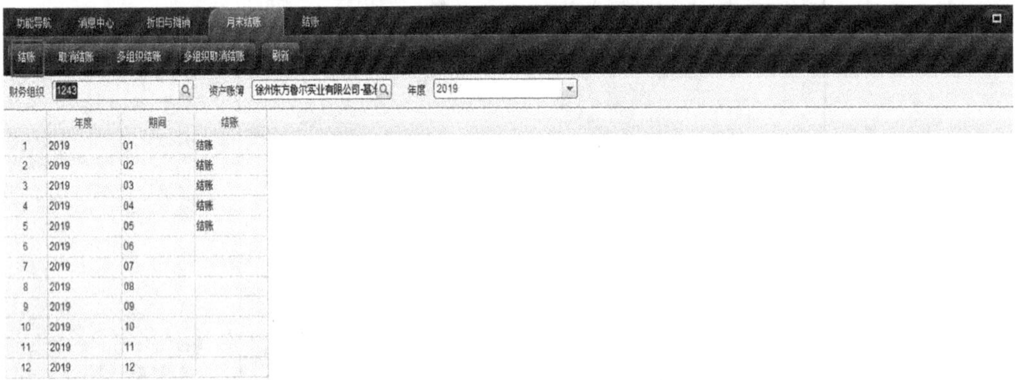

图 3-2-29

(2) 点击【是】即可结账。每月处理完毕后，必须结账才能进行下一月份固定资产管理。

四、账表查询

(一) 折旧计算明细查询

操作路径：【财务会计】—【固定资产】—【账表查询】—【折旧计算明细查询】，进入折旧明细查询界面。点击【查询】，在"查询条件"页签，选择查询对象、范围、起止级次，点击【确定】。(图 3-2-30、图 3-2-31)

图 3-2-30

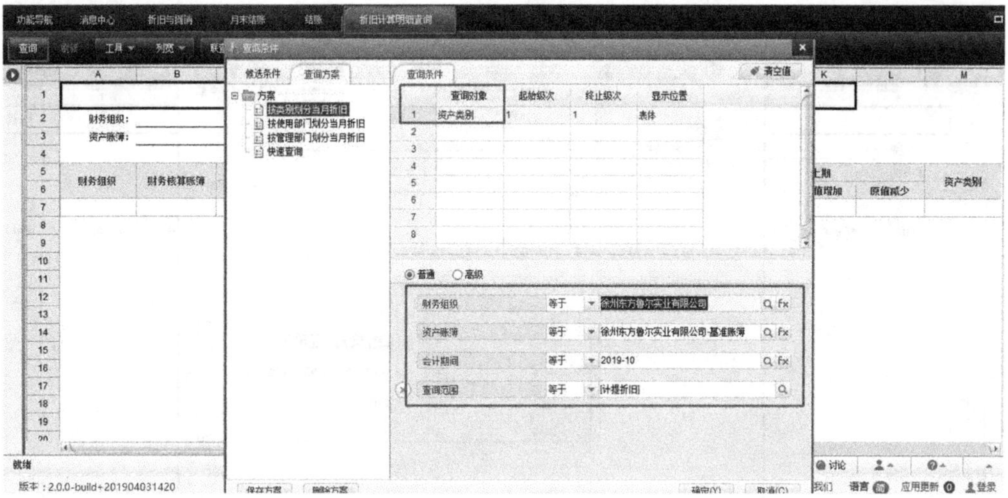

图 3-2-31

（二）统计分析查询

操作路径：【财务会计】—【固定资产】—【账表查询】—【统计分析查询】，进入统计分析查询界面。点击【查询】，在“查询条件”页签，选择查询对象、范围、起止级次、是否包含下级，点击【确定】。（图 3-2-32、图 3-2-33）

图 3-2-32

其他表的查询同以上两表的操作类似。

注意：月末结账前应将总账中固定资产、累计折旧明细与固定资产系统中统计分析表按类别进行核对，有差额的以固定资产系统中的数为基准进行调整。

（三）固定资产多账簿

1. 启用说明

固定资产启用多账簿，目的是按不同会计制度针对同一资产，使用不同的会计期间、核算币种、折旧方法、使用年限、净残值率等进行核算，最终可以提供不同要求的会计报

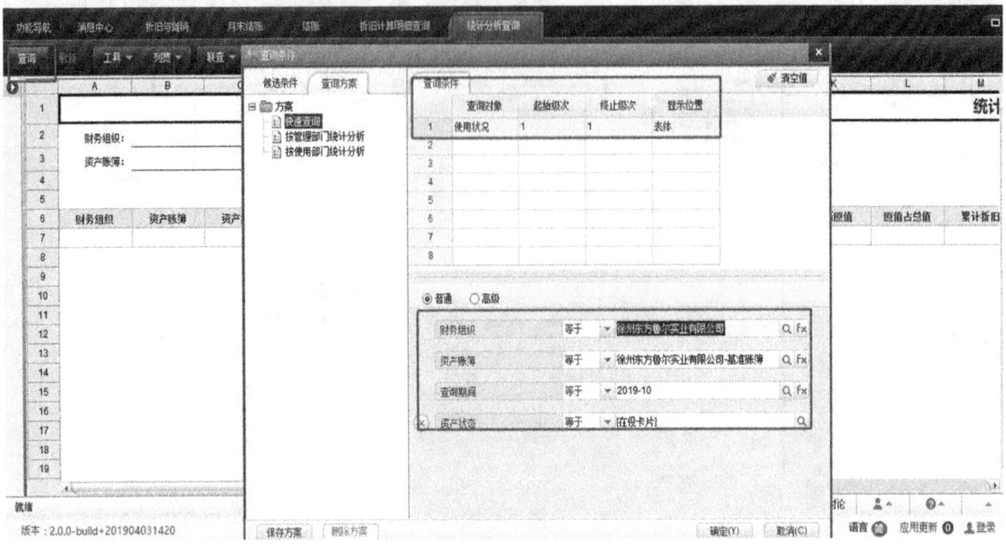

图 3-2-33

告。资产的各项变动可按不同会计制度或内外报告要求进行会计处理，各账簿之间可以联动。

2. 初始化

初始化固定资产多账簿操作路径：【财务会计】—【固定资产】—【账簿初始化】，进入账簿初始化界面。查询到符合条件的账簿后点击【取数】，点击【确定】。（图 3-2-34、图 3-2-35）

图 3-2-34

3. 应用

以查询为例，操作路径：【财务会计】—【固定资产】—【卡片台账】，进入卡片台账界面。点击【查询】，弹出查询条件窗口，在候选条件中双击想要查询的条件使其移动到右侧，点击【确定】。（图 3-2-36、图 3-2-37）

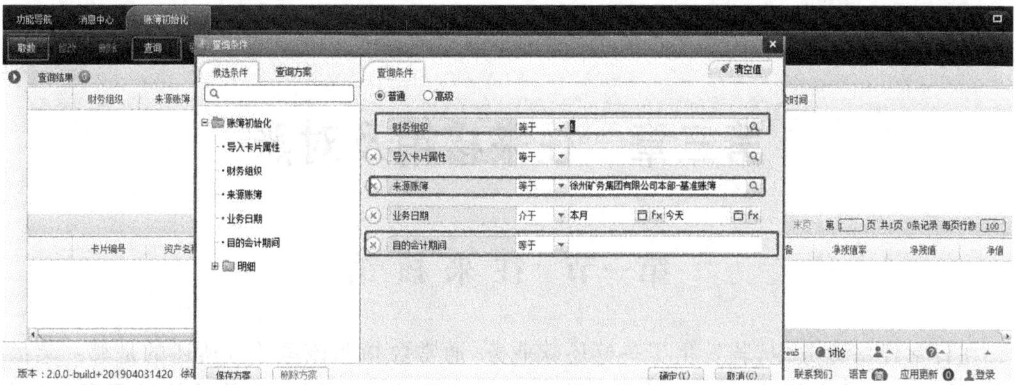

图 3-2-35

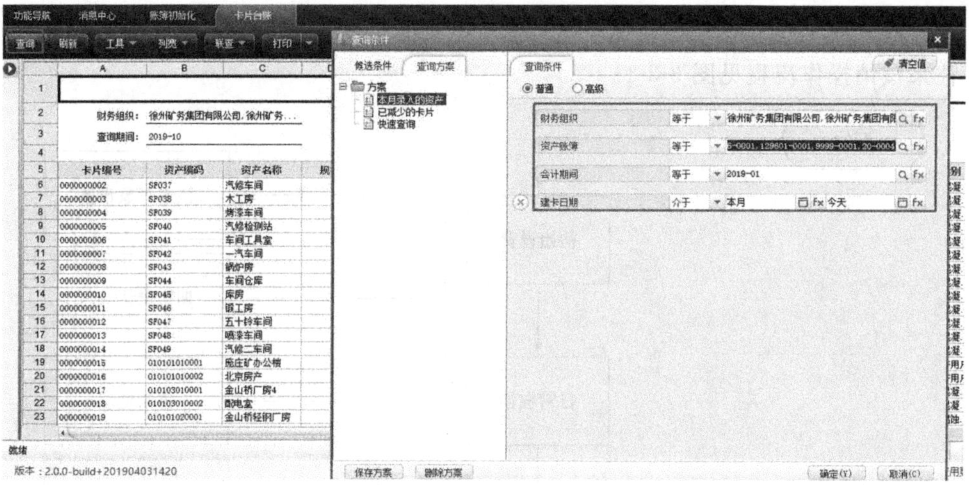

图 3-2-36

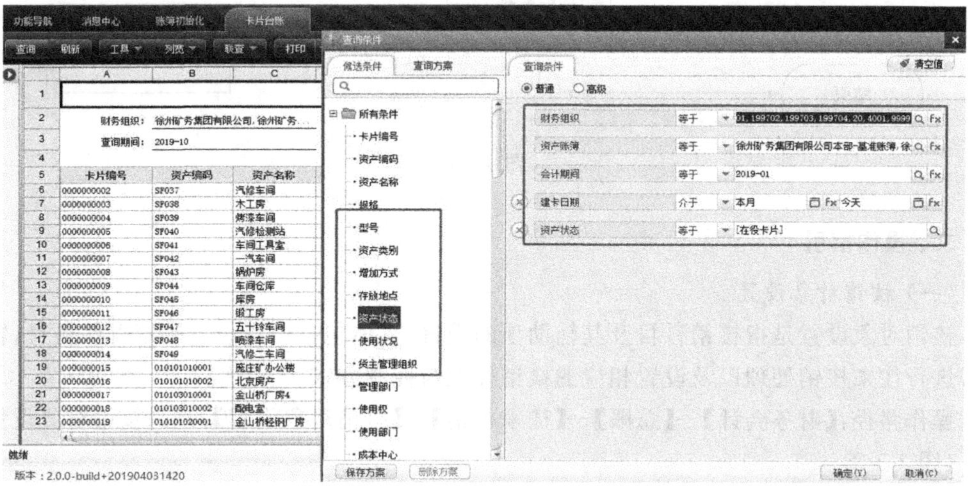

图 3-2-37

第三章 往来核销及对账

第一节 往 来 核 销

在日常经济业务中，若发生了一笔还款业务，通常要指明该笔业务所还的是哪一笔借款业务，并在这两笔之间建立勾对关系。这一标识两笔业务之间勾对关系的过程即为核销。总账中的往来核销，主要是对同一科目借贷方的发生数据进行勾对处理。

一、操作流程

往来核销操作流程见图 3-3-1。

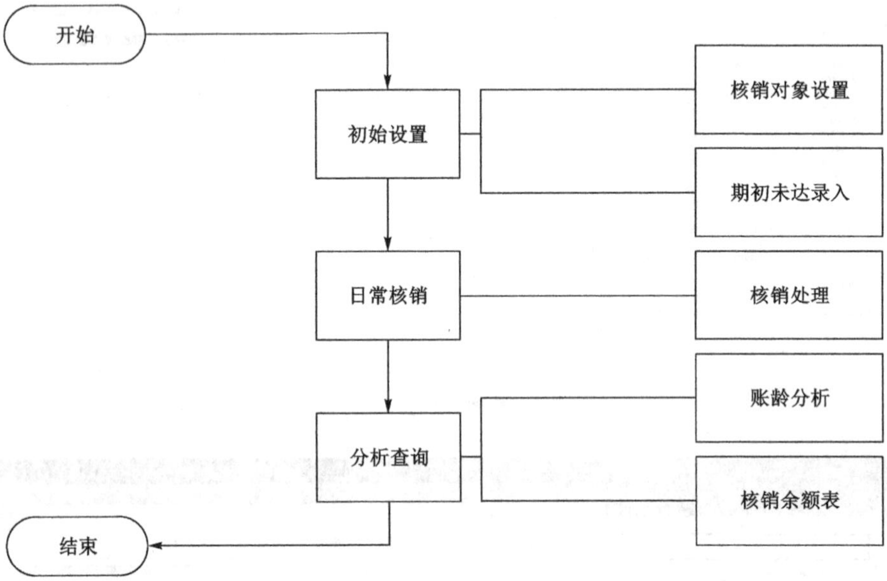

图 3-3-1

二、操作指引

（一）核销对象设置

核销对象设置是指核销科目及其辅助项的设置，具体包括可以设置确定哪些科目、辅助项需进行往来核销处理以及设置相应的核销标准与控制方式。

操作路径：【财务会计】—【总账】—【往来核销】—【核销对象设置】，进入核销对象设置界面。（图 3-3-2）

点击【新增】按钮，新增核销对象，录入科目编码、辅助核算项，选择控制方式、启用期间，选择核销号是否必填后，点击【保存】按钮保存。

其中，会计科目可以选择非末级科目。对非末级科目进行核销时，可对其下级科目之间

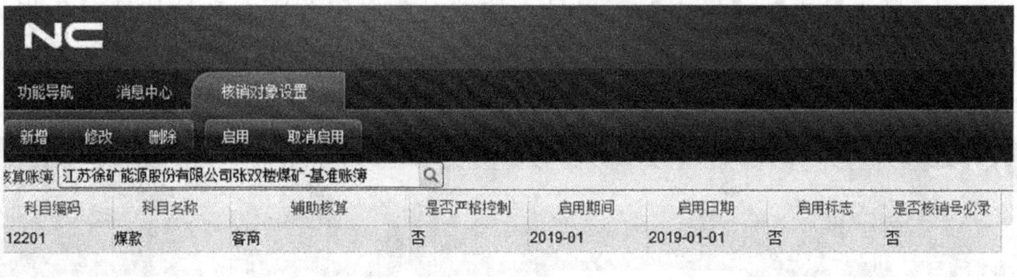

图 3-3-2

发生的业务进行核销。各核销对象的科目不能重复，不能为空，且各核销对象的科目之间不能具有上下级关系 。

当选择辅助核算项目时，只有在所选辅助核算类型下同一辅助项的数据才可进行核销，不同辅助项之间不能进行核销。如：将应收账款的客户档案作为核销对象，则在核销时，必须对同一客户的借贷方数据进行核销，不能将某一客户的贷方数据核销另一个客户的借方数据。

（二）期初未达录入

针对每个核销对象，需要录入其启用往来核销前的未核销明细数据。

操作路径：【财务会计】—【总账】—【往来核销】—【期初未达录入】，进入期初未达录入界面。（图 3-3-3）

图 3-3-3

（1）点击【查询】按钮，选择核算账簿、币种、核销科目等，点击【确定】。（图 3-3-4）

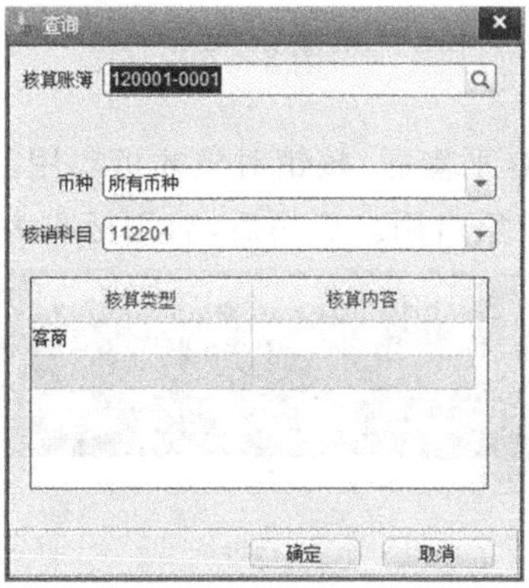

图 3-3-4

(2) 点击【导入导出】—【导入】，可以导入核销对象启用前所有和该核销对象相关的已经记过账的凭证；点击【导入导出】—【导入期初余额】，可以导入核销对象启用日期时的总账期初余额。导入成功后，可以再次点击【查询】查看期初余额。(图 3-3-5、图 3-3-6)

图 3-3-5

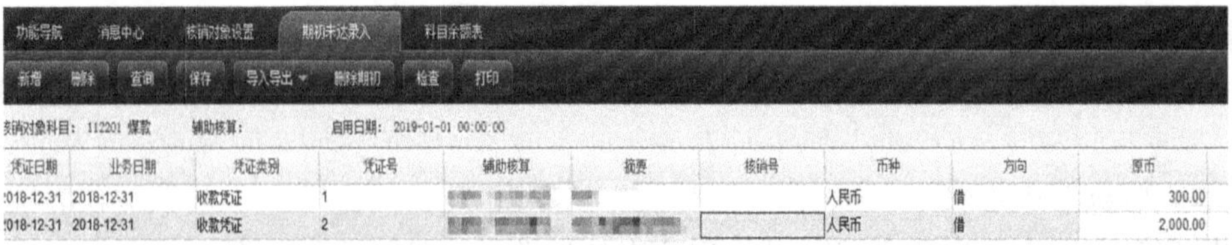

图 3-3-6

(3) 录入期初核销未达数据后，需要点击【检查】按钮，检查总账余额与未核销余额是否一致。例如，手工在期初未达中录入一笔贷方的应收账款，但总账没有相关数据，则在检查时会提示不一致。检查通过后，点击【返回】即可。(图 3-3-7)

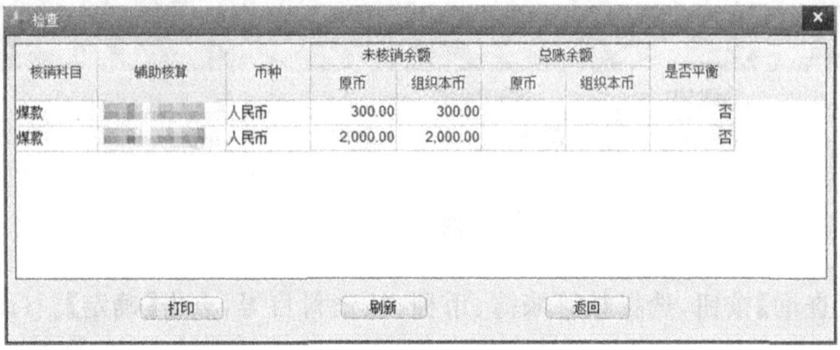

图 3-3-7

(4) 只有所有期初未达检查平衡后，核销对象才可启用。返回“核销对象设置”界面，点击【启用】按钮，即可完成核销对象启用。启用后，启用标志为“是”。(图 3-3-8)

图 3-3-8

（三）核销处理

往来核销通常有两种方式：① 即时核销，凭证填制时即可处理完成；② 事后核销，由系统对所有往来业务进行事后的自动核销与调整。

1. 即时核销

（1）在凭证录入完成后，选择需要核销的分录，点击【分录】—【即时核销】，打开核销界面。（图 3-3-9、图 3-3-10）

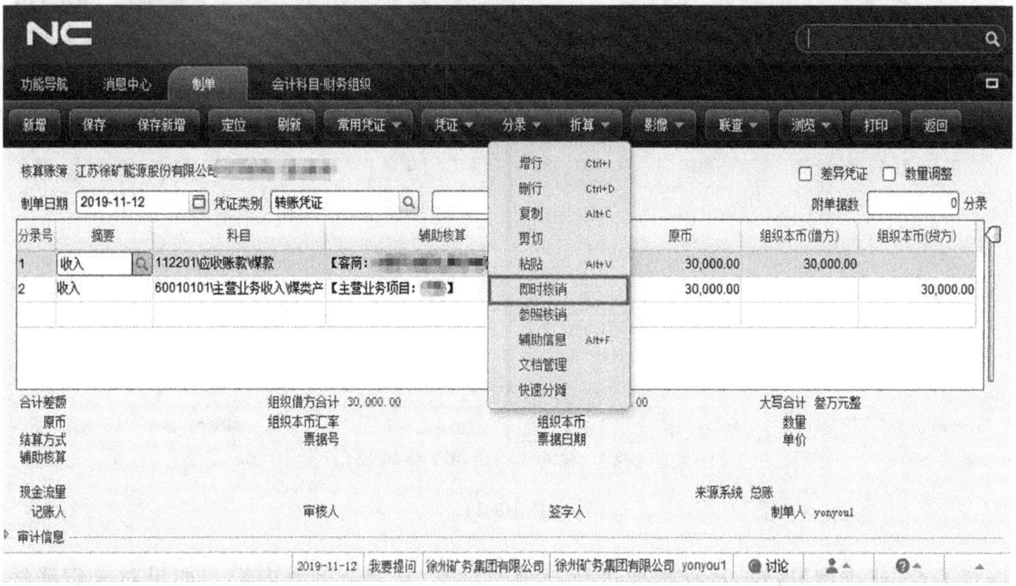

图 3-3-9

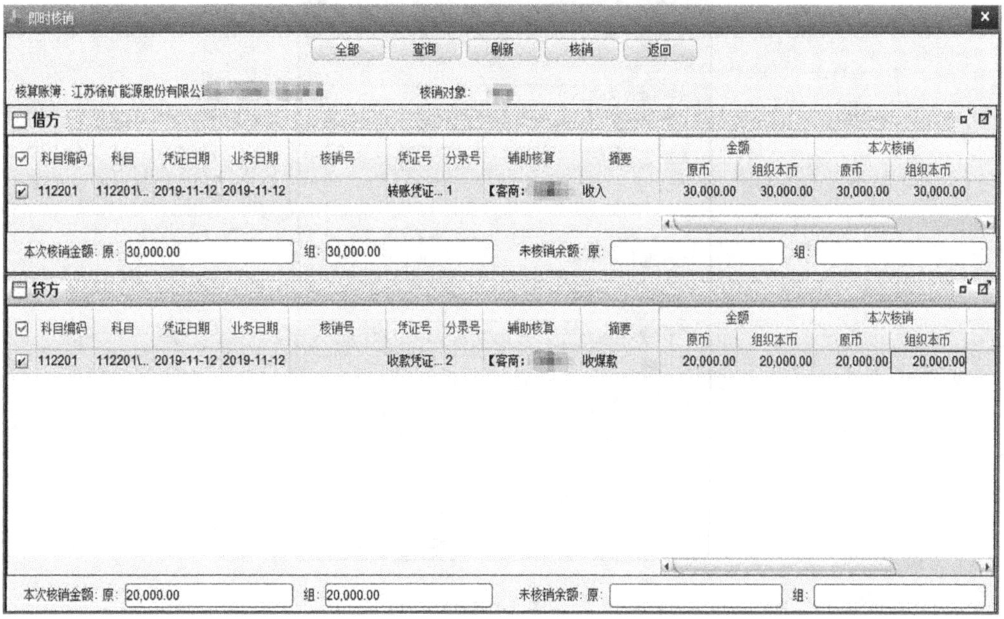

图 3-3-10

（2）勾选需要核销的凭证，点击【核销】按钮进行核销处理。

2. 事后核销

（1）操作路径：【财务会计】—【总账】—【往来核销】—【核销处理】，进入核销处理界面。可以点击【切换】按钮切换横排/竖排显示方式。（图 3-3-11）

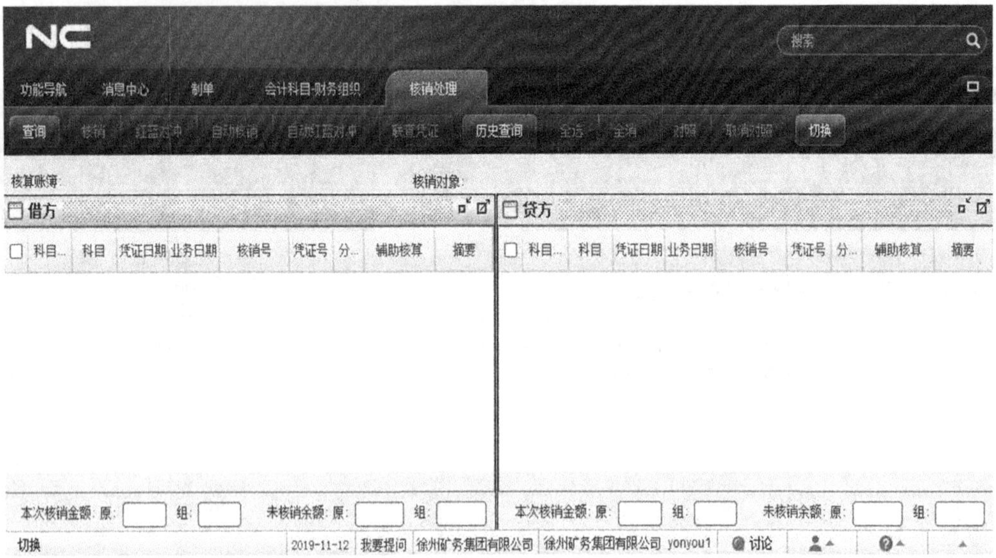

图 3-3-11

（2）点击【查询】按钮，选择需要进行核销的对象、日期范围等内容。如果对未记账凭证进行核销，需要勾选“包含未记账凭证”，点击【确定】，查询出需要核销的凭证。（图 3-3-12）

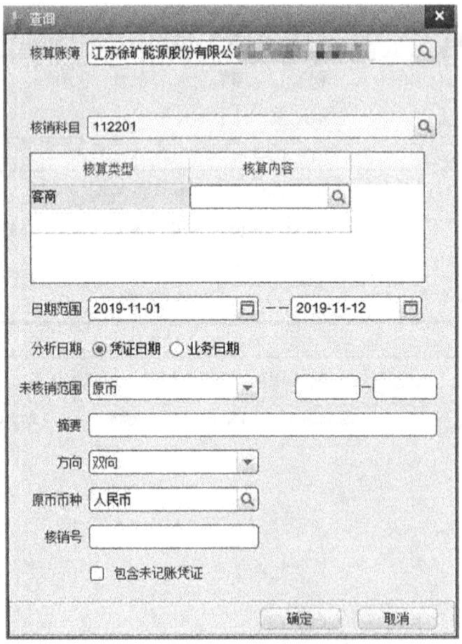

图 3-3-12

（3）分别勾选需要核销的借贷方凭证，点击【核销】按钮，完成核销。（图 3-3-13）

图 3-3-13

(4) 核销过后，可以点击【历史查询】按钮，查询已经核销的记录。(图 3-3-14)

图 3-3-14

(5) 勾选核销记录后，点击【详细】可以联查核销详细情况，点击【反核销】可以取消核销。(图 3-3-15)

图 3-3-15

3. 其他核销方式

(1) 自动核销。

查询出符合条件的待核销记录后，点击【自动核销】，设置核销标准，系统将按核销标准对查询结果进行成批自动核销。

在进行自动核销时，双方数据根据总账参数“核销方式”进行自动匹配，若总账参数“核销顺序”为“最早余额法”，则按时间顺序从前向后对双方记录进行匹配。若总账参数“核销顺序”为“最晚余额法”，则按时间顺序从后向前对双方记录进行匹配。

匹配时，从第一笔借方记录的本次核销金额开始，与第一笔贷方记录的本次核销金额比对，若借方数据少于贷方数据，则从贷方数据中取出借方数据金额与该借方数据核销，剩下的贷方数据与下一笔借方数据进行比对，若还有剩余，则核销下一笔借方数据后继续进行比对，以此类推，直至全部核销干净。若借方多于贷方，则从借方数据取出贷方数据金额与贷方数据核销，再取出下一笔贷方数据进行比对，以此类推，直至全部核销干净。若借贷方相等，则直接对借贷方记录进行核销。

(2) 红蓝对冲。

红蓝对冲是手工选择将不同方向的记录之间进行对冲，对冲的记录不再进行核销处理。

进入核销界面选定核算账簿后，选择查询对象，点击【查询】，设置“方向”条件为要进行红蓝对冲的方向，系统显示符合条件的该方向的待核销记录，选择要进行对冲的记录，点击【红蓝对冲】，系统将对所选记录进行红蓝对冲处理。

(3) 自动红蓝对冲。

自动红蓝对冲是系统自动将同方向相反金额的记录之间进行对冲，对冲的记录不再进行核销处理。

进入核销界面选定核算账簿后，选择查询对象，点击【查询】，设置“方向”条件为要进行自动红蓝对冲的方向，可选借方、贷方或双向，系统显示符合条件的所有记录，再点击【自动红蓝对冲】，系统将自动按标准对所有记录进行红蓝对冲处理。

(4) 对照。

对照是指在手动核销方式下，指定借方或贷方一条数据时，根据“核销对象科目＋辅助项相同以及金额相同”的条件，自动过滤出贷方或借方满足条件的数据，以达到缩小范围，方便核销的目的。

在核销处理窗口中，点击【对照】按钮后，可进行借方对照或贷方对照。

借方对照，则在弹出界面中选中借方一条数据，同时过滤出贷方数据，过滤条件为“与借方选中数据科目＋辅助项相同以及金额相等”的所有数据。

贷方对照，则在弹出界面中选中贷方一条数据，同时过滤出借方数据，过滤条件为“与贷方选中数据科目＋辅助项相同以及金额相等”的所有数据。

(四) 分析查询

1. 账龄分析

往来账龄分析指的是对核销对象进行账龄分析。

(1) 操作路径:【财务会计】—【总账】—【往来核销】—【往来账龄分析】，进入往来账龄分析界面。(图 3-3-16)

(2) 点击【查询】按钮，录入查询条件，点击【确定】按钮即可。(图 3-3-17、图 3-3-18)

2. 核销余额表

在核销金额表界面可以查询各核销对象的已核销、未核销往来记录的每一笔借、还款明细情况及余额。(图 3-3-19)

图 3-3-16

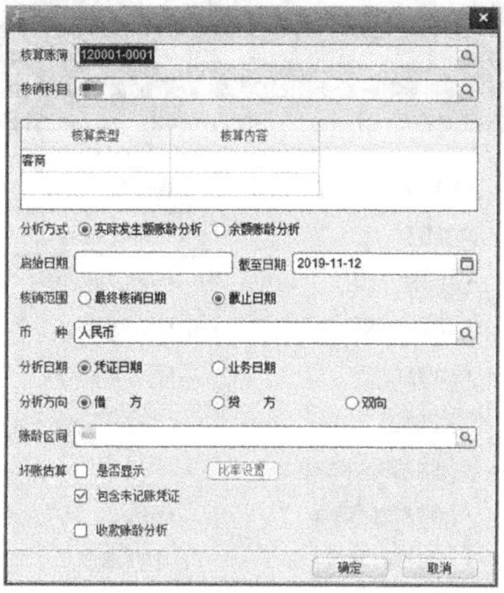

图 3-3-17

图 3-3-18

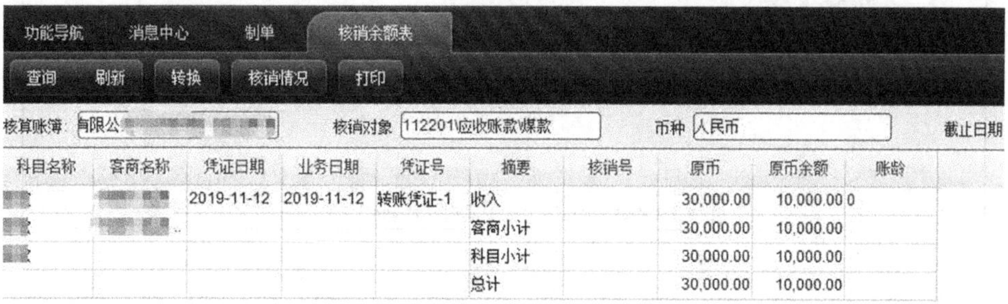

图 3-3-19

第二节 往来对账

目前，系统中的往来对账功能是通过合并报表的对账功能实现的。

对账是将发生在集团内部的一类交易事件的双方单位的数据，进行核对，确定交易事实的过程。对账工作通常应由合并者执行，作为子公司可以查询与自己相关的对账结果，也可以就本公司的内部交易与其他单位进行对账。

操作路径：【企业绩效管理】—【合并报表】—【对账及对账数据查询】，进入对账及对账数据查询界面。（图 3-3-20）

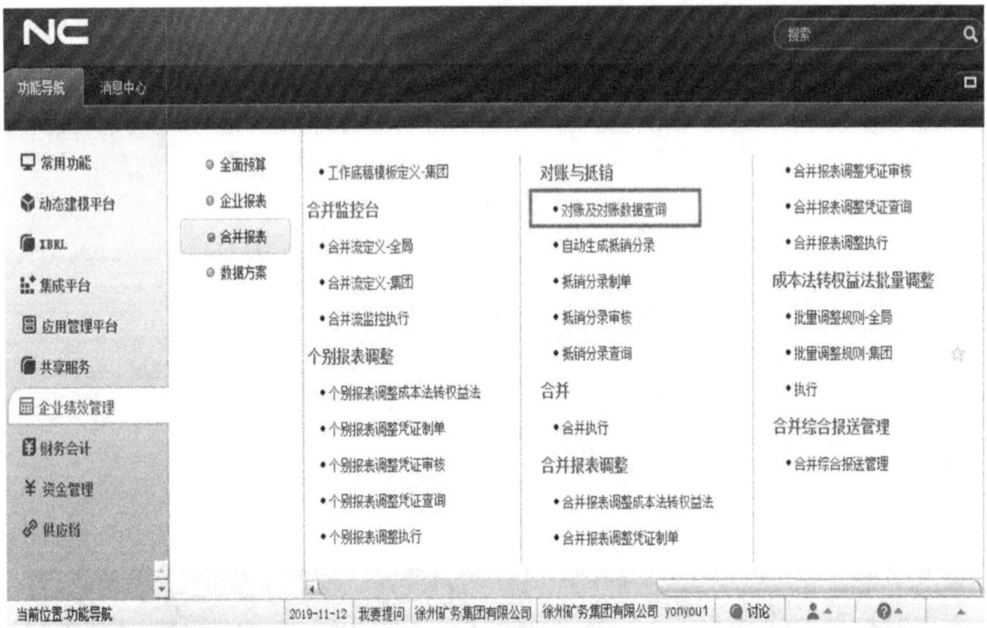

图 3-3-20

点击【查询】—【对账总报告查询】，可以查询核对结果。（图 3-3-21）

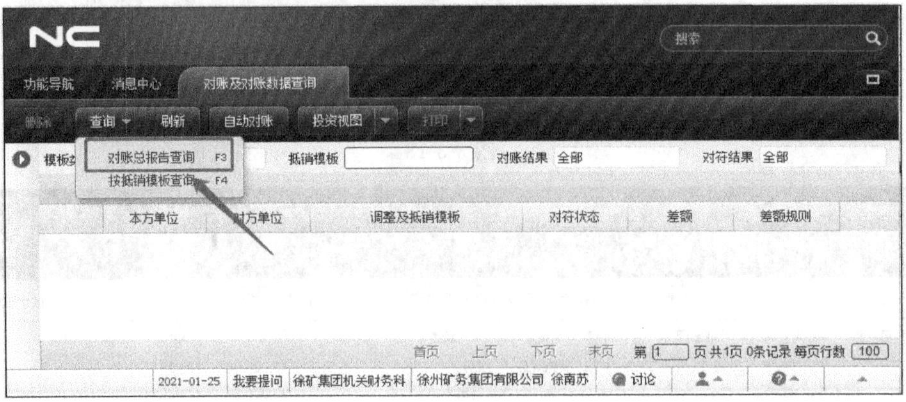

图 3-3-21

第四篇 资金结算

第一章　账户开设及权限分配

集团公司成员单位在资金结算中心开设内部结算账户，开户申请经集团公司领导批准后送资金结算中心。

一、在集团下添加开户公司目录

操作路径：【动态建模平台】—【组织管理】—【组织结构定义】—【业务单元】，进入业务单元界面。相关要素填写完毕，点击【辅助功能】下的业务期初期间，填写会计期间，保存即可。(图 4-1-1)

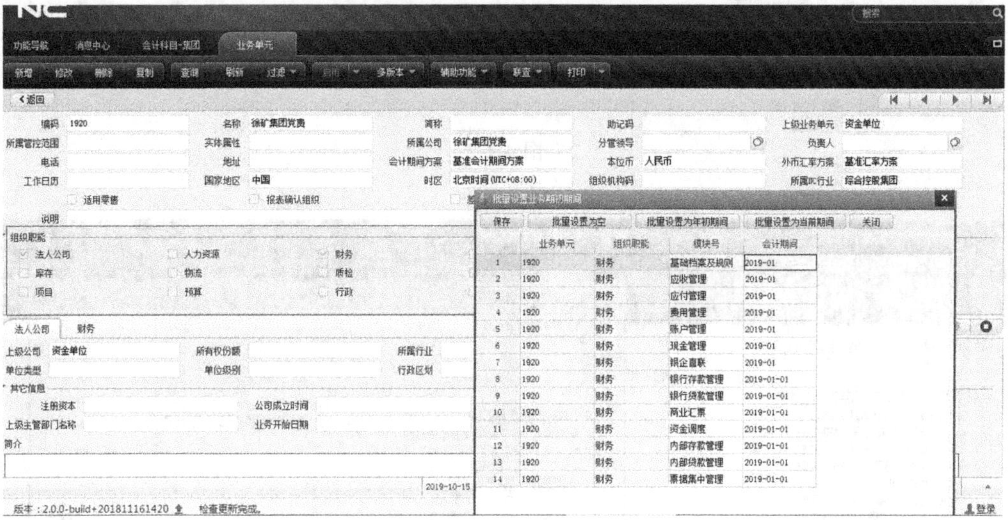

图 4-1-1

二、建账

操作路径：【动态建模平台】—【组织管理】—【组织结构定义】—【财务核算账簿】，进入财务核算账簿。点击【新增】，添加需要建账的单位。(图 4-1-2)

三、资金组织

操作路径：【动态建模平台】—【组织管理】—【组织结构定义】—【资金管理体系-集团】，进入资金管理体系-集团界面，点击【引入】，在待选组织中选择需要开设内部结算账户的单位。(图 4-1-3)

四、开设内部结算账户

操作路径：【资金管理】—【资金基础设置】—【内部账户档案】，进入内部账户档案界面。点击【新增】，选择账户类型，填写后保存。(图 4-1-4)

五、建立内部客商档案

操作路径：【动态建模平台】—【组织管理】—【组织结构定义】—【业务单元】，进入业务单

图 4-1-2

图 4-1-3

元界面。查询选定业务单位,点击【辅助功能】中的【生成内部客商】。(图 4-1-5)

六、角色管理

角色是一组权限的集合,用户通过扮演不同的角色来完成权限的控制。角色分为业务

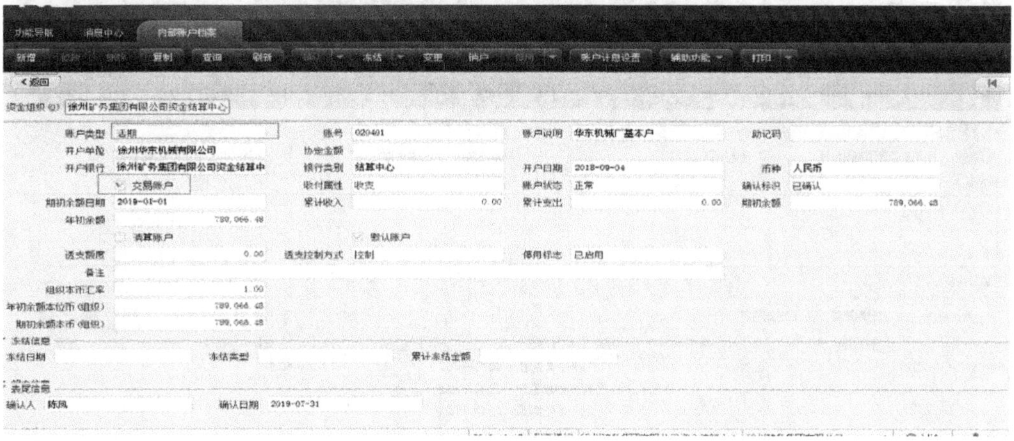

图 4-1-4

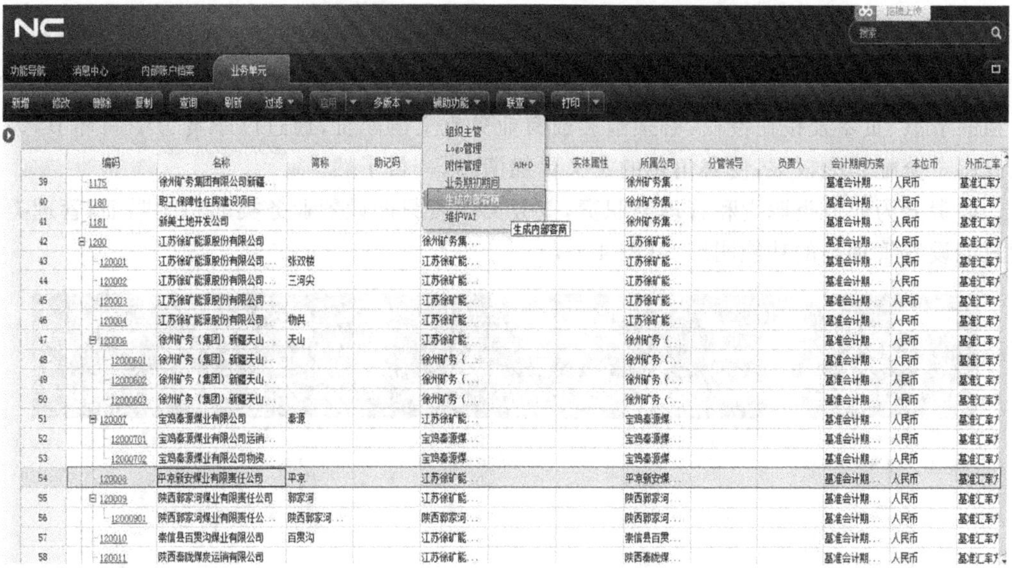

图 4-1-5

类角色和管理类角色，将角色的管理从职能上进行分离。以图 4-1-6 业务类角色为例说明角色管理流程：

(1) 点击【增加】按钮增加角色。

(2) 选择角色所属组织，录入角色编码、角色名称，选择角色组。

(3) 点击【保存】按钮保存。

(4) 在“已关联用户”页签右侧，点击按钮，关联用户。

(5) 在“已分配职责”页签右侧，点击按钮，分配职责。

(6)在“已分配组织”页签右侧，点击按钮，分配组织权限。

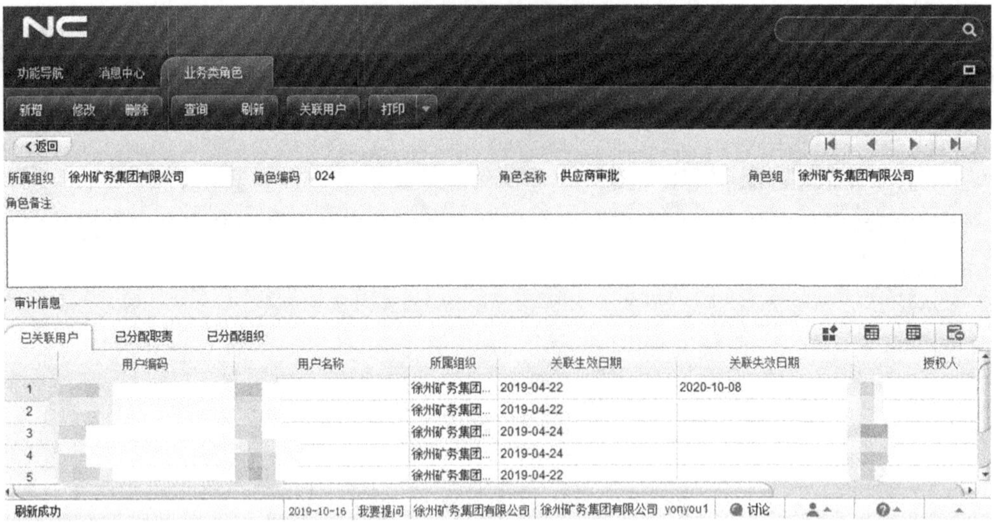

图 4-1-6

七、职责分配

职责是一组具有相关联的业务意义的功能节点、页签和业务活动的集合。系统不支持单独的节点、页签及按钮授权，必须组装成有业务意义的职责，通过以职责为中间环节，为角色或用户分配功能权限，使得角色的定义更加清晰、一目了然。

职责分为业务类职责和管理类职责，业务类职责只能设置业务类的功能明细，管理类职责只能设置管理类的功能明细。(图 4-1-7)

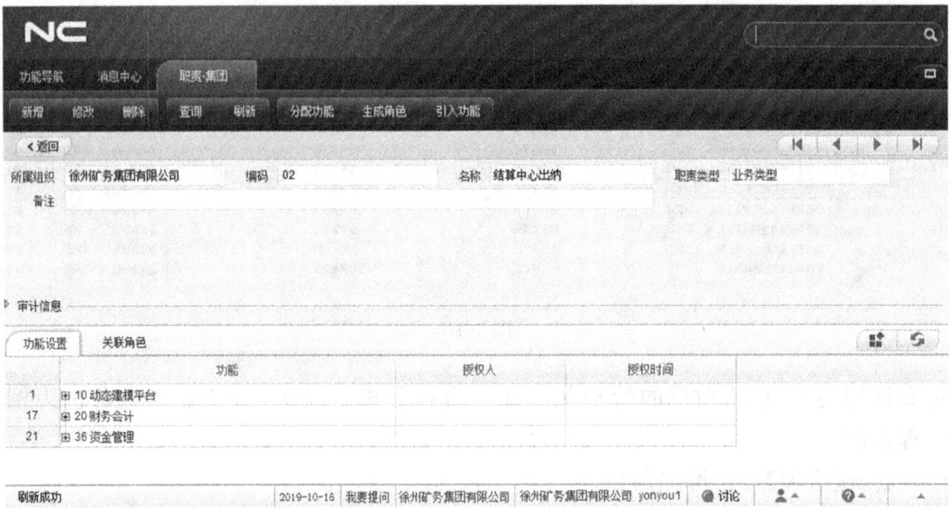

图 4-1-7

(1) 点击【新增】按钮，增加职责。

(2) 选取职责所属组织，录入组织编码、名称。

(3) 选择职责类型，不同职责类型所能分配的功能节点权限不同。

(4) 点击【保存】按钮保存。

(5) 点击"功能设置"页签右侧 按钮分配功能权限。

八、单位内部结算账户期初余额设置

操作路径:【资金管理】—【现金管理】—【初始设置】—【期初余额】,进入期初余额界面。选择"银行存款",进行内部结算账户期初余额设置,复核后完成设置工作。(图 4-1-8)

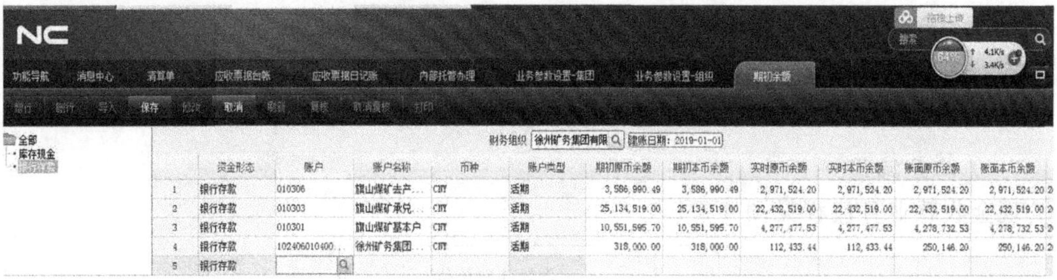

图 4-1-8

九、设置资金管理代理关系

操作路径:【动态建模平台】—【组织管理】—【业务委托关系定义】—【资金管理代理关系】,进入资金管理代理关系界面。点击【新增】,选择新添单位,勾选代理的业务,保存。(图 4-1-9)

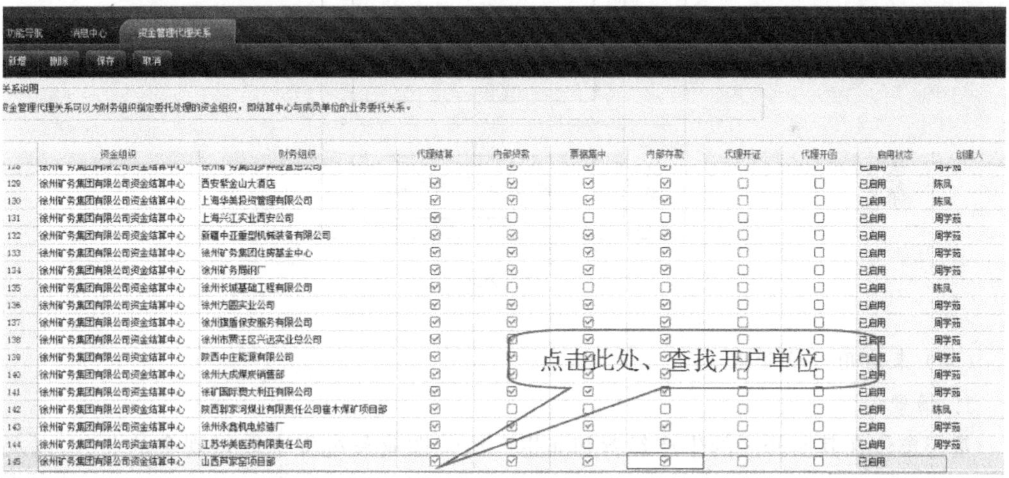

图 4-1-9

第二章 收款业务

第一节 现金收款

一、自行收款

（一）业务流程

现金收款业务流程见图 4-2-1。

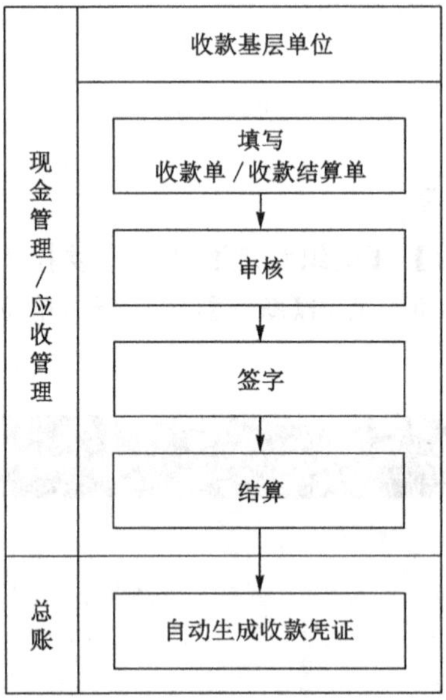

图 4-2-1

（二）未启用应收管理

1. 场景

基层单位在其所开展的生产经营和非生产经营性业务过程中取得现金的业务，以及单位内部的现金收入，如出差人员报销差旅费退回的多余款项、向单位职工收取的违反制度罚款、执法单位取得的罚没收入等。

同时，基层单位没有启用供应链及应收管理模块。

2. 单据填制

操作路径：【资金管理】—【现金管理】—【收款结算录入】，进入收款结算录入界面。（图 4-2-2）

系统弹出收款结算录入界面后，点击【收款交易类型】，选择“收款结算单—普通”单据类型后，点击【确定】。（图 4-2-3）

图 4-2-2

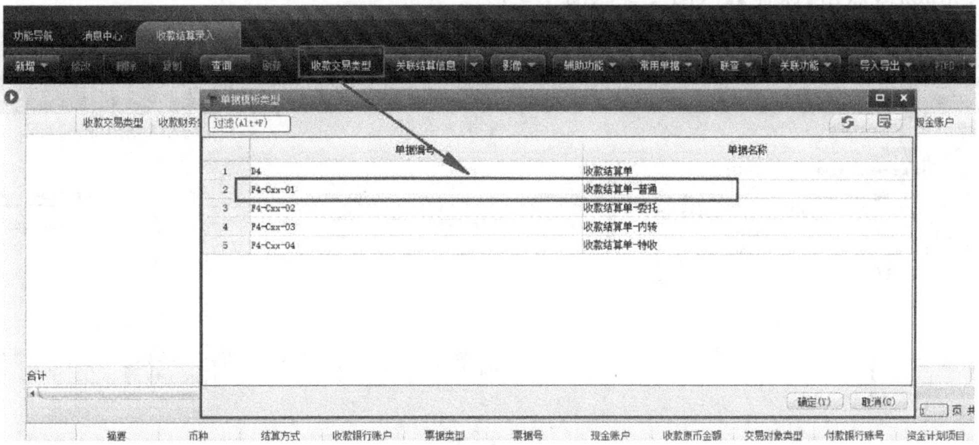

图 4-2-3

点击最左边的【新增】按钮后弹出【自制】按钮，点击【自制】按钮系统弹出单据录入界面。(图 4-2-4)

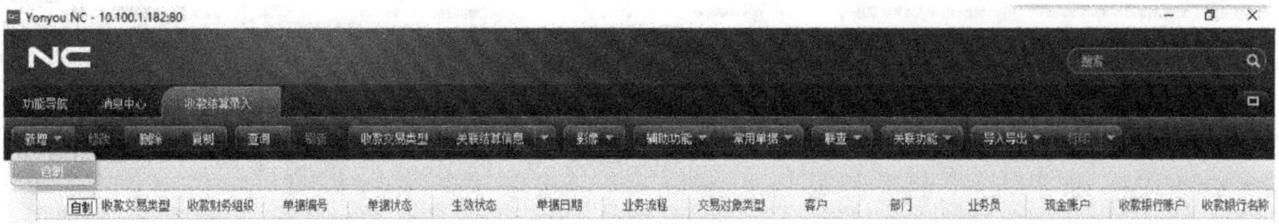

图 4-2-4

"业务流程"务必选择"收款结算单默认流程"。(图 4-2-5)

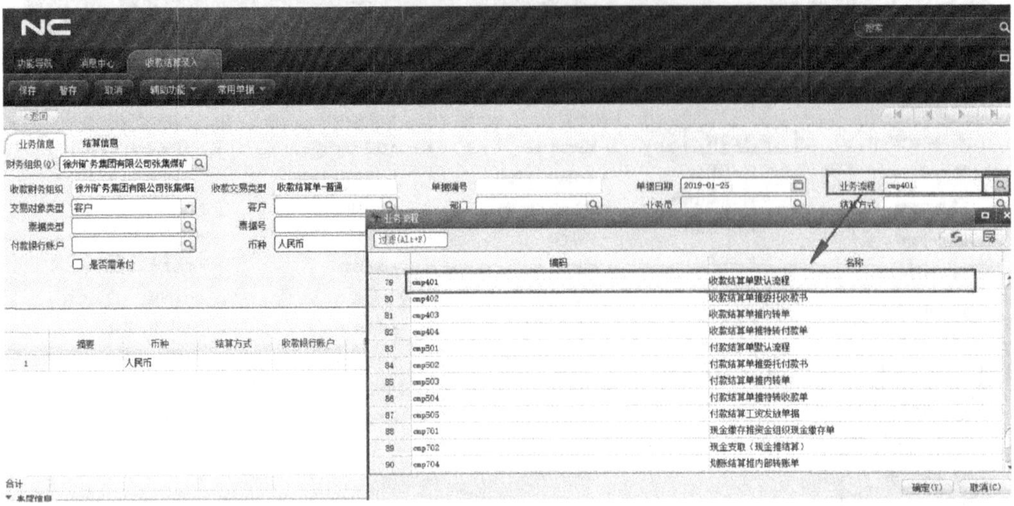

图 4-2-5

"现金账户"务必选择"现金账户","结算方式"选择"现金",同时在表体录入相关内容。录入完成后,点击【保存】。(图 4-2-6、图 4-2-7)

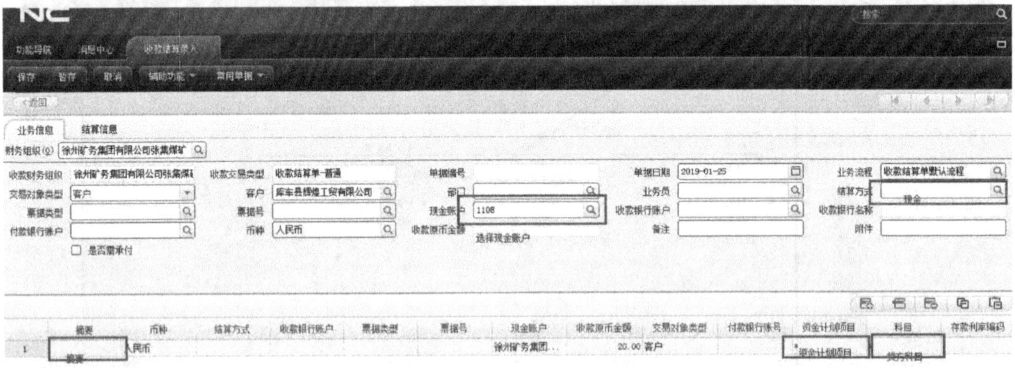

图 4-2-6

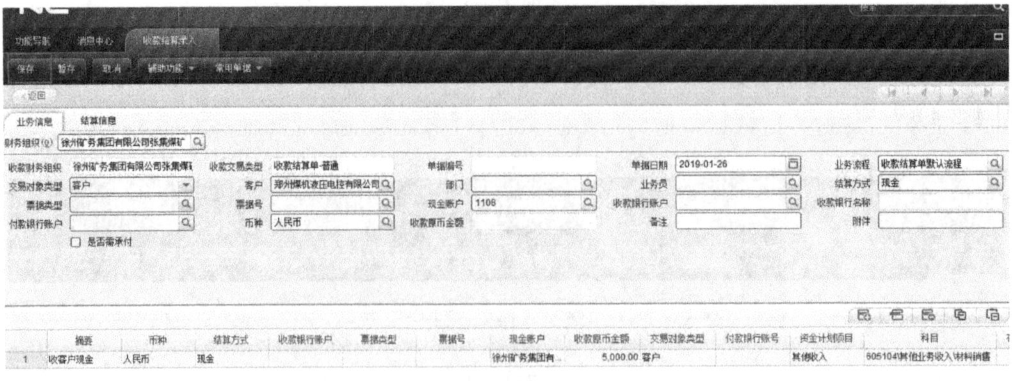

图 4-2-7

3. 单据审核

操作路径:【资金管理】—【现金管理】—【收款结算管理】,进入收款结算管理界面。(图4-2-8)

图 4-2-8

系统弹出收款结算管理界面后,点击【查询】按钮后弹出查询条件对话框,依据需要输入相关查询条件后,点击【确定】,系统将显示相关的单据信息。(图 4-2-9)

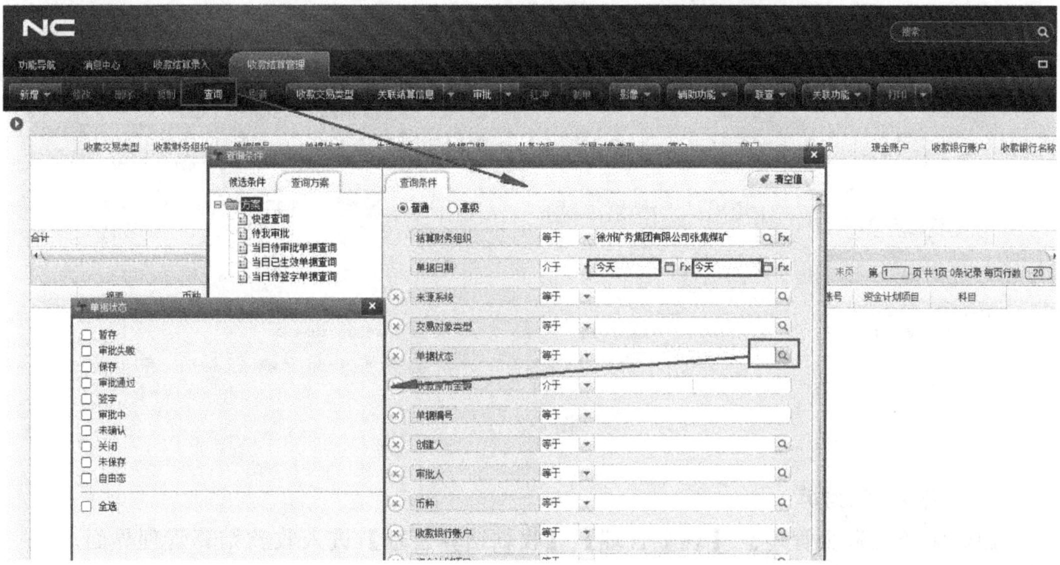

图 4-2-9

选择需要审批的记录后,点击单据编号,直接点击【审批】按钮。或在该记录任何位置双击,系统将弹出该单据卡片信息,确认无误后,点击【审批】按钮,完成该单据的审批操作。(图 4-2-10、图 4-2-11)

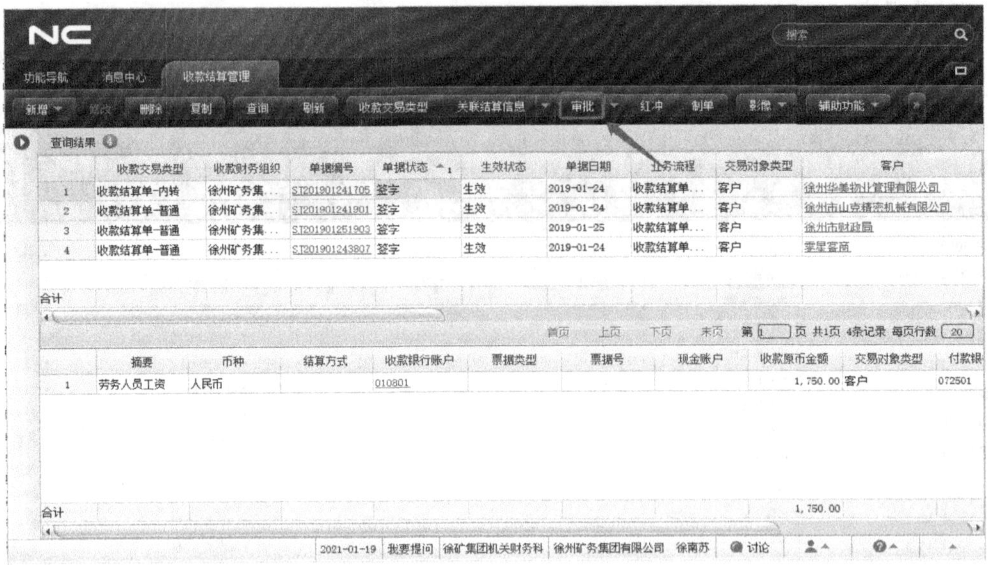

图 4-2-10

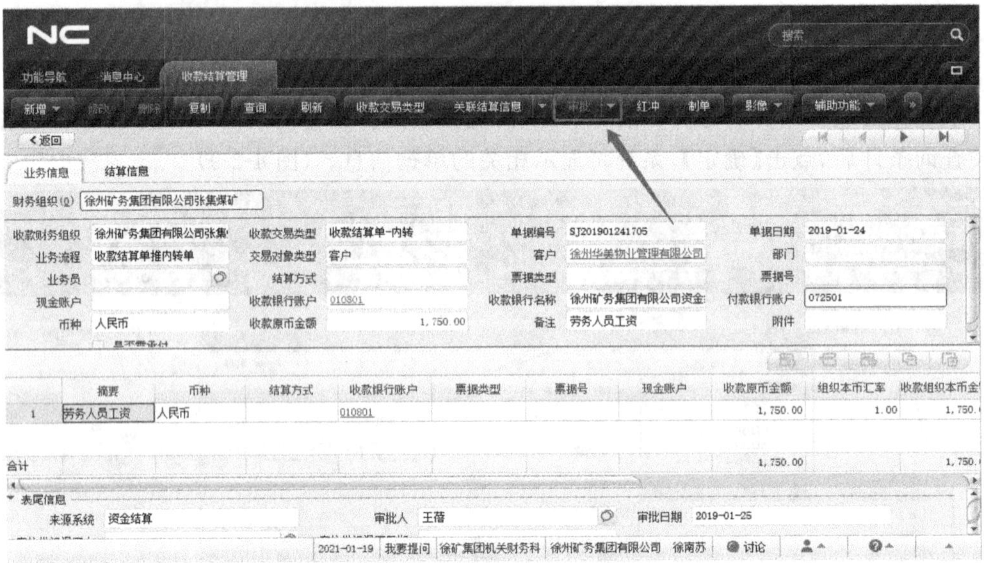

图 4-2-11

4. 单据签字、结算

操作路径:【资金管理】—【现金管理】—【收款结算管理】,进入收款结算管理界面。

系统弹出收款结算管理界面后,点击【查询】按钮后弹出查询条件对话框,依据需要输入相关查询条件后,点击【确定】,系统将显示相关的单据信息。

选择需要签字的记录后,点击单据编号,或在该记录任何位置双击,系统将弹出该单据卡片信息。点击“结算信息”页签,确认无误后,依次点击【签字】和【结算】按钮,完成该单据的签字和结算操作。(图 4-2-12)

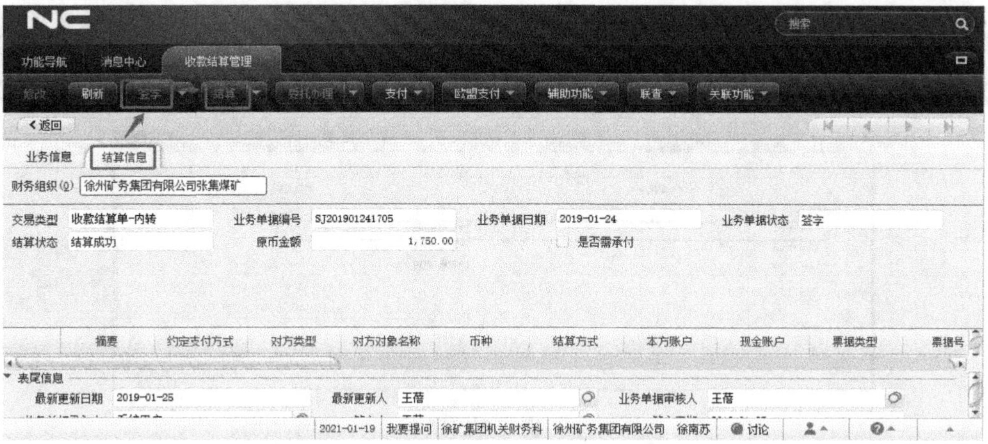

图 4-2-12

（三）启用应收管理(启用供应链管理)

1. 场景

基层单位在其所开展的生产经营和非生产经营性业务过程中取得现金的业务，以及单位内部的现金收入，如出差人员报销差旅费退回的多余款项、向单位职工收取的违反制度罚款、执法单位取得的罚没收入等。

同时，基层单位启用供应链及应收管理模块。

2. 单据填制

操作路径:【财务会计】—【应收管理】—【收款单录入】，进入收款单录入界面。(图 4-2-13)

图 4-2-13

系统弹出收款单录入界面后，点击【交易类型】，选择“收款单-自收”单据类型后，点击【确定】。(图 4-2-14)

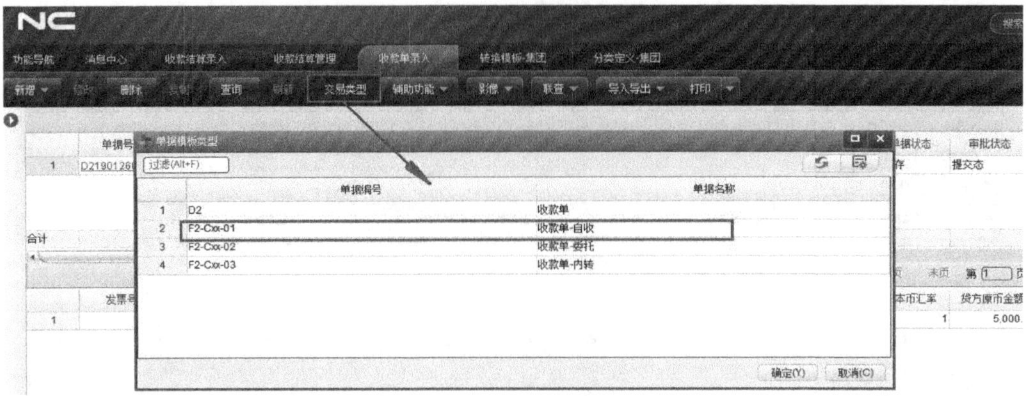

图 4-2-14

点击最左边的【新增】按钮后弹出【自制】和【应收单】按钮，点击【自制】按钮后，系统弹出单据录入界面。(图 4-2-15)

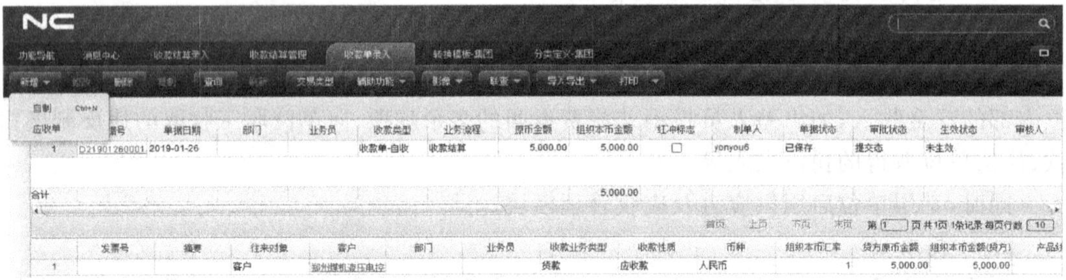

图 4-2-15

“业务流程”务必选择“收款结算”。(图 4-2-16)

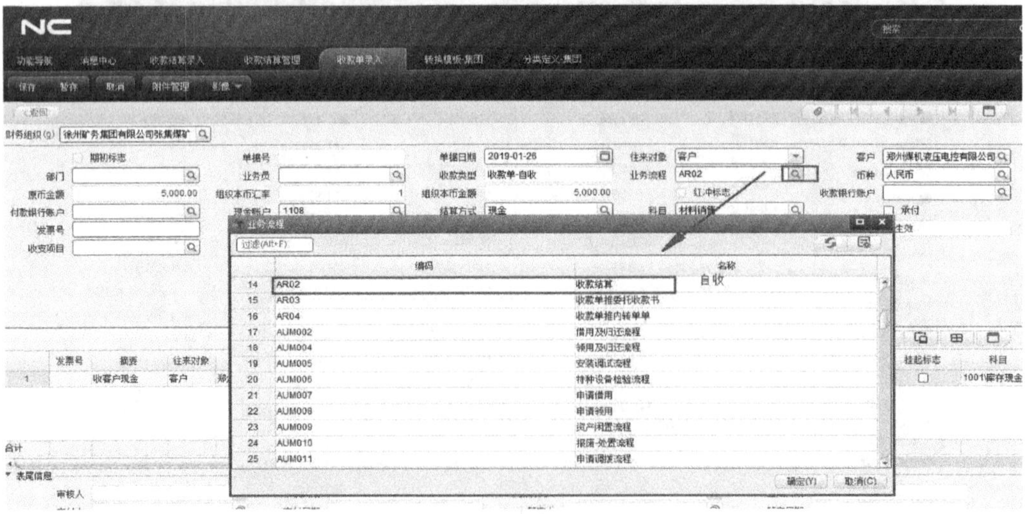

图 4-2-16

在表头依次录入客户名称、凭证贷方科目，在表体录入摘要、收支项目、凭证借方科目、金额等相关内容后，确认无误后点击【保存】，保存单据。(图 4-2-17、图 4-2-18)

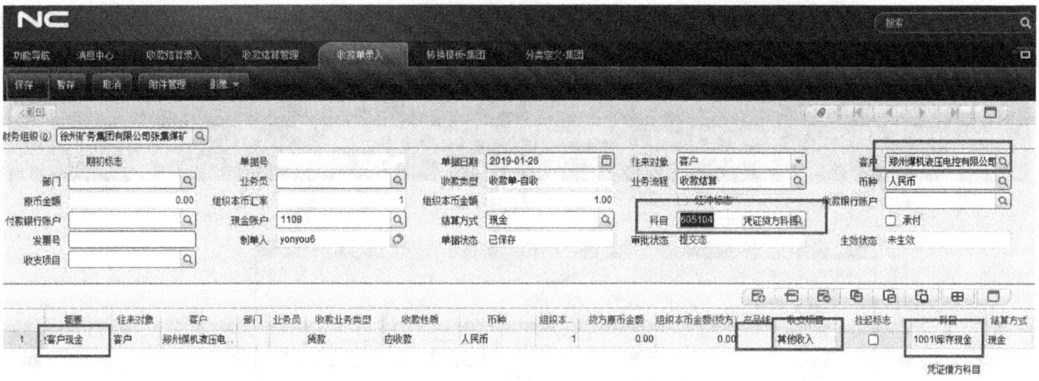

图 4-2-17

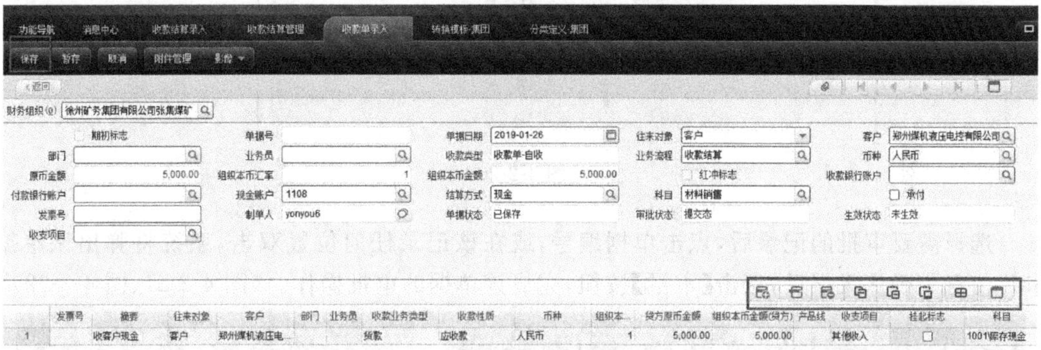

图 4-2-18

3. 单据审核

操作路径:【财务会计】—【应收管理】—【收款单管理】,进入收款单管理界面。(图 4-2-19)

图 4-2-19

系统弹出收款单管理界面后，点击【查询】按钮后弹出查询条件对话框，依据需要输入相关查询条件后，点击【确定】，系统将显示相关的单据信息。（图 4-2-20）

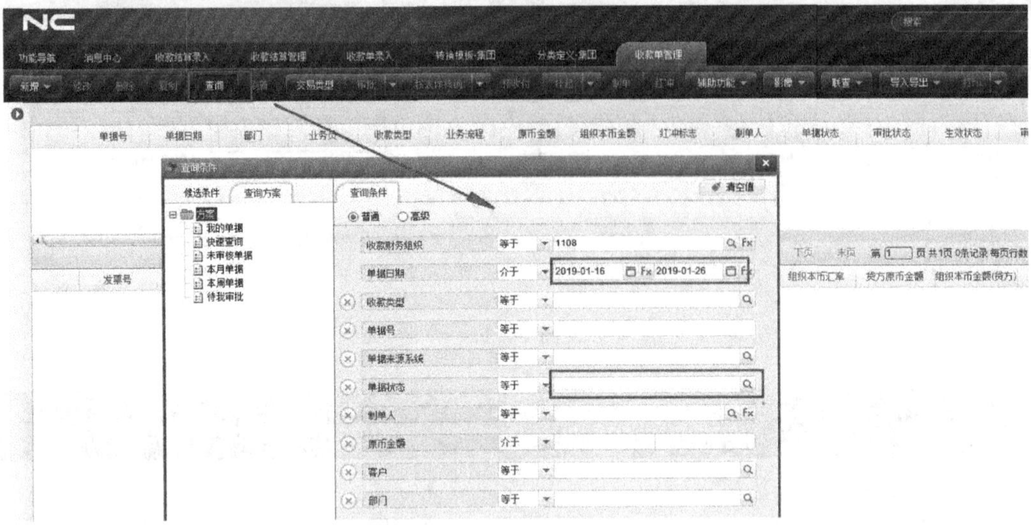

图 4-2-20

选择需要审批的记录后，点击单据编号，或在该记录任何位置双击，系统将弹出该单据卡片信息。确认无误后，点击【审批】按钮，完成该单据的审批操作。（图 4-2-21、图 4-2-22）

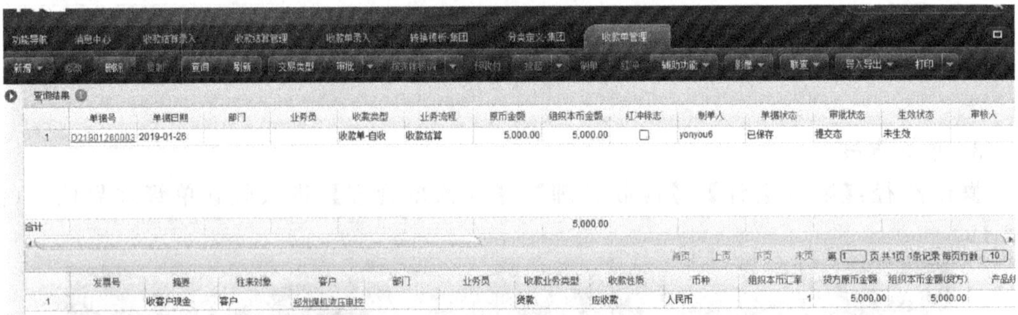

图 4-2-21

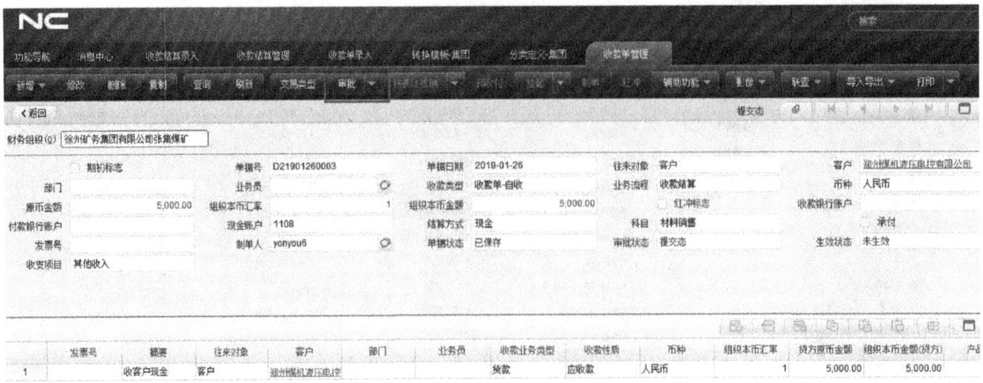

图 4-2-22

4. 收款结算

操作路径:【财务会计】—【应收管理】—【结算】,进入结算界面。(图 4-2-23)

图 4-2-23

系统弹出结算界面后,点击【查询】按钮后弹出查询条件对话框,依据需要输入相关查询条件后,点击【确定】,系统将显示相关的单据信息。(图 4-2-24)

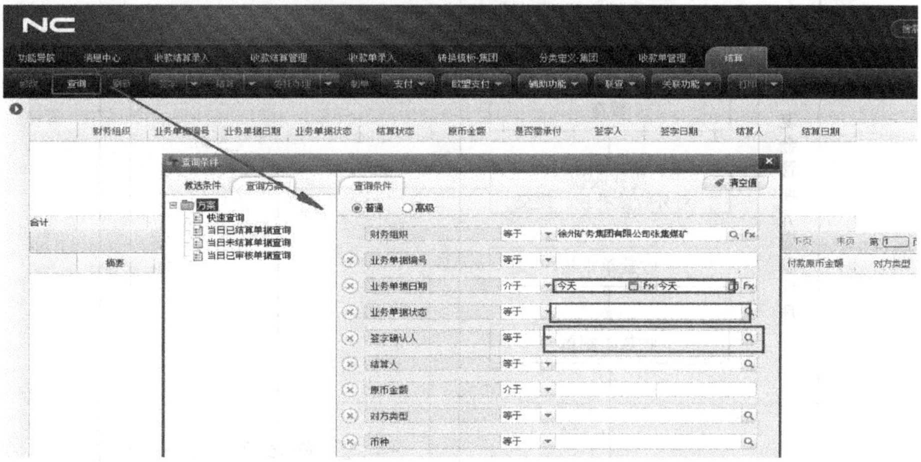

图 4-2-24

选择需要结算的记录后,点击单据编号,或在该记录任何位置双击,系统将弹出该单据卡片信息。确认无误后,点击【结算】按钮,完成该单据的结算操作。(图 4-2-25、图 4-2-26)

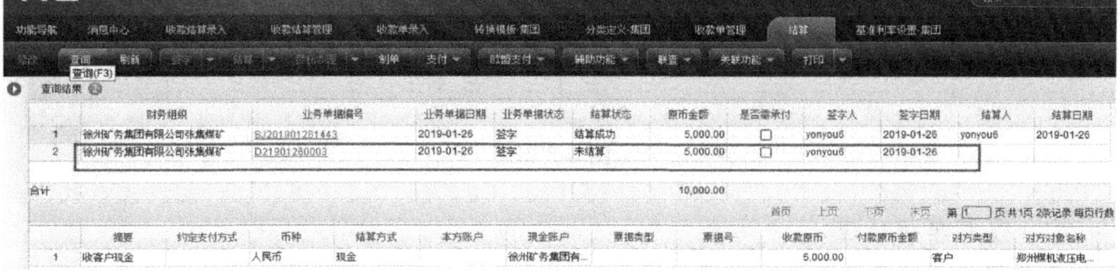

图 4-2-25

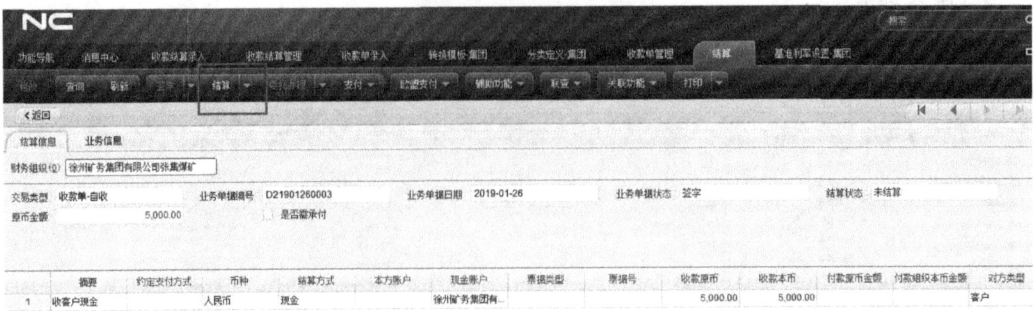

图 4-2-26

二、委托中心收款

（一）业务流程

委托中心收款业务流程见图 4-2-27。

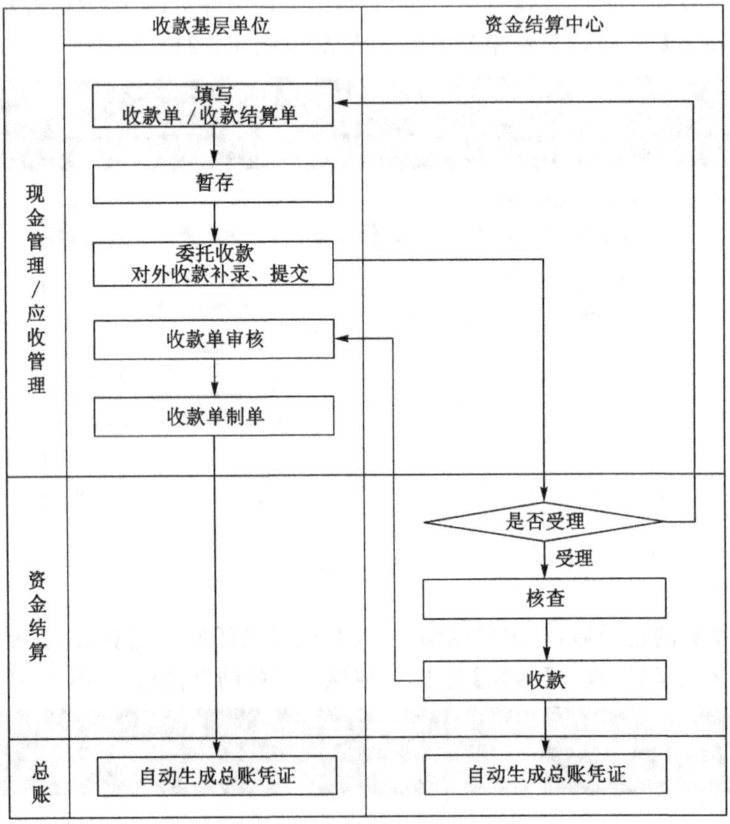

图 4-2-27

（二）基层单位处理

1. 单据提交

操作路径:【资金管理】—【现金管理】—【现金缴存】,进入现金缴存界面。(图 4-2-28)

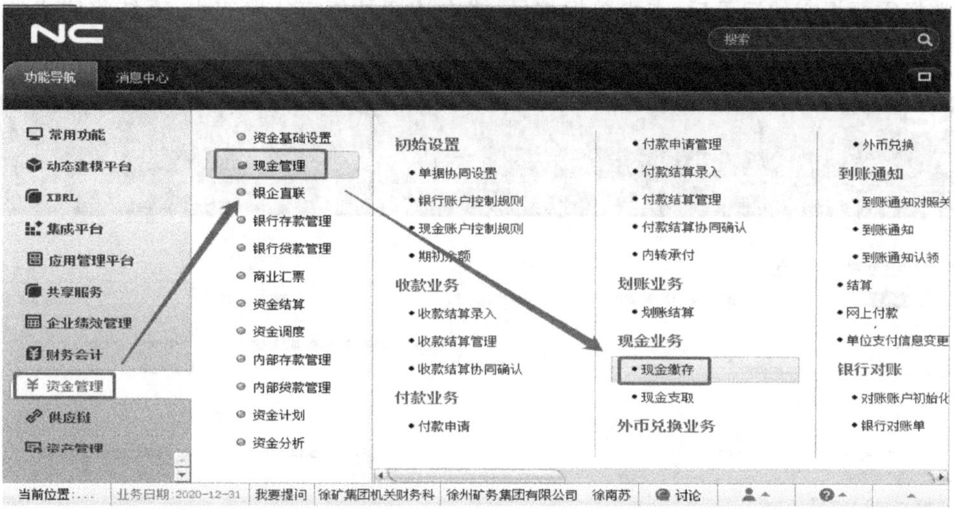

图 4-2-28

进入现金缴存界面后，点击【查询】按钮弹出查询条件对话框，依据需要输入相关查询条件后，点击【确定】，系统将显示相关的单据信息。（图 4-2-29、图 4-2-30）

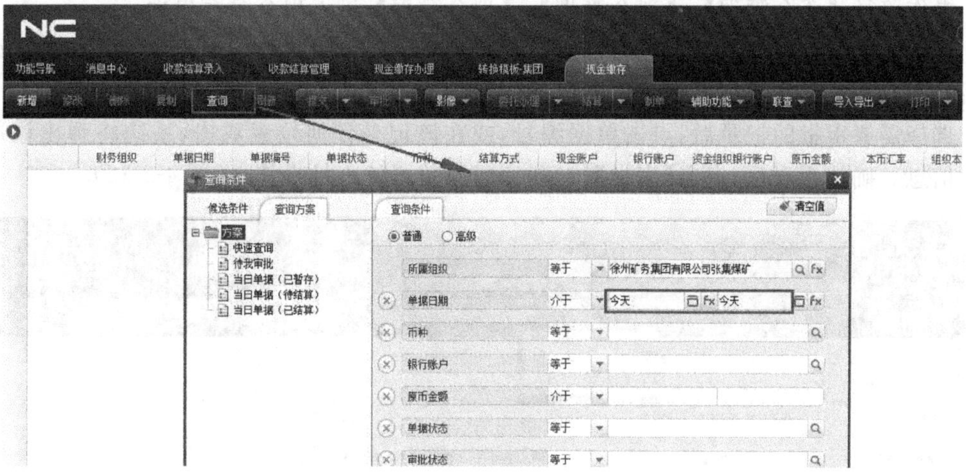

图 4-2-29

图 4-2-30

选择需要提交的记录后，点击单据编号，或在该记录任何位置双击，系统将弹出该单据卡片信息。确认无误后，点击【提交】按钮，完成该单据提交审批操作。(图 4-2-31)

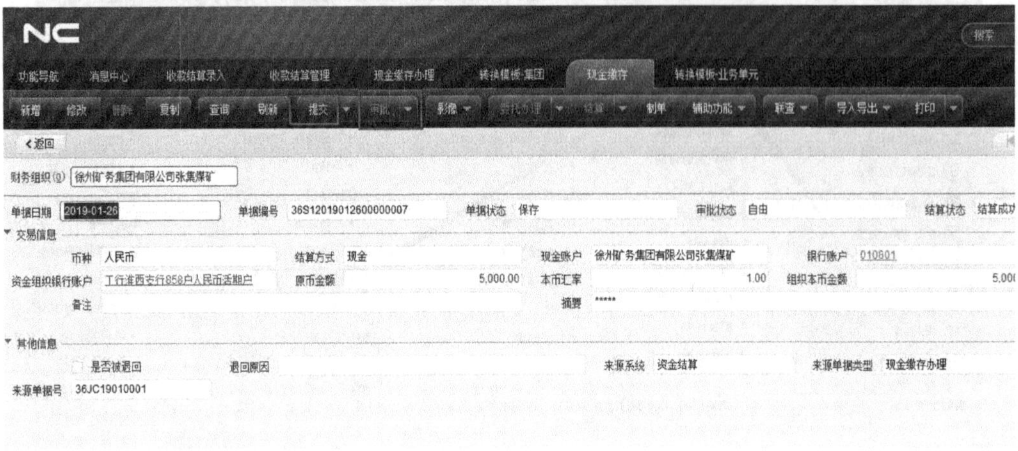

图 4-2-31

2. 单据审核

操作路径:【资金管理】—【现金管理】—【现金缴存】，进入现金缴存界面。

进入现金缴存界面后，点击【查询】按钮弹出查询条件对话框，依据需要输入相关查询条件后，点击【确定】，系统将显示相关的单据信息。

选择需要审批的记录后，点击单据编号，或在该记录任何位置双击，系统将弹出该单据卡片信息。确认无误后，点击【审批】按钮，完成该单据的审批操作。(图 4-2-32)

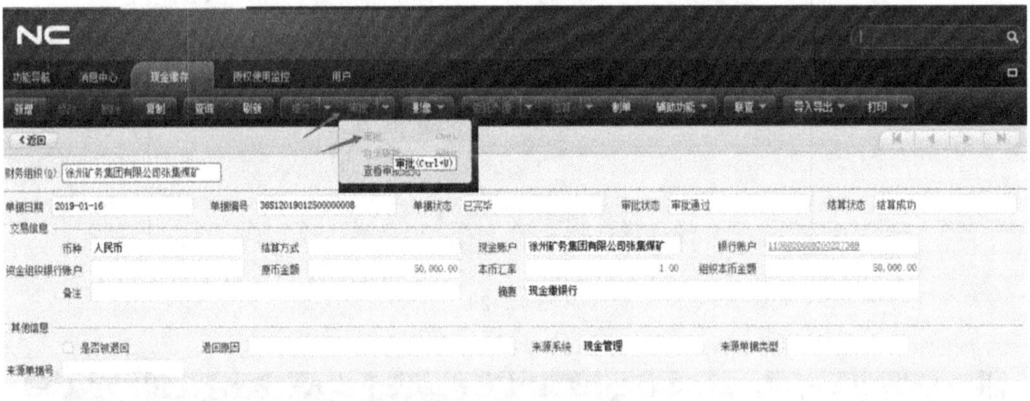

图 4-2-32

3. 凭证生成

操作路径:【资金管理】—【现金管理】—【现金缴存】，进入现金缴存界面。

进入现金缴存界面后，点击【查询】按钮弹出查询条件对话框，依据需要输入相关查询条件后，点击【确定】，系统将显示相关的单据信息。(图 4-2-33)

审批完，点击【制单】，修改凭证后保存。

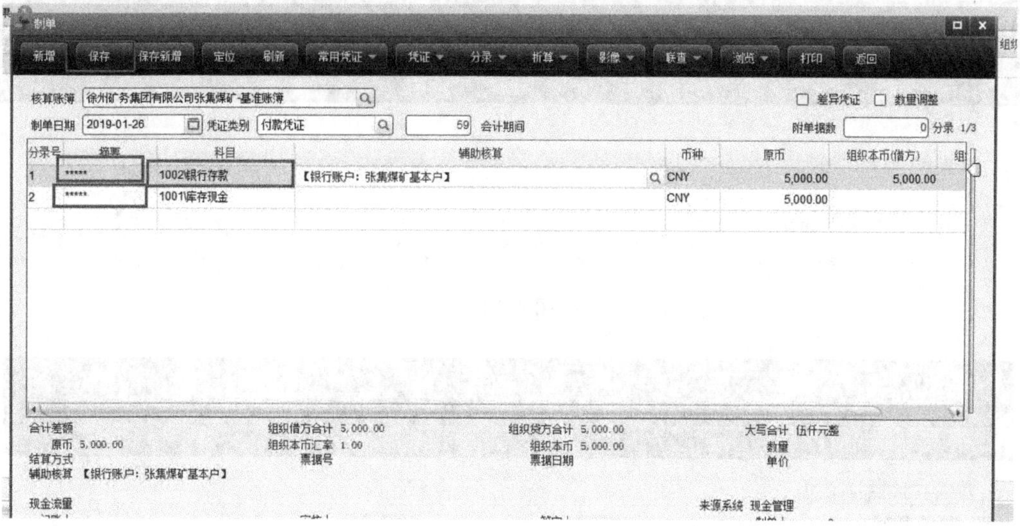

图 4-2-33

（三）资金中心处理

1. 单据填制

操作路径：【资金管理】—【资金结算】—【现金缴存办理】，进入现金缴存办理界面。（图 4-2-34）

图 4-2-34

在现金缴存办理界面，点击最左边的【新增】按钮，进行现金缴款单据的录入。（图 4-2-35）

根据银行存款回单依次录入资金组织、缴款财务组织、收款银行账户、原币金额等相关内容后，点击【保存】，保存现金缴存单据后点击【提交】，提交审批。（图 4-2-36、图 4-2-37、图 4-2-38）

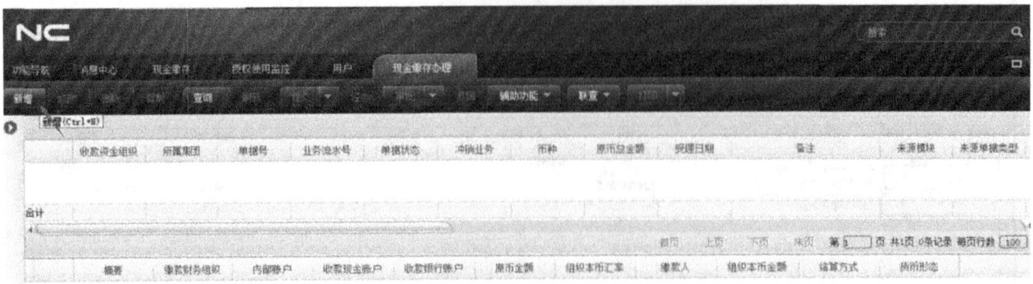

图 4-2-35

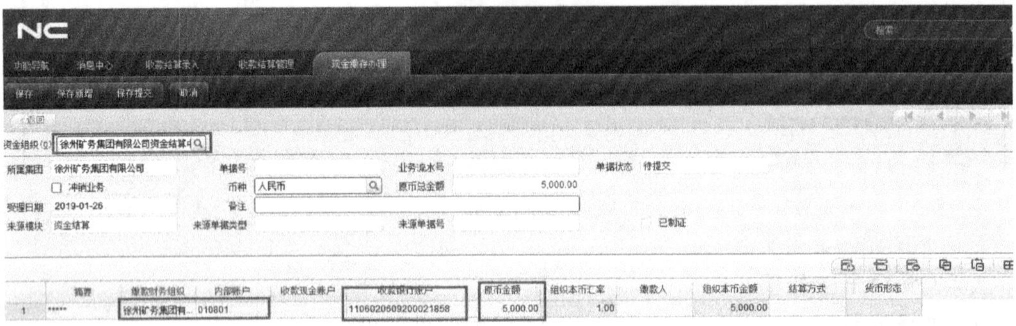

图 4-2-36

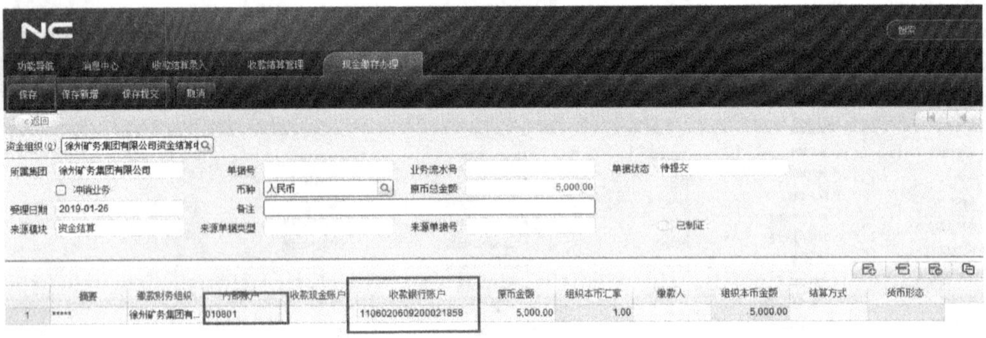

图 4-2-37

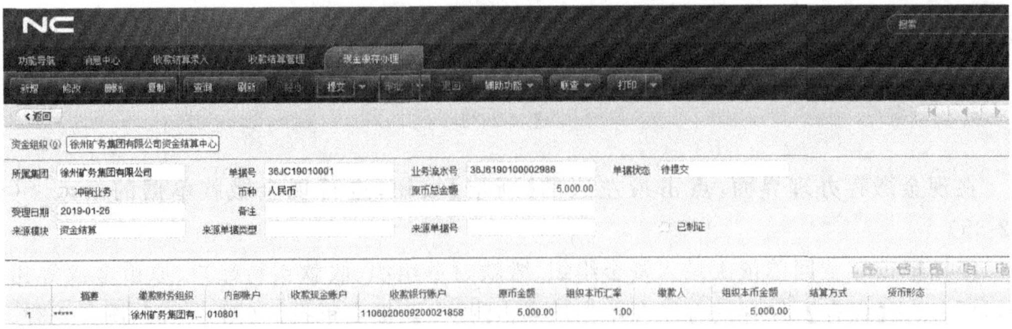

图 4-2-38

2. 单据审批

单据编制人员登录系统后，首先点击【资金管理】，再点击【资金结算】，最后点击【现金缴存办理】，进入现金缴存办理界面。

系统进入现金缴存办理界面后，点击【查询】按钮后弹出查询条件对话框，依据需要输入相关查询条件后，点击【确定】，系统将显示相关的单据信息。

选择需要审批的记录后，点击单据编号，或在该记录任何位置双击，系统将弹出该单据卡片信息。确认无误后，点击【审批】按钮，完成该单据的审批操作。

第二节 票据收款

如果收到的是承兑汇票，需要在单据录入前，点击【关联功能】—【收票登记】，系统将弹出收票登记录入界面，在收票登记界面依据收到的承兑汇票信息录入相关内容后，点击【保存提交】完成承兑汇票的录入登记。(图 4-2-39)

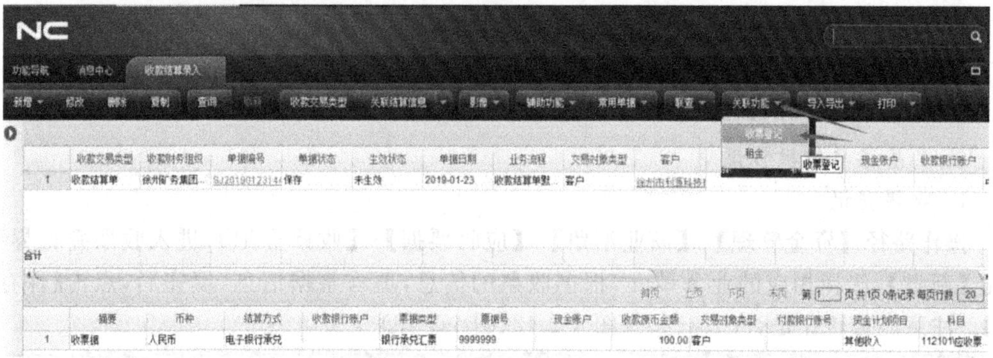

图 4-2-39

完成承兑汇票的录入登记后，在收款结算单录入界面中，点击表体票据号中的放大镜，完成同票据信息的关联操作。(图 4-2-40)

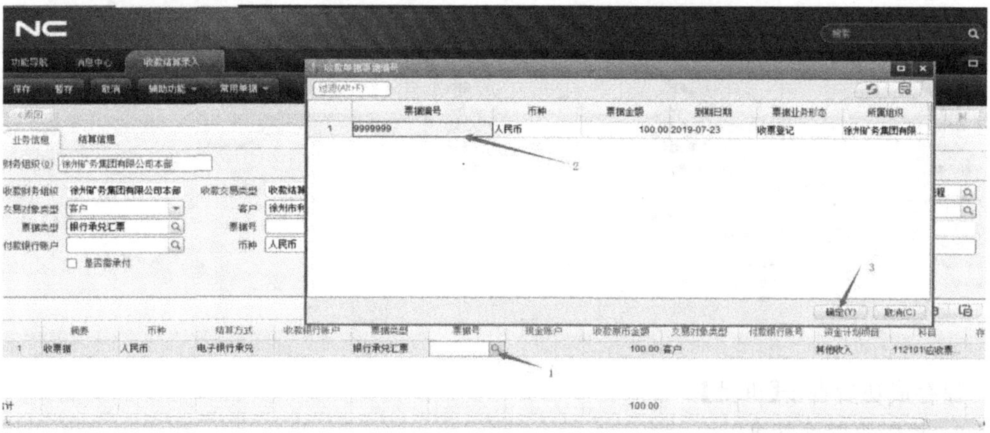

图 4-2-40

一、资金中心直接收票

基层单位的操作同现金收款操作，资金中心先做电票收票登记（参照商业汇票中的电票收票登记）后，根据委托收款单，查询委托收款单，在经办节点，选择票据类型，填入票据号，然后保存、审批、收款。（图 4-2-41）

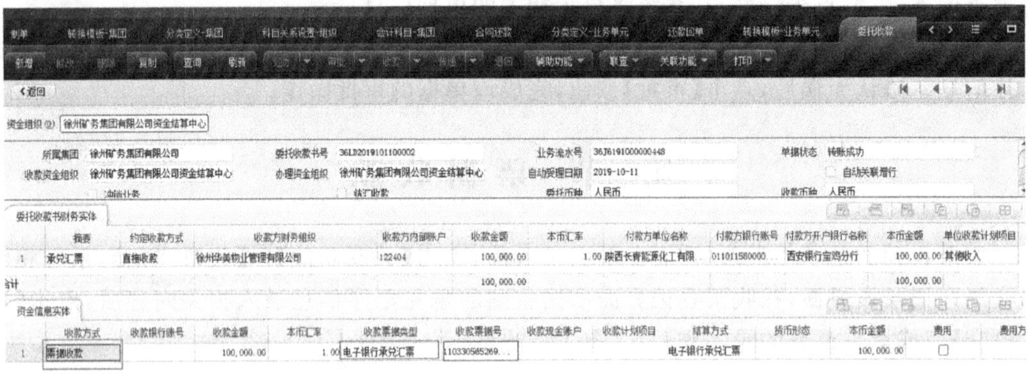

图 4-2-41

二、基层单位直接收票

（一）基层单位操作说明

1. 收票登记

操作路径：【资金管理】—【商业汇票】—【应收票据】—【收票登记】，进入收票登记界面。点击【新增】，选择相应的业务单元，根据收票的信息，填写票据信息，填完后，点击【保存提交】。注意能否转让是否已勾选。（图 4-2-42、图 4-2-43）

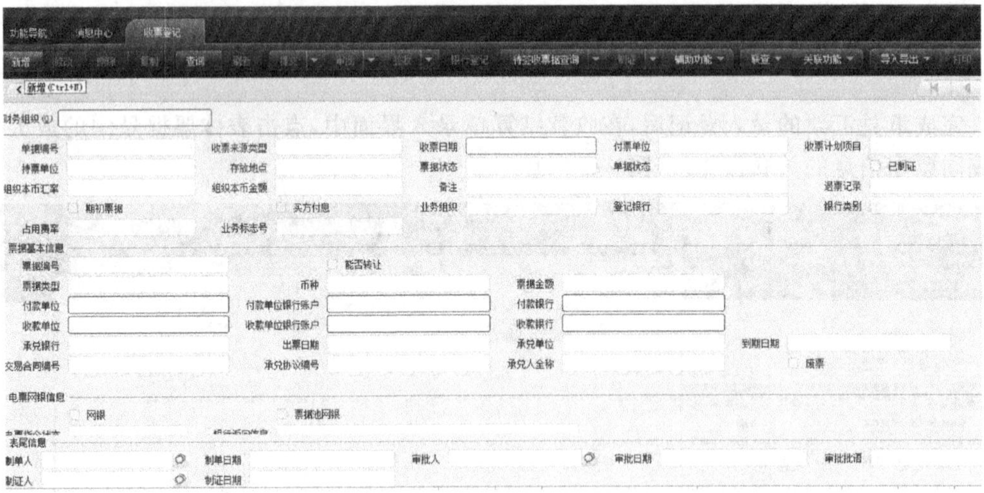

图 4-2-42

保存成功后点击【审批】

2. 填写收款结算单

操作路径：【资金管理】—【现金管理】—【收款业务】—【收款结算录入】，进入收款结算录入界面。

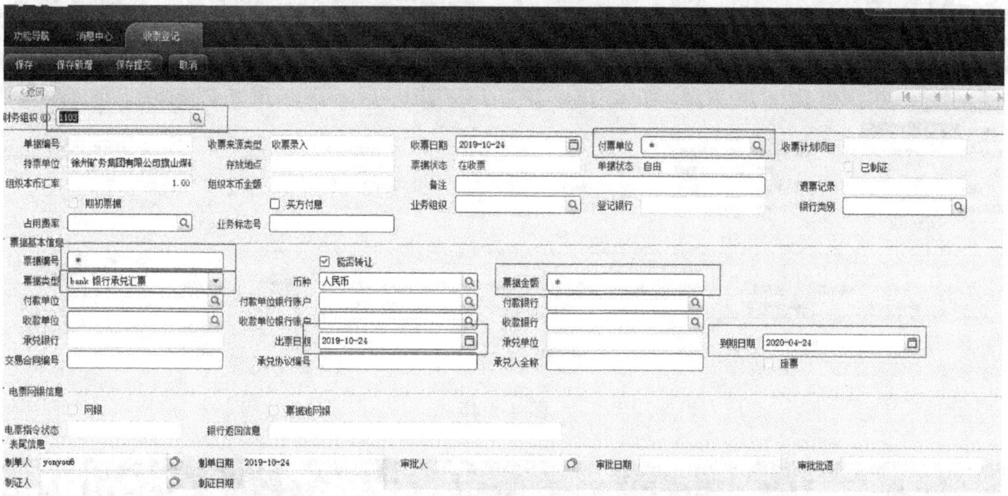

图 4-2-43

(1) 点击【收款交易类型】,选择相应的交易类型,自行收款选"收款结算单-普通",点击【确定】。(图 4-2-44)

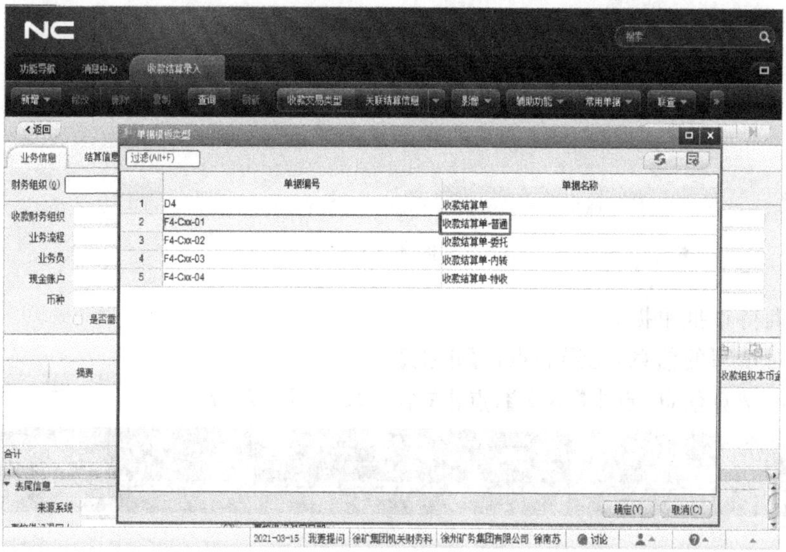

图 4-2-44

(2) 点击【新增】。

(3) 业务流程选择"收款结算单默认流程",选择"银行承兑汇票"的结算方式,选择票据类型,选择录入的票据号,填写表体科目(表体科目为生成凭证的贷方科目),填写完成后点击【保存】。(图 4-2-45)

3. 审核收票

操作路径:【资金管理】—【现金管理】—【收款业务】—【收款结算管理】,进入收款结算管理界面。(图 4-2-46)

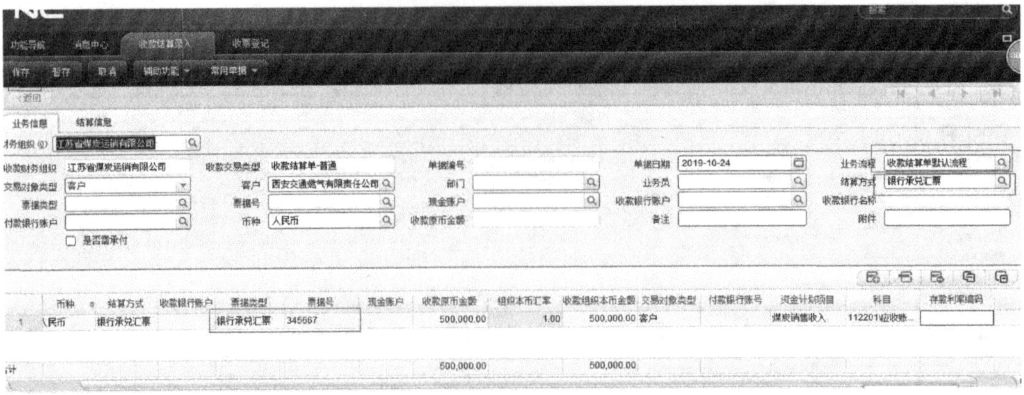

图 4-2-45

图 4-2-46

(1) 查询待审批单据。

(2) 核对填写的信息,无误后点击【审批】。

(3) 点击结算信息,点击【签字】,点击【结算】。(图 4-2-47)

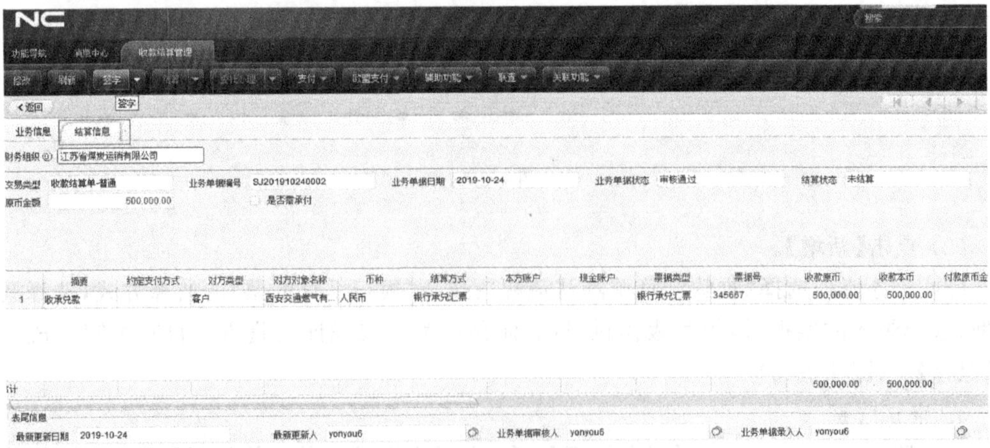

图 4-2-47

4．承兑汇票交资金中心

（1）纸票。

操作路径:【资金管理】—【商业汇票】—【应收票据】—【内部托管】,进入内部托管界面。

点击【新增】按钮,填写完单据内容点击【保存提交】,然后点击【审批】、【委托办理】。（图4-2-48）

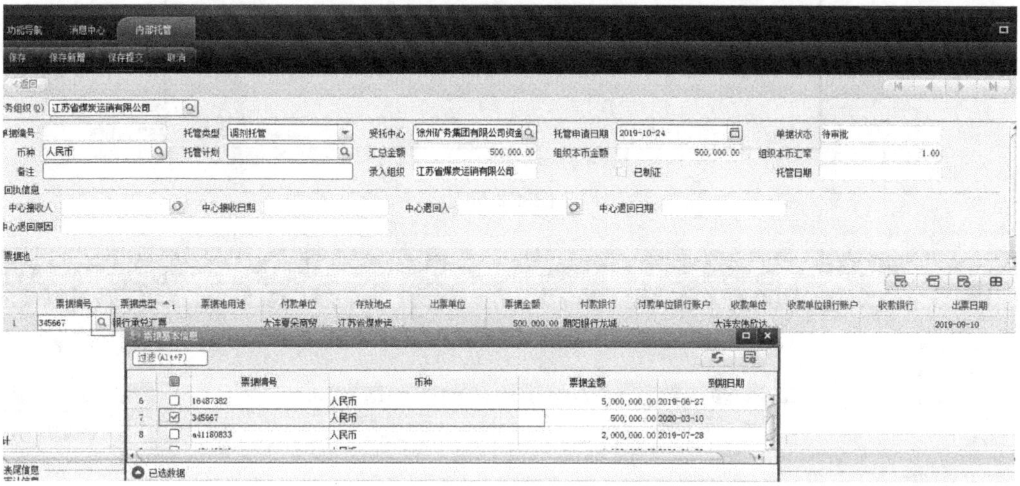

图 4-2-48

（2）电票。

电票直接网银背书给资金中心。操作路径:【资金管理】—【商业汇票】—【应收票据】—【内部托管】,进入内部托管界面。（图 4-2-49）

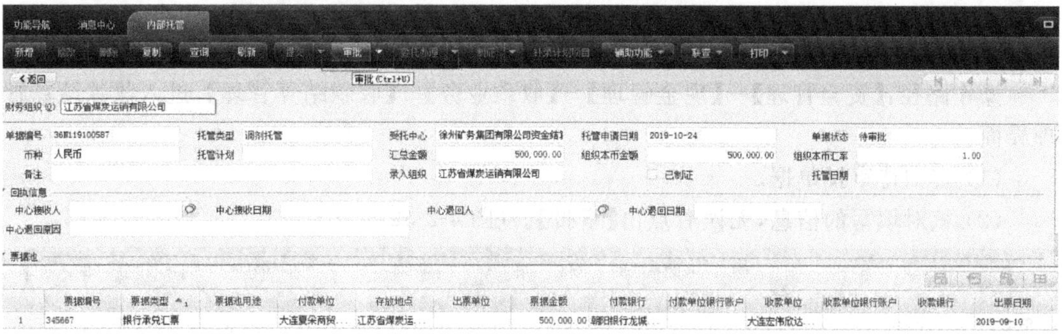

图 4-2-49

5．填特收单

操作路径:【资金管理】—【现金管理】—【收款业务】—【收款结算录入】,进入收款结算录入界面。

（1）点击收款交易类型,选择相应的交易类型,自行收款选“收款结算单-特收”,点击【确定】。（图 4-2-50）。

（2）点击【新增】。

（3）选择相应的业务流程“收款结算单推特转付款单”,银行选择内部承兑户,填写表体科目（表体科目为生成凭证的贷方科目）,填写完成后点击【保存】。（图 4-2-51）

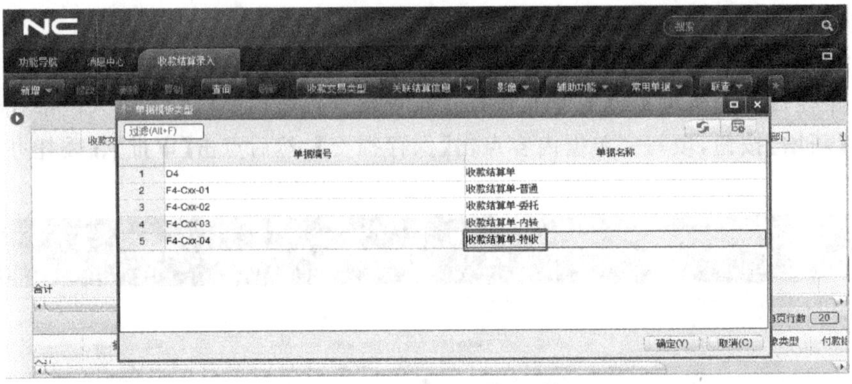

图 4-2-50

0

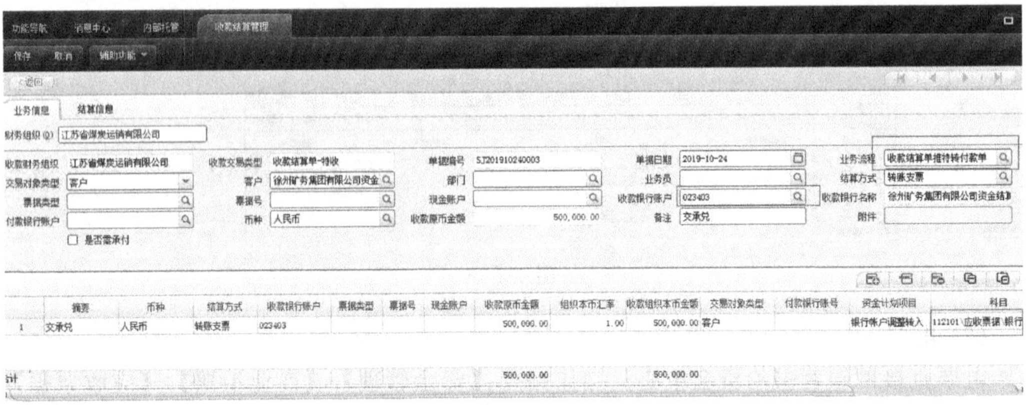

图 4-2-51

6. 审核收款单

操作路径:【资金管理】—【现金管理】—【收款业务】—【收款结算管理】,进入收款结算管理界面。

(1) 查询待审批单据。

(2) 核对填写的信息,无误后点击【审批】。(图 4-2-52)

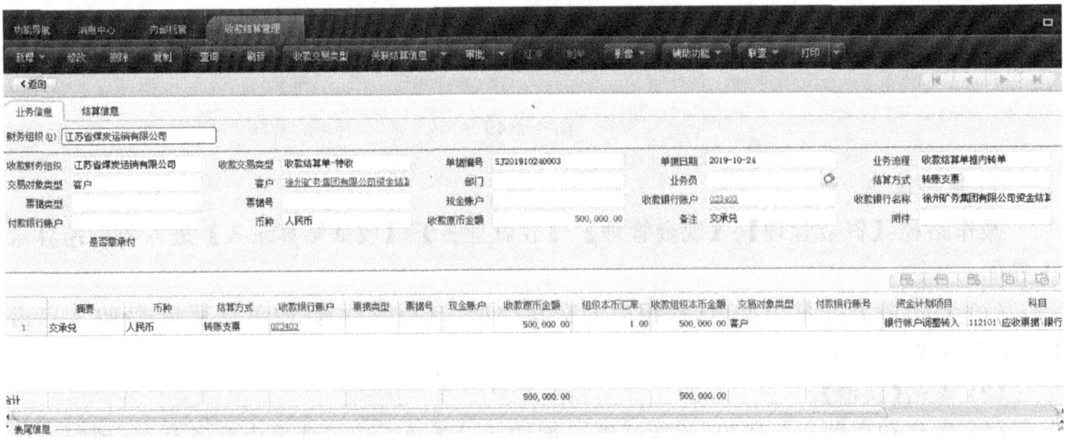

图 4-2-52

（3）点击【结算信息】，点击【签字】后点击【委托办理】。（图 4-2-53）

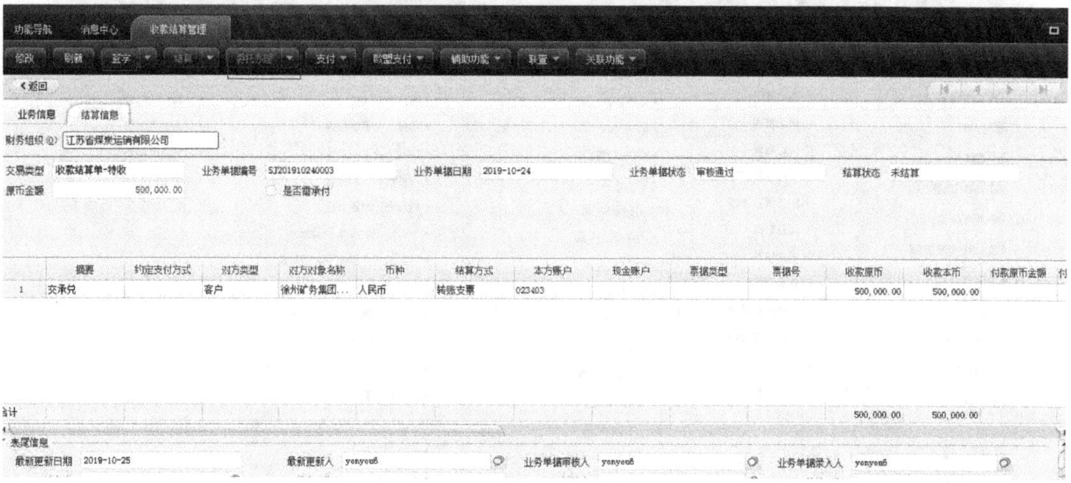

图 4-2-53

（二）结算中心操作说明

1. 基层票据调剂

（1）内部托管办理。

操作路径：【资金管理】—【商业汇票】—【应收票据】—【内部托管办理】，进入内部托管办理界面。查询待办理单据，选择单据，核对票据信息后，点击【关联功能】—【接收】。（图 4-2-54）

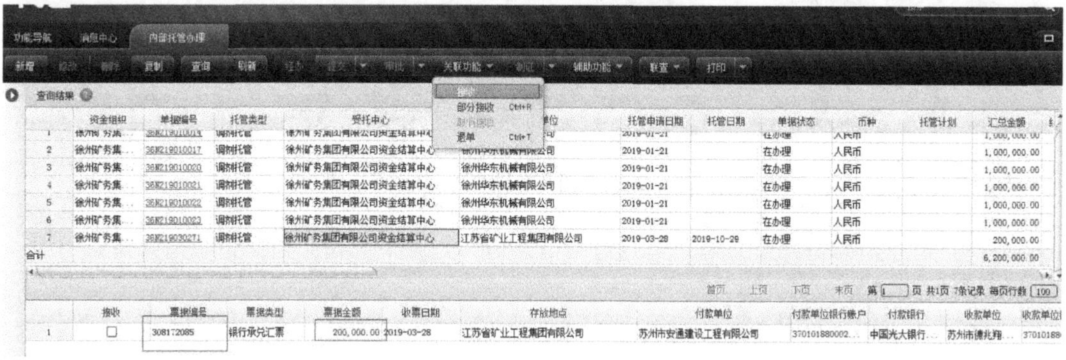

图 4-2-54

（2）特转付款处理。

在特转付款节点，查询交票单位的"待经办"单据，先点击【经办】后点击【保存】，最后点击【提交】和【审批】，同时自动生成凭证。（图 4-2-55、图 4-2-56）

2. 基层网银转电票

（1）参照商业汇票中电票的收票登记，结算中心做收票登记。

（2）参照上面特付单据处理，生成凭证。

功能导航
消息中心
内部托管办理
常用功能
动态建模平台
XBRL
集成平台
应用管理平台
共享服务
企业绩效管理
财务会计
资金管理
供应链
资产管理
供应商管理
资金基础设置
账户管理
现金管理
银企直联
银行存款管理
银行贷款管理
商业汇票
资金结算
资金调度
内部存款管理
内部贷款管理
资金计划
资金分析
委托结算业务
常用委托付款
委托付款
支付信息变更
委托收款
内部转账业务
内部单位转账
内部特转业务
特转收款
特转付款
现金业务
现金缴存办理
现金支取办理
外币兑换业务
外币兑换办理
业务查询
业务流水账
内部账户明细账
与总账对账
内部账户金额查询
内部账户当前余额查询
内部账户日均余额
内部账户流量分析
下级组织内部账户明细账
下级组织内部账户金额查询
业务报表
内部账户明细账-报表
内部账户金额查询-报表
资金日报表
资金日报查询
资金组织-业务回单
委托付款回单
委托收款回单
内部转账回单
特转收款回单
特转付款回单
现金缴存回单
现金支取回单
外币兑换回单

图 4-2-55

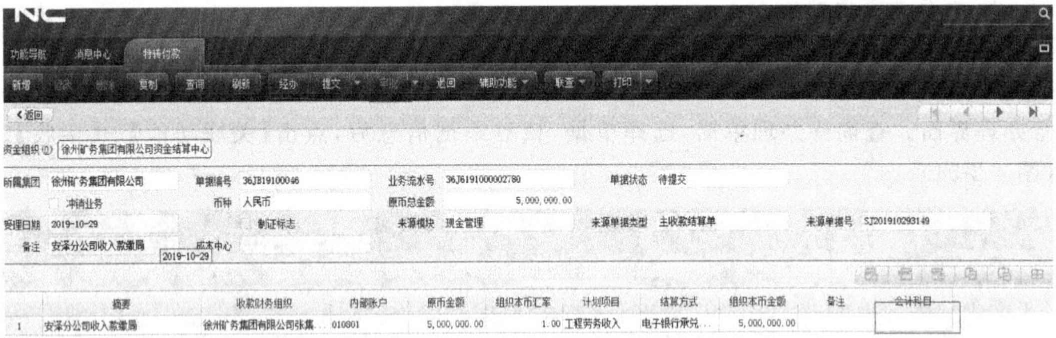
功能导航
消息中心
特转付款
新增
复制
查询
刷新
经办
提交
返回
辅助功能
联查
打印
返回
资金组织
徐州矿务集团有限公司资金结算中心
所属集团
徐州矿务集团有限公司
单据编号
36JB19100046
业务流水号
36J6191000002780
单据状态
待提交
冲销业务
币种
人民币
原币总金额
5,000,000.00
受理日期
2019-10-29
制证标志
来源模块
现金管理
来源单据类型
主收款结算单
来源单据号
SJ201910293149
备注
安泽分公司收入款缴局
成本中心
2019-10-29
摘要
收款财务组织
内部账户
原币金额
组织本币汇率
计划项目
结算方式
组织本币金额
备注
会计科目
1
安泽分公司收入款缴局
徐州矿务集团有限公司张集...
010801
5,000,000.00
1.00
工程劳务收入
电子银行承兑...
5,000,000.00

图 4-2-56

第三章 付款业务

第一节 自行支付

一、业务流程

自行支付业务流程见图 4-3-1。

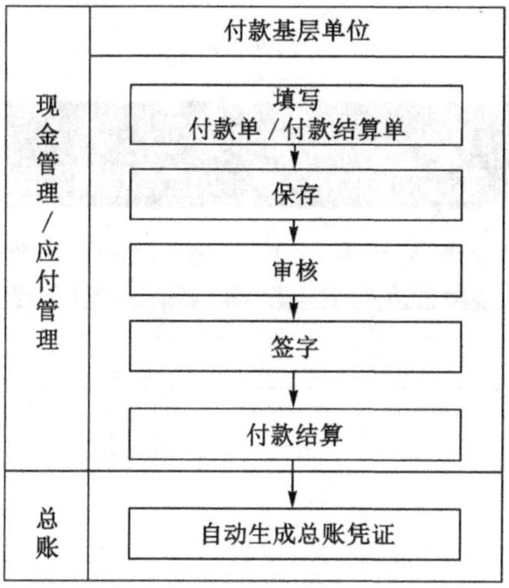

图 4-3-1

二、未启用应付管理

（一）场景

不直接使用现金，而是通过银行将款项从付款账户划转到收款账户，且未启用应付管理模块。

（二）单据填制

操作路径:【资金管理】—【现金管理】—【付款结算录入】，进入付款结算录入界面。（图 4-3-2）

在付款结算录入界面，首先需要选择付款交易类型，选择“付款结算单-普通”后点击【确定】。再点击最左边的【新增】按钮。（图 4-3-3）

录入财务组织后，选择业务流程为“付款结算单默认流程”，依次录入项目内容，表体科目为生成凭证借方科目，填写完整后点击【保存】。（图 4-3-4、图 4-3-5）

（三）单据审批

操作路径:【资金管理】—【现金管理】—【付款结算管理】，进入付款结算管理界面。根据条件查询需审批的单据，依次点击【审批】、【签字】、【结算】按钮。（图 4-3-6～图 4-3-10）

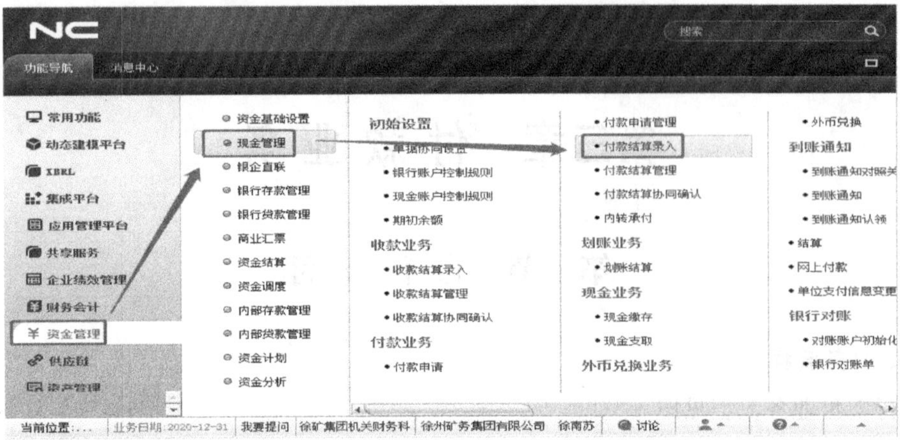

图 4-3-2

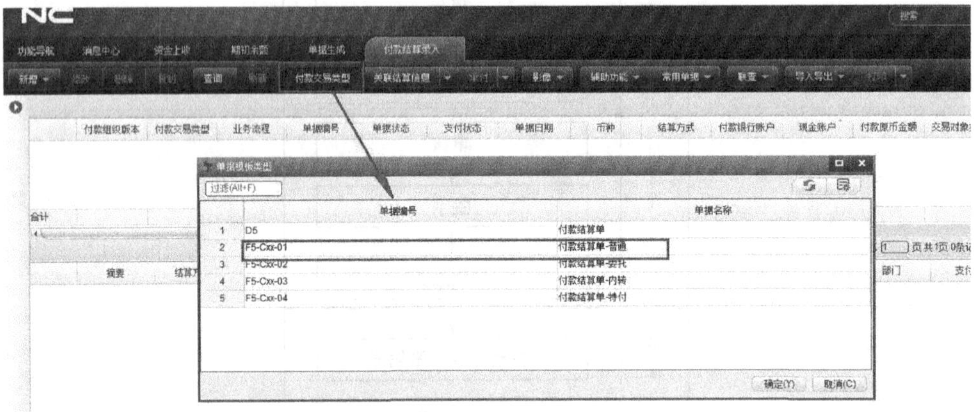

图 4-3-3

图 4-3-4

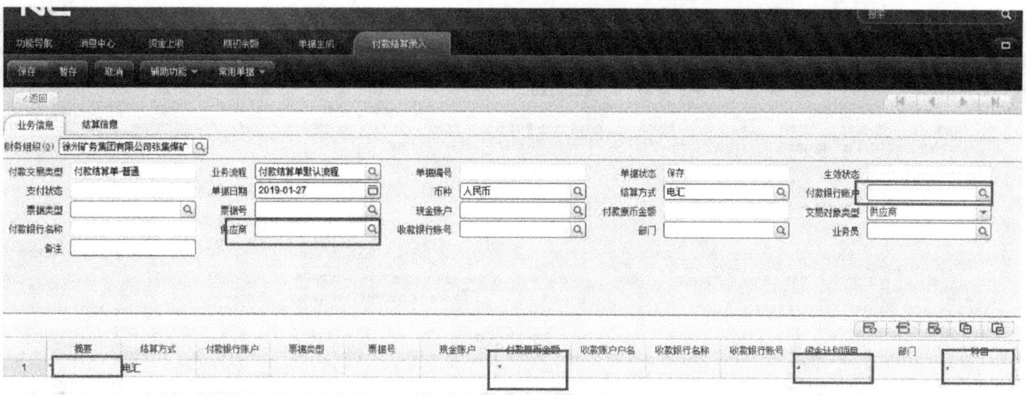

图 4-3-5

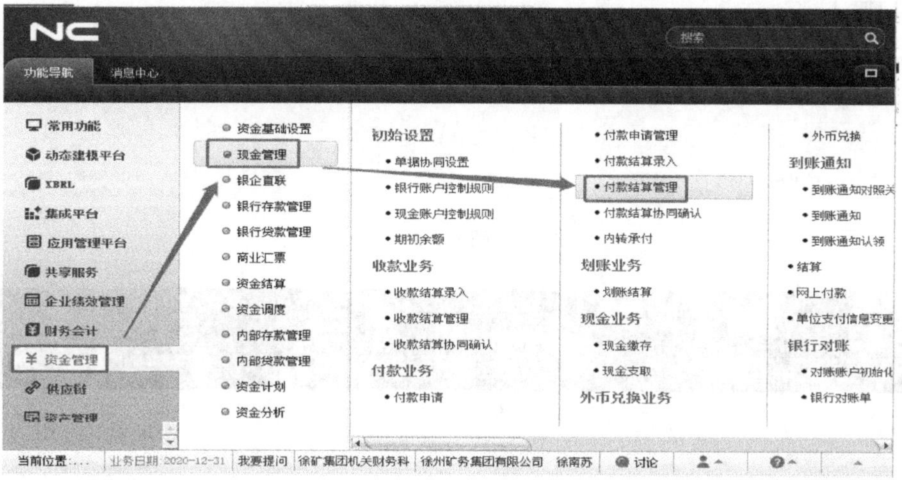

图 4-3-6

图 4-3-7

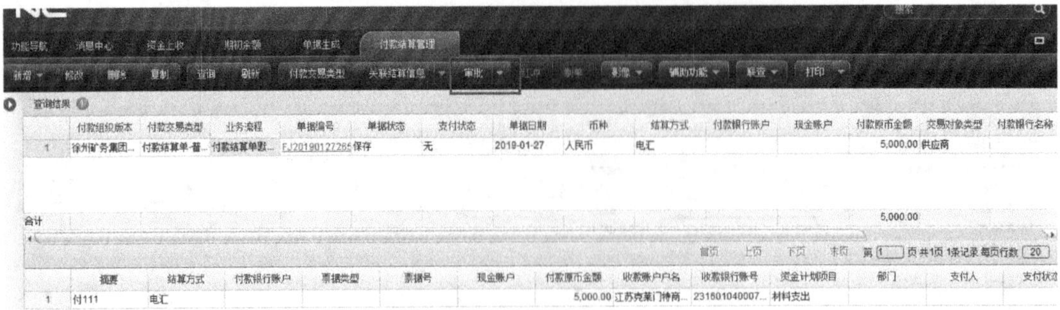

图 4-3-8

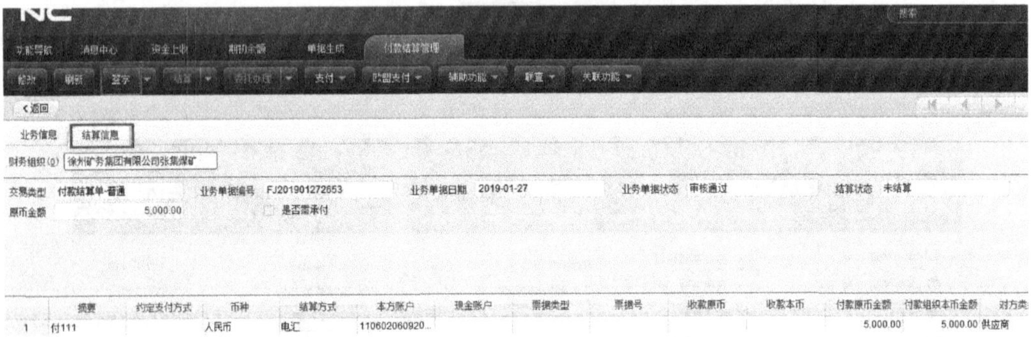

图 4-3-9

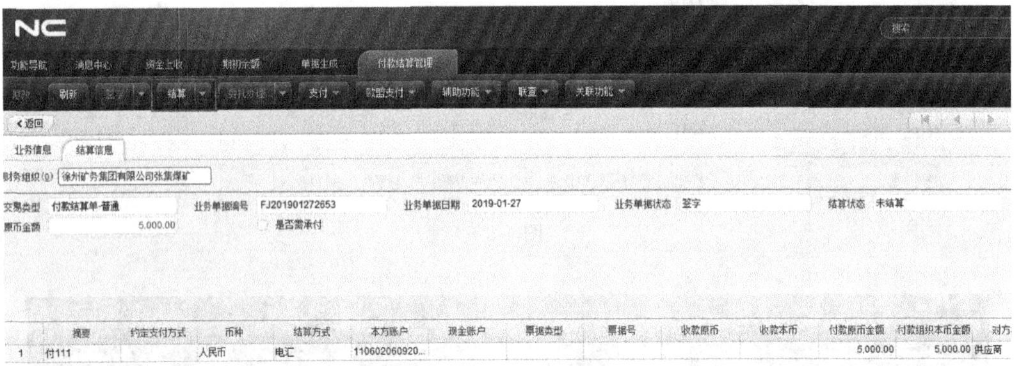

图 4-3-10

三、启用应付管理(启用供应链管理)

(一) 场景

不直接使用现金,而是通过银行将款项从付款账户划转到收款账户,且未启用应付管理模块。

(二) 单据填制

操作路径:【财务会计】—【应付管理】—【付款单录入】,进入付款单录入界面。(图 4-3-11)

在付款单录入界面,首先需要选择付款交易类型,选择“付款单-自付”后点击【确定】。再点击最左边的【新增】—【自制】按钮,分别录入相关内容后,点击【保存】,保存此单据。(图 4-3-12～图 4-3-15)

图 4-3-11

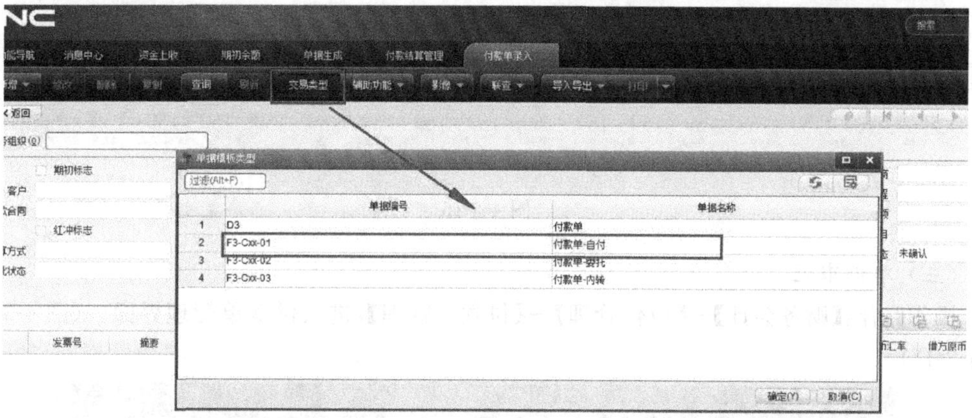

图 4-3-12

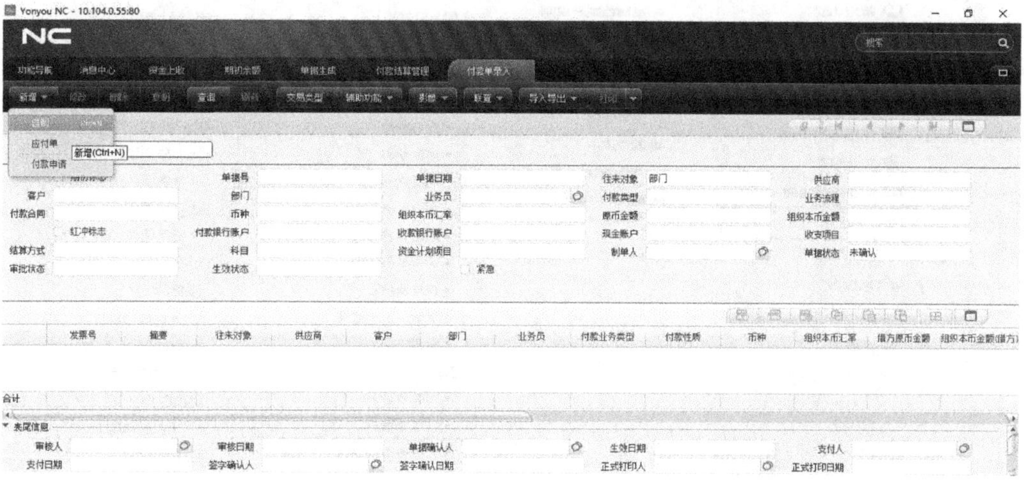

图 4-3-13

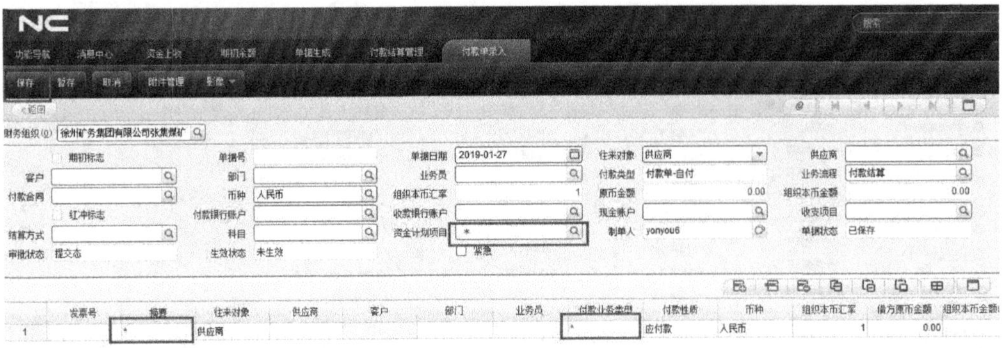

图 4-3-14

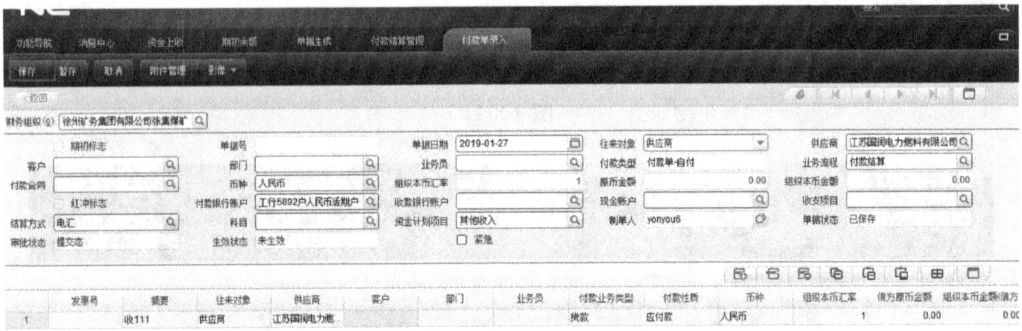

图 4-3-15

（三）单据审批

操作路径:【财务会计】—【应付管理】—【付款单管理】,进入付款单管理界面。(图 4-3-16、图 4-3-17)

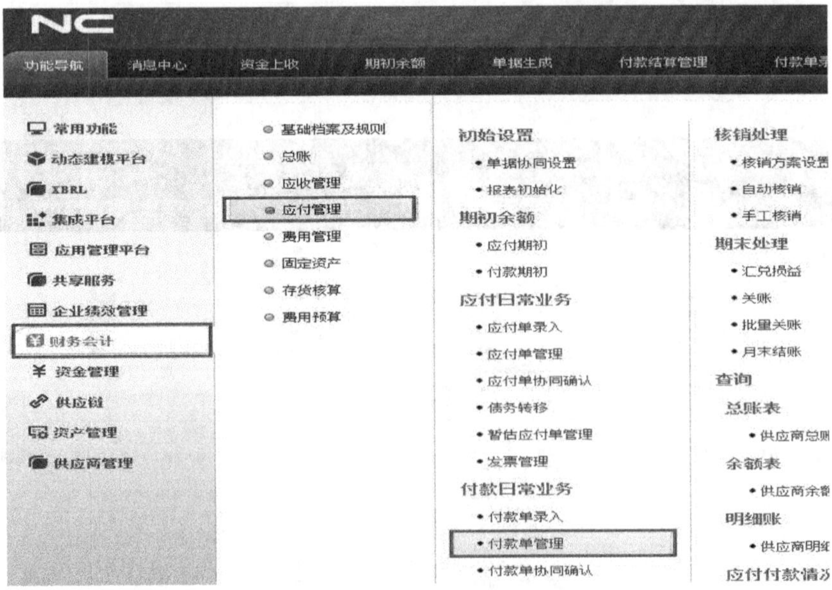

图 4-3-16

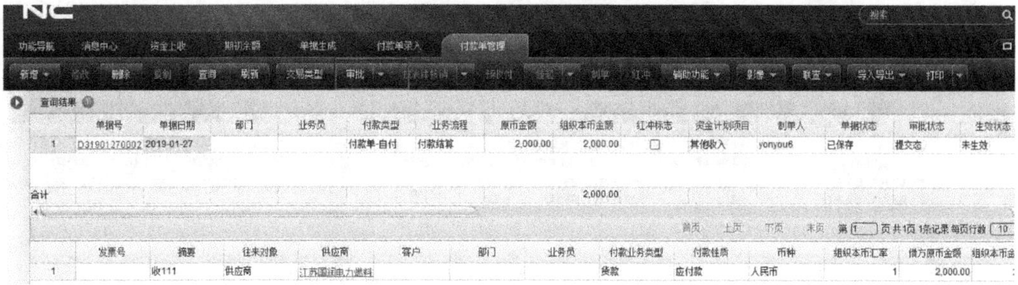

图 4-3-17

（四）单据签字、结算

操作路径:【资金管理】—【现金管理】—【结算】,进入结算界面。查询到符合条件的单据后点击【签字】、【结算】。(图 4-3-18～图 4-3-21)

图 4-3-18

图 4-3-19

图 4-3-20

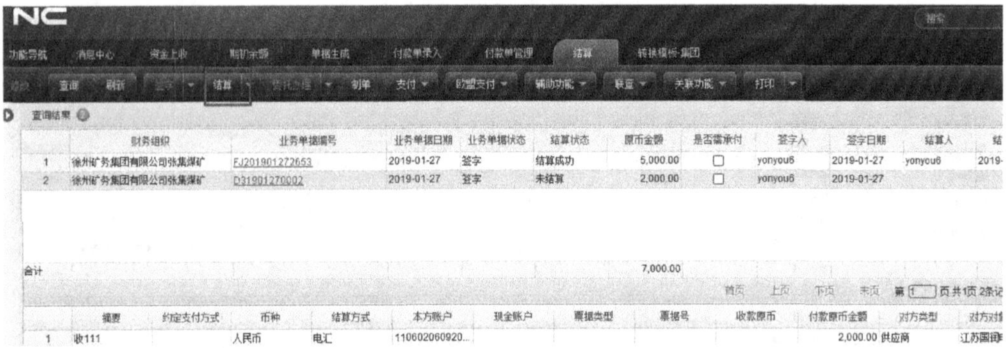

图 4-3-21

第二节　委托中心支付

一、业务流程

委托中心支付业务流程见图 4-3-22。

二、未启用应付管理

（一）场景

不直接使用现金，而是通过中心将款项从付款账户划转到收款账户，且未启用应付管理模块。

（二）单据填制

操作路径:【资金管理】—【现金管理】—【付款结算录入】，进入付款结算录入界面。

在付款结算录入界面，首先需要选择付款交易类型，选择“付款结算单-委托”后点击【确定】。再点击最左边的【新增】按钮。（图 4-3-23）

录入财务组织后，选择业务流程为“付款结算单推委托付款书”，依次录入项目内容，表体科目为生成凭证借方科目，填写完整后点击【保存】。（图 4-3-24、图 4-3-25）

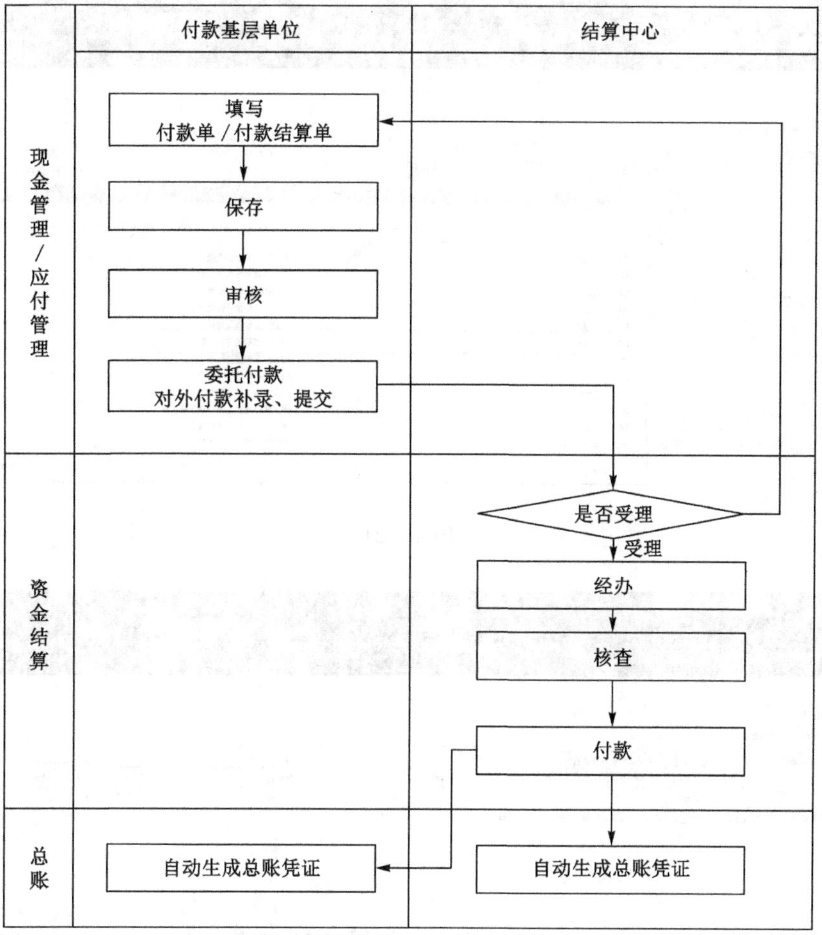
付款基层单位
结算中心
现金管理/应付管理
填写
付款单/付款结算单
保存
审核
委托付款
对外付款补录、提交
资金结算
是否受理
受理
经办
核查
付款
总账
自动生成总账凭证
自动生成总账凭证

图 4-3-22

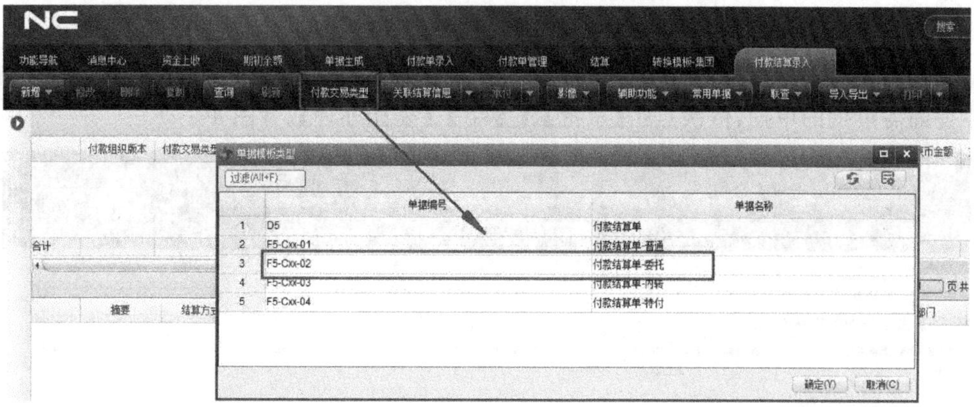
NC
付款结算录入
新增
查询
付款交易类型
关联结算信息
影像
辅助功能
常用单据
联查
导入导出
单据模板类型
过滤(Alt+F)
单据编号
单据名称
D5
付款结算单
F5-Cxx-01
付款结算单-普通
F5-Cxx-02
付款结算单-委托
F5-Cxx-03
付款结算单-内转
F5-Cxx-04
付款结算单-特付
确定(Y)
取消(C)

图 4-3-23

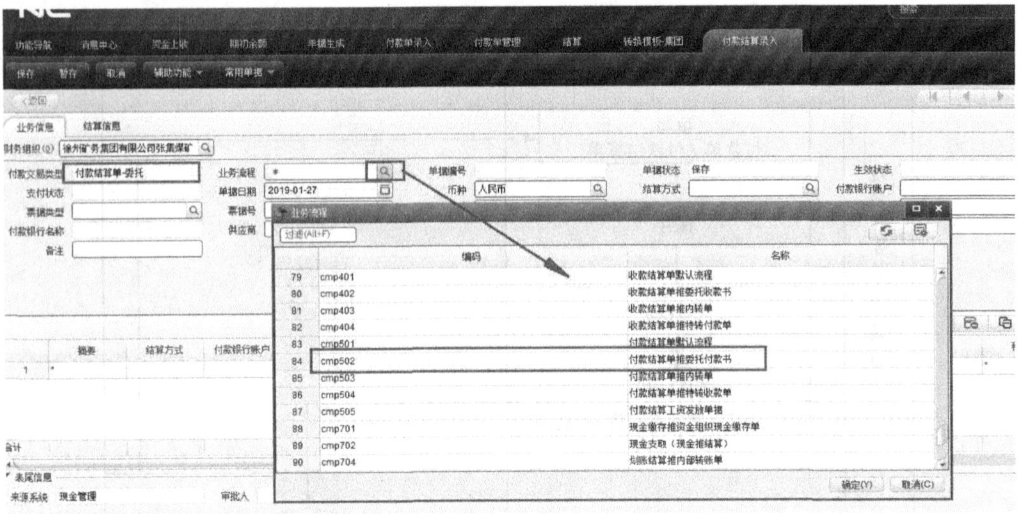

图 4-3-24

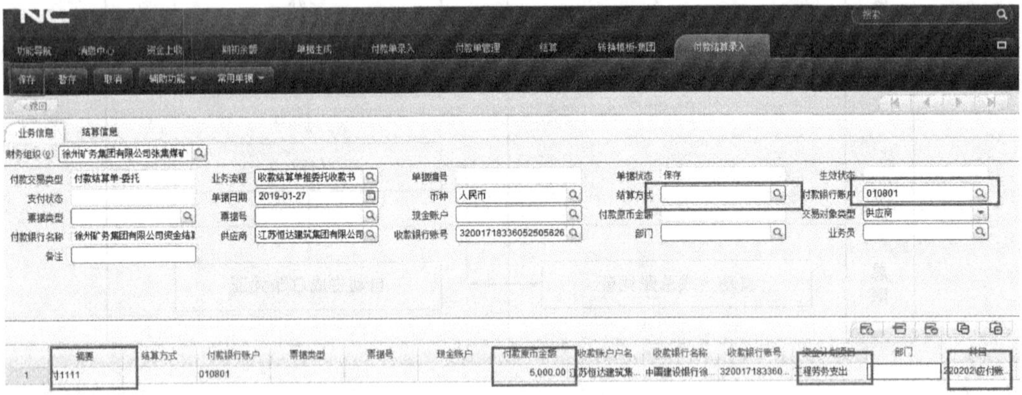

图 4-3-25

（三）单据审批

操作路径:【资金管理】—【现金管理】—【付款结算管理】,进入付款结算管理界面。根据条件查询需审批的单据,依次点击【审批】、【签字】、【委托办理】。(图 4-3-26)

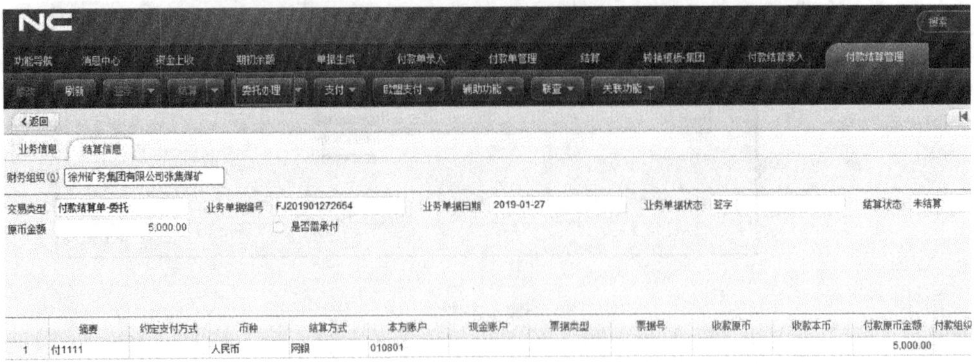

图 4-3-26

（四）委托办理-经办

操作路径：【资金管理】—【资金结算】—【委托付款】，进入委托付款界面。对于符合条件的单据，依次点击【经办】、【审批】、【支付】。（图 4-3-27～图 4-3-29）

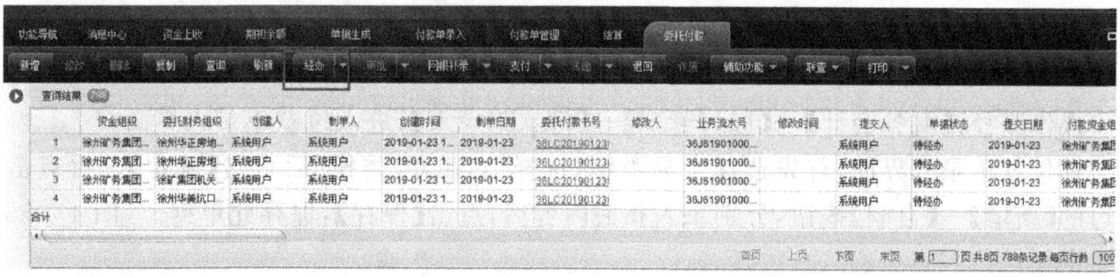

图 4-3-27

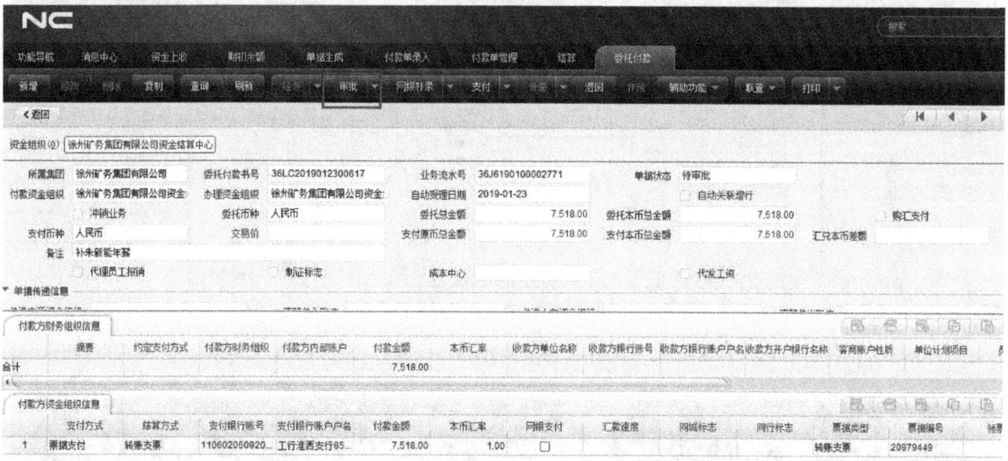

图 4-3-28

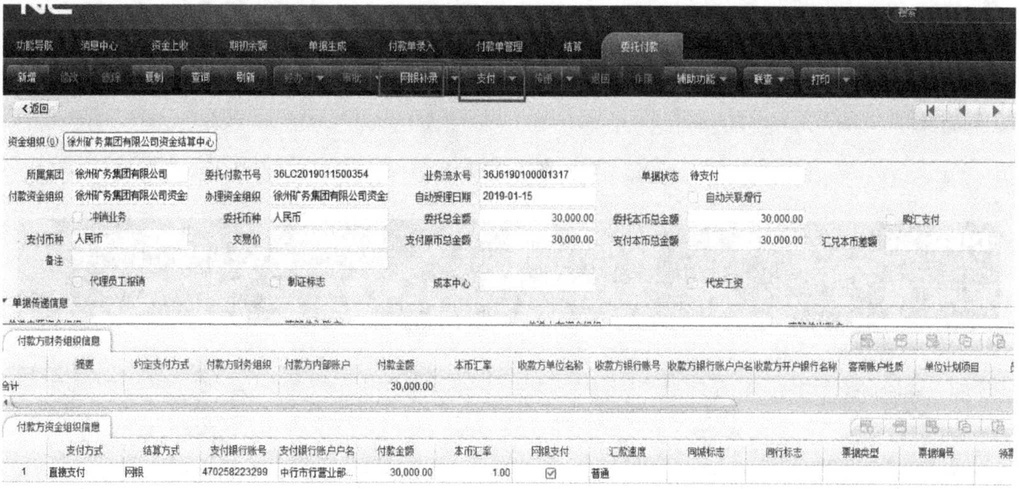

图 4-3-29

三、启用应付管理(启用供应链管理)

(一) 场景

不直接使用现金,而是通过中心将款项从付款账户划转到收款账户,且启用应付管理模块。

(二) 单据填制

操作路径:【财务会计】—【应付管理】—【付款单录入】,进入付款单录入界面。

在付款单录入界面,首先选择交易类型,选择“付款单-委托”后点击【确定】。再点击最左边的【新增】—【自制】按钮,分别录入相关内容后,点击【保存】,保存此单据。(图 4-3-30～图 4-3-32)

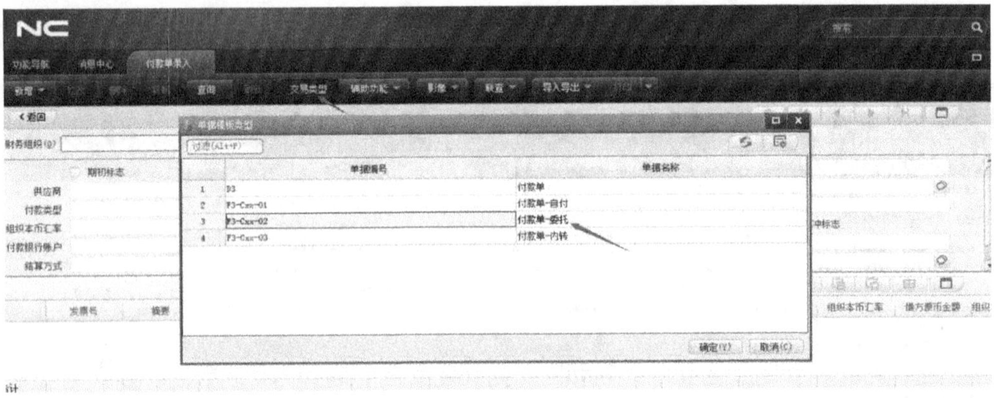

图 4-3-30

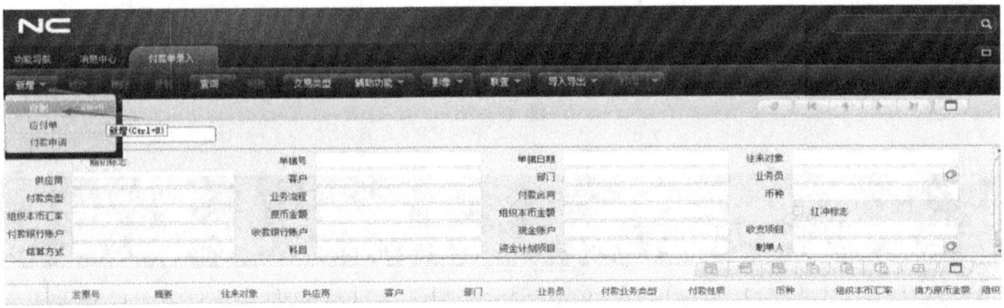

图 4-3-31

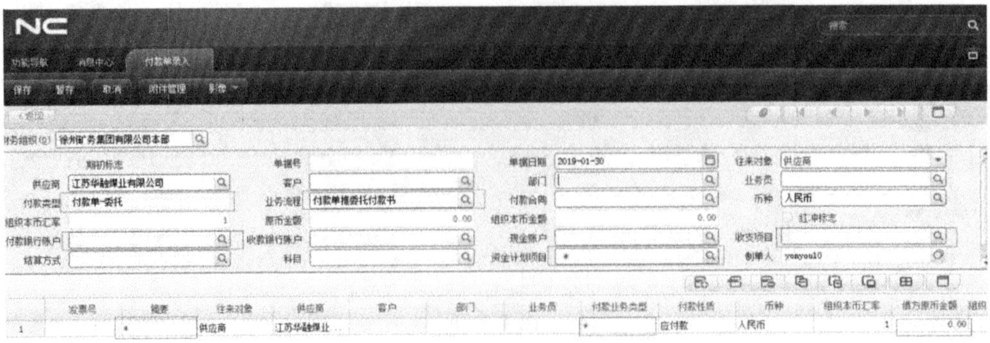

图 4-3-32

（三）单据审批

操作路径:【财务会计】—【应付管理】—【付款单管理】,进入付款单管理界面。

根据条件查询需审批的单据,依次点击【审批】、【签字】、【委托办理】,执行审批操作。

（四）委托办理-经办

操作路径:【资金管理】—【资金结算】—【委托付款】,进入委托付款界面。对于符合条件的单据,依次点击【经办】、【审批】、【支付】。

第四章　内部转账业务

一、收款方发起、需承付

（一）总体流程

收款方发起的需承付内部转账业务总体流程见图 4-4-1。

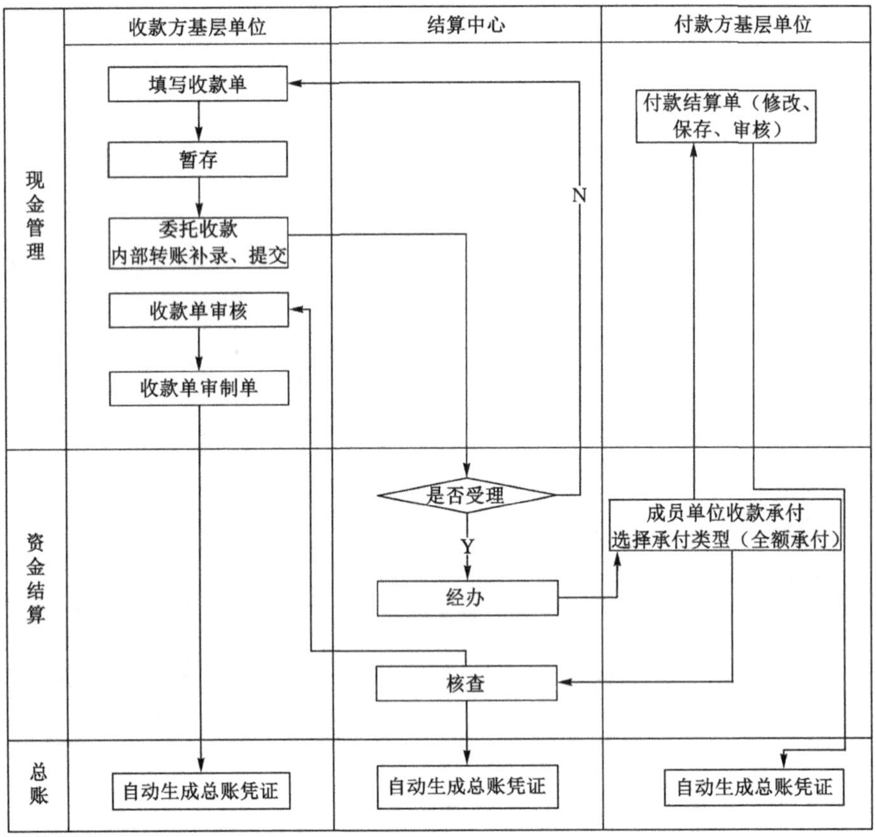

图 4-4-1

（二）基层单位（收款方）操作说明

（1）收款单填制。选择相应的交易类型与业务流程，具体操作与对外委托收款业务基本相同，收付款银行都是结算中心账户，需勾选表头项目“是否需承付”，然后点击【保存】。（图 4-4-2、图 4-4-3）

（2）收款单的审核、签字、委托办理，同对外委托收款业务。

（3）结算中心转账后，查询单据、制单，同对外委托收款业务。

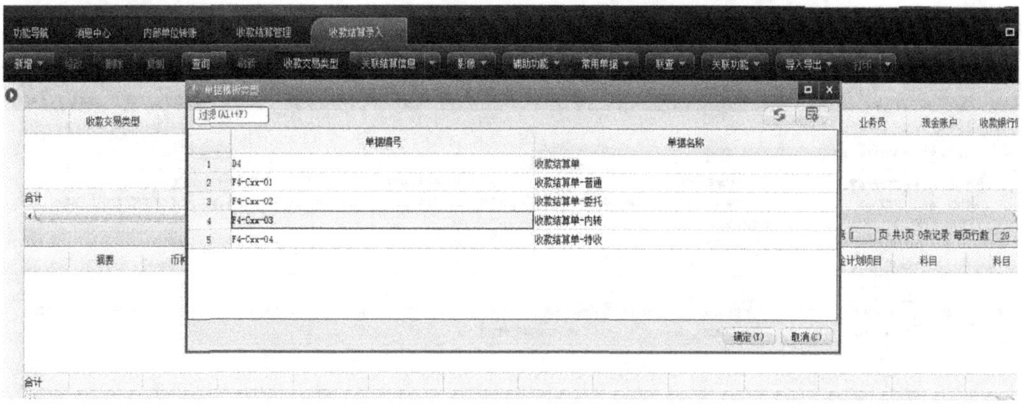

图 4-4-2

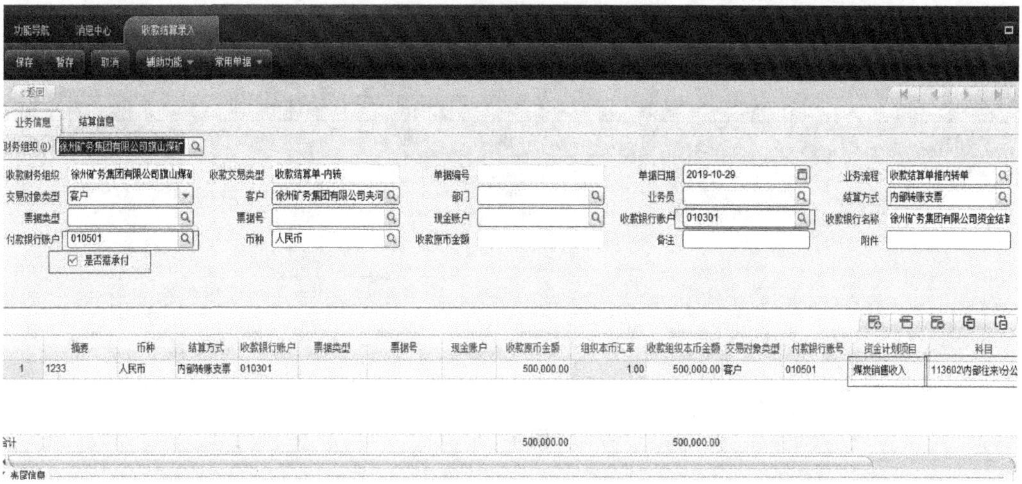

图 4-4-3

（三）结算中心操作说明

（1）对成员单位提交上来的委托收款书进行经办。

操作路径:【资金管理】—【资金结算】—【内部转账业务】—【内部单位转账】,进入内部单位转账界面。点击【查询】,输入查询条件后显示单据具体信息。(图 4-4-4、图 4-4-5)

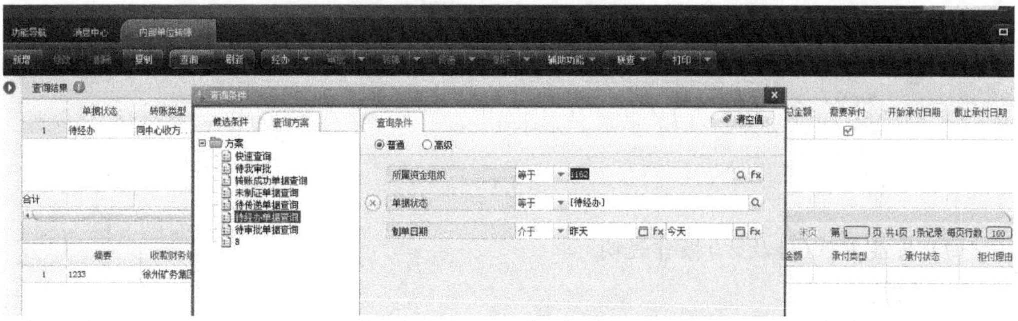

图 4-4-4

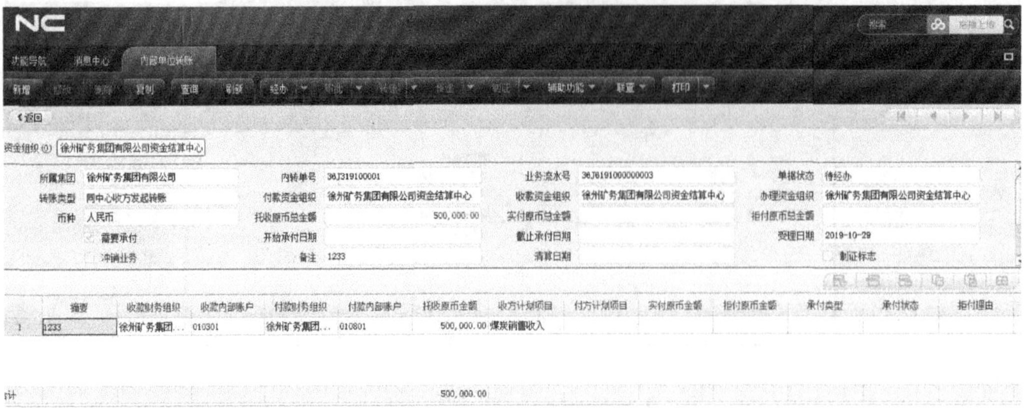

图 4-4-5

（2）在付款方做完承兑后，审批、转账，自动生成凭证。（图 4-4-6）

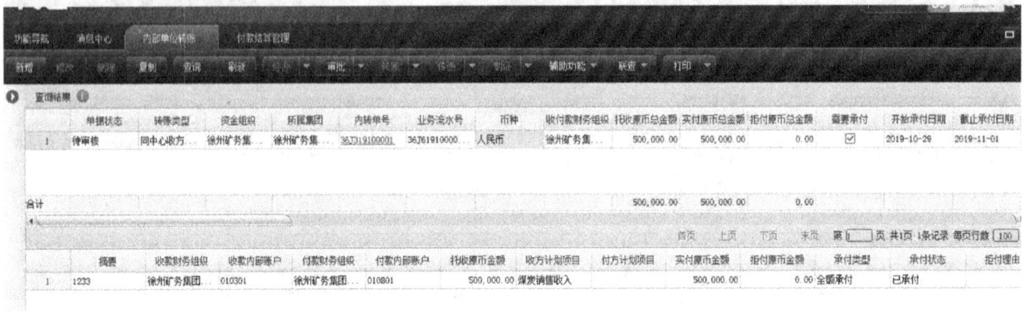

图 4-4-6

（3）如承兑期结束后，付款方未做承兑，可强制承兑。（图 4-4-7）

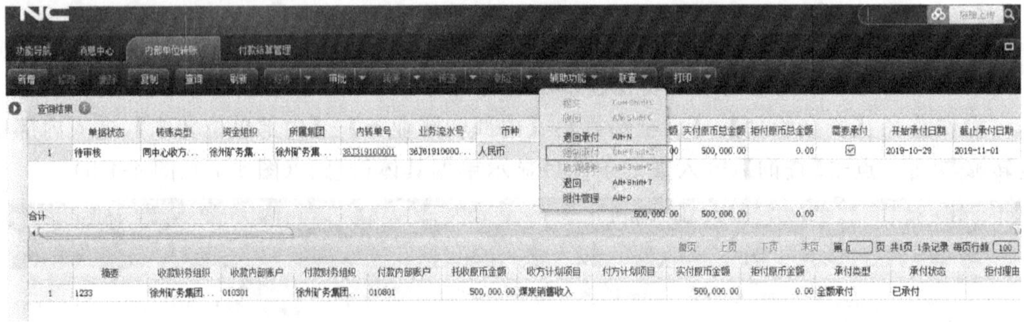

图 4-4-7

（四）基层单位（付款方）操作说明

（1）承付。

操作路径：【资金管理】—【资金结算】—【付款业务】—【内转承付】，进入内转承付界面。点【查询】，输入查询条件后显示单据具体信息，若无误点击【承付】—【承付】，承付类型选择

“全额承付”,点击【保存】。(图 4-4-8～图 4-4-10)

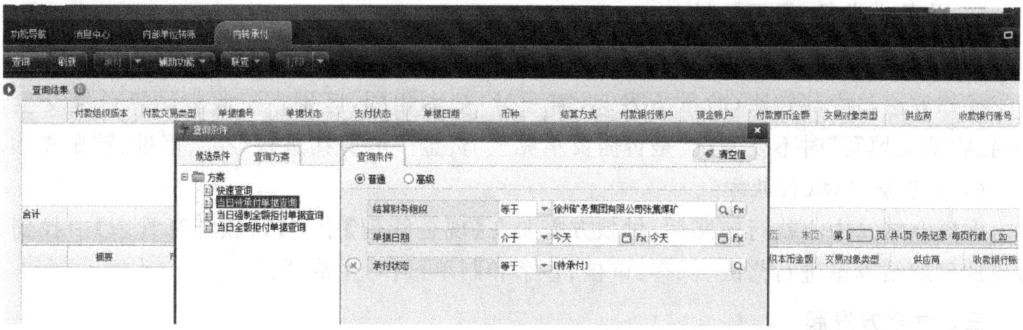

图 4-4-8

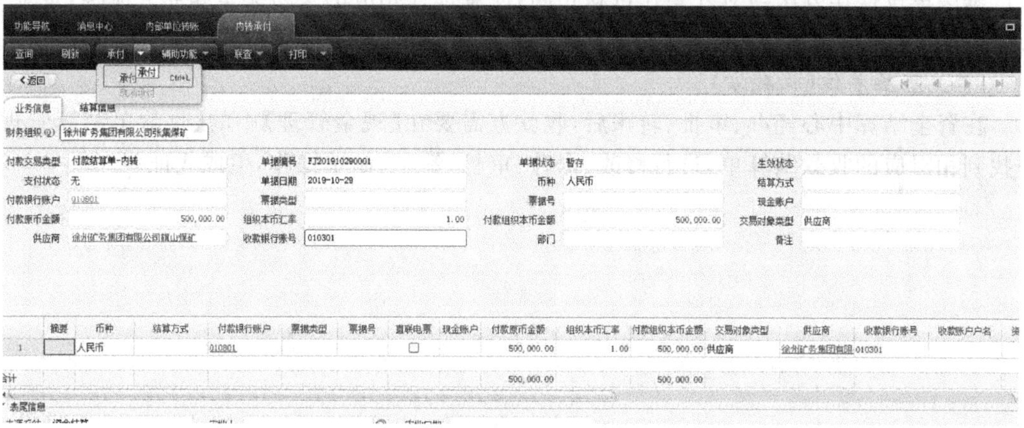

图 4-4-9

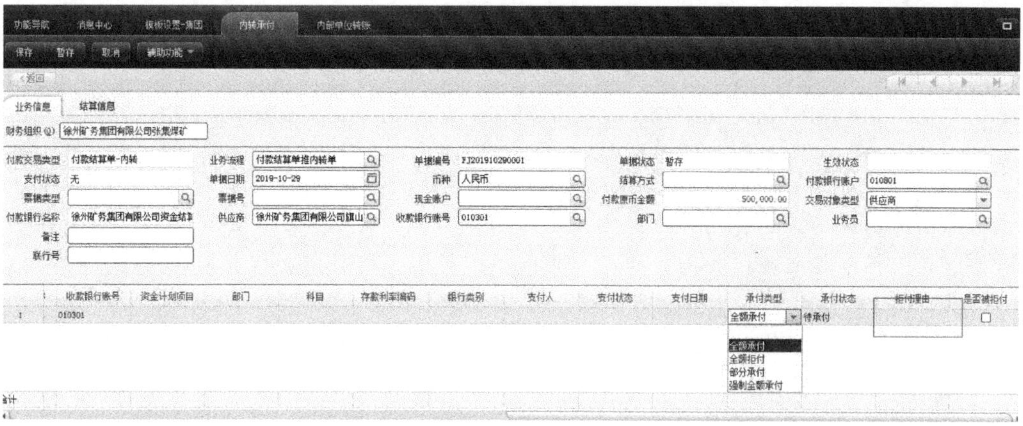

图 4-4-10

(2) 付款结算单审批。在付款结算管理节点,查询对应的付款结算单,点击【审批】,然后在结算界面点击【签字】。

(3) 制单。结算中心转账后,查询付款结算单,点击【制单】,修改凭证保存。(同对外委

托付款）

二、收款方发起、无须承付

（一）基层单位（收款方）、资金结算中心

操作方法与内部转账（收款方发起、需承付）基本相同，区别在于收款结算单提交生成“委托收款书填写”时不要勾选“是否需要承兑”。资金中心直接进行经办、审批、转账操作。

（二）基层单位（付款方）

在资金结算中心执行转账后，付款方需要在【现金管理】中的【付款结算管理】中找到相对应的付款结算单进行修改、保存、审核、签字和制单操作，生成凭证。

三、付款方发起

（一）基层单位（付款方）、资金结算中心

基层单位操作方法与对外委托付款相同，注意选择相应的交易类型和业务流程，资金中心操作同上。

（二）基层单位（收款方）

在资金结算中心经办、审批、转账后，收款方需要在【现金管理】中的【收款单结算管理】中找到相对应的收款结算单，进行修改、保存、审核、签字、制单操作，生成凭证。

第五章 资金调度

第一节 资金上收

一、资金中心发起

资金中心先下载银行对账单，根据到账通知，生成资金上收单，提交资金上收单，审批、制证，生成上收凭证。（图 4-5-1～图 4-5-8）

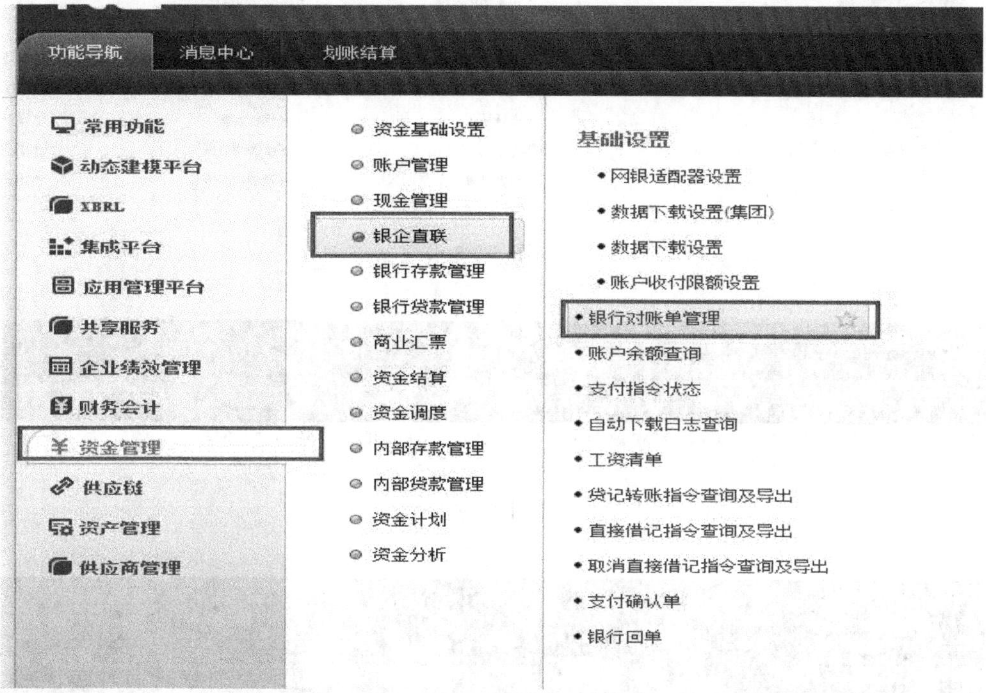

图 4-5-1

图 4-5-2

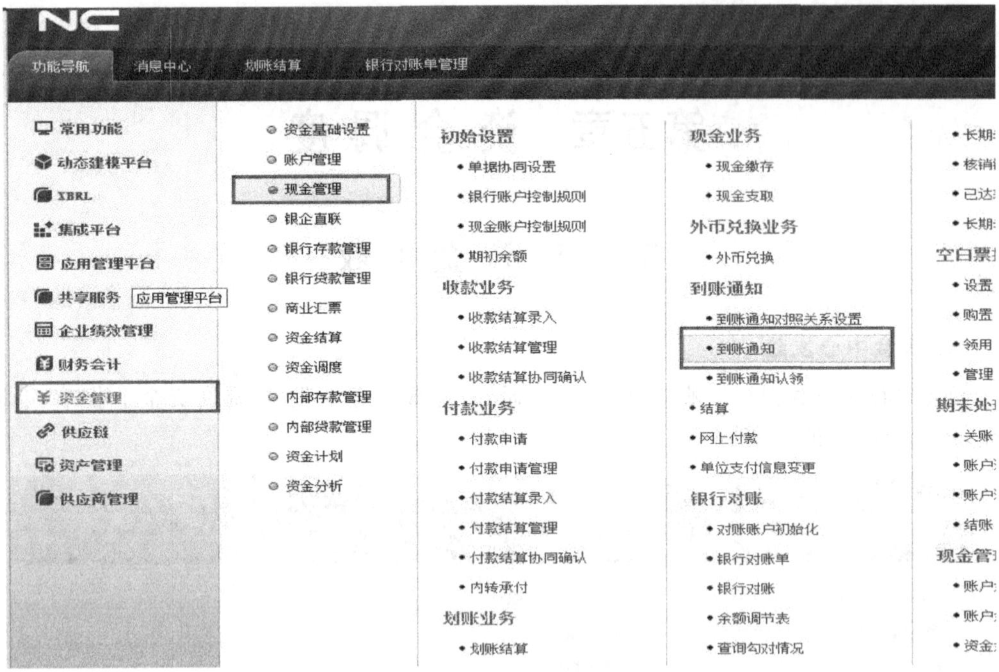

图 4-5-3

图 4-5-4

图 4-5-5

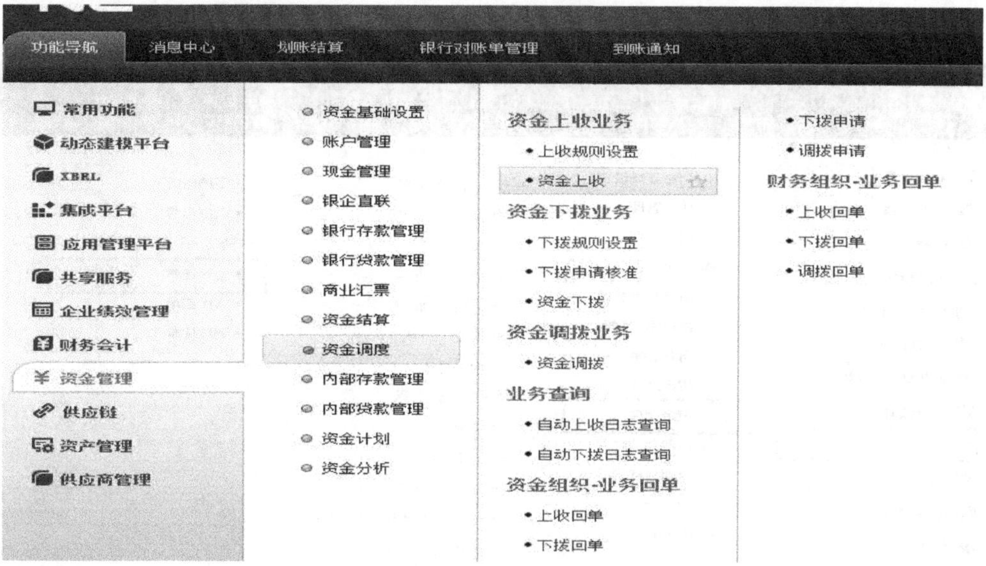

图 4-5-6

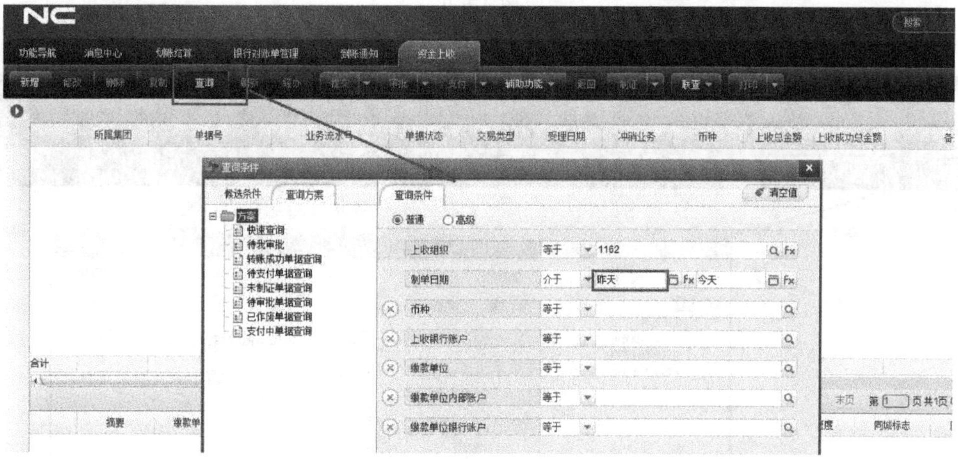

图 4-5-7

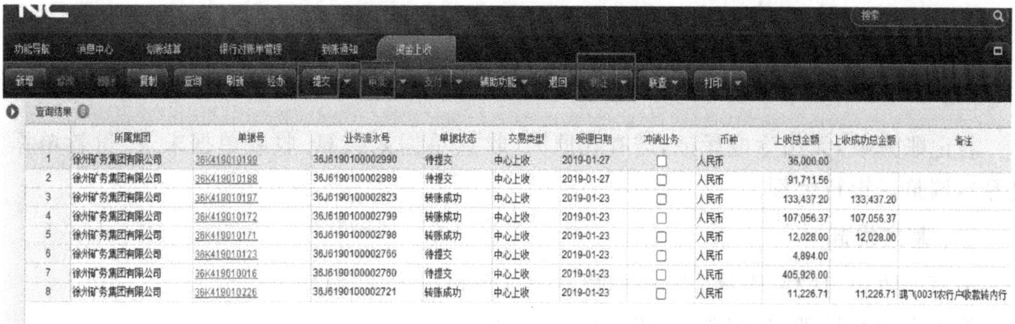

图 4-5-8

基层单位根据上收回单，记账，在会计平台生成凭证。（图 4-5-9、图 4-5-10）

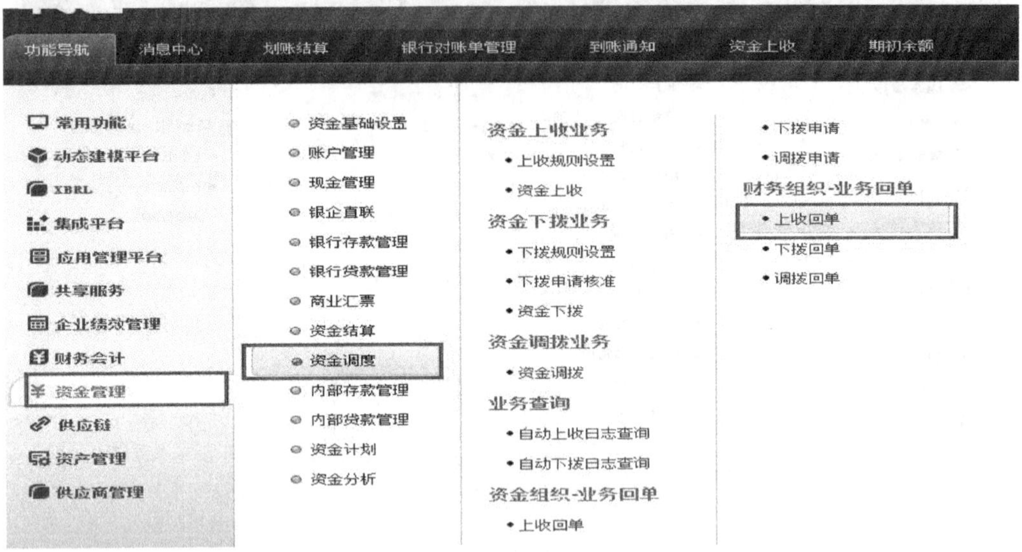

图 4-5-9

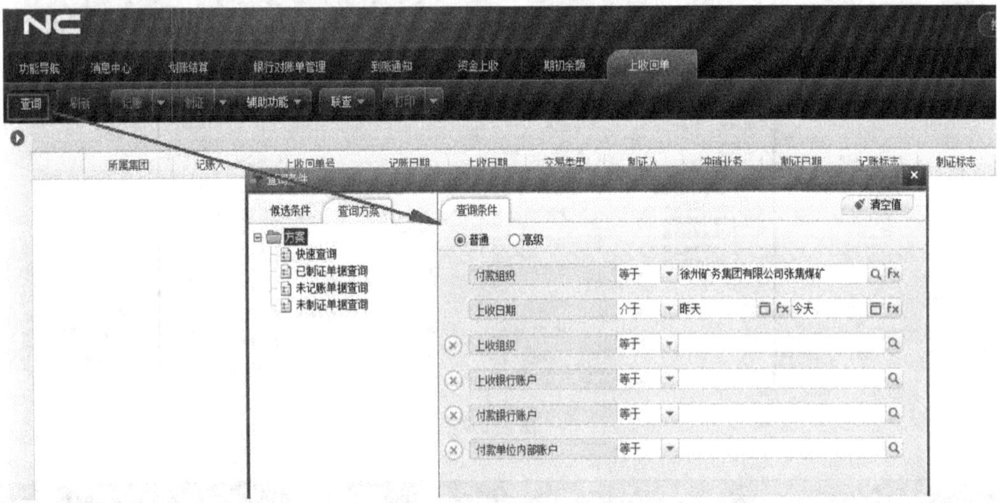

图 4-5-10

若记账失败，无法生成凭证，需查找原因（收款单据未结算、收款单据未录、付款单据重复等），调整好银行余额。

二、基层发起

填写上收单、保存、审核、委托办理。（图 4-5-11～图 4-5-14）

等资金中心处理完，记账，生成凭证。

资金中心审核，制证，自动生成凭证，同时推动成员单位上收回单记账。

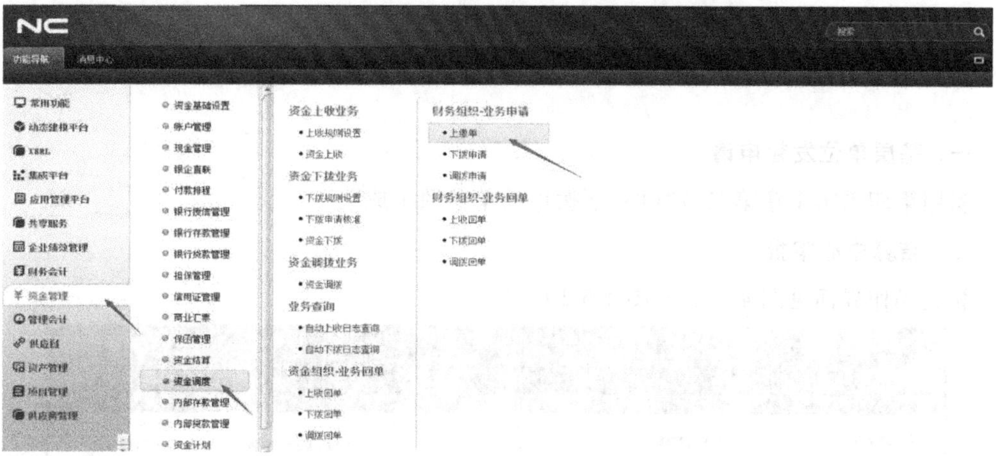

图 4-5-11

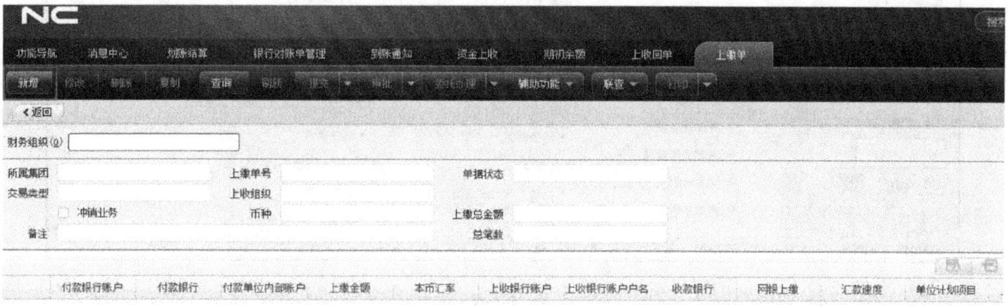

图 4-5-12

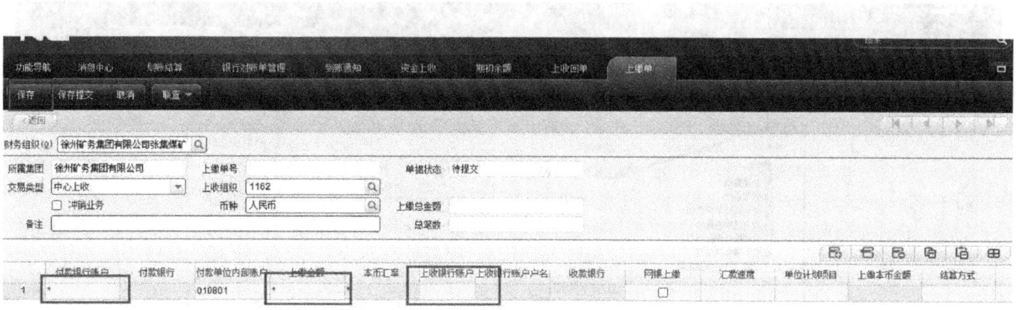

图 4-5-13

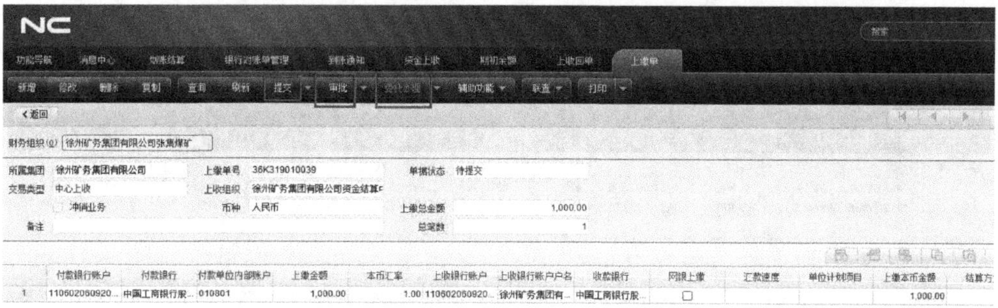

图 4-5-14

第二节 资金下拨

一、基层单位发起申请

参照第四篇第十章第二节“(四)下拨申请单参照生成”。

二、结算中心审批

相关操作界面见图 4-5-15～图 4-5-19。

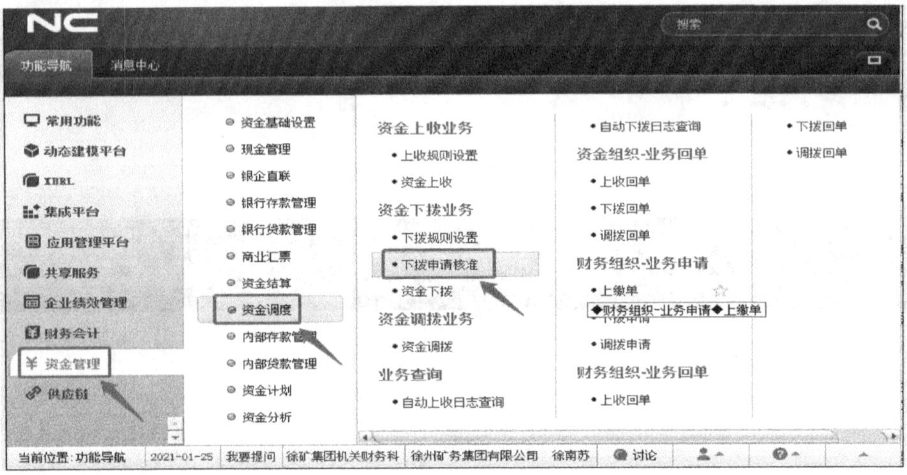

图 4-5-15

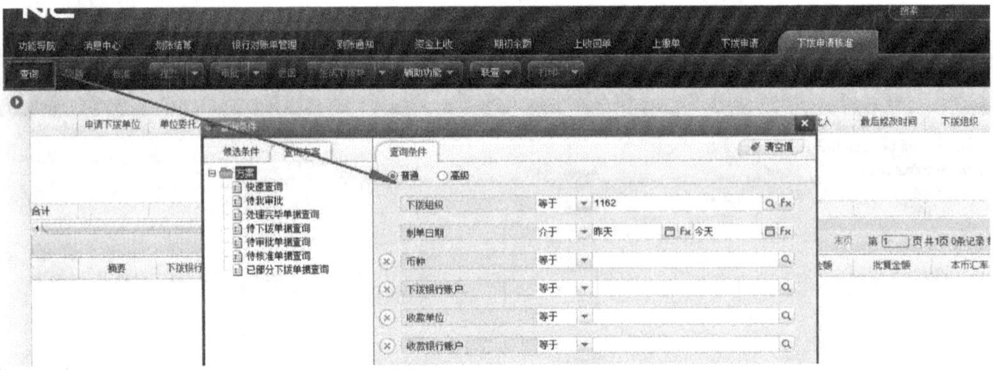

图 4-5-16

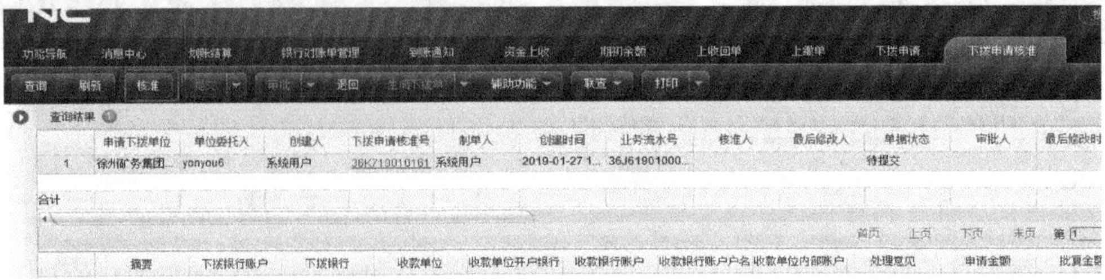

图 4-5-17

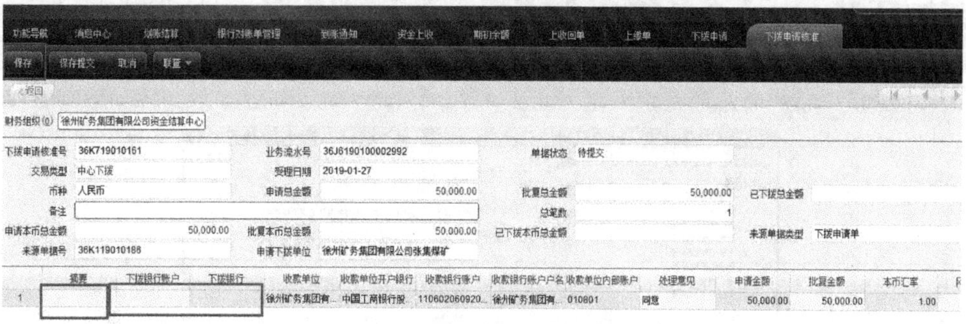

图 4-5-18

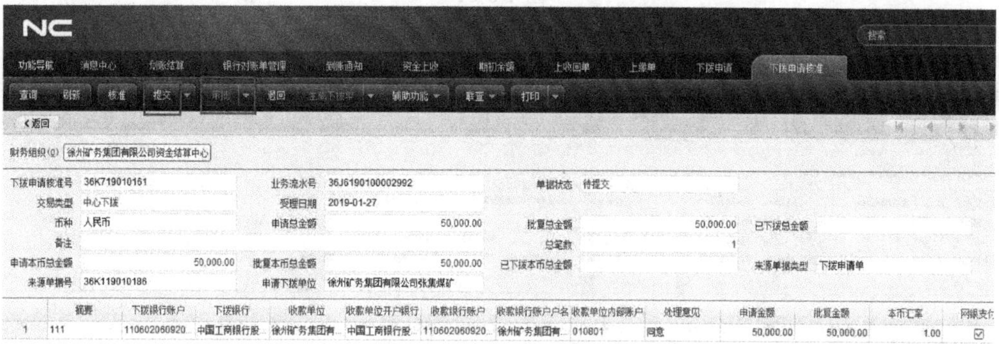

图 4-5-19

三、结算中心资金下拨

相关操作界面见图 4-5-20～图 4-5-22。

图 4-5-20

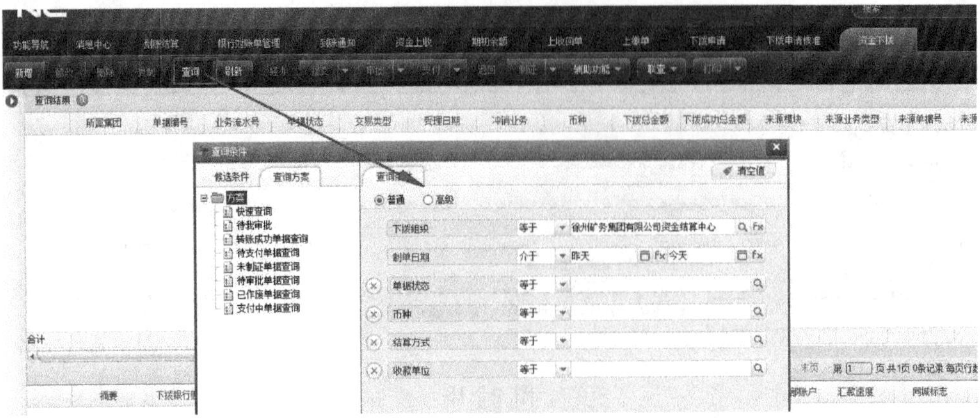

图 4-5-21

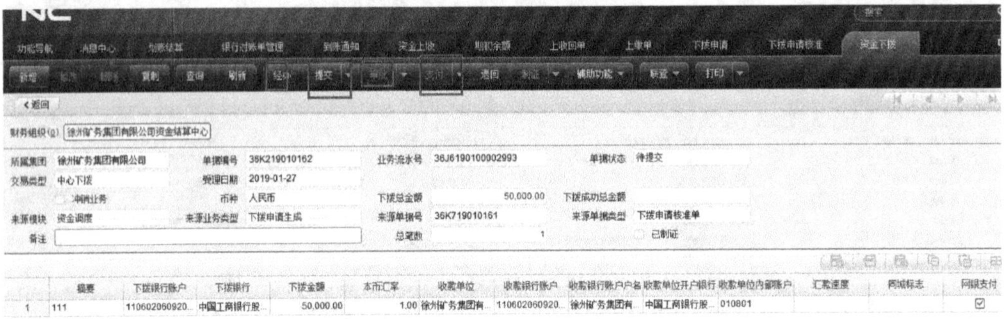

图 4-5-22

四、基层记账、制单

步骤同收回单记账、制单一样。

第六章 资金计息

一、业务流程

资金计息业务流程见图 4-6-1。

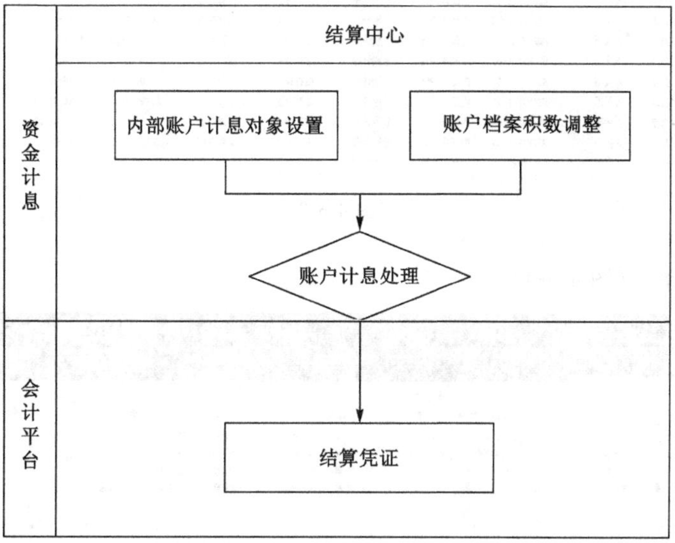

图 4-6-1

二、操作指引

（1）设置计息对象。

操作路径:【资金管理】—【内部存款管理】—【活期存款设置】—【内部账户计息设置】,进入内部账户计息设置界面。（图 4-6-2）

图 4-6-2

（2）进行计息处理。（图 4-6-3）

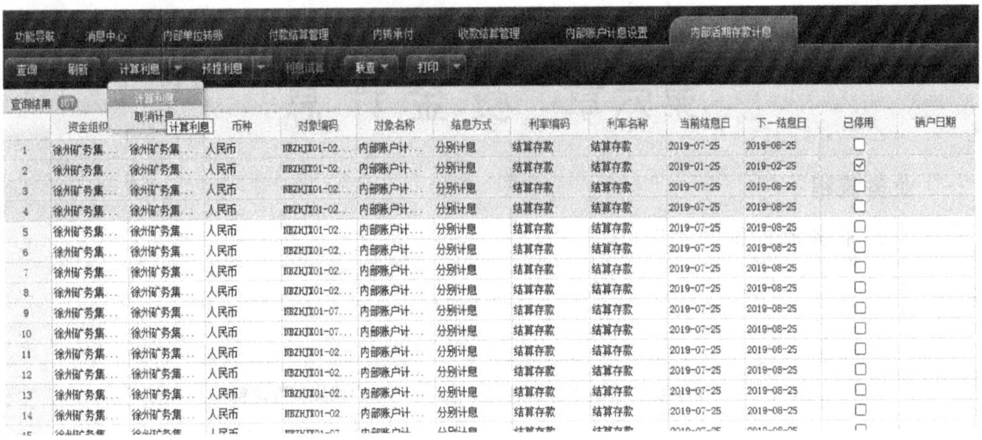

图 4-6-3

（3）利息清单。（图 4-6-4）

图 4-6-4

（4）生成结算凭证。系统计息后自动形成总账凭证。

第七章 存款业务

第一节 银行定期存款

一、业务流程

银行定期存款业务流程见图 4-7-1。

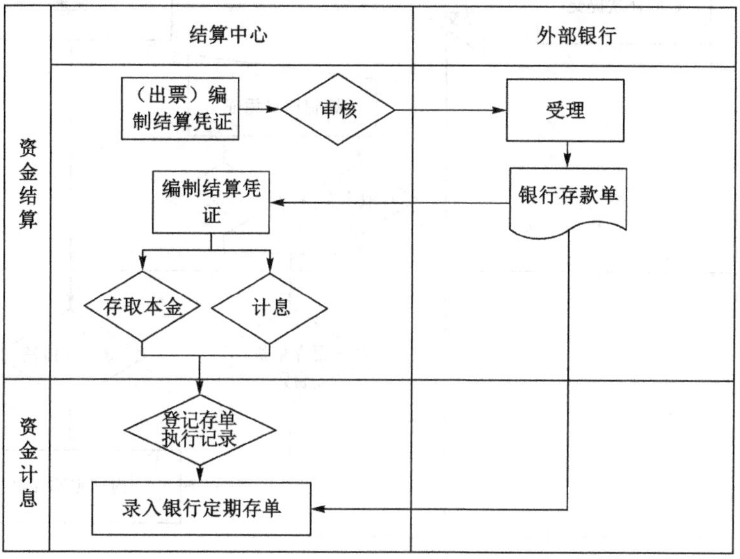

图 4-7-1

二、操作指引

(1) 资金结算中心出票，资金划出，填制付款结算单，默认流程，编制会计凭证。

操作路径:【资金管理】—【现金管理】—【付款业务】—【付款结算录入】，进入付款估算录入界面。(图 4-7-2)

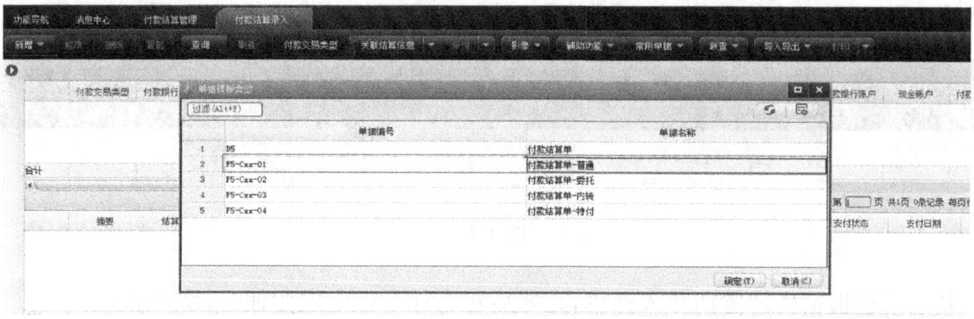

图 4-7-2

（2）收到本金和利息。收到本金和利息时，直接填制收款结算单，保存，审核、签字、结算，制单，生成凭证。

第二节 内部定期存款

一、业务流程

内部定期存款业务流程见图4-7-3。

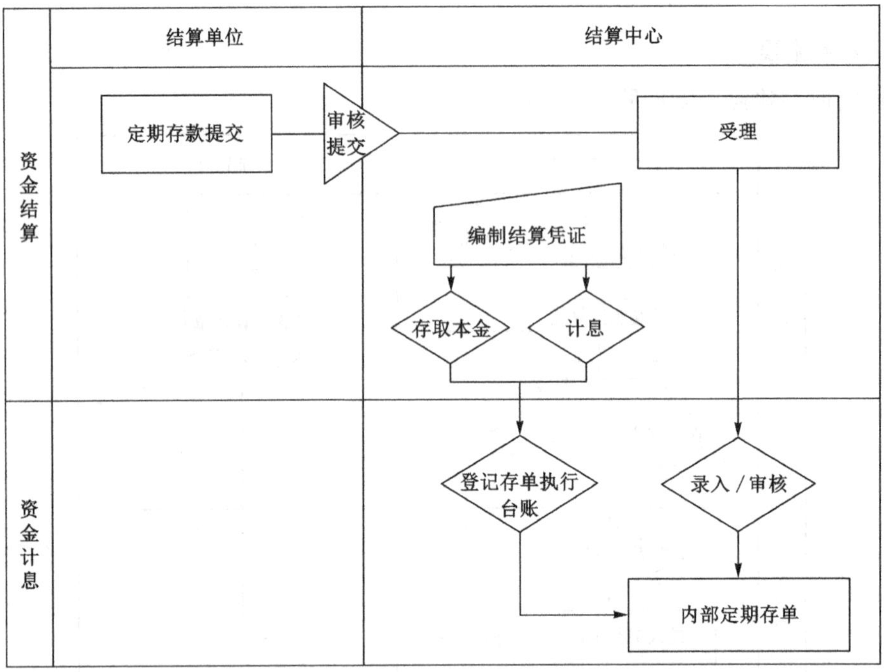

图4-7-3

二、操作指引

（1）受理基层单位提交的内部定期存款，录入内部定期存款单。

操作路径：【资金管理】—【内部存款管理】—【定期存款管理】—【内部定期存入】，进入内部定期存入界面。

点击【新增】，录入信息后，点击【保存】。提交、审批后自动生成凭证。（图4-7-4、图4-7-5）

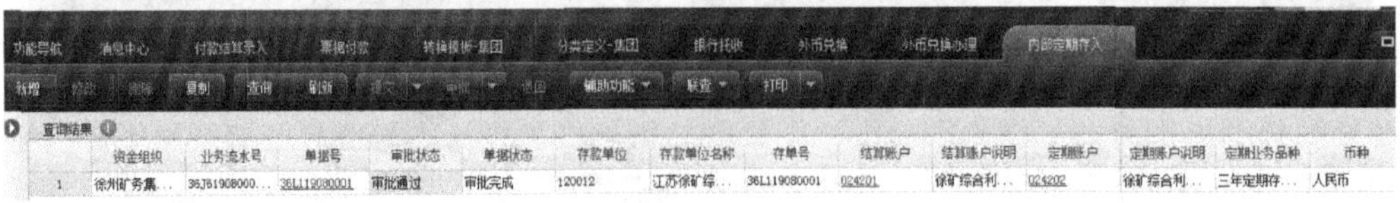

图4-7-4

基层单位根据内部定期存入回单，记账后在会计平台生成凭证。（图4-7-6）

（2）定期存单到期支取。

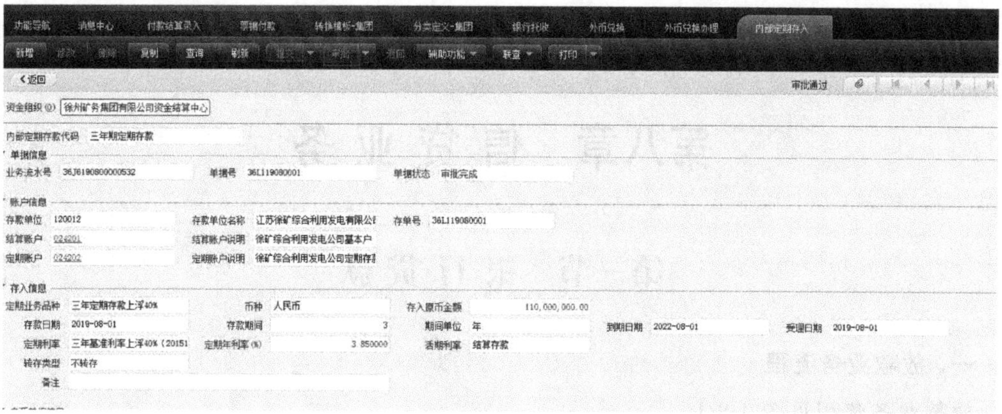

图 4-7-5

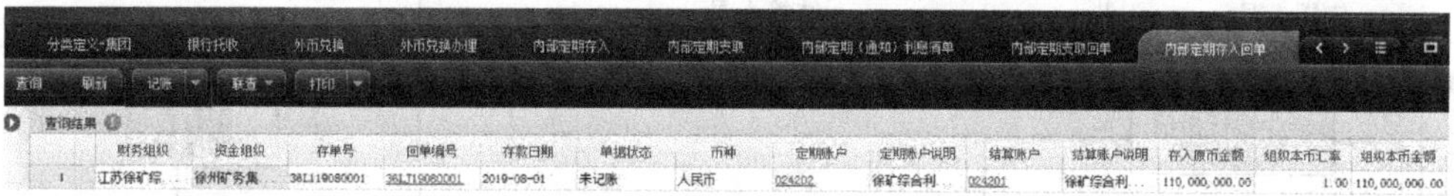

图 4-7-6

操作路径:【资金管理】—【内部存款管理】—【定期存款管理】—【内部定期支取】,进入内部定期支取界面。点击【新增】,录入信息点击【保存】,提交、审批后生成凭证。存单支取时自动计算利息,一并转入结算账户。(图 4-7-7)

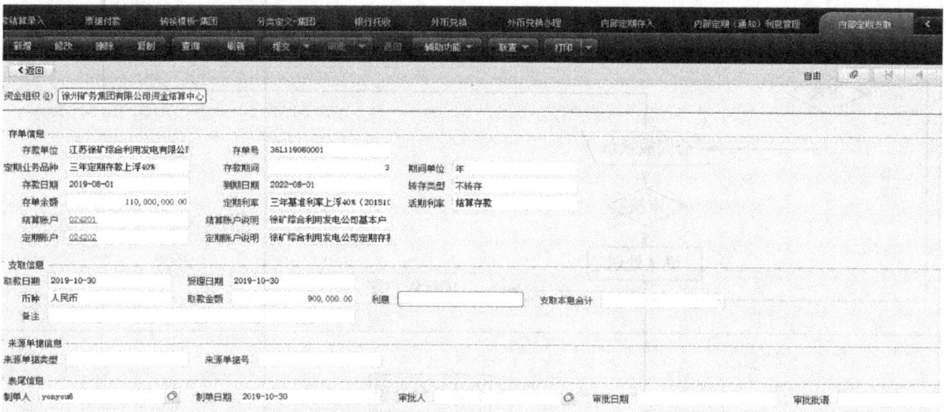

图 4-7-7

基层单位根据内部定期支取回单,记账后在会计平台生成凭证。(图 4-7-8)

图 4-7-8

第八章　信贷业务

第一节　银行贷款

一、放款业务流程

放款业务流程见图 4-8-1。

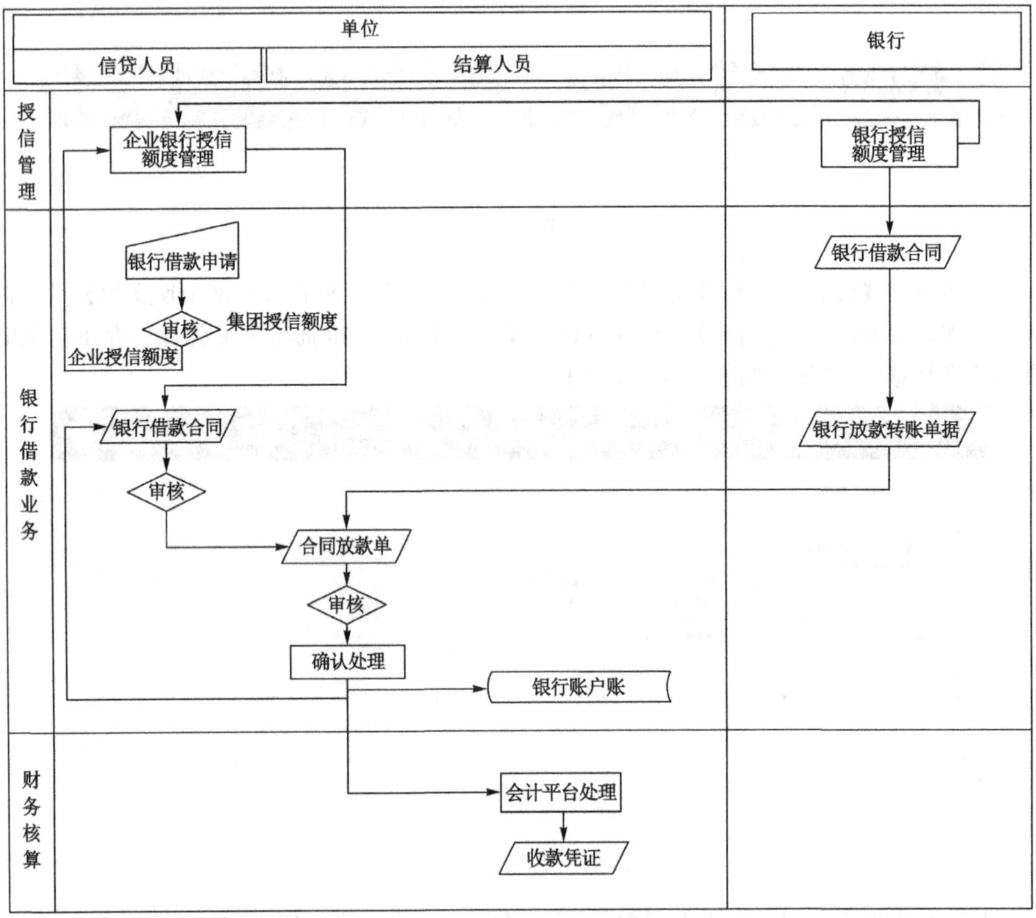

图 4-8-1

二、放款操作指引

(一) 录入银行借款合同

进入银行贷款合同界面，点击【增加】，依次输入合同内容保存后提交、审批。(图 4-8-2)

操作路径:【资金管理】—【银行贷款管理】—【借款管理】—【银行贷款合同】。

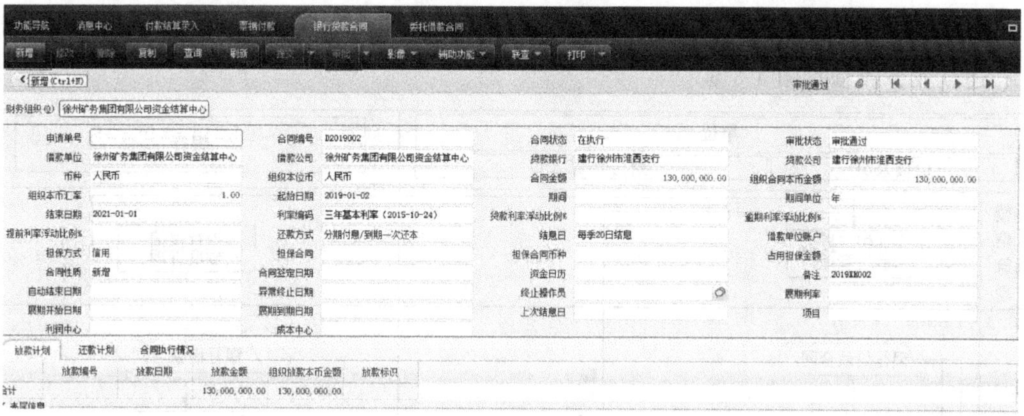

图 4-8-2

注意:期初合同即所有在系统启用前已存的合同,如需要系统管理,则在合同的界面中选择“期初标识”,当前合同就为期初合同。

（二）合同放款

打开银行贷款合同放款界面,点击【增加】,依次输入放款单内容,然后点击【保存】,提交、审批,放款完成,生成凭证。如多次放款,修改放款金额,表体中预计还本金同样要修改。(图 4-8-3、图 4-8-4)

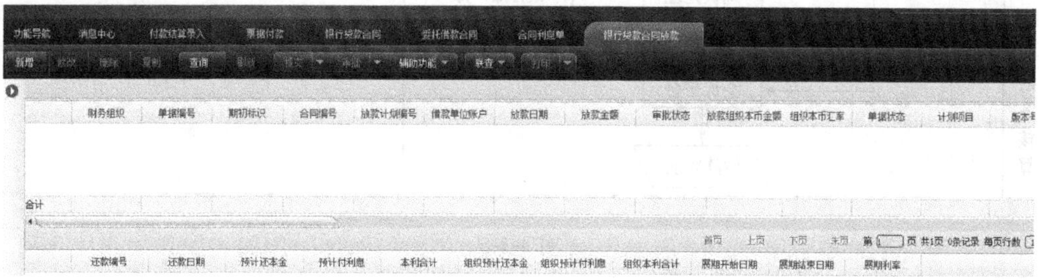

图 4-8-3

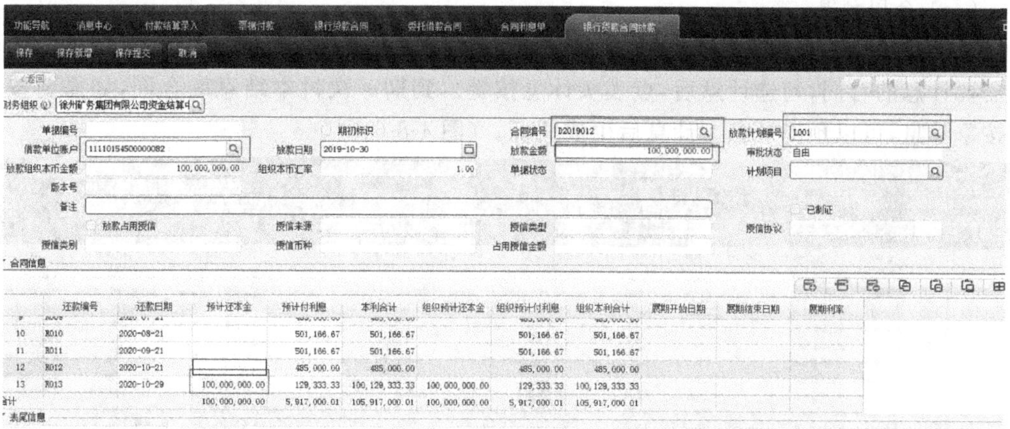

图 4-8-4

三、还款业务流程

还款业务流程见图 4-8-5。

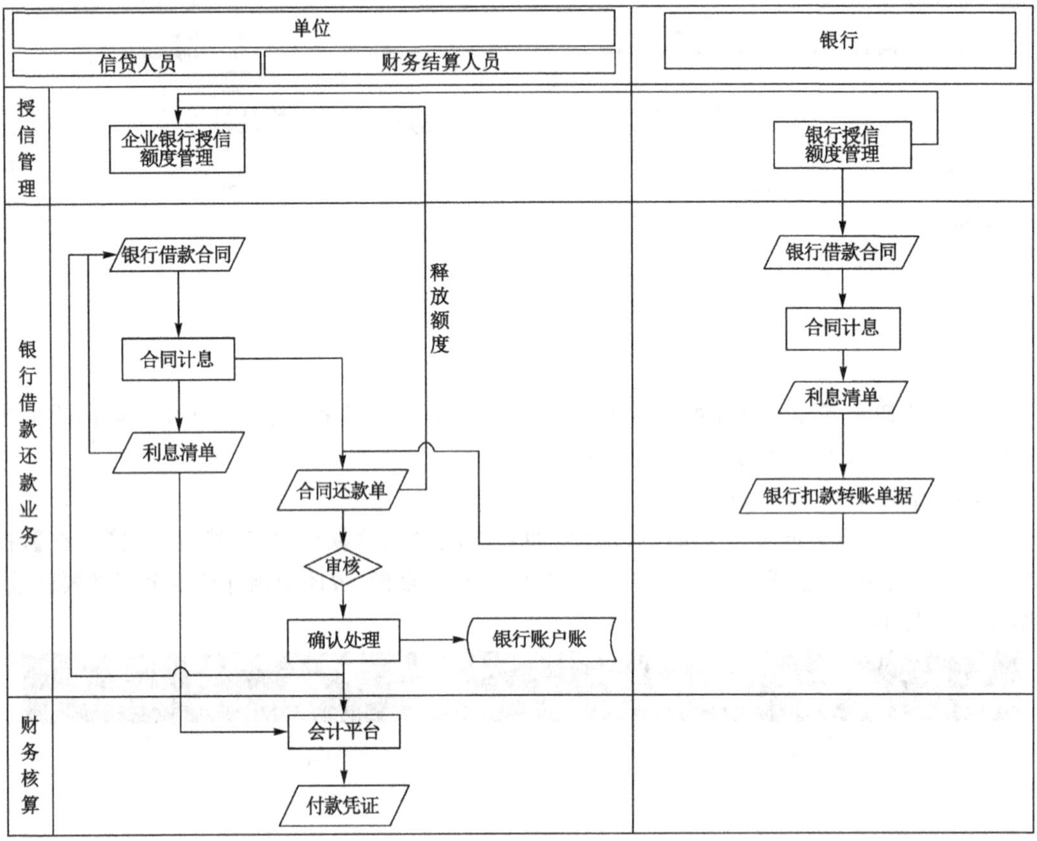

图 4-8-5

四、还款操作指引

(一) 合同计息

操作路径:【资金管理】—【银行贷款管理】—【计息处理】—【计息】,进入计息界面。查询到需要计息的合同,勾选计息后,点表头计息按键。到期一次付本结息的合同,如需要按月或按季计息,可以预提计息。计息后生成凭证。(图 4-8-6)

	计息	合同编号	合同类型	受托银行	合同状态	币种	合同金额	起始日期	结束日期	循环借款	利率编码	还款方式	结息日
1	☑	D2018001	银行贷款合同		在执行	人民币	130,000,000.00	2018-01-02	2020-01-01	☐	三年期下浮2%(2015-10...	分期付息/到期一次还本	每季20日结息
2	☑	D2019001	银行贷款合同		在执行	人民币	100,000,000.00	2019-01-02	2021-01-01	☐	三年基本利率(2015-10-...	分期付息/到期一次还本	每季20日结息
3	☑	D2019002	银行贷款合同		在执行	人民币	130,000,000.00	2019-01-02	2021-01-01	☐	三年基本利率(2015-10-...	分期付息/到期一次还本	每季20日结息
4	☑	D2018007	银行贷款合同		在执行	人民币	100,000,000.00	2018-09-12	2019-09-11	☐	一年基本利率(2015-10-...	分期付息/到期一次还本	每月20日结息
5	☐	D2018006	银行贷款合同		在执行	人民币	100,000,000.00	2018-08-22	2019-08-21	☐	一年基本利率(2015-10-...	分期付息/到期一次还本	每月20日结息
6	☐	D2019003	银行贷款合同		在执行	人民币	200,000,000.00	2019-01-04	2019-12-24	☐	跨境转贷(2019-1-4)	分期付息/到期一次还本	每季20日结息
7	☐	D2019004	银行贷款合同		在执行	人民币	120,000,000.00	2019-04-30	2021-04-29	☐	三年期下浮4%(2015-10...	分期付息/到期一次还本	每季20日结息
8	☐	D2019005	银行贷款合同		在执行	人民币	100,000,000.00	2019-05-17	2020-05-17	☐	一年利率下浮5%(2015-...	分期付息/到期一次还本	每月20日结息
9	☐	D2019006	银行贷款合同		在执行	美元	10,000,000.00	2019-03-29	2020-03-26	☐	跨境转贷(2019-1-4)	到期一次结息/本利付清	
10	☐	D2019007	银行贷款合同		在执行	人民币	100,000,000.00	2019-07-15	2020-07-15	☐	一年利率下浮5%(2015-...	分期付息/到期一次还本	每月20日结息
11	☐	D2019012	银行贷款合同		在执行	人民币	100,000,000.00	2019-10-29	2020-10-29	☐	一年上浮20%	分期付息/到期一次还本	每月20日结息

图 4-8-6

（二）合同还款

在银行贷款合同还款界面，点击【新增】，依次输入还款单内容，然后点击【保存】、【提交】、【审批】，生成还款凭证。最后还本金时，勾选表体的“核算利息”，自动计算最后的利息。（图 4-8-7、图 4-8-8）

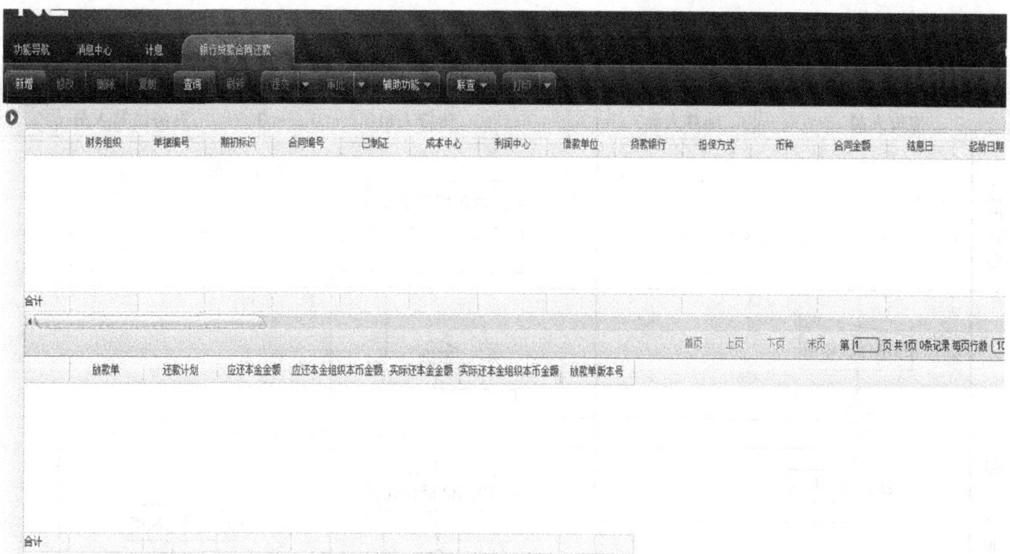

图 4-8-7

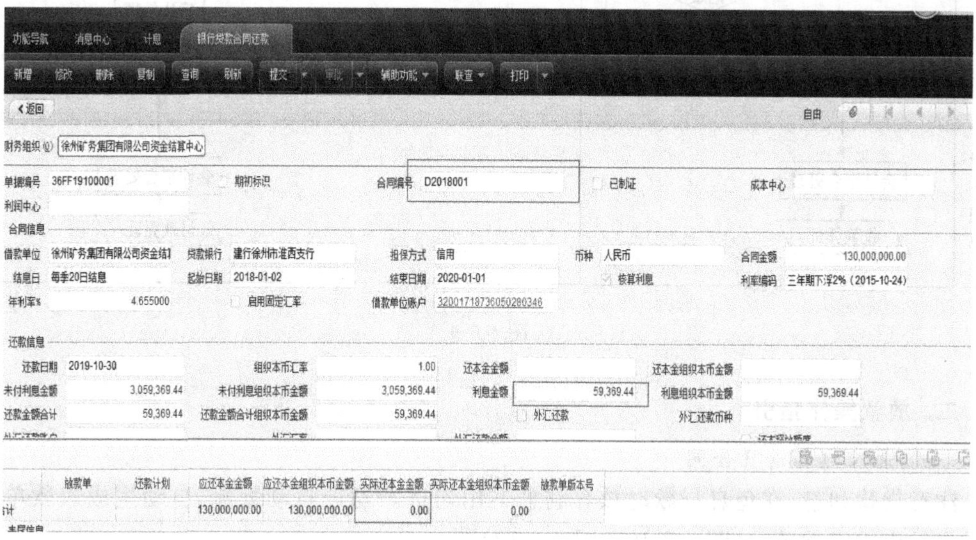

图 4-8-8

第二节　内部借贷

一、放款业务流程

内部借贷的放款业务流程见图 4-8-9。

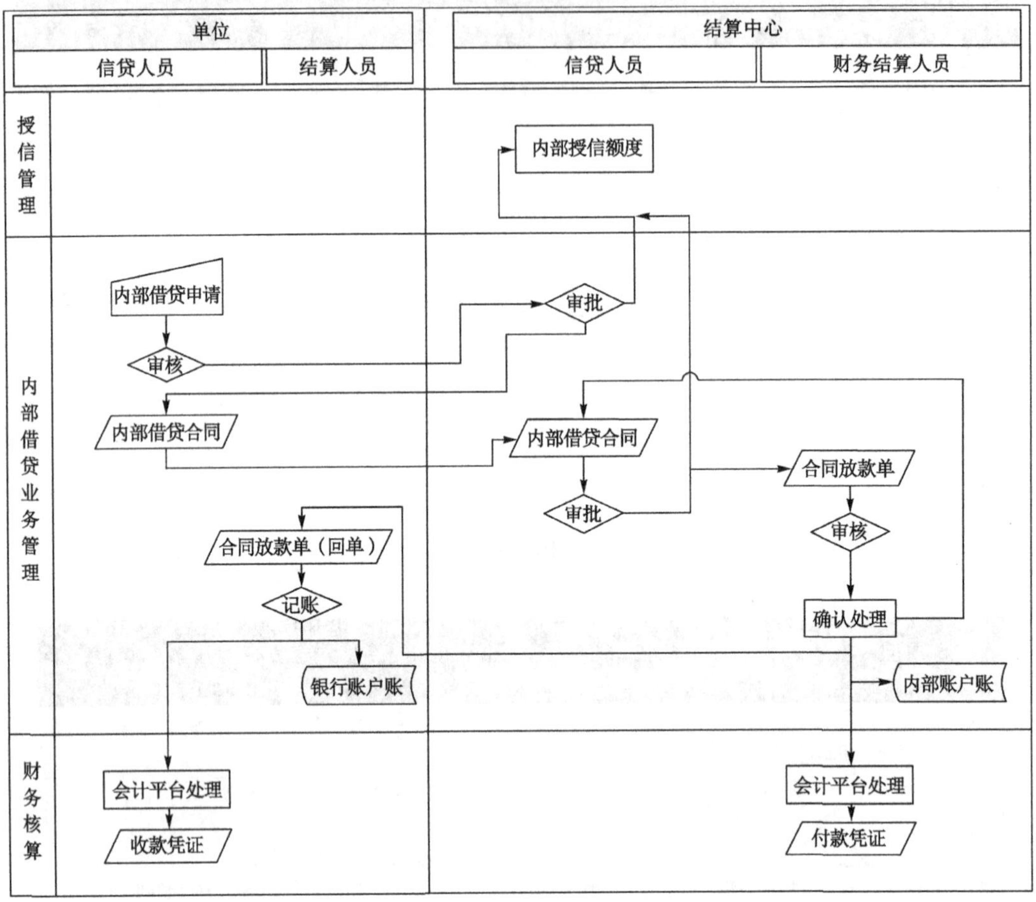

图 4-8-9

二、放款操作指引

（一）录入内部借贷合同

注意贷款利息，在免息贷款时核算利息不用勾选。勾选自动划账，自动生成放款单，计息时自动生成回款单。（图 4-8-10～图 4-8-12）

（二）合同放款

在合同放款界面中查询放款单，核对放款日期是否需要修改，保存后，提交、审批、放款。资金中心自动生成放款凭证。如未勾选自动划账，手动增加放款单，保存、提交、审批、放款。（图 4-8-13～图 4-8-16）

基层单位查询放款回单，记账后在会计平台生成凭证。（图 4-8-17、图 4-8-18）

图 4-8-10

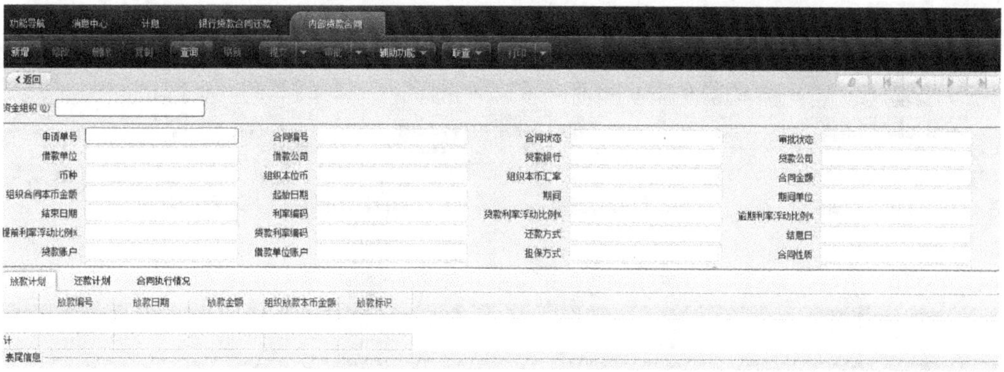

图 4-8-11

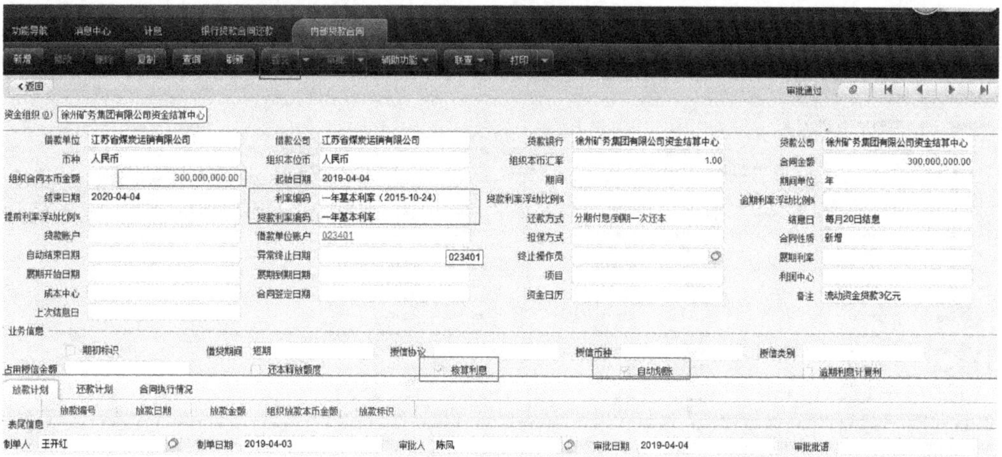

图 4-8-12

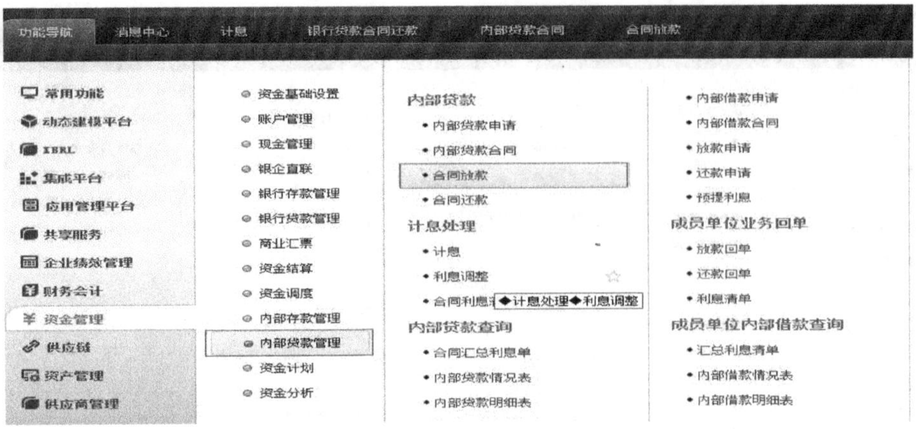

图 4-8-13

图 4-8-14

图 4-8-15

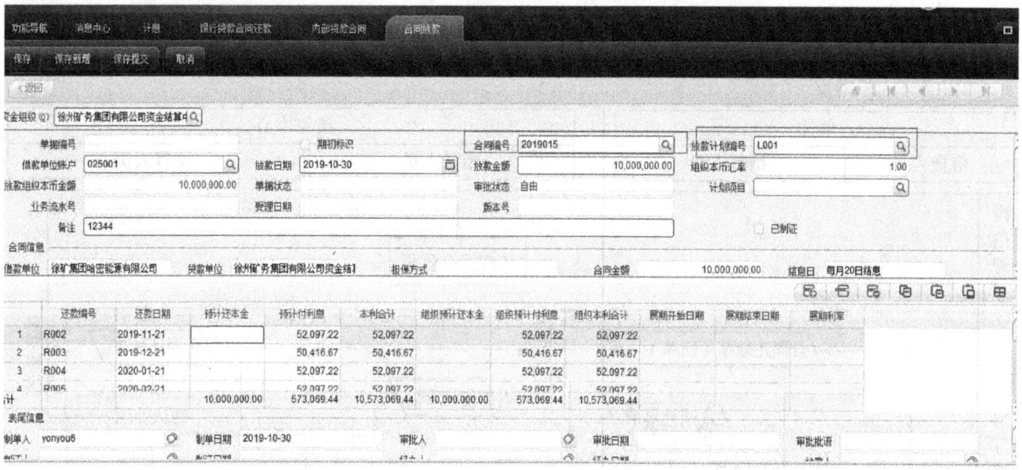

图 4-8-16

图 4-8-17

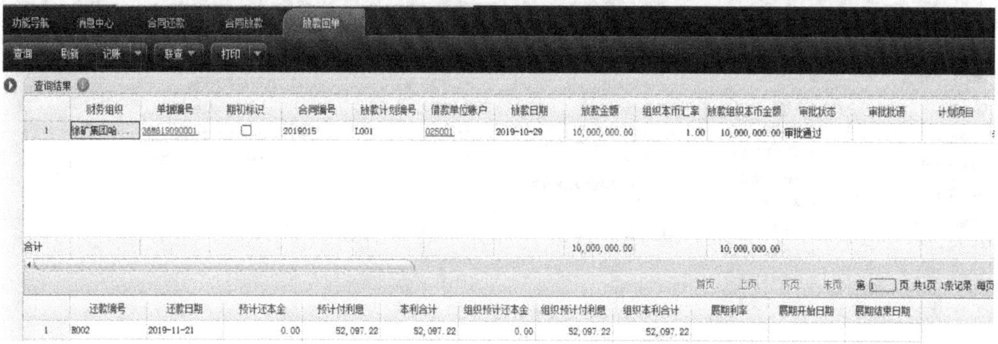

图 4-8-18

三、还款业务流程

内部借贷还款业务流程见图 4-8-19。

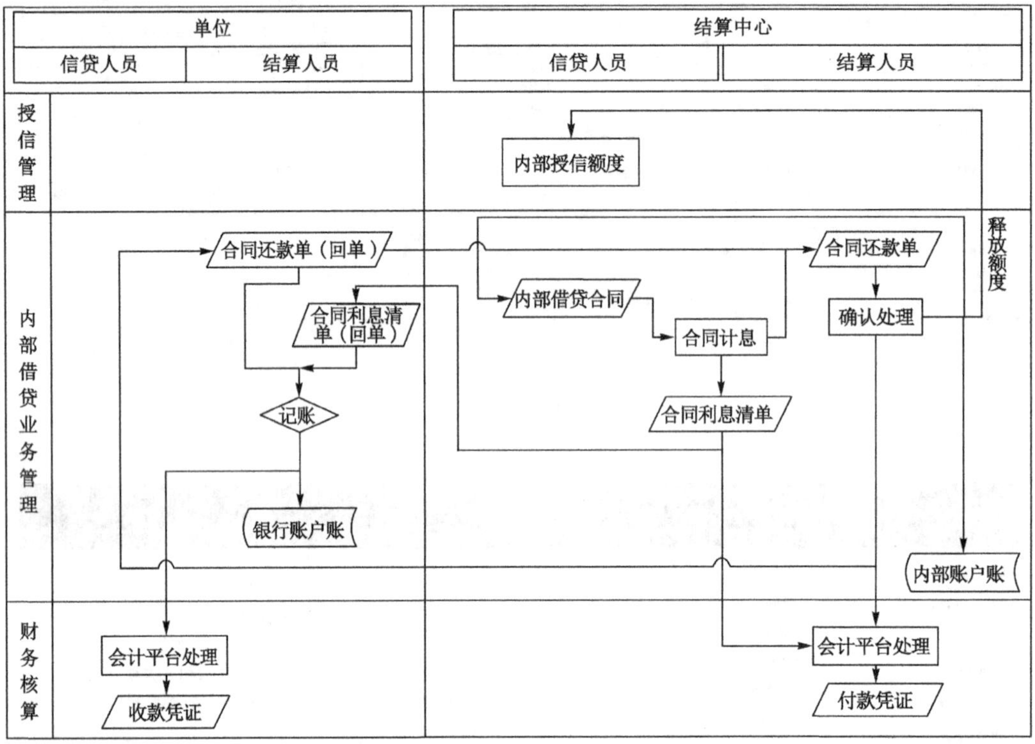

图 4-8-19

四、还款操作指引

（一）合同还款

在合同还款界面，点击【新增】，依次输入还款单内容，然后点击【保存】、【提交】、【审批】、【还款】，生成凭证。（图 4-8-20～图 4-8-23）

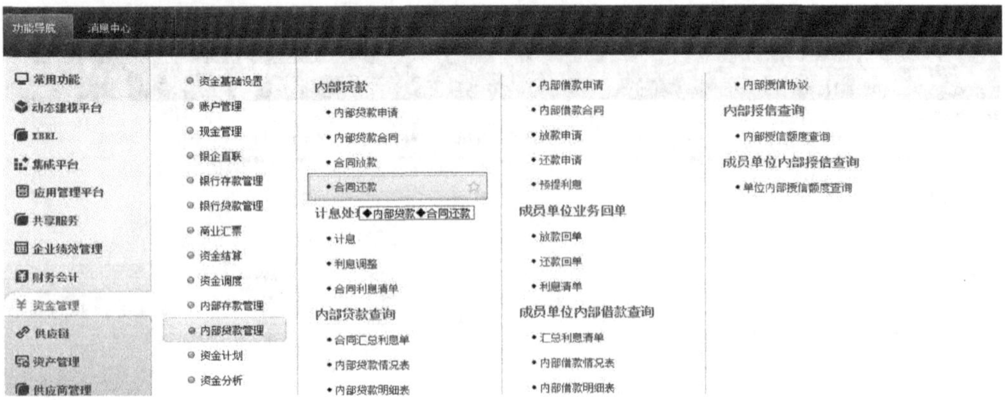

图 4-8-20

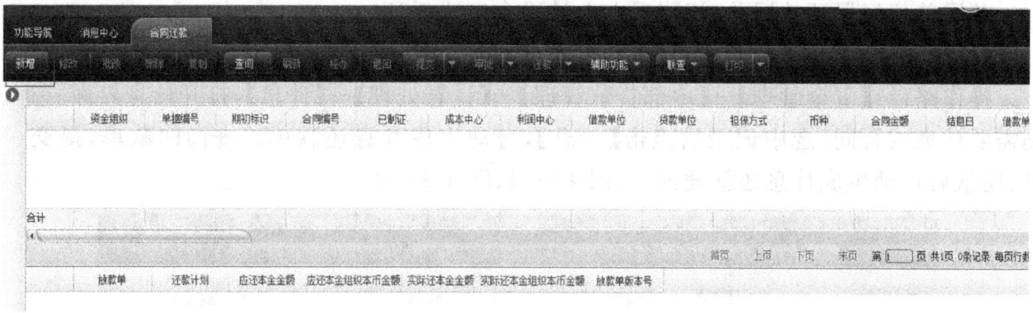

图 4-8-21

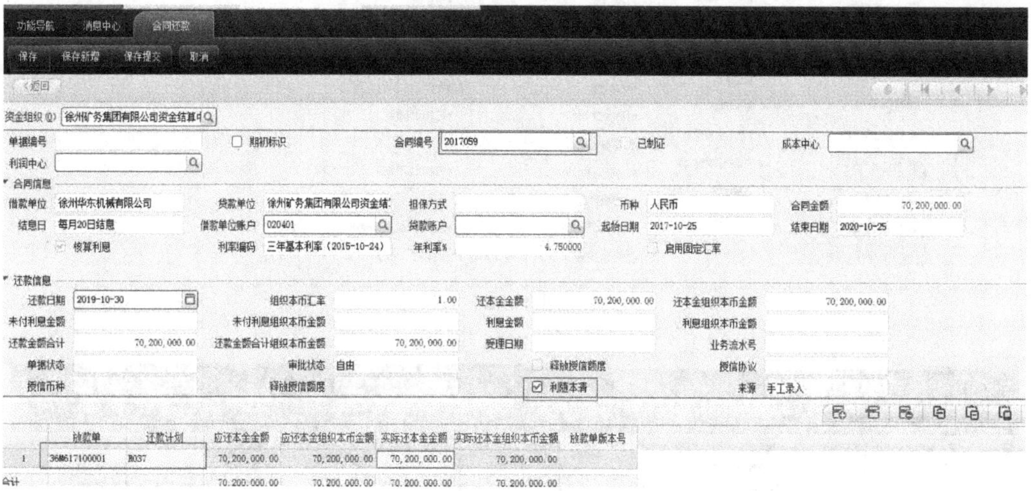

图 4-8-22

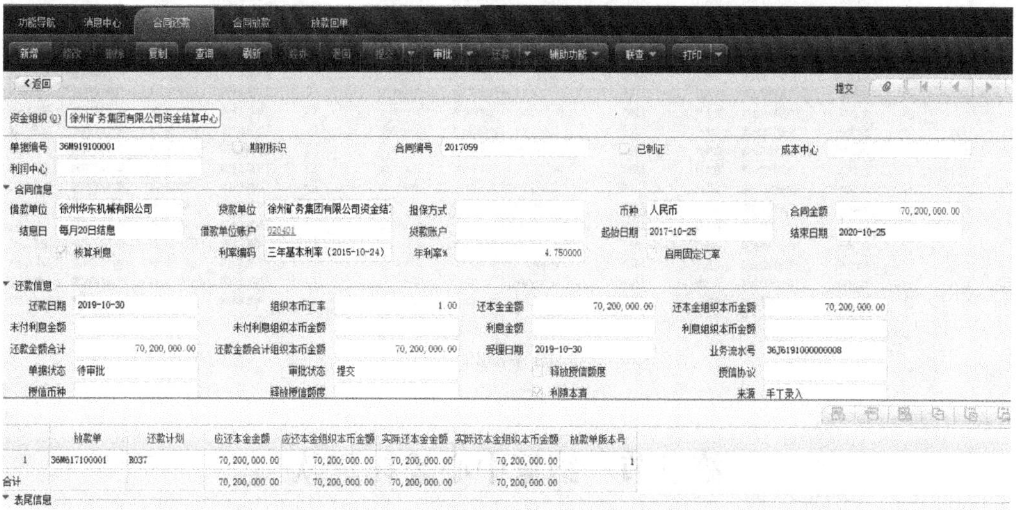

图 4-8-23

基层单位根据还款回单，记账后在会计平台生成凭证。

（二）合同计息

操作路径：【资金管理】—【内部贷款管理】—【计息处理】—【计息】，打开计息界面。查询到需要计息的合同，选中记录后点击【计息】，自动生成利息还款单。查询回款单，提交、审批、还款后自动生成计息还款凭证。（图 4-8-24、图 4-8-25）

图 4-8-24

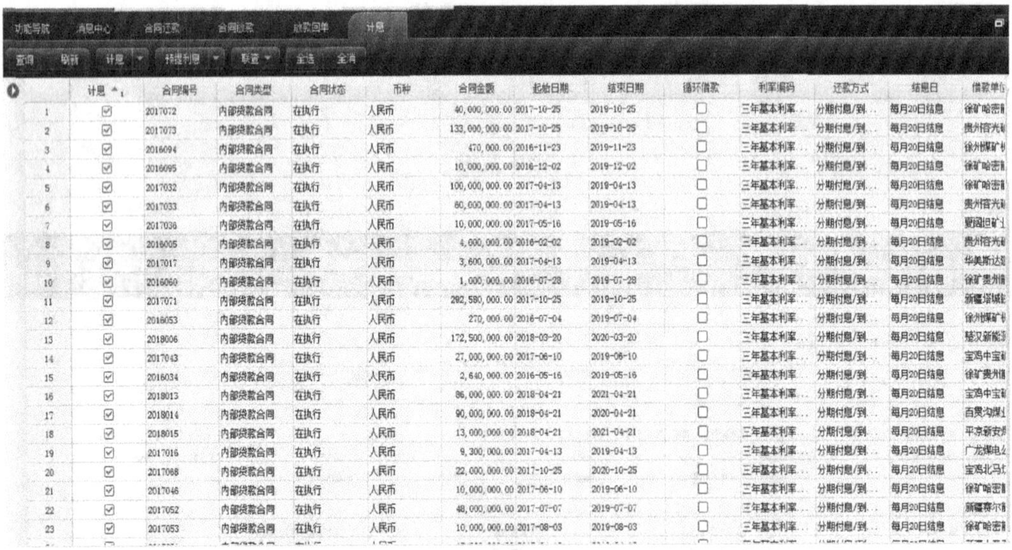

	计息	合同编号	合同类型	合同状态	币种	合同金额	起始日期	结束日期	循环借款	利率编码	还款方式	结息日	借款单位
1	☑	2017072	内部贷款合同	在执行	人民币	40,000,000.00	2017-10-25	2019-10-25	☐	三年基本利率...	分期付息/到...	每月20日结息	徐矿哈密
2	☑	2017073	内部贷款合同	在执行	人民币	133,000,000.00	2017-10-25	2019-10-25	☐	三年基本利率...	分期付息/到...	每月20日结息	贵州容光
3	☑	2016094	内部贷款合同	在执行	人民币	470,000.00	2016-11-23	2019-11-23	☐	三年基本利率...	分期付息/到...	每月20日结息	徐州煤矿
4	☑	2016095	内部贷款合同	在执行	人民币	10,000,000.00	2016-12-02	2019-12-02	☐	三年基本利率...	分期付息/到...	每月20日结息	徐矿哈密
5	☑	2017032	内部贷款合同	在执行	人民币	100,000,000.00	2017-04-13	2019-04-13	☐	三年基本利率...	分期付息/到...	每月20日结息	徐矿哈密
6	☑	2017033	内部贷款合同	在执行	人民币	60,000,000.00	2017-04-13	2019-04-13	☐	三年基本利率...	分期付息/到...	每月20日结息	贵州容光
7	☑	2017036	内部贷款合同	在执行	人民币	10,000,000.00	2017-05-16	2019-05-16	☐	三年基本利率...	分期付息/到...	每月20日结息	夏阔坦矿
8	☑	2016005	内部贷款合同	在执行	人民币	4,000,000.00	2016-02-02	2019-02-02	☐	三年基本利率...	分期付息/到...	每月20日结息	贵州容光
9	☑	2017017	内部贷款合同	在执行	人民币	3,600,000.00	2017-04-13	2019-04-13	☐	三年基本利率...	分期付息/到...	每月20日结息	华美斯达
10	☑	2016060	内部贷款合同	在执行	人民币	1,000,000.00	2016-07-28	2019-07-28	☐	三年基本利率...	分期付息/到...	每月20日结息	徐矿贵州
11	☑	2017071	内部贷款合同	在执行	人民币	292,580,000.00	2017-10-25	2019-10-25	☐	三年基本利率...	分期付息/到...	每月20日结息	新疆塔城
12	☑	2016053	内部贷款合同	在执行	人民币	270,000.00	2016-07-04	2019-07-04	☐	三年基本利率...	分期付息/到...	每月20日结息	徐州煤矿
13	☑	2018006	内部贷款合同	在执行	人民币	172,500,000.00	2018-03-20	2020-03-20	☐	三年基本利率...	分期付息/到...	每月20日结息	楚汉新能
14	☑	2017043	内部贷款合同	在执行	人民币	27,000,000.00	2017-06-10	2019-06-10	☐	三年基本利率...	分期付息/到...	每月20日结息	宝鸡中宝
15	☑	2016034	内部贷款合同	在执行	人民币	2,640,000.00	2016-05-16	2019-05-16	☐	三年基本利率...	分期付息/到...	每月20日结息	徐矿贵州
16	☑	2018013	内部贷款合同	在执行	人民币	86,000,000.00	2018-04-21	2021-04-21	☐	三年基本利率...	分期付息/到...	每月20日结息	宝鸡中宝
17	☑	2018014	内部贷款合同	在执行	人民币	90,000,000.00	2018-04-21	2020-04-21	☐	三年基本利率...	分期付息/到...	每月20日结息	百贯沟煤
18	☑	2018015	内部贷款合同	在执行	人民币	13,000,000.00	2018-04-21	2021-04-21	☐	三年基本利率...	分期付息/到...	每月20日结息	平凉新安
19	☑	2017016	内部贷款合同	在执行	人民币	9,300,000.00	2017-04-13	2019-04-13	☐	三年基本利率...	分期付息/到...	每月20日结息	广龙煤电
20	☑	2017068	内部贷款合同	在执行	人民币	22,000,000.00	2017-10-25	2020-10-25	☐	三年基本利率...	分期付息/到...	每月20日结息	宝鸡北马
21	☑	2017046	内部贷款合同	在执行	人民币	10,000,000.00	2017-06-10	2019-06-10	☐	三年基本利率...	分期付息/到...	每月20日结息	徐矿哈密
22	☑	2017052	内部贷款合同	在执行	人民币	48,000,000.00	2017-07-07	2019-07-07	☐	三年基本利率...	分期付息/到...	每月20日结息	新疆赛尔
23	☑	2017053	内部贷款合同	在执行	人民币	10,000,000.00	2017-08-03	2019-08-03	☐	三年基本利率...	分期付息/到...	每月20日结息	徐矿哈密

图 4-8-25

第三节　结算中心委托贷款

一、业务流程

结算中心委托贷款业务流程见图 4-8-26。

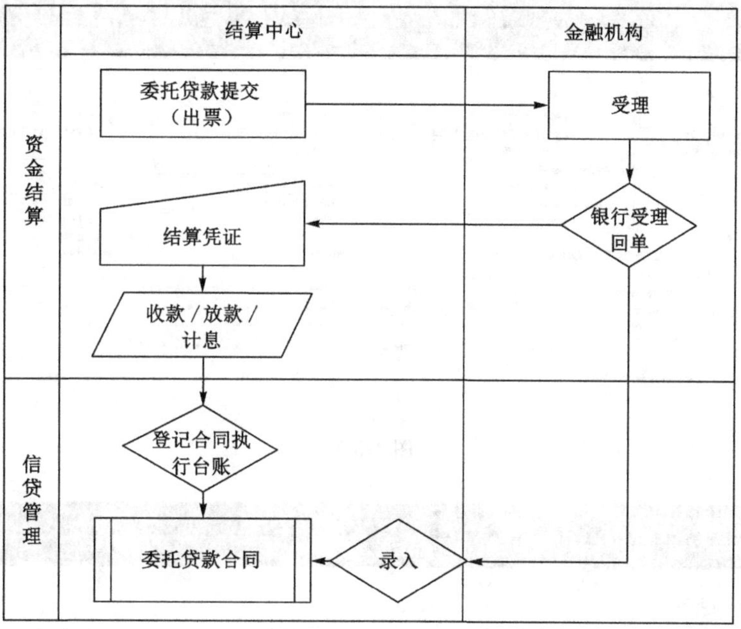

图 4-8-26

二、操作指引

(1) 录入委托贷款合同。（图 4-8-27～图 4-8-30）

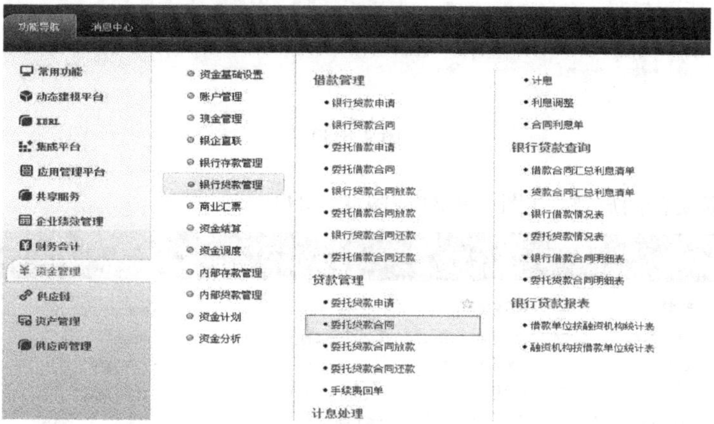

图 4-8-27

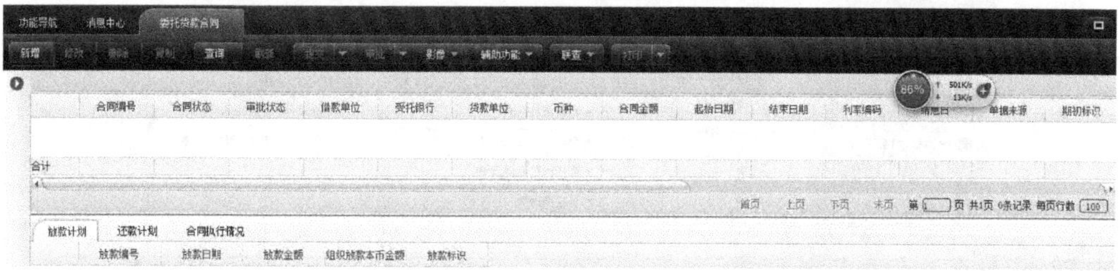

图 4-8-28

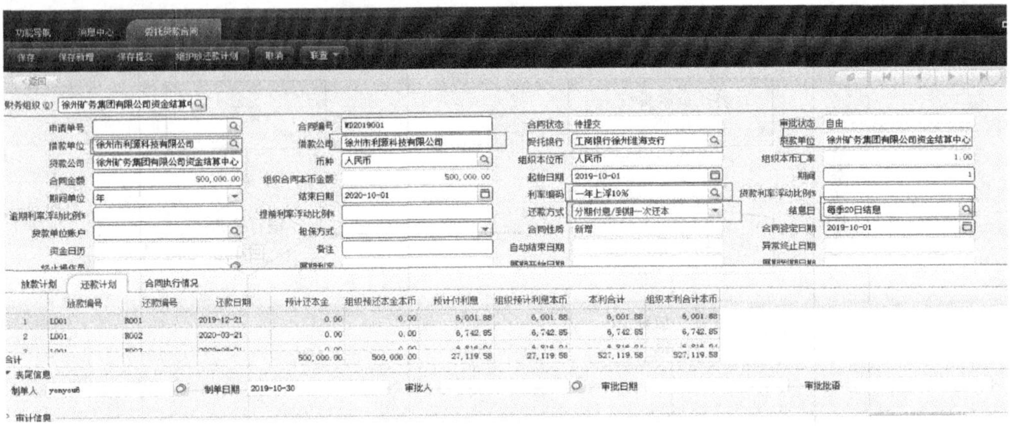

图 4-8-29

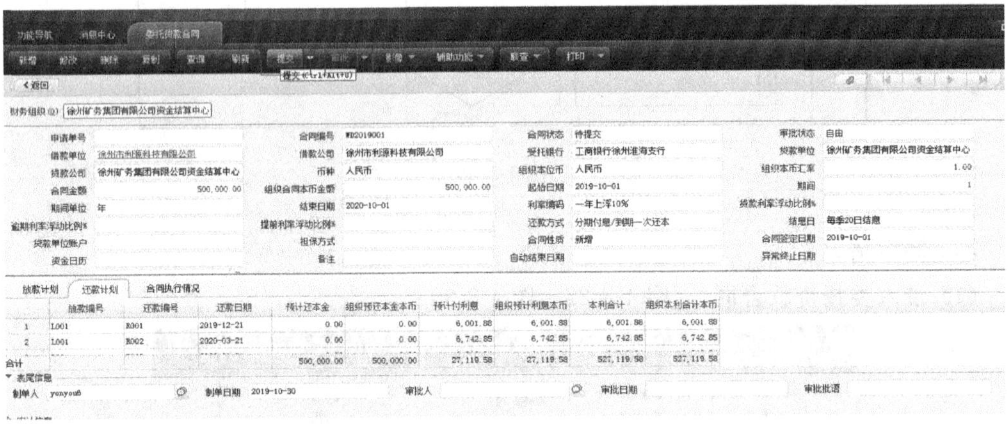

图 4-8-30

（2）委托贷款合同放款。（图 4-8-31～图 4-8-34）

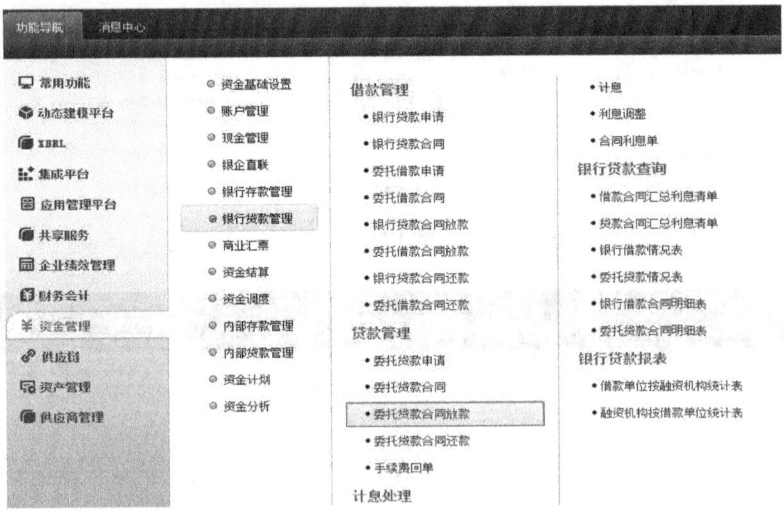

图 4-8-31

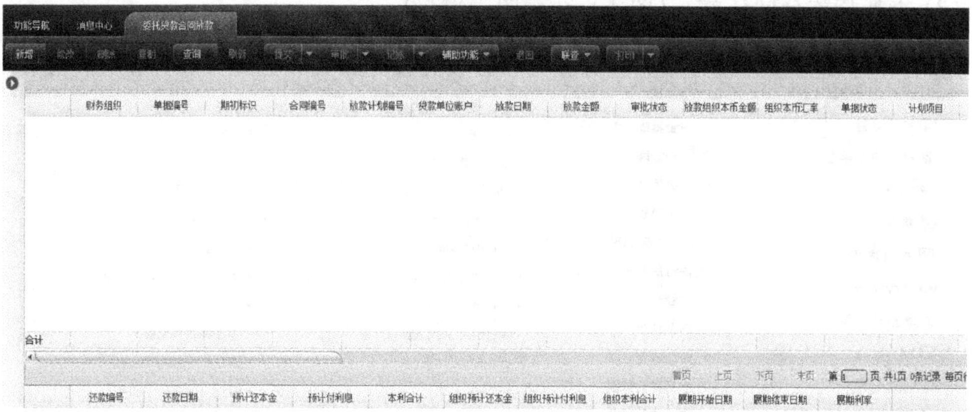

图 4-8-32

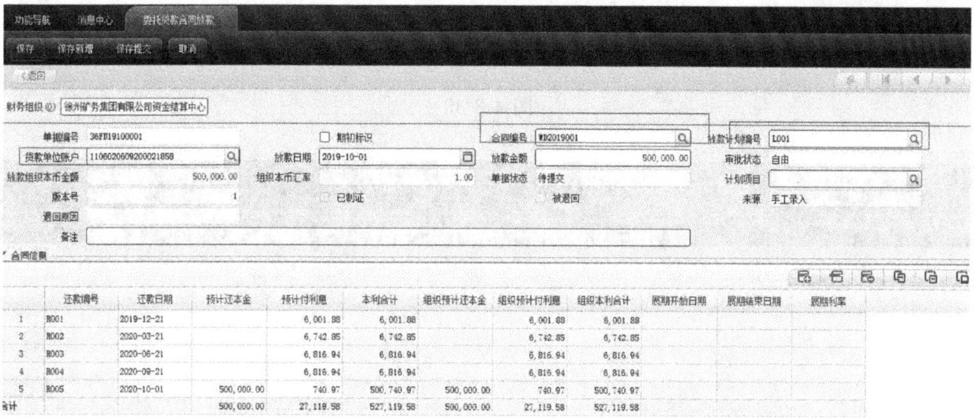

图 4-8-33

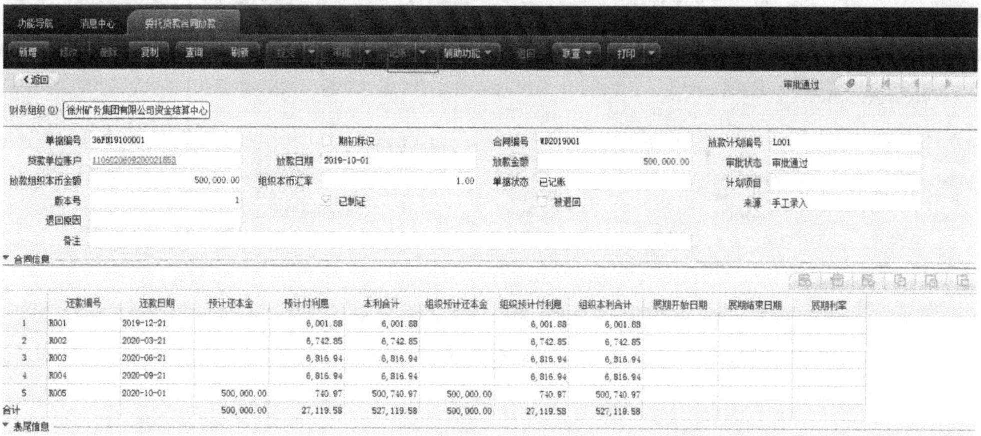

图 4-8-34

(3) 委托贷款合同还款。(图 4-8-35～图 4-8-37)

图 4-8-35

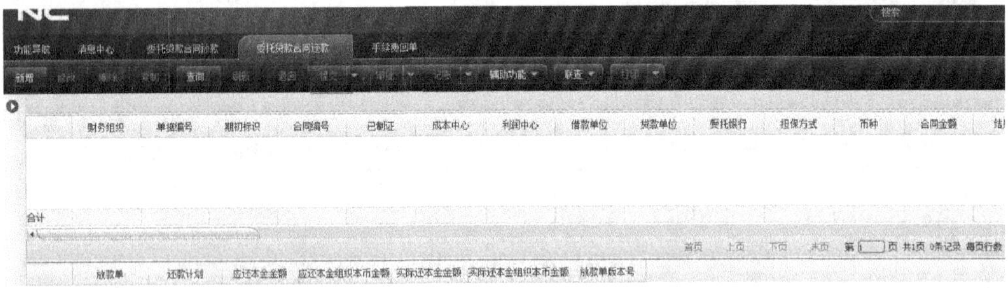

图 4-8-36

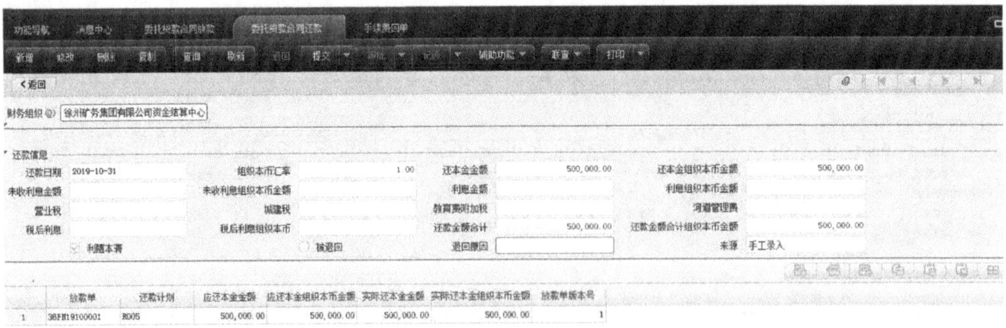

图 4-8-37

第九章　票据业务

第一节　收票登记

一、业务流程

收票登记的作用是记录从客商收到票据的信息，登记应收票据台账、票据综合台账等账表，便于统计查询，主要承载票据备查簿的作用，可以与应收管理、现金平台集成应用，作为收付款单据的备查信息而存在。

对单据进行业务处理需要遵循一定的操作流程，见图 4-9-1。

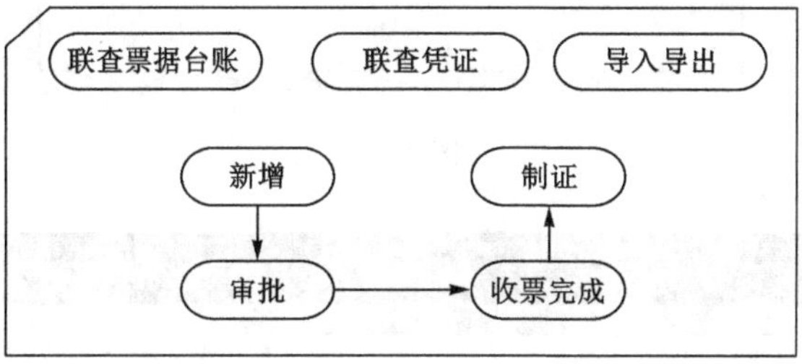

图 4-9-1

二、操作指引

收票登记可以完成对收到票据的录入、保存、作废、取消、查询等操作，通过收票登记可以实现对收到票据的登记、审核和查询等相关处理。

(一) 收票登记操作指引

操作路径：【资金管理】—【商业汇票】—【收票登记】，进入收票登记界面。(图 4-9-2)

图 4-9-2

在收票登记界面，点击【待签收票据查询】，查询之前已生成收票登记的票据。

点击【待签收票据查询】按钮，弹出如图 4-9-3 所示小框界面，点查询填选好相关的财务组织信息与日期，按【确定】查询到票据后，点击生成收票登记，然后在图 4-9-4 所示的界面把生成收票登记的票据查询出来。

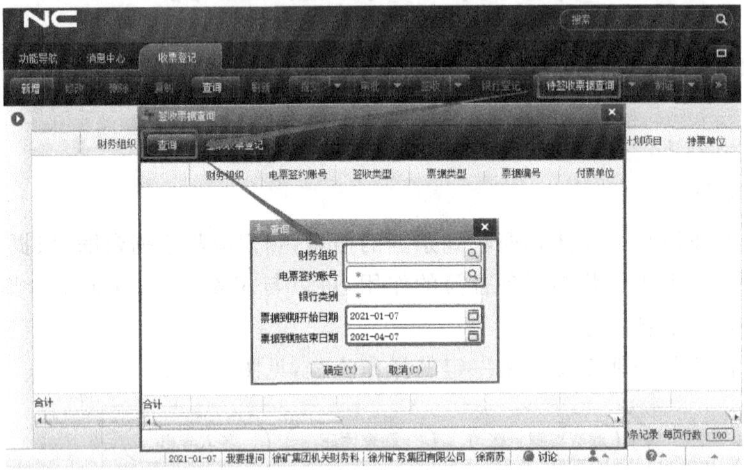

图 4-9-3

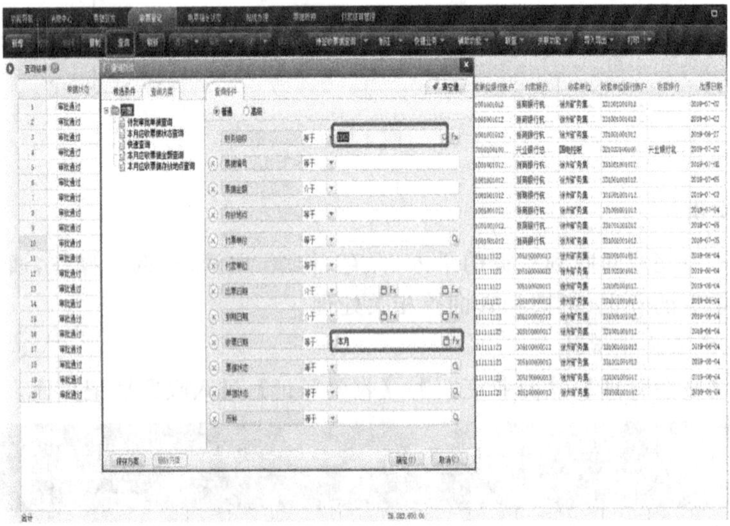

图 4-9-4

查询到票据后，双击进入图 4-9-5 所示界面。

填好相应的相关信息，点击【提交】、【审批】、【签收】，收票登记这步操作就已完毕。

(二) 指令状态查询

操作路径：【资金管理】—【银企直连】—【电票指令状态】，进入电票指令状态界面。(图 4-9-6)

按日期查询需要签收的票据，点击【状态下载】，指令状态显示为“交易成功”，即表示当日做的票据签收成功。(图 4-9-7)

图 4-9-5

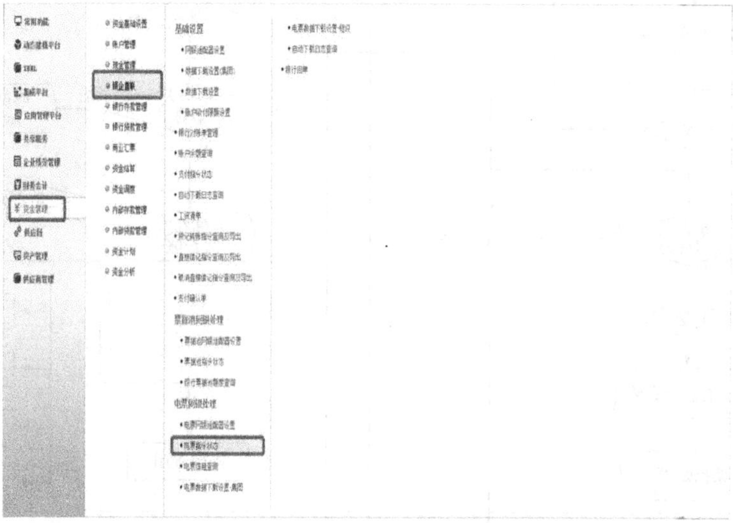

图 4-9-6

图 4-9-7

第二节 内部托管

一、业务流程

当成员单位需要在资金结算中心托管票据时，可以录入内部托管单并审核、提交，资金结算中心进行处理。资金结算中心可以代成员单位录入内部托管单，审核并确认处理。具体业务流程见图 4-9-8。

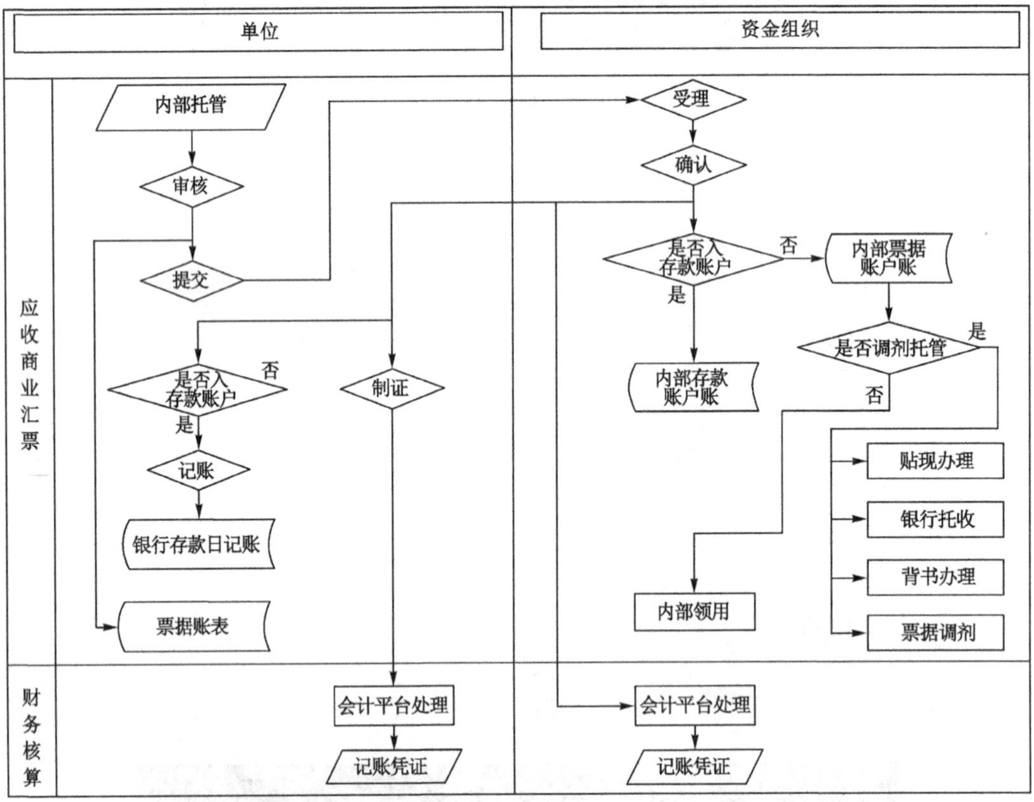

图 4-9-8

二、操作指引

(1) 操作路径:【资金管理】—【商业汇票】—【内部托管】，进入内部托管界面。(图 4-9-9)

(2) 选择【新增】，录入信息，选择票据编号，在明细中选择收票成功的票据。(图 4-9-10)

(3) 保存、提交、审批、委托办理。(图 4-9-11)

(4) 对于“已办理”的票据，可以进行制证，生成凭证，流程结束。(图 4-9-12)

图 4-9-9

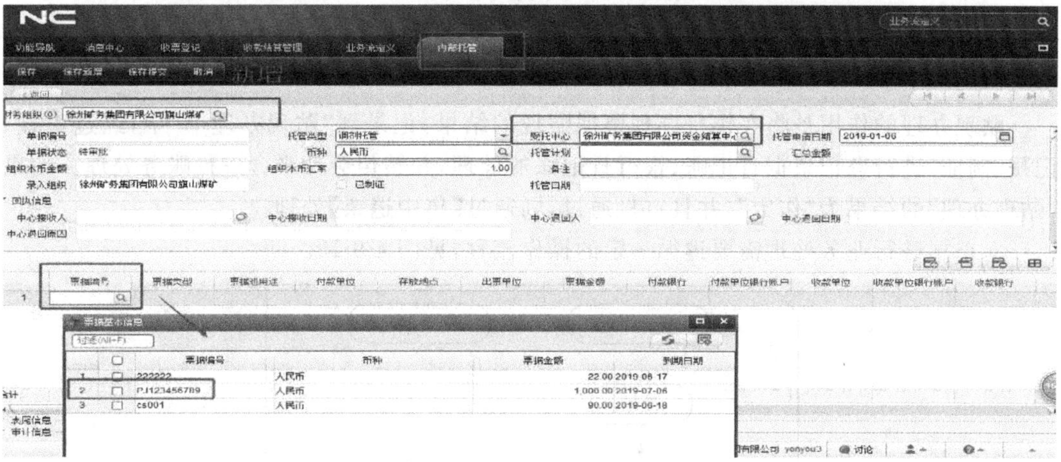

图 4-9-10

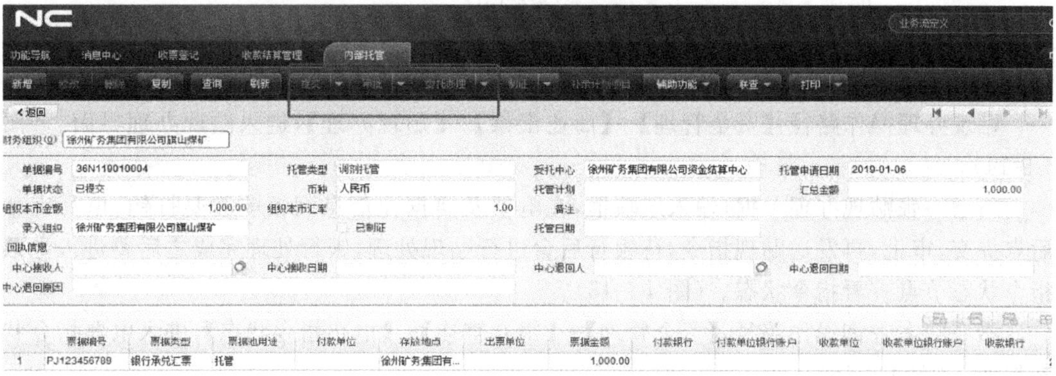

图 4-9-11

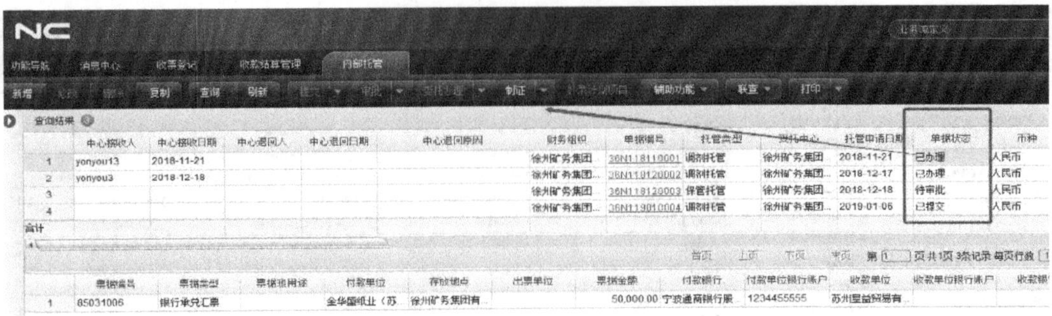

图 4-9-12

第三节　贴现办理

一、业务流程

贴现办理的作用是将在银行办理票据贴现的结果，记录到“贴现办理单”中，经过审核、记账、制证，进行登记票据日记账、银行日记账的处理，并转传会计平台进行账务处理。如果“贴现办理”的结果为“作废”，并且审批通过，则通过【集中退票】处理。

对单据进行业务处理需要遵循一定的操作流程，见图 4-9-13。

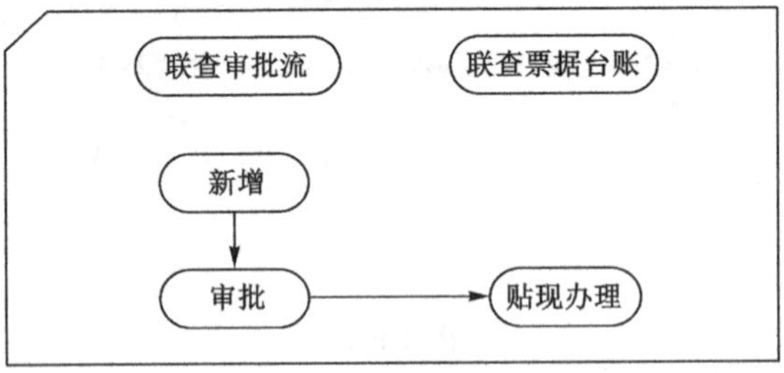

图 4-9-13

二、操作指引

贴现办理操作路径：【资金管理】—【商业汇票】—【贴现办理】，进入贴现办理界面。（图 4-9-14）

新增一张贴现办理单据，输入应填框，在电票及票据池信息网银前面要打钩，填写完整后点提交，审批，再发送贴现指令，待银行后台进行贴现处理，银行处理完成之后要进入电票指令状态节点查看指令状态。（图 4-9-15）

指令状态查询操作路径：【资金管理】—【银企直连】—【电票指令状态】，进入电票指令状态界面。（图 4-9-16）

查询今天做的单据，选择好财务组织，点击【查询】按钮。

对于查询到的票据，点击状态下载查看指令状态。（图 4-9-17）

图 4-9-14

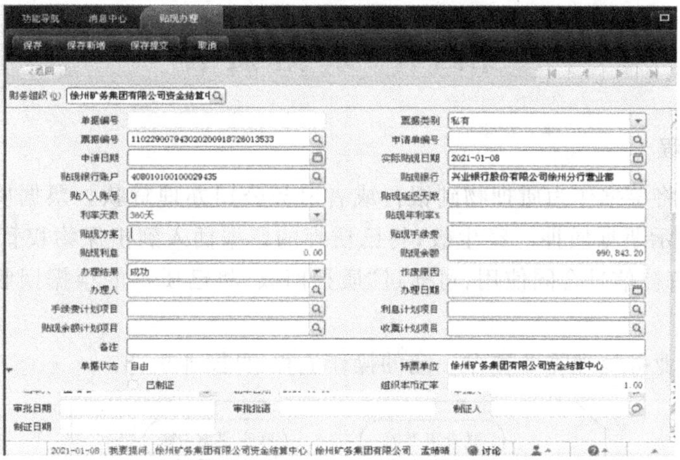

图 4-9-15

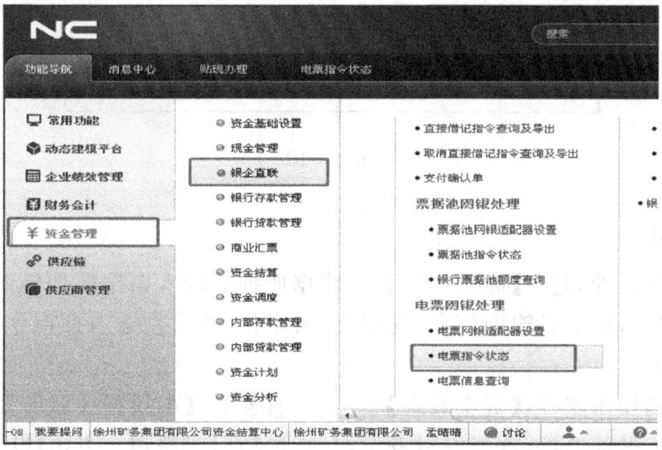

图 4-9-16

图 4-9-17

第四节　票 据 质 押

一、业务流程

票据质押即将票据作为质押物到银行或者财务公司办理贷款。票据质押支持审批流，审批通过后即表示票据质押已经生效;将已质押的票据插入到担保物权管理中。对于已质押票据,如果没有被信贷合同使用,可通过“质押回收”将已质押的票据回收,从而进行其他票据业务。

对单据进行业务处理需要遵循一定的操作流程,见图 4-9-18。

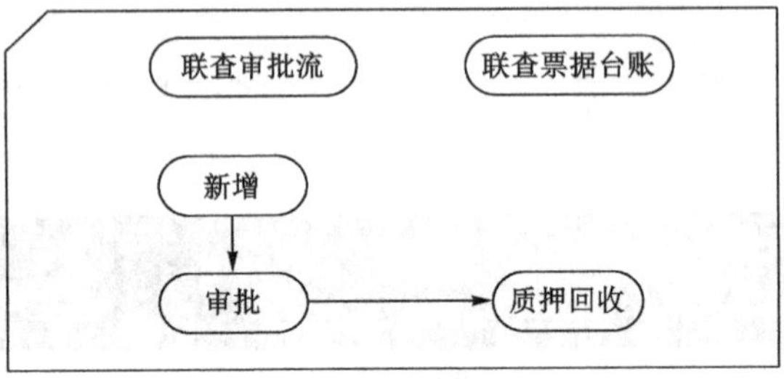

图 4-9-18

二、操作指引

操作路径:【资金管理】—【商业汇票】—【票据质押】,进入票据质押界面。同贴现办理类似,点击【新增】按钮,填写必输项信息,先提交,再审批,然后发送质押指令待银行后台处理。(图 4-9-19、图 4-9-20)

指令状态查询操作路径:【资金管理】—【银企直连】—【电票指令状态】,进入电票指令状态界面。查询某天做的票据,选择好财务组织,点击【查询】按钮。点击【状态下载】查看银行处理后的质押票据指令状态信息。(图 4-9-21)

图 4-9-19

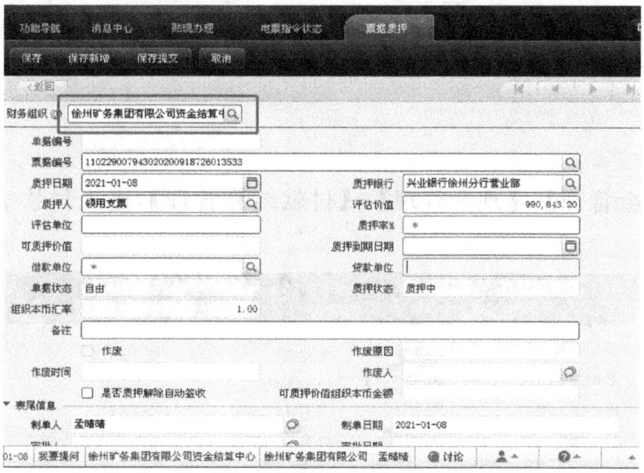

图 4-9-20

图 4-9-21

第五节　背书办理

一、业务流程

背书办理的作用是记录单位将自有票据背书给客商的信息，通过现金平台付款类单据，将背书信息生成总账凭证及登记票据日记账。

对单据进行业务处理需要遵循一定的操作流程，见图 4-9-22。

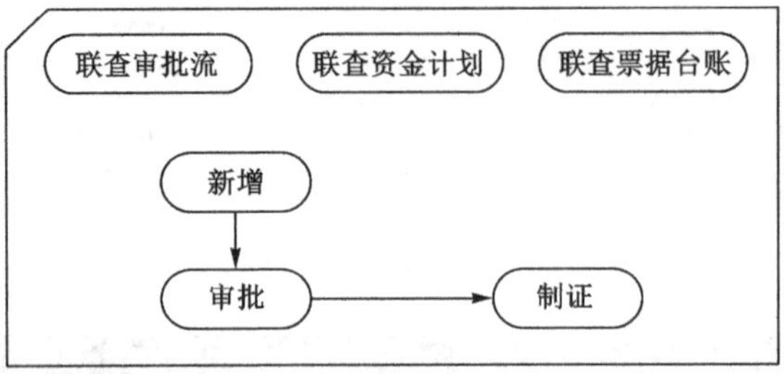

图 4-9-22

二、操作指引

操作路径：【资金管理】—【现金管理】—【付款结算管理】，进入付款结算管理界面。（图 4-9-23）

图 4-9-23

点击【新增】下的【自制】按钮，填写完相关信息，点击【审批】。（图 4-9-24）

点完审批后在结算信息里签字然后结算，待银行后台处理背书。（图 4-9-25）

指令状态查询操作路径：【资金管理】—【银企直连】—【电票指令状态】，进入电票指令状态界面。

查询某天做的单据，选择好财务组织，点击【查询】按钮。（图 4-9-26）

点击【状态下载】，查看背书指令状态。

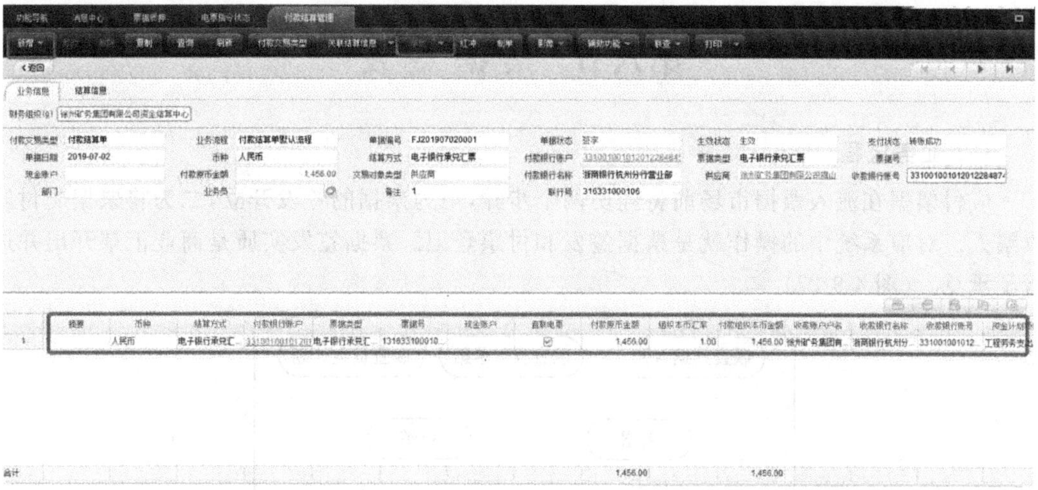

图 4-9-24

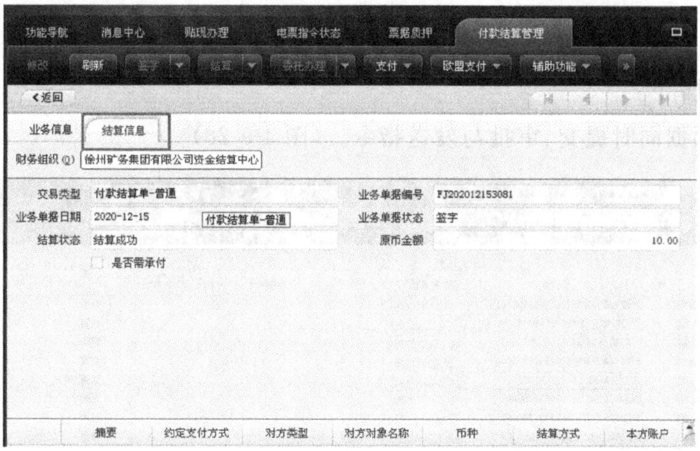

图 4-9-25

图 4-9-26

第六节　票据签发

一、业务流程

应付票据在流入票据市场前将经历两个步骤，一为票据的签发开立，二为将票据交付给收票人。对应系统中的操作就是票据签发和付票登记。票据签发实质是商业汇票开出并进行了承兑。（图 4-9-27）

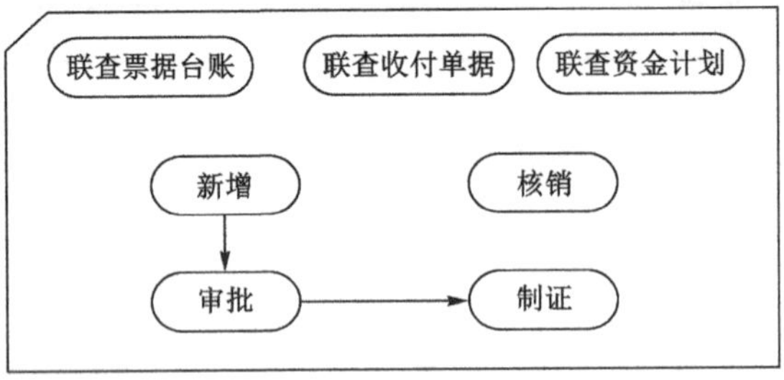

图 4-9-27

二、操作指引

支持多张票据同时提交、审批与发送指令。（图 4-9-28）

图 4-9-28

对于收票来说，批量的票据可以批量提交，但须逐条审批，支持批量签收。（图 4-9-29）

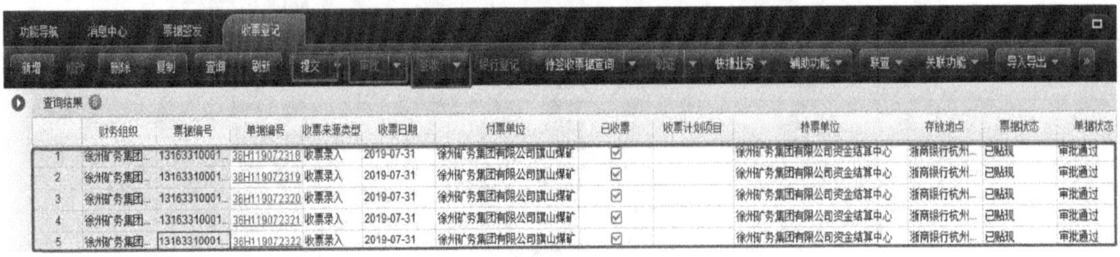

图 4-9-29

第七节　贴现办理

一、业务流程

贴现办理的作用是将在银行办理票据贴现的结果，记录到“贴现办理单”中，经过审核、记账、制证，进行登记票据日记账、银行日记账的处理，并转传会计平台进行账务处理。如果“贴现办理”的结果为“作废”，并且审批通过，则通过【集中退票】处理。

对单据进行业务处理需要遵循一定的操作流程，见图 4-9-30。

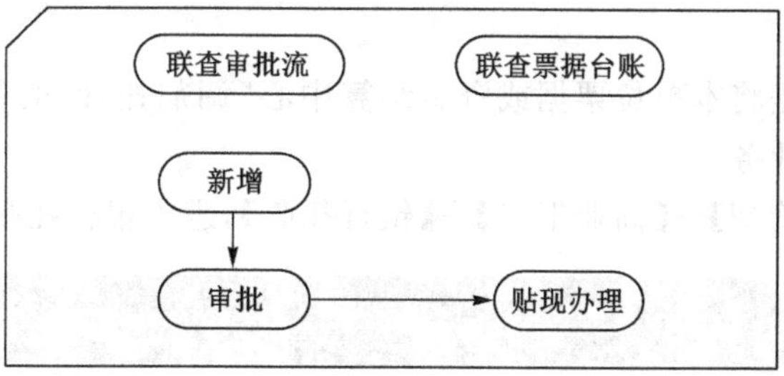

图 4-9-30

二、操作指引

支持批量票据同时做贴现办理，点击多张票据，点击【提交】、【审批】与【发送贴现指令】，待银行后台批量处理。（图 4-9-31）

	财务组织	票据编号	单据编号	票据类别	申请单编号	申请日期	实际贴现日期	贴现银行账户	贴现银行	贴现延迟天数	利率天数
1	徐州矿务集团有限公司资金结算中心	1316331000106201907310006...	36H719070037	私有			2019-07-31	33100100101201228448...	浙商银行杭州分行营业部		360天
2	徐州矿务集团有限公司资金结算中心	1316331000106201907310006...	36H719070038	私有			2019-07-31	33100100101201228448...	浙商银行杭州分行营业部		360天
3	徐州矿务集团有限公司资金结算中心	1316331000106201907310006...	36H719070039	私有			2019-07-31	33100100101201228448...	浙商银行杭州分行营业部		360天
4	徐州矿务集团有限公司资金结算中心	1316331000106201907310006...	36H719070040	私有			2019-07-31	33100100101201228448...	浙商银行杭州分行营业部		360天
5	徐州矿务集团有限公司资金结算中心	1316331000106201907310006...	36H719070041	私有			2019-07-31	33100100101201228448...	浙商银行杭州分行营业部		360天

图 4-9-31

第八节　银行托收

一、业务流程

银行托收的作用是将本单位票据，在到期之前交银行委托其进行托收转账的业务处理。“托收办理”支持审批流，审批通过后即表示用户已经对待托收的票据及录入信息效验无误。如果托收成功就进行“确认收妥”操作，录入银行返回的托收日期，系统自动进行记账和制证处理。如果托收失败就进行作废操作，详细内容见“集中退票”的介绍。银行托收单支持与现金平台、总账集成应用和独立应用。

对单据进行业务处理需要遵循一定的操作流程，见图 4-9-32。

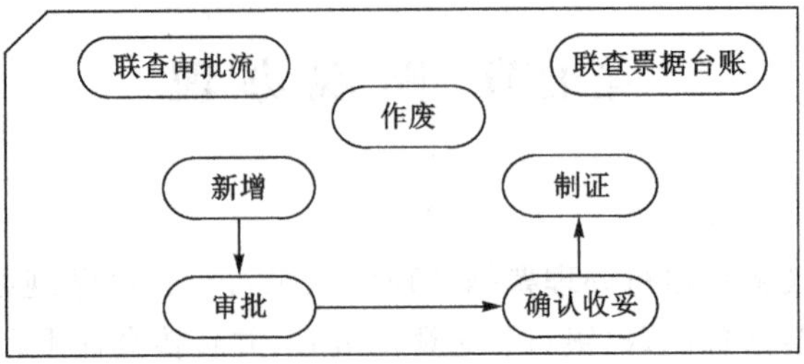

图 4-9-32

二、操作指引

银行托收的作用是将本单位票据或资金结算中心“调剂托管”的票据，在到期之前委托银行办理托收转账的业务。

操作路径:【资金管理】—【商业汇票】—【银行托收】，进入银行托收界面。(图 4-9-33)

图 4-9-33

完善单据信息后，并点击【提交】和【审核】。(图 4-9-34)

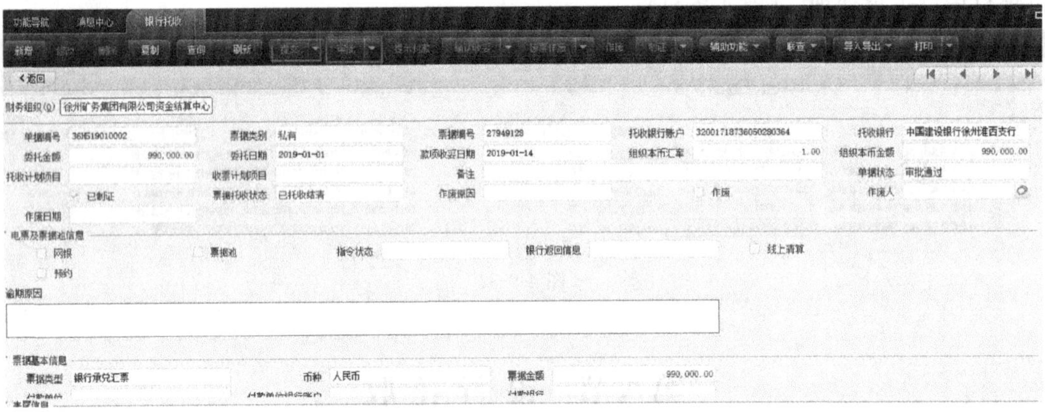

图 4-9-34

第九节　票据调剂

操作路径:【资金管理】—【商业汇票】—【票据调剂】，进入票据调剂界面。(图 4-9-35)

按照图 4-9-36 和图 4-9-37 的操作即可完成票据调剂。

图 4-9-35

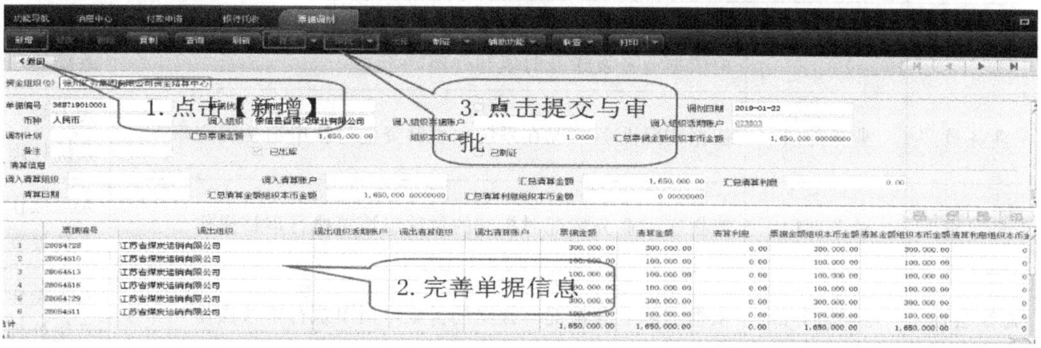

图 4-9-36

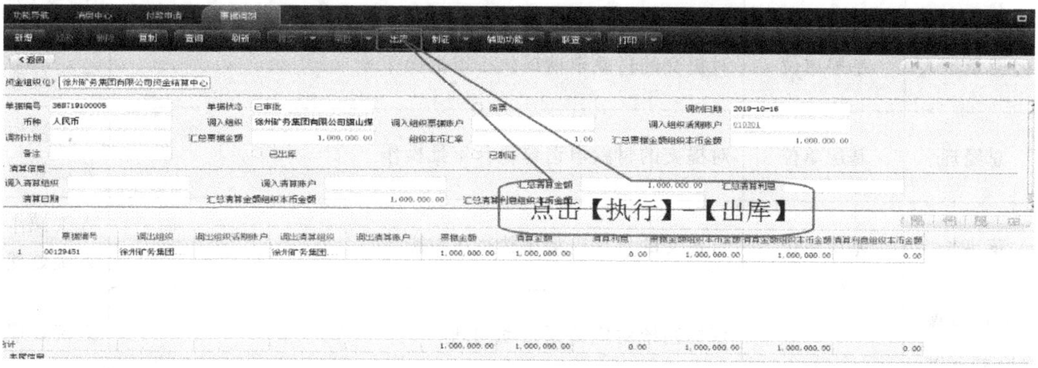

图 4-9-37

第十章 资金申请支付业务

第一节 业务流程

资金申请支付业务流程说明见表 4-10-1。

表 4-10-1 资金申请支付业务流程说明

岗位	部门	说明	处理方式
业务员	业务部门	采购合同、采购订单、采购入库、采购发票等采购业务在系统中依据业务发送及时填制处理	人工录入 系统处理
业务员	业务部门	依据实际业务情况在系统中填制资金付款申请并提交审批	人工录入 系统处理
业务负责人	业务部门	依据实际业务情况对提交的付款申请单执行审核操作	人工操作 系统处理
总账会计	基层财务部	依据实际业务情况对提交的付款申请单执行审核操作	人工操作 系统处理
财务部长	基层财务部	对提交的付款申请单执行审批操作	人工操作 系统处理
经营负责人	基层单位	对提交的付款申请单执行审批操作	人工操作 系统处理
总经理	基层单位	对提交的付款申请单执行审批操作	人工操作 系统处理
董事长	基层单位	对提交的付款申请单执行审批操作	人工操作 系统处理
是否归属区域公司		依据系统对应关系自动判断	系统处理
总经理	区域/专业公司	对提交的付款申请单执行审批操作	人工操作 系统处理
董事长	区域/专业公司	对提交的付款申请单执行审批操作	人工操作 系统处理
负责人	风险管控部	对提交的付款申请单执行审批操作	人工操作 系统处理

表 4-10-1(续)

岗位	部门	说明	处理方式
负责人	人力资源部	对提交的付款申请单执行审批操作	人工操作 系统处理
负责人	投资发展部	对提交的付款申请单执行审批操作	人工操作 系统处理
负责人	财务部	对提交的付款申请单执行审批操作	人工操作 系统处理
分管领导		对提交的付款申请单执行审批操作	人工操作 系统处理
总会计师		对提交的付款申请单执行审批操作	人工操作 系统处理
总经理		对提交的付款申请单执行审批操作	人工操作 系统处理
董事长		对提交的付款申请单执行线下签批,有委托人依据线下审批结果执行线上审批操作	人工操作 系统处理
业务员	业务部门	依据实际业务情况根据审批通过后的付款申请单点击生成操作,生成付款单并提交审批	人工操作 系统处理
总账会计	基层财务部	对提交的付款单执行审批操作	人工操作 系统处理
负责人	基层财务部	对提交的付款单执行审批操作	人工操作 系统处理
委托支付		依据系统对应关系自动判断	系统处理
资金结算	财务部	对提交的付款单执行审批操作	人工操作 系统处理
经办	财务部	对提交的付款单执行审批操作	人工操作 系统处理
核查	财务部	对提交的付款单执行审批操作	人工操作 系统处理
经办	财务部	执行支付操作	人工操作 系统处理
出纳	基层财务部	执行支付操作	人工操作 系统处理

第二节 操作指引

一、业务岗

(一) 付款申请-普通

由自己单位支付的业务,需要按此指引操作。

(1) 操作路径:【资金管理】—【现金管理】—【付款业务】—【付款申请】,进入付款申请界面。(图 4-10-1)

图 4-10-1

(2) 点击【新增】—【新增】。(图 4-10-2)

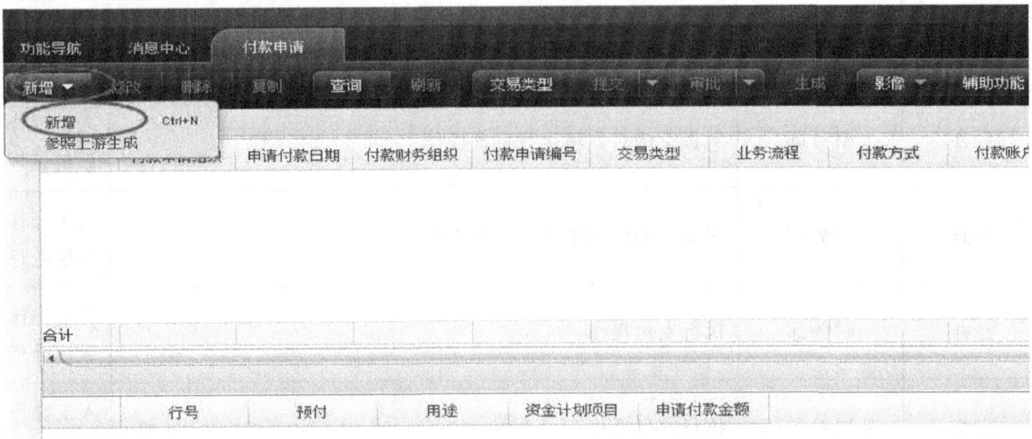

图 4-10-2

(3) 选择对应的银行(外部银行)。(图 4-10-3)

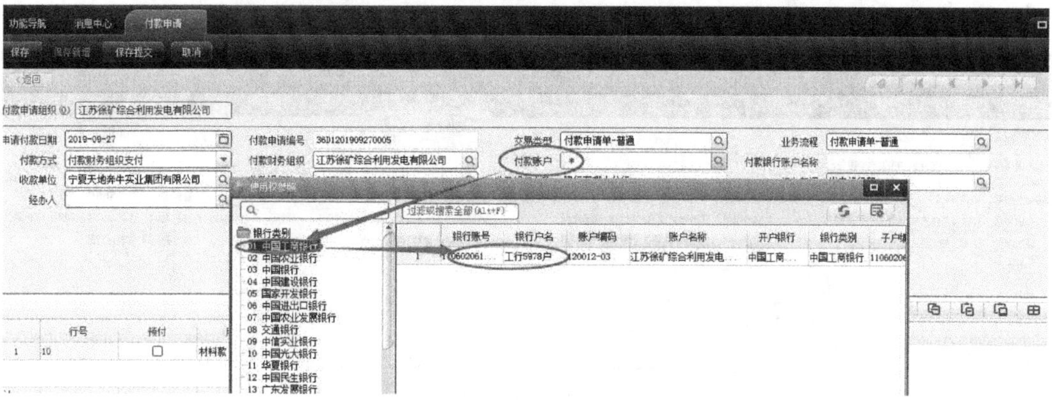

图 4-10-3

(4) 根据要求输入对应的信息。(图 4-10-4)

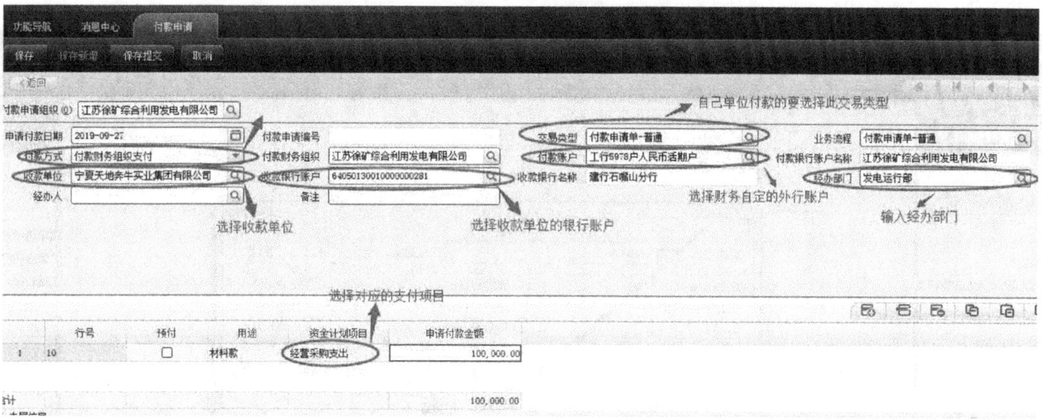

图 4-10-4

(5) 检查无误后,点击【保存】。(图 4-10-5)

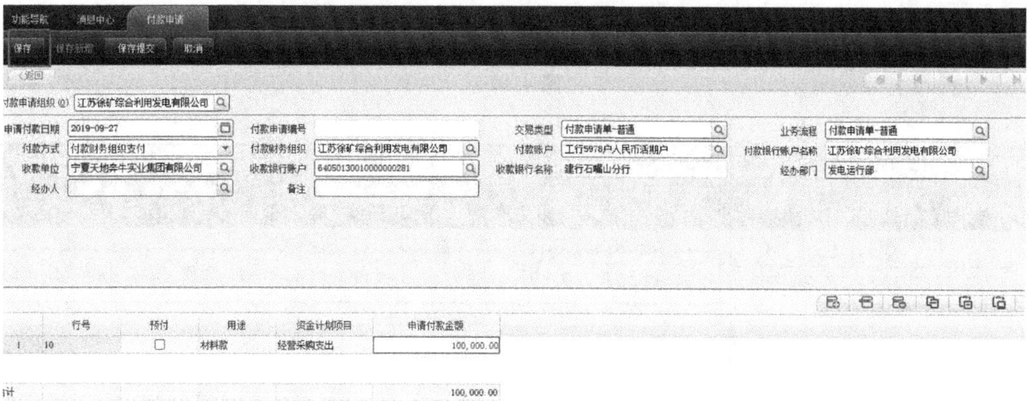

图 4-10-05

（6）附件上传:【辅助功能】—【附件管理】—【上传附件】,点击【提交】。（图 4-10-6～图 4-10-9）

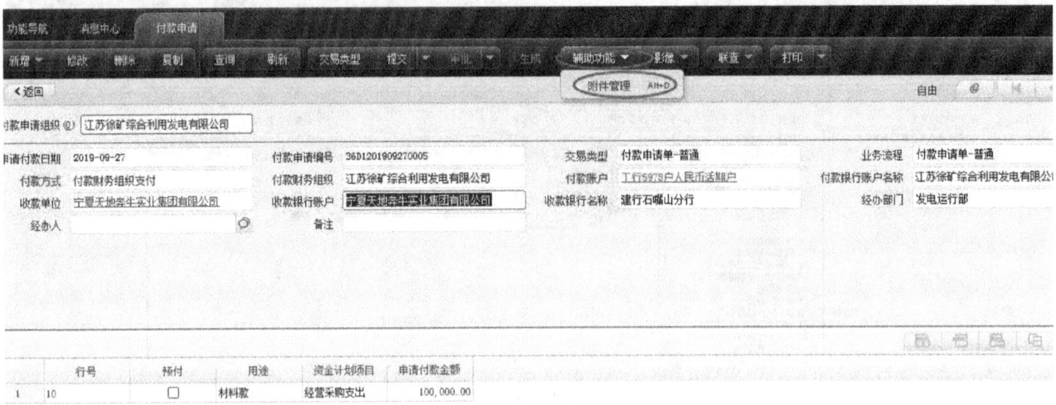

图 4-10-6

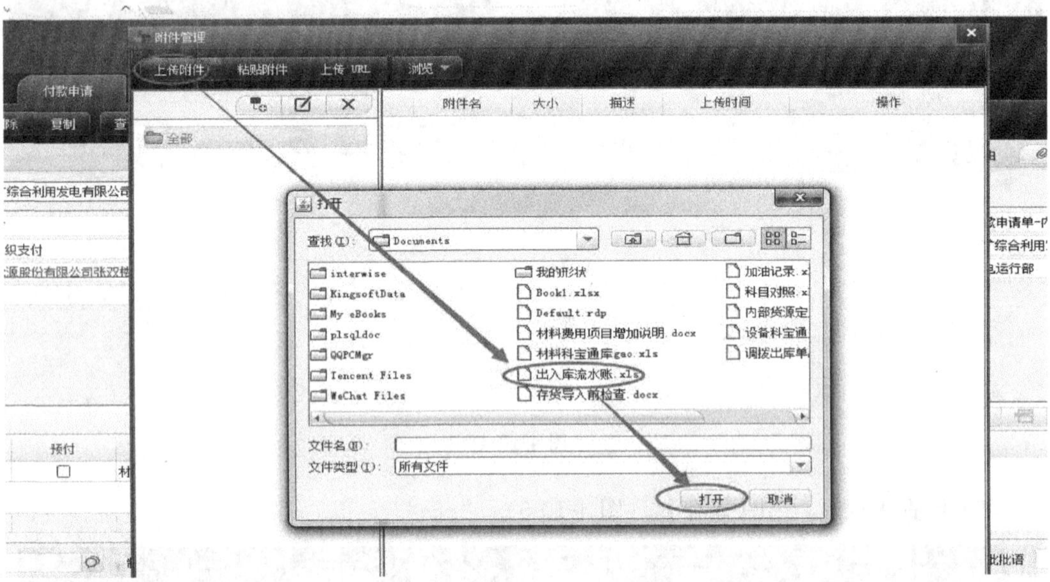

图 4-10-7

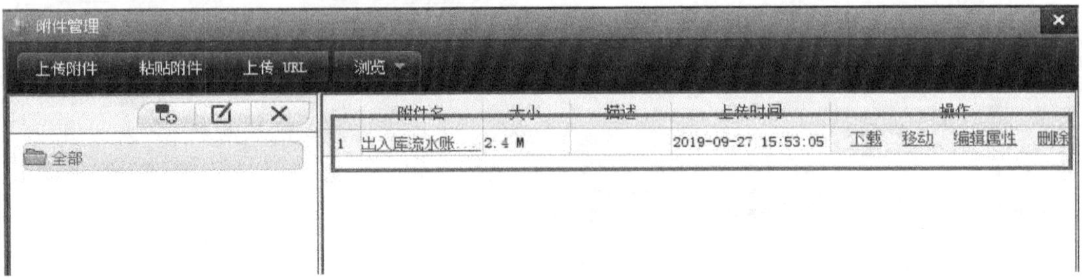

图 4-10-8

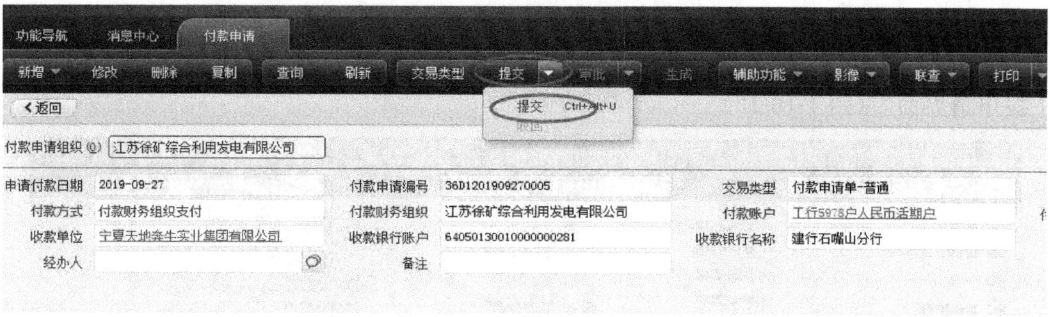

图 4-10-9

（二）付款申请-委托

需要委托资金中心进行付款，且为付外部单位的，需要按此指引操作。

参照“付款申请-普通”处理。

注意：“交易类型”选择“付款申请单-委托”时，“付款方式”一定要选择“委托上级组织支付”。（图 4-10-10）

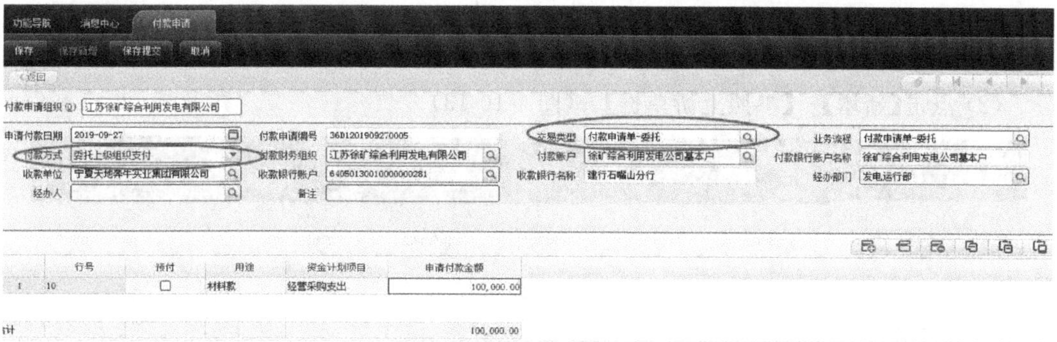

图 4-10-10

（三）付款申请-内转

参照“付款申请-普通”。需要委托资金中心进行付款，且收款单位为集团内部单位的，需要按此指引操作。

付款银行选择“结算中心”（内部银行），收款银行账户是“结算中心”（内部银行）。

根据要求输入对应的信息。特别注意，“交易类型”选择“付款申请单-内转”时，“付款方式”一定要选择“委托上级组织支付”。（图 4-10-11）

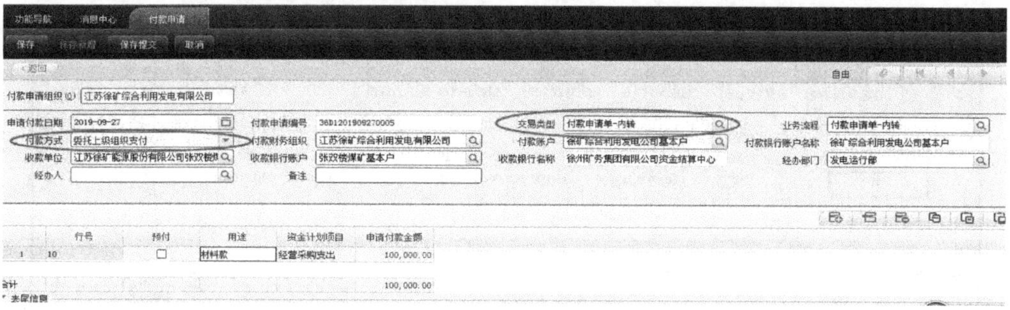

图 4-10-11

（四）下拨申请单参照生成

（1）操作路径:【资金管理】—【资金调度】—【财务组织-业务申请】—【下拨申请】,进入下拨申请界面。（图 4-10-12）

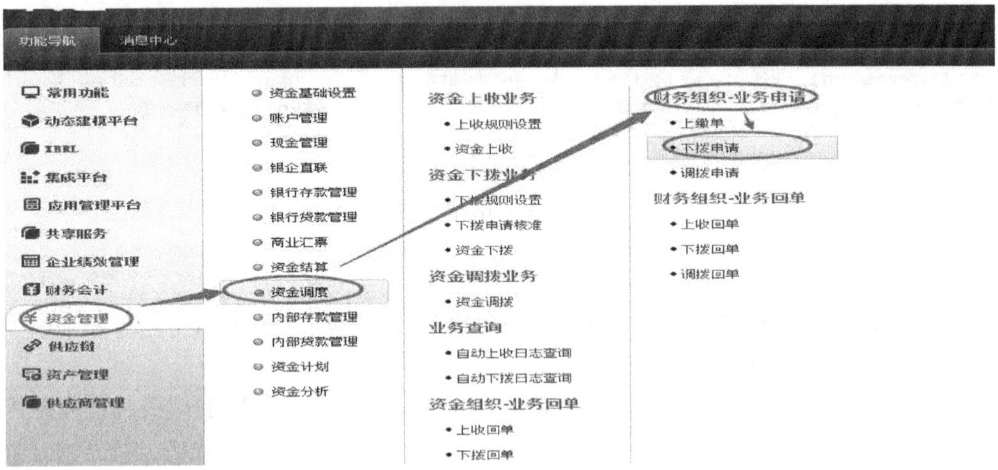

图 4-10-12

（2）点击【新增】—【参照上游单据】。（图 4-10-13）

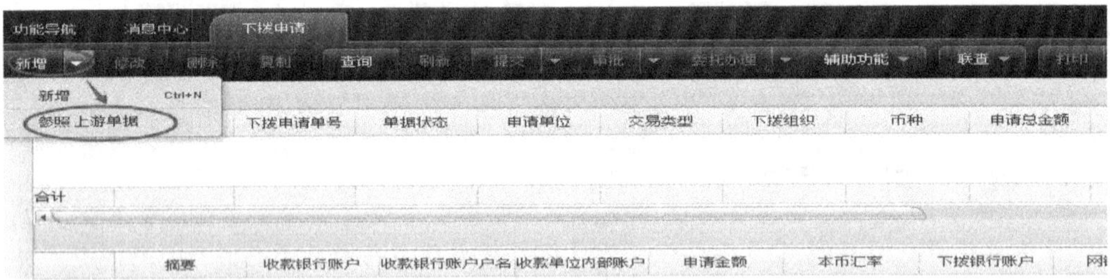

图 4-10-13

（3）选择所需单据(可多选,最多选 20 项),点击【确定】。（图 4-10-14）

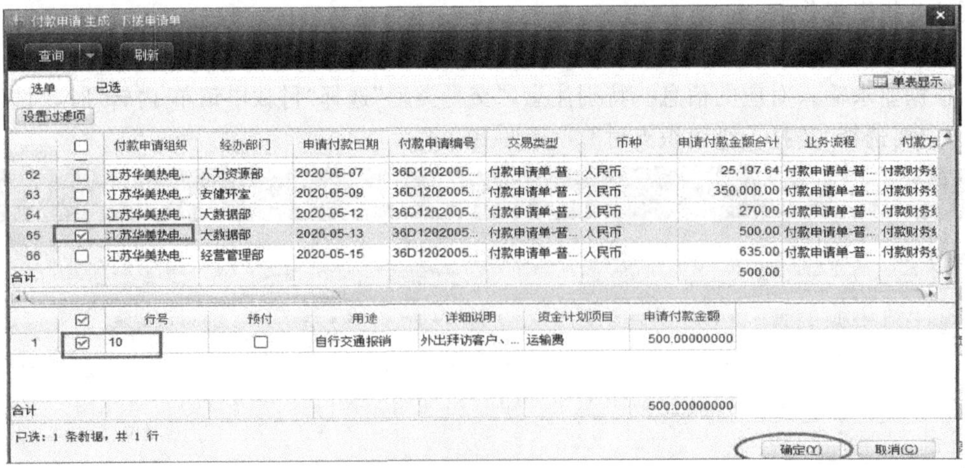

图 4-10-14

(4) 检查无误后，点击【保存】。

(5) 点击【提交】—【提交】，走审批流程。(图 4-10-15)

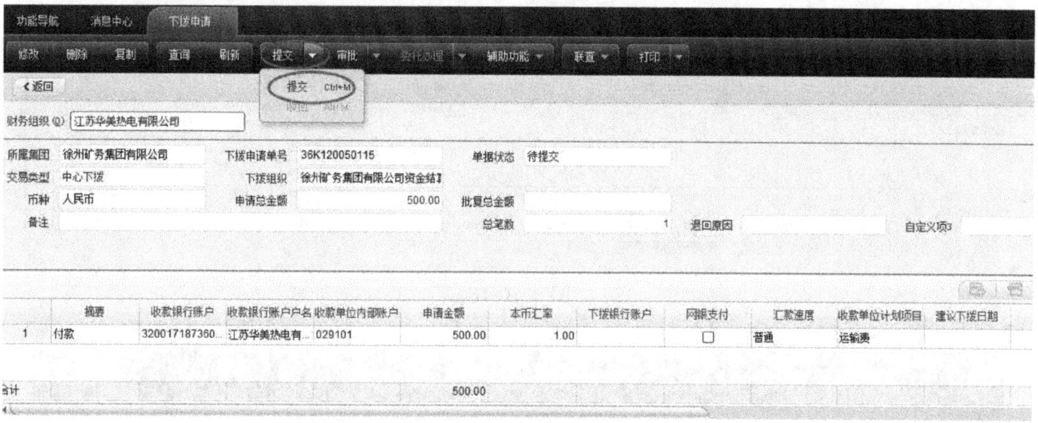

图 4-10-15

(6) 审批完毕后，点击【委托办理】。(图 4-10-16)

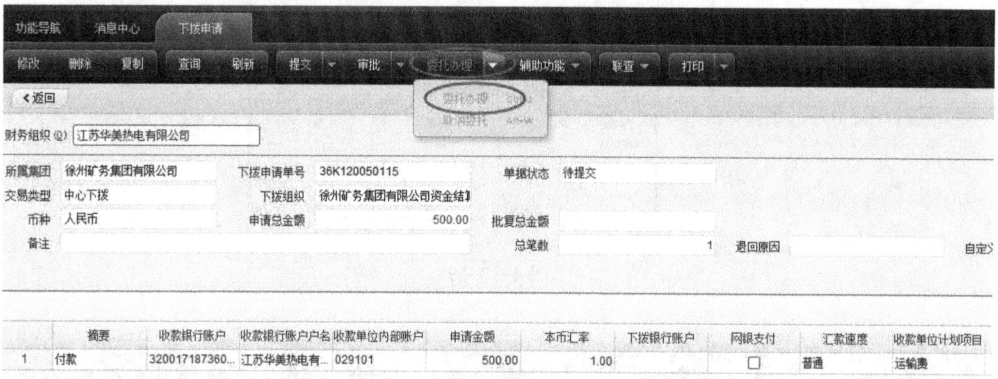

图 4-10-16

二、审批岗

界面见图 4-10-17～图 4-10-21。

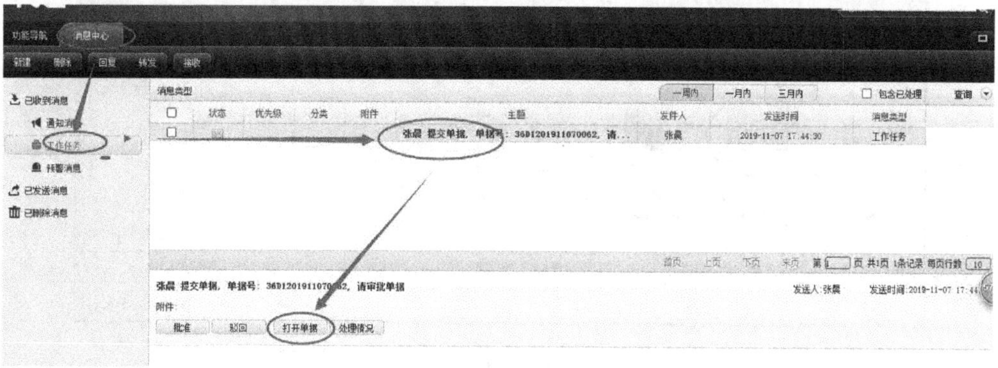

图 4-10-17

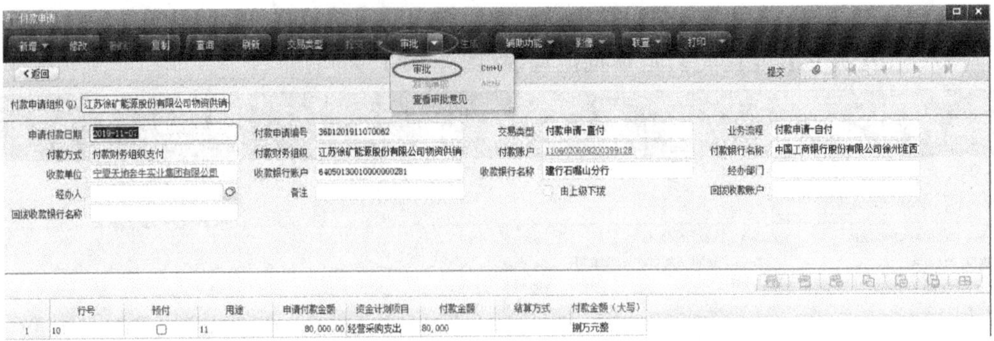

图 4-10-18

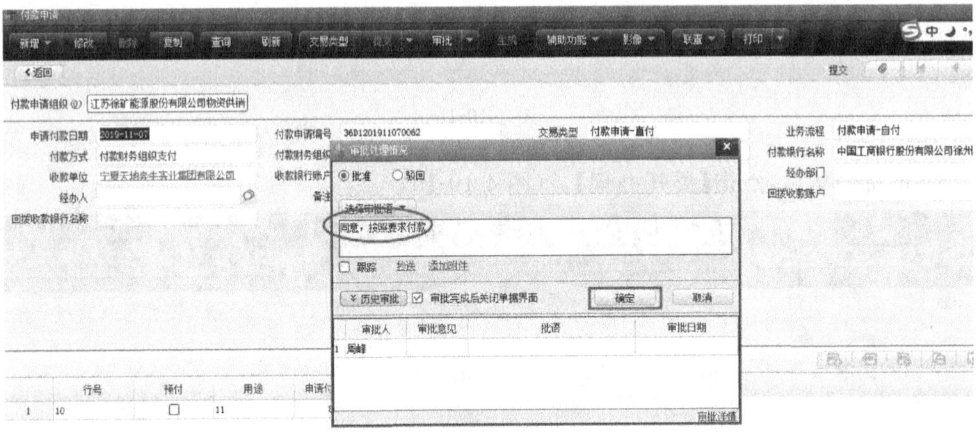

图 4-10-19

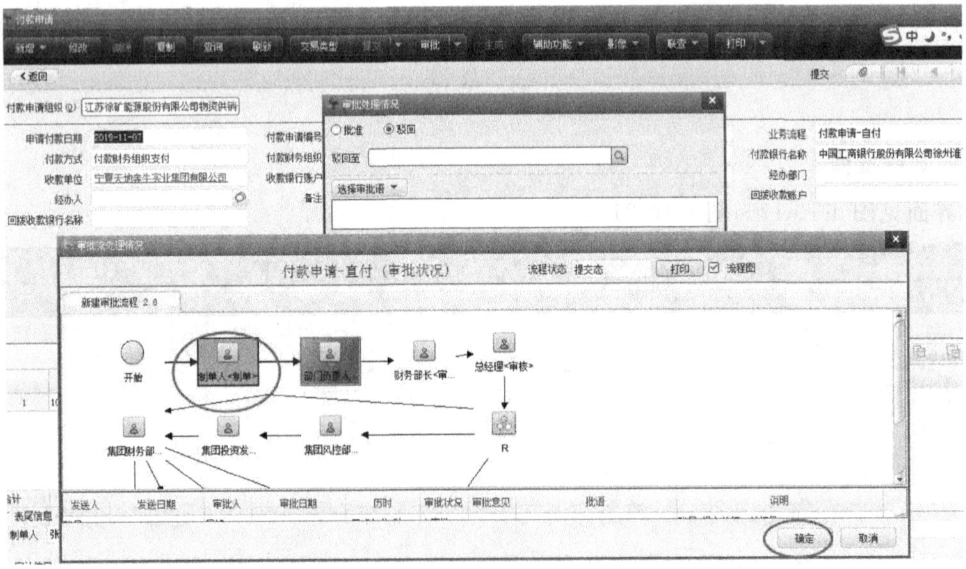

图 4-10-20

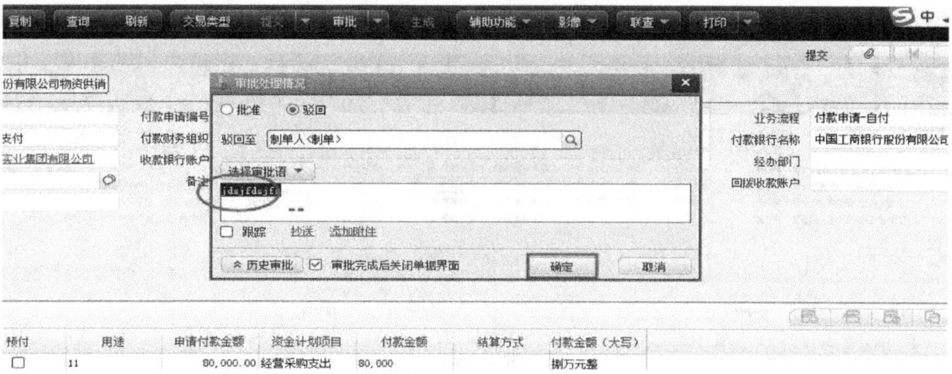

图 4-10-21

三、管理岗

(1) 录入查询条件。(图 4-10-22)

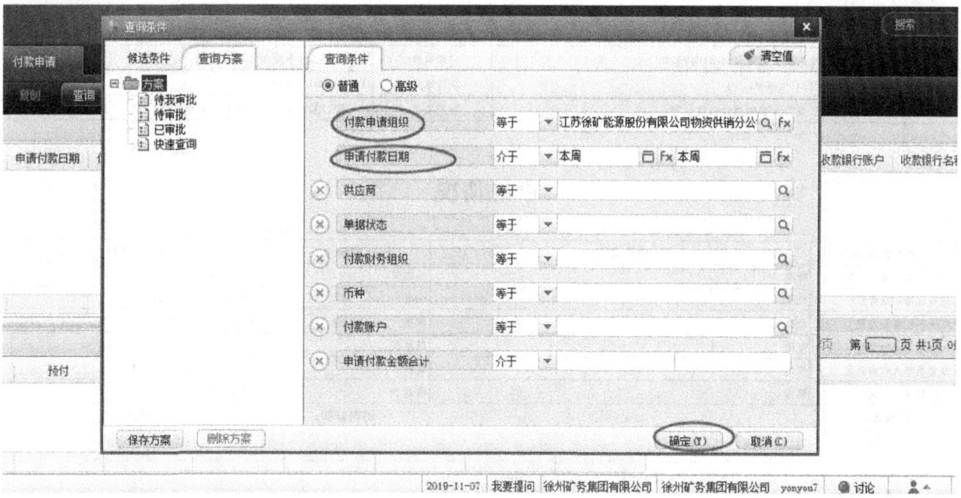

图 4-10-22

(2) 查询后的数据。(图 4-10-23)

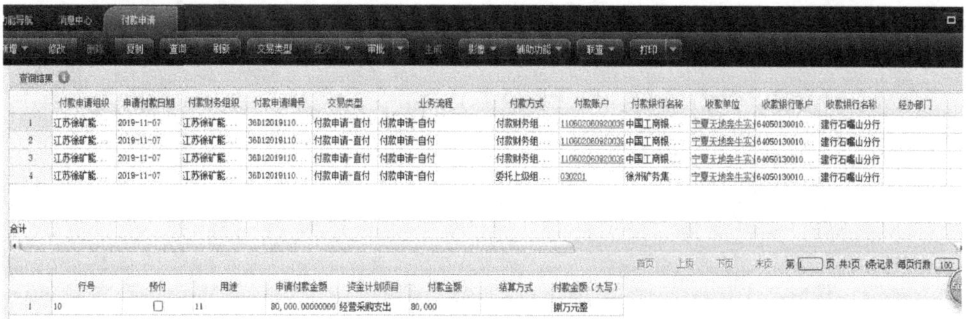

图 4-10-23

（3）付款申请单的打印。（图 4-10-24）

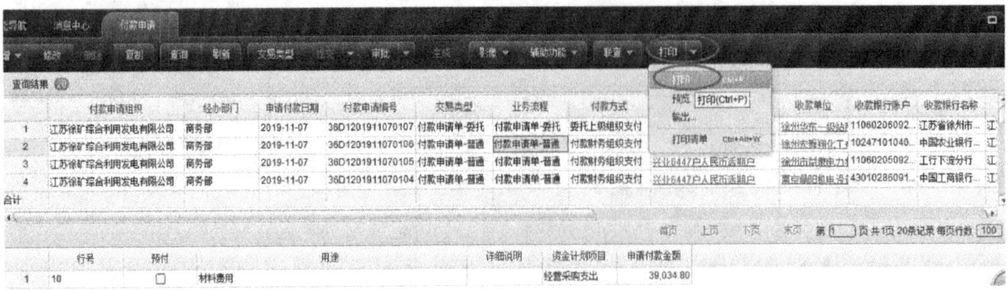

图 4-10-24

（4）打印的效果。（图 4-10-25）

徐州矿务集团有限公司资金支付申请书（分、子公司）

申请单位：江苏徐矿综合利用发电有限公司　　申请日期：2019-10-28　　申请单编号：36D1201910280071

申请付款说明					
申请付款金额	大写	壹仟零玖拾玖元整		小写	1,099.00
收款单位	中国电信股份有限公司徐州分公司		付款单位	江苏徐矿综合利用发电有限公司	
银行账户	1106020109200800210		银行账户	408010100100026447	
开户银行	中国工商银行徐州市分行营业部		开户银行	兴业银行股份有限公司徐州分行营业部	

审批情况

审批流角色	审批意见	审批人	审批日期：
部门负责人审批意见	批准	吴添富	2019-10-29 08:51:28
财务总账审批意见	批准	徐梅	2019-10-29 09:36:52
财务科长审批意见	批准	宋贺	2019-10-29 09:39:31
分管领导审批意见	批准	薛新建	2019-10-29 14:24:20
经营负责人审批意见	批准	曹波	2019-10-30 08:13:51
总经理审批意见	批准	张金军	2019-10-30 10:06:54

制表人：yonyou7　　制表日期：2019-11-07

图 4-10-25

第五篇　物资供应

第一章　集团档案管理员操作指引

一、采购组织

操作路径:【动态建模平台】—【组织管理】—【业务单元】,进入业务单元界面。属于集团档案,当勾选“采购”时,系统自动生成采购组织。(图 5-1-1)

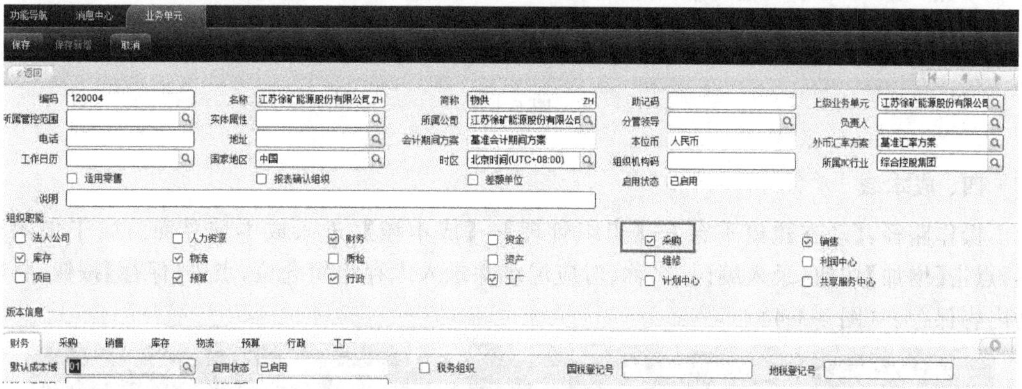

图 5-1-1

二、销售组织

操作路径:【动态建模平台】—【组织管理】—【业务单元】,进入业务单元界面。属于集团档案,当勾选“销售”时,系统自动生成销售组织。(图 5-1-2)

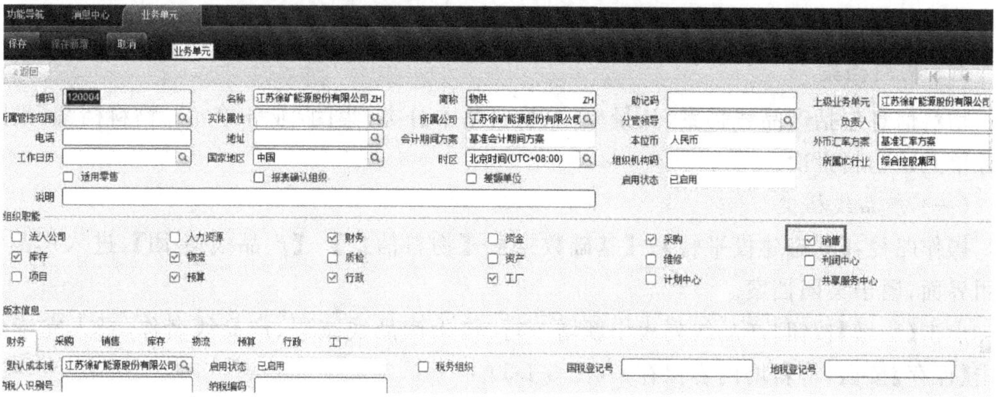

图 5-1-2

三、库存组织

操作路径:【动态建模平台】—【组织管理】—【业务单元】,进入业务单元界面。属于集团档案,当勾选“库存”时,系统自动生成库存组织。(图 5-1-3)

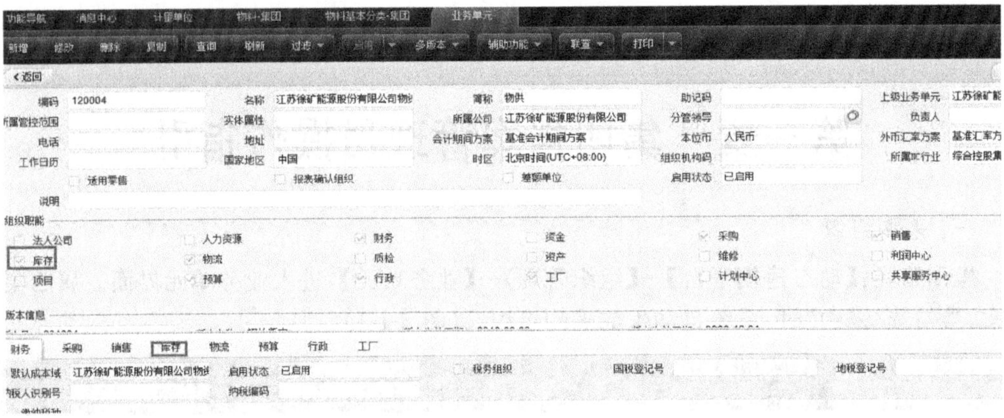

图 5-1-3

四、成本域

操作路径:【动态建模平台】—【组织管理】—【成本域】,进入成本域界面。属于集团档案,点击【增加】按钮,录入编码、名称、对应层级并录入库存组织仓位,点击【保存】按钮,将新增内容保存。(图 5-1-4)

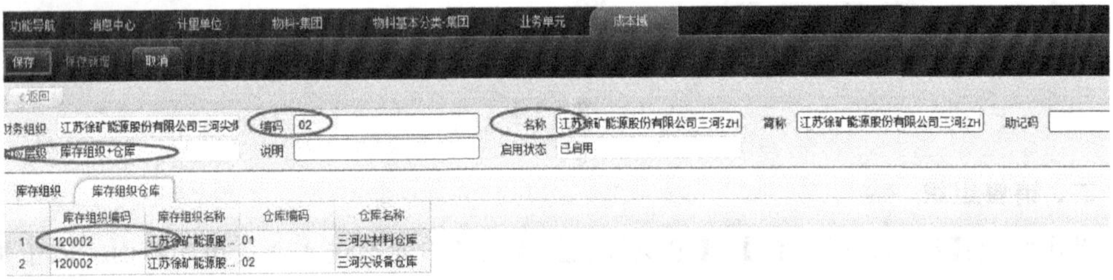

图 5-1-4

五、物料档案

物料信息包括产品线档案、计量单位、物料基本分类(集团/业务单元)、物料档案(集团/业务单元)、物料批次。

(一)产品线档案

操作路径:【动态建模平台】—【基础数据】—【物料信息】—【产品线-集团】,进入产品线-集团界面,属于集团档案。

点击【新增】按钮,产品线列表中新增一行,输入产品线编码、产品线名称,录入完毕后,点击【保存】按钮,将新增内容保存。(图 5-1-5)

(二)物料基本分类档案

物料基本分类是在账套范围内完成物料分类的定义,以便于按分类查找及统计数据。

操作路径:【动态建模平台】—【基础数据】—【物料信息】—【物料基本分类-集团】,进入物料基本分类-集团界面。属于集团、公司共享档案。

点击【增加】按钮,选择物料基本分类,录入分类编码、分类名称、平均单价、平均成本等信息,录入完毕后,点击【保存】按钮,将新增内容保存。(图 5-1-6)

	所属组织	产品线编码	产品线名称	启用状态	创建人	创建时间	最后修改人	最后修改时间
1	徐州矿务集团有限公司	01	原煤生产线	已启用	yonyou7	2018-09-28 18:...		
2	徐州矿务集团有限公司	0101	原煤	已启用	yonyou7	2018-09-28 18:...		
3	徐州矿务集团有限公司	0102	洗煤	已启用	yonyou7	2018-09-28 18:...		
4	徐州矿务集团有限公司	0103	专项工程	已启用	yonyou7	2018-09-28 18:...		
5	徐州矿务集团有限公司	02	多种经营线	已启用	yonyou7	2018-09-28 18:...		
6	徐州矿务集团有限公司	03	后勤服务线	已启用	yonyou7	2018-09-28 18:...		
7	徐州矿务集团有限公司	0301	医院	已启用	yonyou7	2018-09-28 18:...		
8	徐州矿务集团有限公司	0302	托儿所	已启用	yonyou7	2018-09-28 18:...		
9	徐州矿务集团有限公司	0303	招待所	已启用	yonyou7	2018-09-28 18:...		
10	徐州矿务集团有限公司	0304	病老退	已启用	yonyou7	2018-09-28 18:...		
11	徐州矿务集团有限公司	0305	内退人员	已启用	yonyou7	2018-09-28 18:...		
12	徐州矿务集团有限公司	0306	下岗人员	已启用	yonyou7	2018-09-28 18:...		
13	徐州矿务集团有限公司	0307	生活服务	已启用	yonyou7	2018-09-28 18:...		
14	徐州矿务集团有限公司	0308	其他	已启用	yonyou7	2018-09-28 18:...		

图 5-1-5

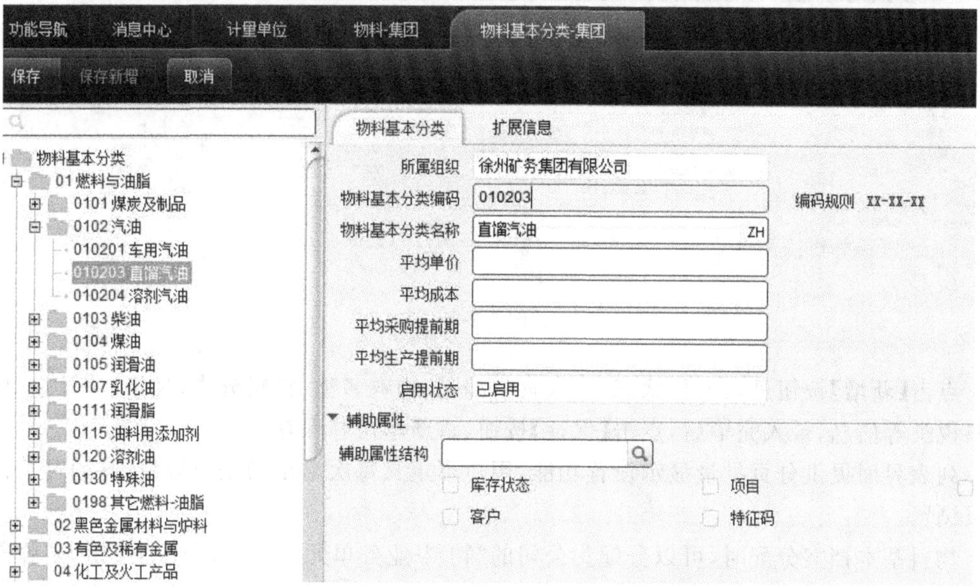

图 5-1-6

（三）计量档案

计量档案是在账套范围内完成计量单位的定义和相关属性的设置。

操作路径:【动态建模平台】—【基础数据】—【物料信息】—【计量单位】,进入计量单位界面。

选择量纲,点击【增加】按钮,计量单位列表中新增一行,输入计量单位编码、名称、小数位数等信息,录入完毕后,点击【保存】按钮,将新增内容保存。(图 5-1-7)

（四）物料-集团

物料档案提供按模板显示,既可按默认模版新增,还可以复制新增。

操作路径:【动态建模平台】—【基础数据】—【物料信息】—【物料-集团】,进入物料-集团界面。(图 5-1-8)

图 5-1-7

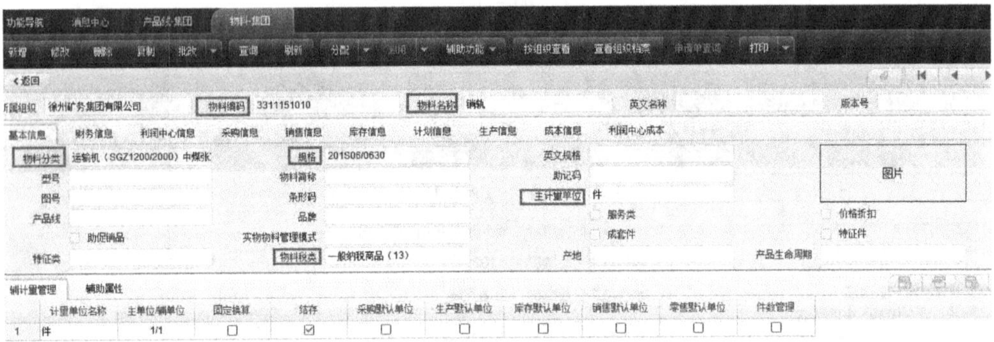

图 5-1-8

点击【新增】按钮进入卡片状态，录入物料编码、物料名称、物料分类、规格、主计量单位、物料税类等信息，录入完毕后，点击【保存】按钮，将新增内容保存。

列表界面提供分页批量显示设置功能，用户可定义每次显示的条目数量，并通过页按钮翻页浏览。

物料基本档案分配时，可以分配为公司的“物料-业务单元”，点击【分配】按钮，则弹出分配向导界面，点击【向导分配】，再点击【下一步】，选择要分配的目的公司或者库存组织，同时选择分配时需要使用的模板，点击【下一步】，定义查询条件，点击【分配】，即完成本次分配操作。

已分配的物料未被使用可以取消分配，方法同上。

第二章　基层档案管理员操作指引

一、仓库档案

仓库应按照公司、库存组织进行设置，即每个仓库都隶属于某个公司的某个库存组织。

操作路径：【动态建模平台】—【基础数据】—【业务信息】—【仓库】，进入仓库界面。（图5-2-1）

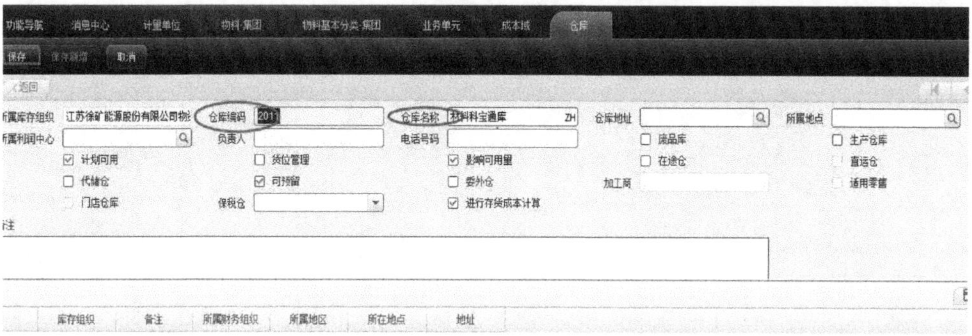

图 5-2-1

点击【增加】按钮，输入仓库信息，录入完毕后，点击【保存】按钮，将新增内容保存。如果需要货位管理，要对“货位管理”打钩。

二、货位档案

货位档案的设置只能针对选择了货位管理的仓库。

操作路径：【动态建模平台】—【基础数据】—【业务信息】—【货位】，进入货位界面。（图5-2-2）

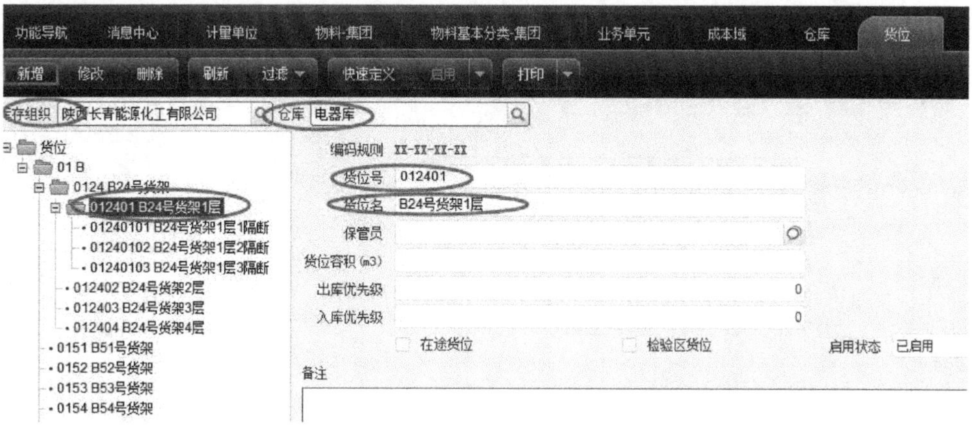

图 5-2-2

参照输入库存组织、仓库，点击【快速定义】按钮，系统将显示快速定义输入界面。依次输入区、排、层、格的最大序号，系统自动形成货位体系编码，货位名称同样按货位编码生成，可修改。维的名称和每一维的最大数目可定义，可以定义一维、二维、三维、四维。

在快速生成货位档案后，可以对其进行增加、删除、修改的操作。

第三章　业务操作指引

一、流程图

（一）控制总图

控制总图见图 5-3-1。

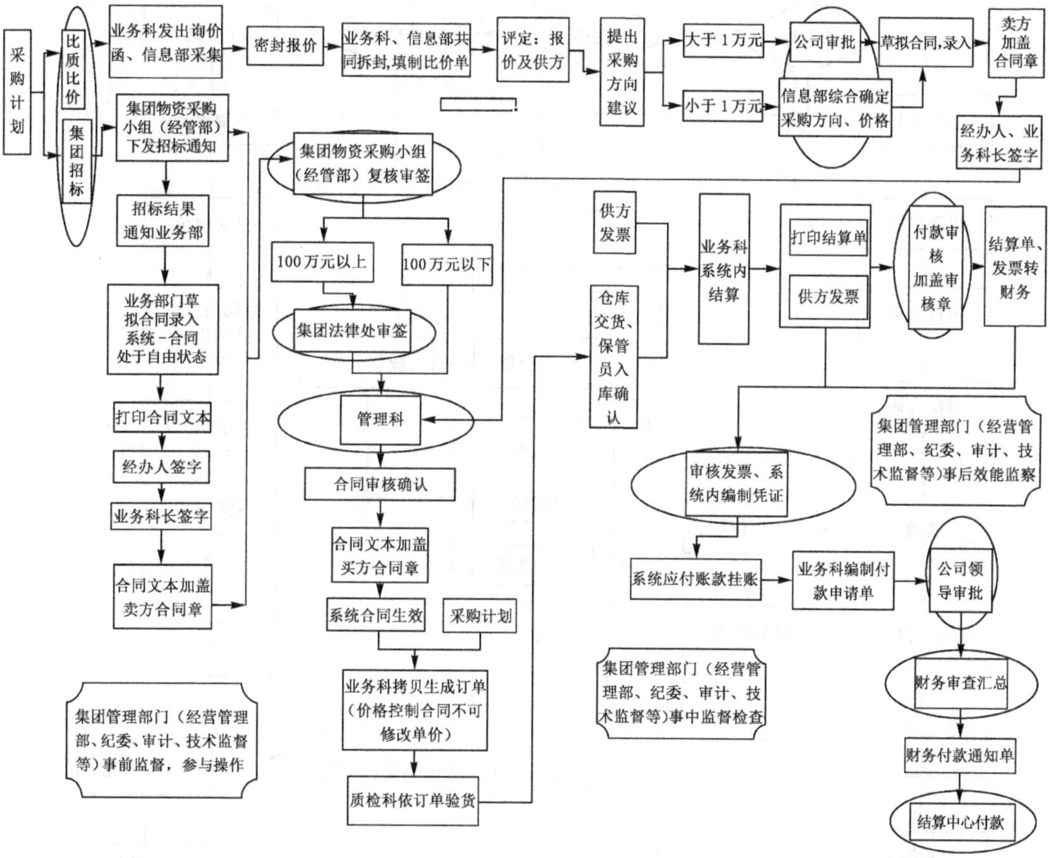

（椭圆）为主要控制点

图 5-3-1

（二）采购作业图

采购作业图见图 5-3-2。

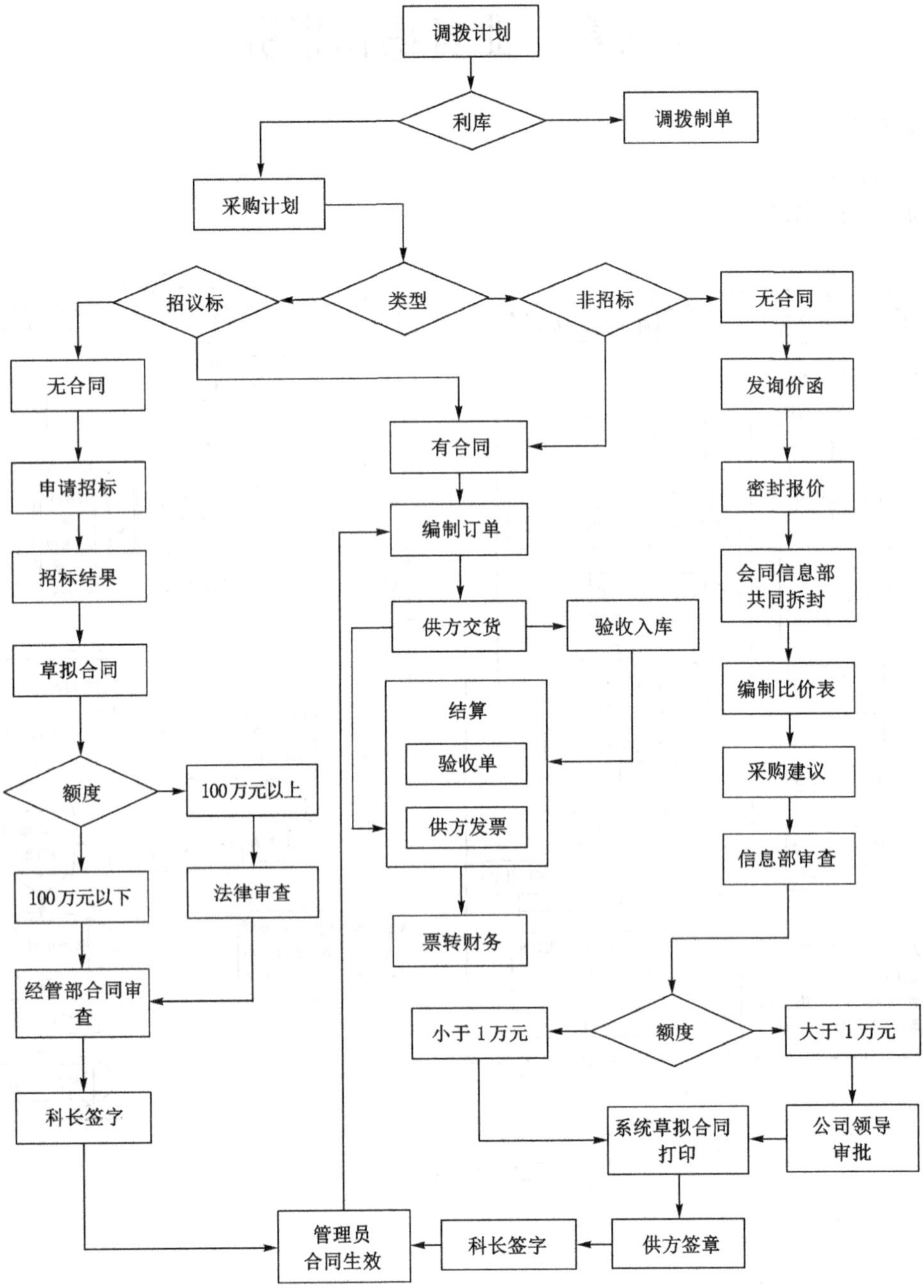

图 5-3-2

（三）采购入库作业分工流程图

采购入库作业分工流程见图 5-3-3。

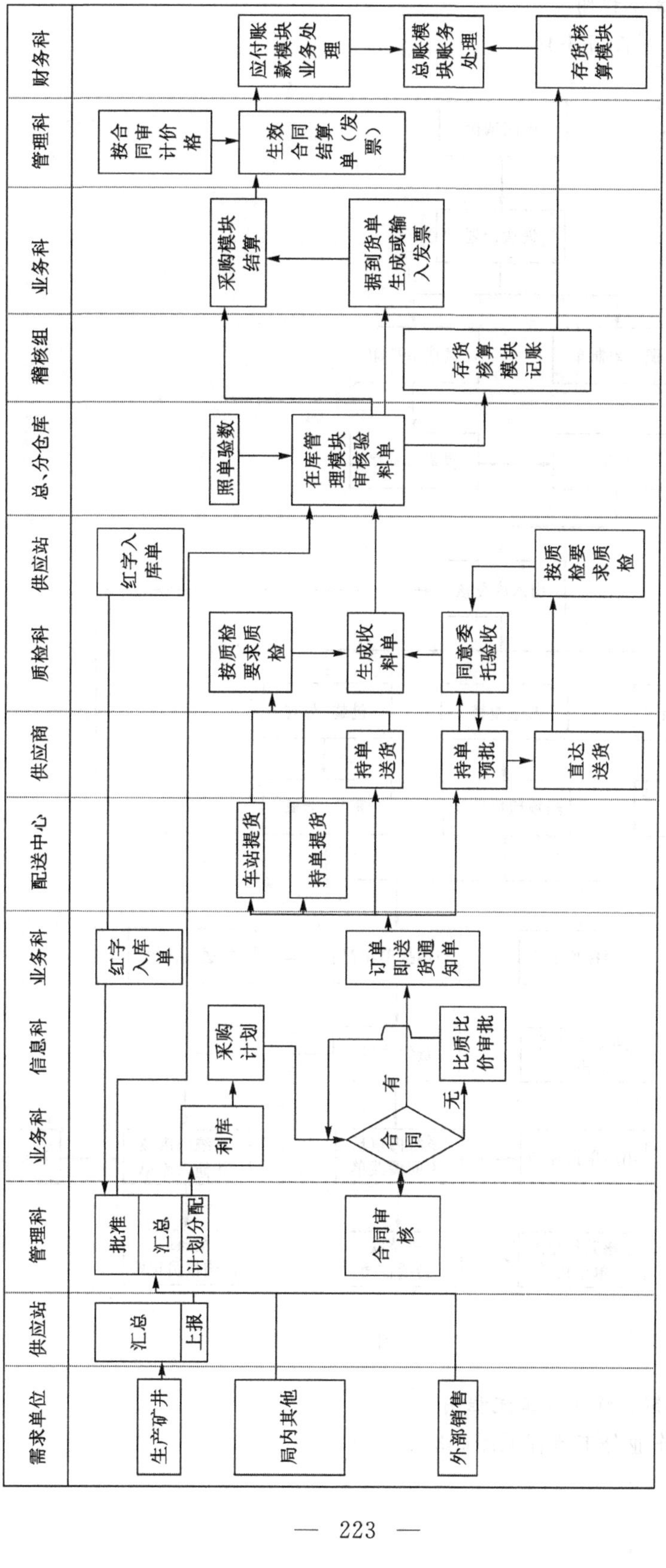
需求单位
供应站
管理科
业务科
信息科
业务科
配送中心
供应商
质检科
供应站
总、分仓库
稽核组
业务科
管理科
财务科
生产矿井
局内其他
外部销售
汇总
上报
批准
汇总
计划分配
合同审核
利库
合同
有
无
采购计划
比质比价审批
红字入库单
订单即送货通知单
车站提货
持单提货
持单送货
持单预批
直达送货
按质检要求质检
生成收料单
同意委托验收
红字入库单
按质检要求质检
照单验数
在库管理模块审核验料单
存货核算模块记账
采购模块结算
据到货单生成或输入发票
按合同审计价格
生效合同结算单（发票）
应付账款模块业务处理
总账模块账务处理
存货核算模块

图 5-3-3

（四）销售调拨流程图

销售调拨流程见图 5-3-4。

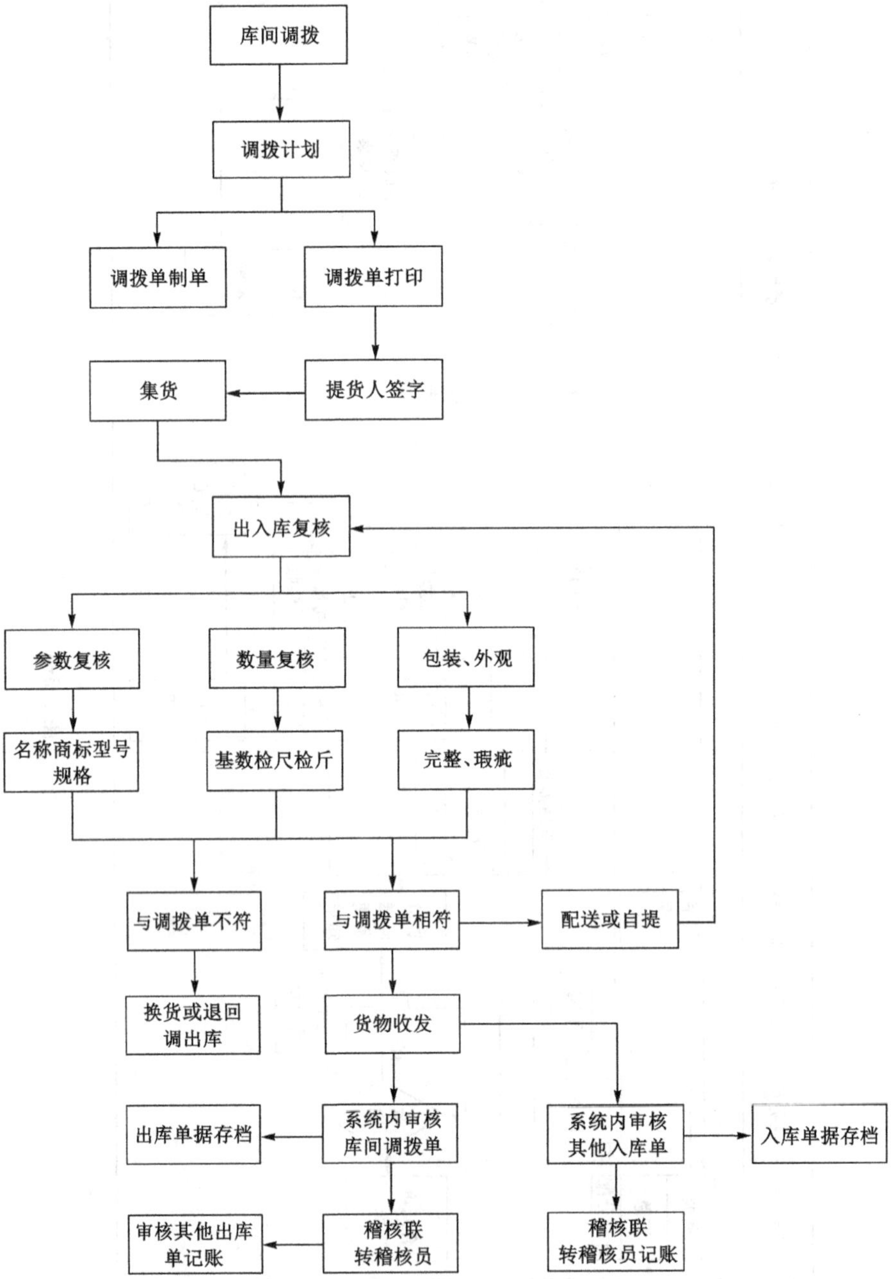

图 5-3-4

（五）调拨与销售作业分工流程图

调拨与销售作业分工流程见图 5-3-5。

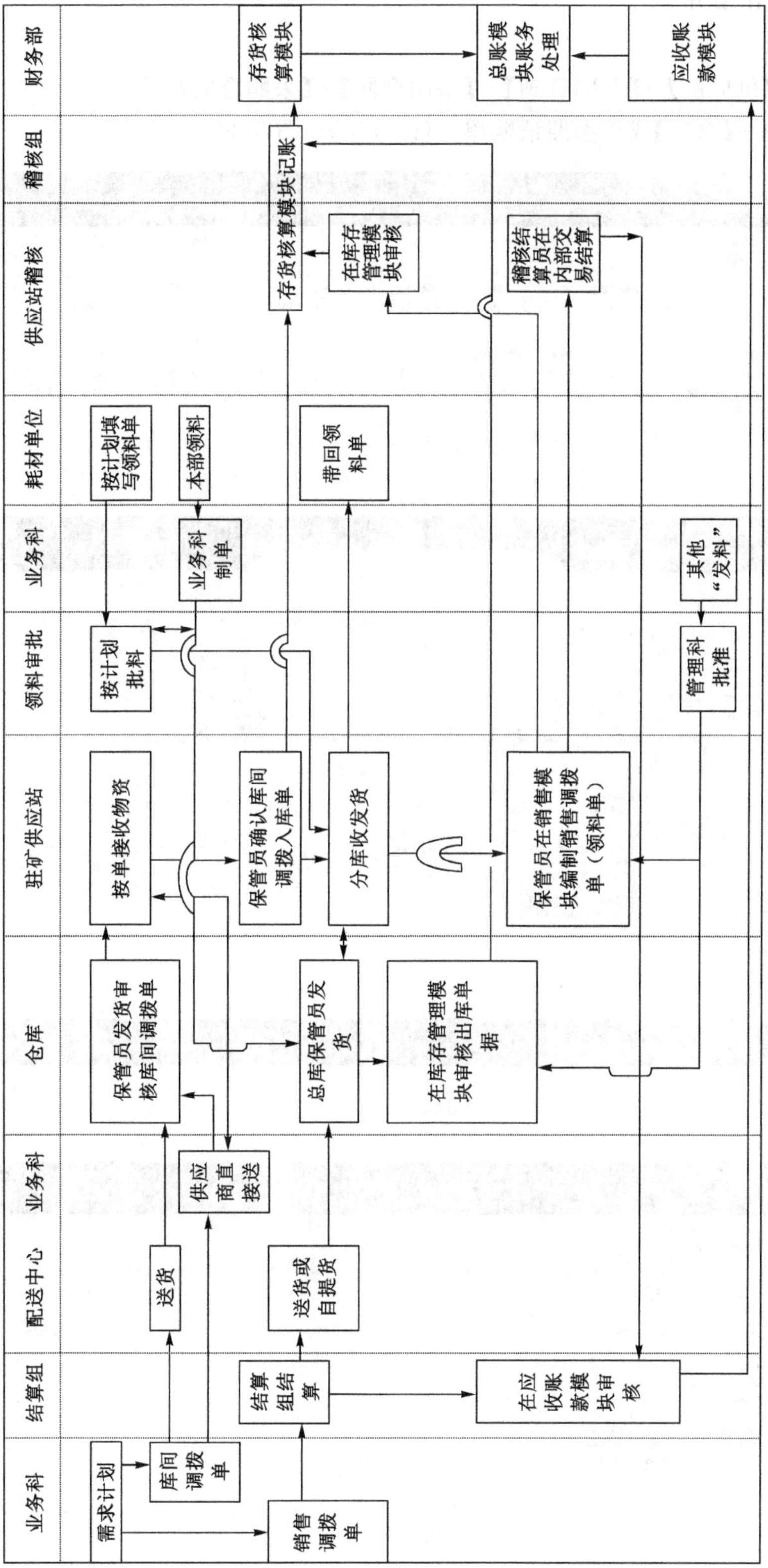
财务部
稽核组
供应站稽核
耗材单位
业务科
领料审批
驻矿供应站
仓库
业务科
配送中心
结算组
业务科
存货核算模块
总账模块账务处理
应收账款模块
存货核算模块记账
在库存管理模块审核
稽核结算员在内部交易结算
按计划填写领料单
本部领料
带回领料单
业务科制单
其他“发料”
按计划批料
管理科批准
按单接收物资
保管员确认库间调拨入库单
分库收发货
保管员在销售模块编制销售调拨单（领料单）
保管员发货审核库间调拨单
总库保管员发货
在库存管理模块审核出库单据
供应商直接送
送货
送货或自提货
结算组结算
在应收账款模块审核
需求计划
库间调拨单
销售调拨单

图 5-3-5

二、业务操作指引

(一)合同业务

操作路径:【供应链】—【合同管理】—【采购合同】—【采购合同维护】。

点击【新增】—【自制】或者参照请购单。(图 5-3-6~图 5-3-9)

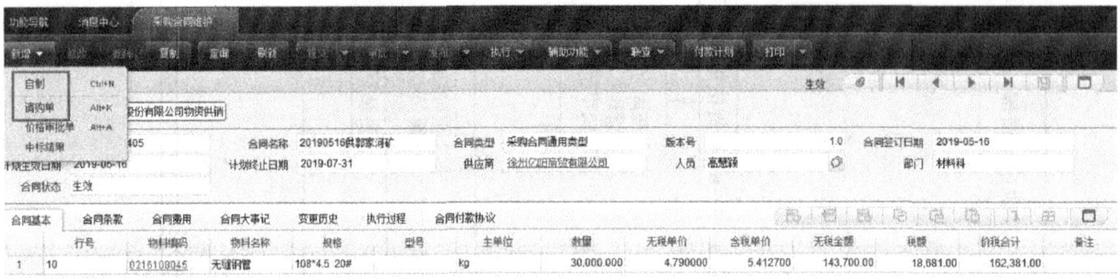

图 5-3-6

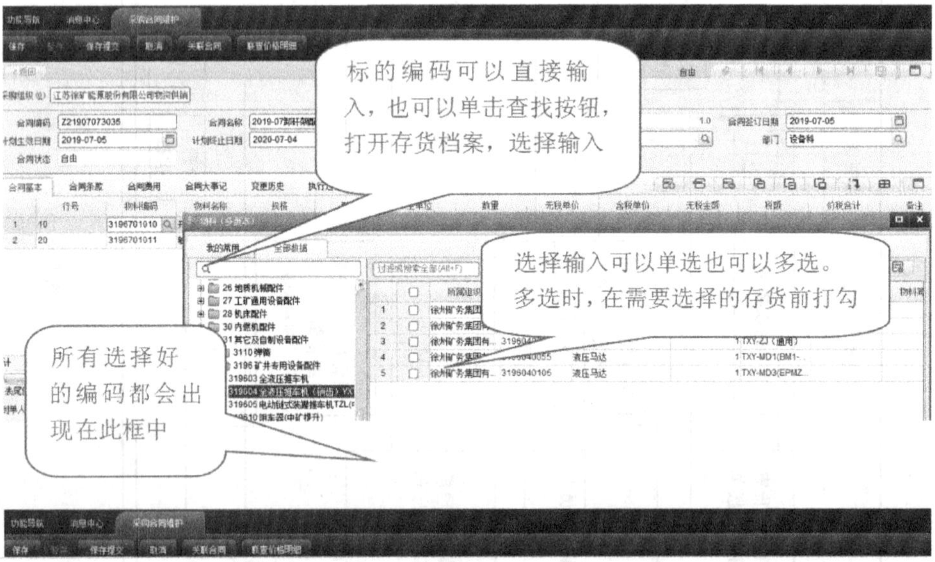

图 5-3-7

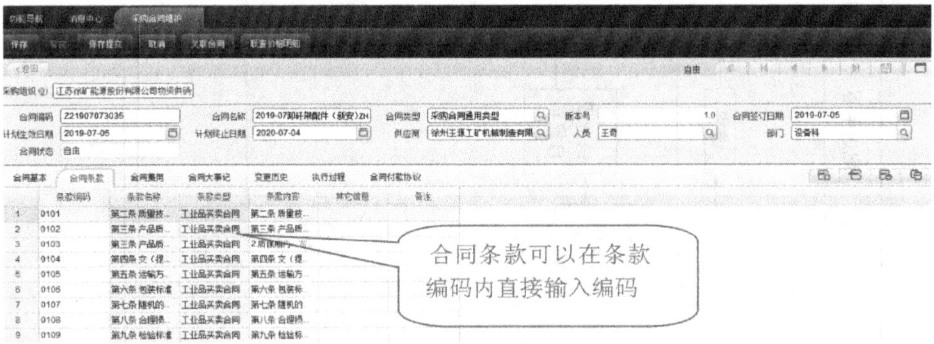

图 5-3-8

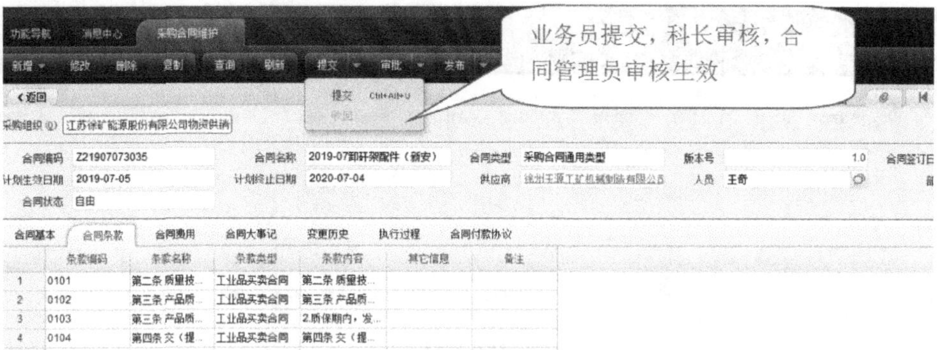

图 5-3-9

（二）采购业务

采购业务流程为【采购订单】—【采购到货】—【采购入库】—【采购发票】—【采购结算】，费用发票和采购发票在一个界面输入。采购结算要特别注意发生费用的采购结算。费用结算分两步，第一步对采购发票和采购入库单进行结算，第二步选择采购入库单和所对应的费用发票，先分摊费用，再结算。这样会形成两张结算单。

操作路径：

（1）采购订单：【供应链】—【采购管理】—【采购订单】—【采购订单维护】。

（2）采购到货：【供应链】—【采购管理】—【到货单】—【到货单维护】。

（3）采购发票：【供应链】—【采购管理】—【采购发票】—【采购发票维护】。

（4）费用发票：【供应链】—【采购管理】—【采购发票】—【采购发票维护】。（增加时要注意选择类型）

1. 采购订单业务

采购订单输入供应商和物料后，系统自动寻找关联的合同价格。表头的基本信息要输入齐全，订单编号可以输入，也可以系统自动获取。（图 5-3-10）

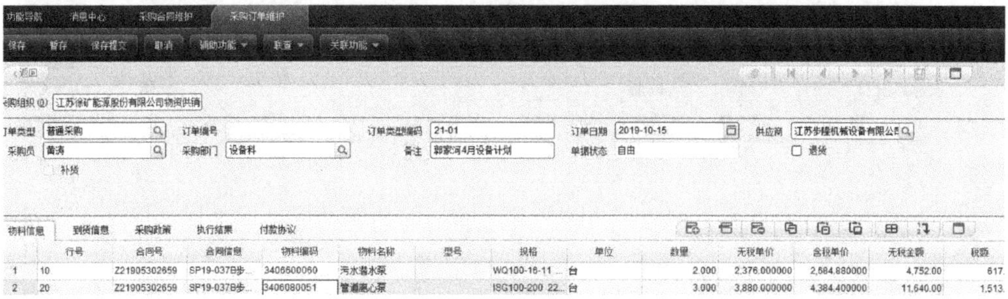

图 5-3-10

物料编码可以单个输入，也可以查找物料档案选择多个。输入物料编码完毕后，系统会自动弹出提示。选择“是”，系统会自动把价格写到采购订单上。输入完毕后，保存审核并打印交供应商送货。

2. 到货单业务

点击【新增】—【采购订单】。（图 5-3-11）

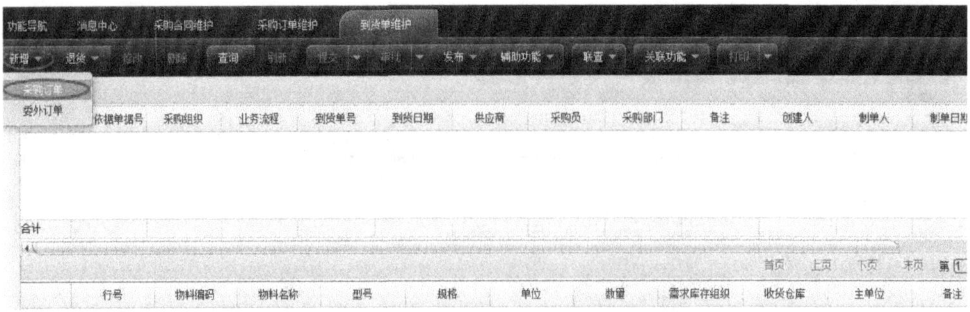

图 5-3-11

选择合适日期，选择供应商，点击【确定】。（图 5-3-12、图 5-3-13）

图 5-3-12

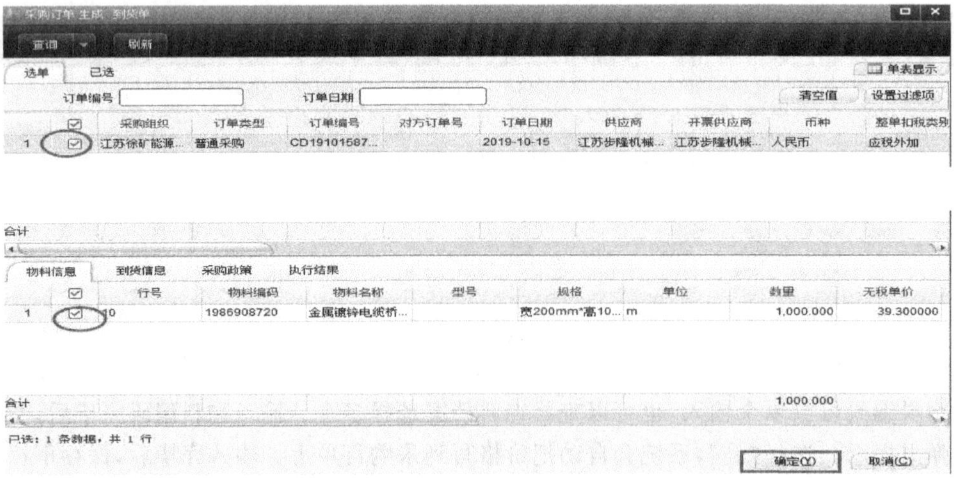

图 5-3-13

确认到货数量，点击【保存】，保存后点击【审批】。（图 5-3-14）

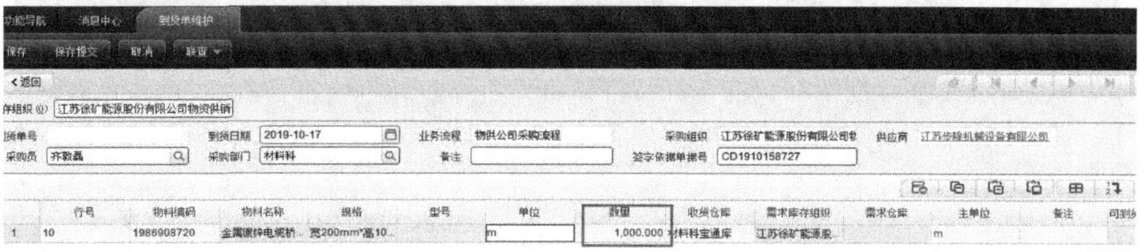

图 5-3-14

3. 库存采购入库业务

根据到货单参照生成采购入库单。

操作路径：【供应链】—【库存管理】—【入库业务】—【采购入库】。（图 5-3-15）

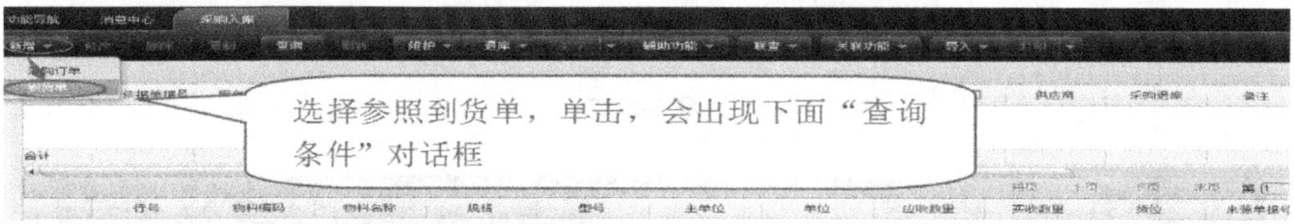

图 5-3-15

在“查询条件”中输入采购订单号，或其他条件。（图 5-3-16）

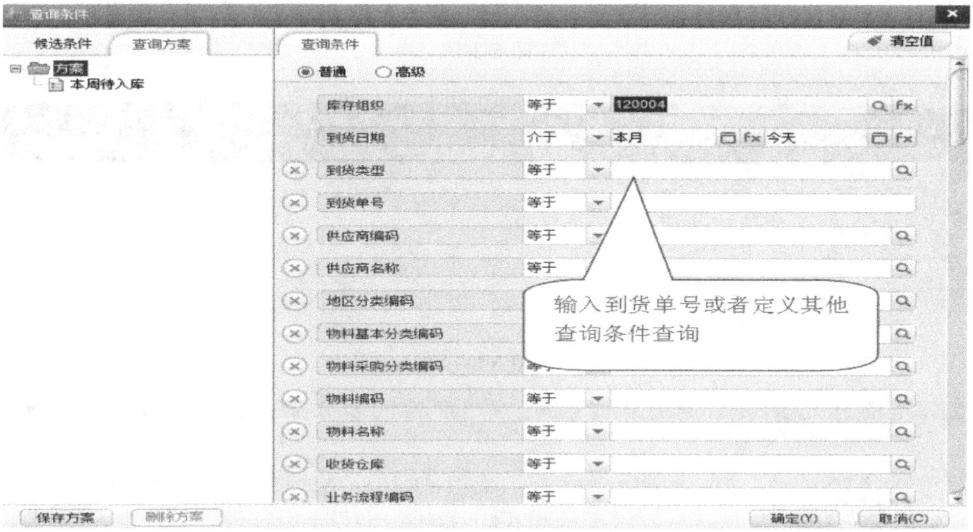

图 5-3-16

点击【确定】后，会出现单据参照界面。（图 5-3-17）

点击【确定】显示采购入库单。采购入库单需要保管员填写实收数，并签字确认（图 5-3-18）

4. 采购发票业务

对于采购发票，增加时选择参照库存采购入库单；对于费用发票，选择自制单据。

操作路径：【供应链】—【采购管理】—【采购发票】—【采购发票维护】。（图 5-3-19、图 5-2-20）

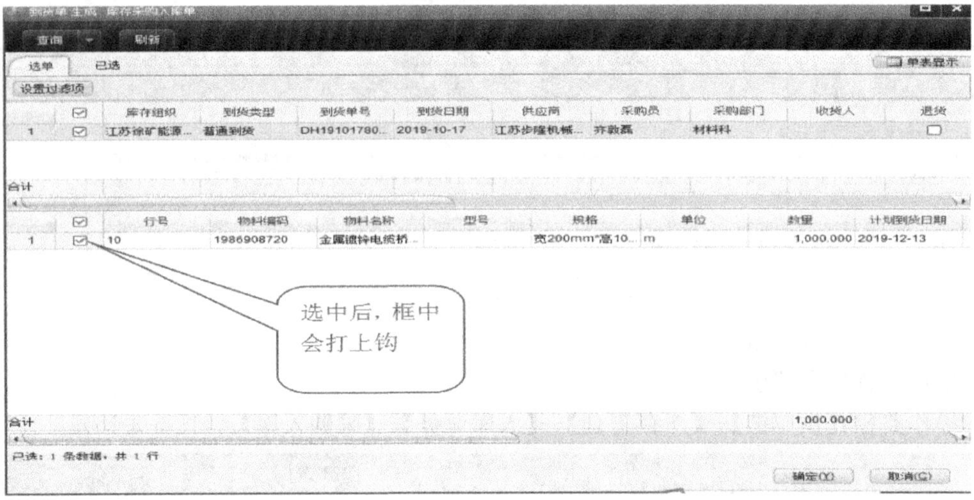

图 5-3-17

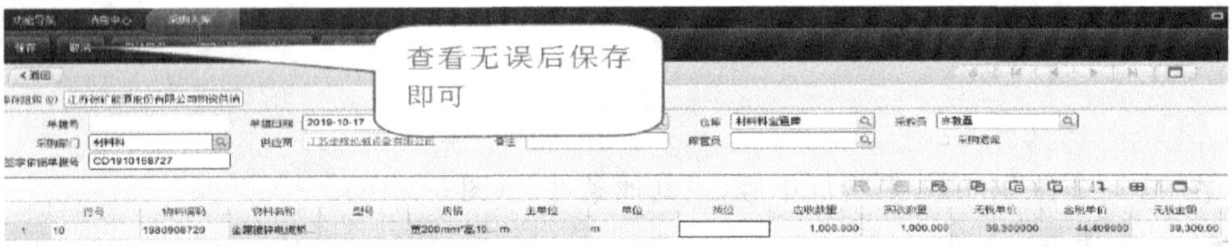

图 5-3-18

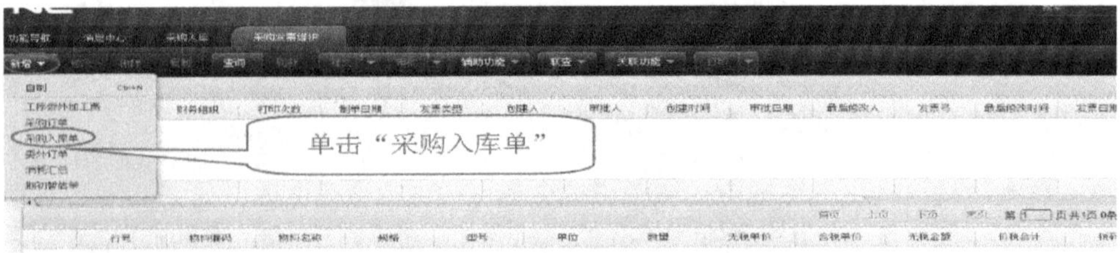

图 5-3-19

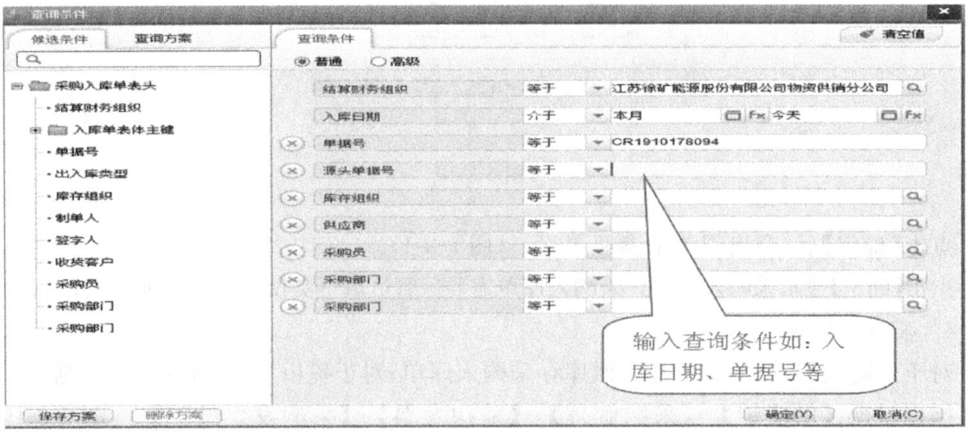

图 5-3-20

确定后，出现对话框见图 5-3-21、图 5-3-22。

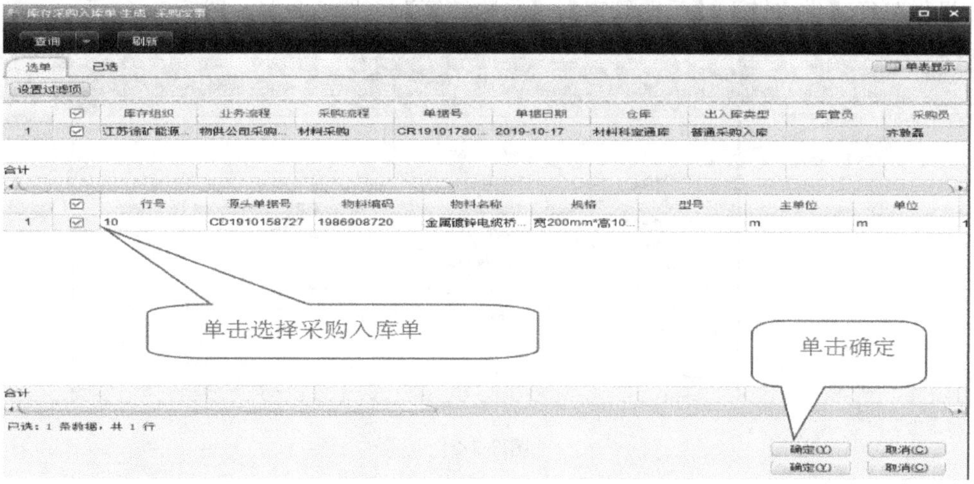

图 5-3-21

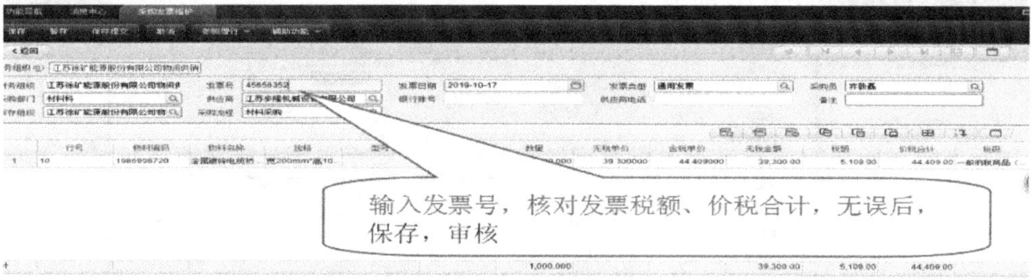

图 5-3-22

对于费用发票，增加时是自制单据。在物料编码中输入费用编码。输入费用金额时，要注意后面的税率。（图 5-3-23）

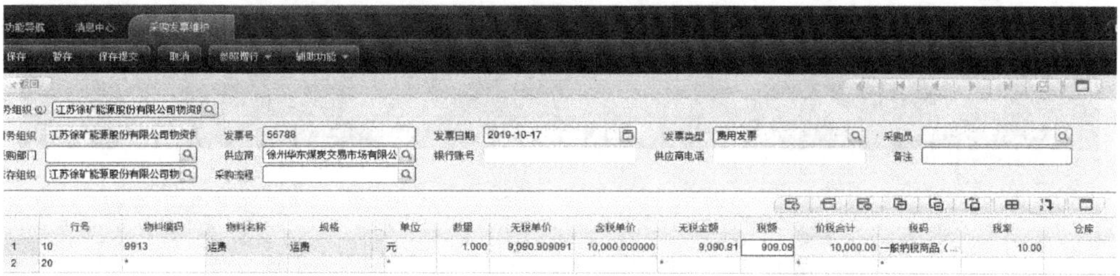

图 5-3-23

5. 采购结算业务

对于有费用的采购业务，采购结算业务分两步结算，生成两张结算单。第一步对采购发票和采购入库单进行结算；第二步对费用发票和已结算的采购入库单进行结算。

对于完全参照库存采购入库单的发票，在审核时，系统会自动结算。自制的发票审核时，不会自动结算，要手工结算。查询结算单操作路径：【采购管理】—【采购结算】—【发票查询】，在查询窗口中输入条件，查找到结算单并打印。

对于费用结算，费用发票要和已结算过的采购入库单进行结算。

操作路径：【供应链】—【采购管理】—【采购结算】。(图 5-3-24～图 5-3-26)

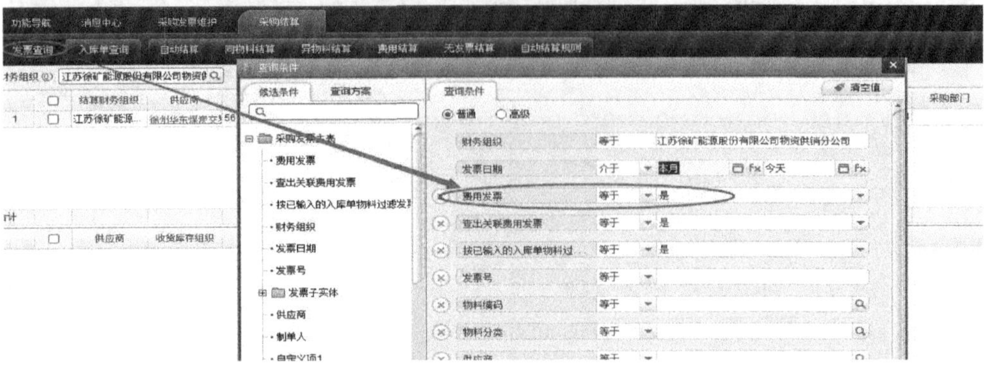

图 5-3-24

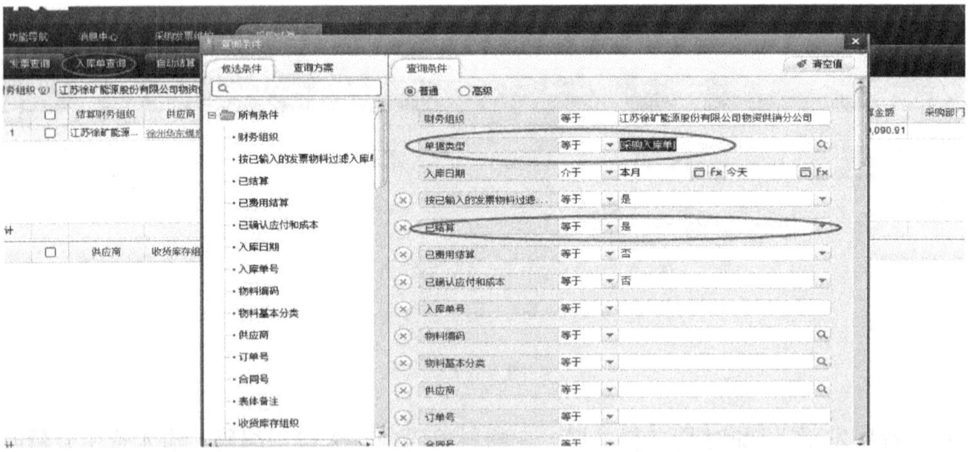

图 5-3-25

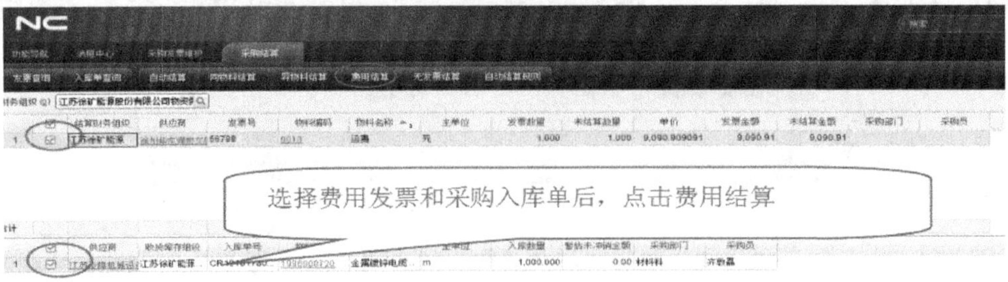

图 5-3-26

点击【费用分摊】后点击【结算】。(图 5-3-27)

(三) 调拨业务

(1) 设置内部货源，界面见图 5-3-28。

(2) 设置内部结算规则，界面见图 5-3-29。

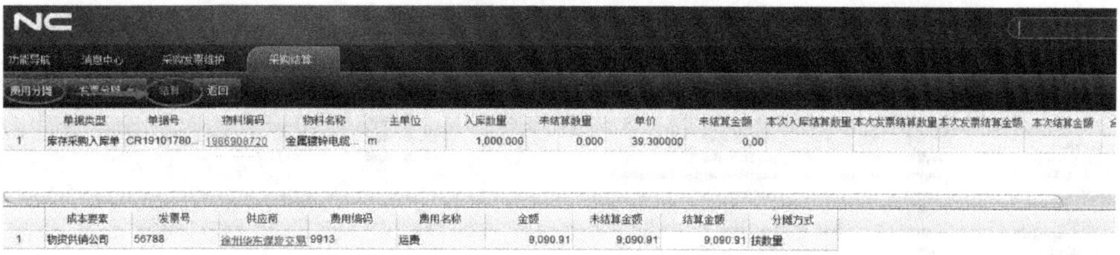

图 5-3-27

图 5-3-28

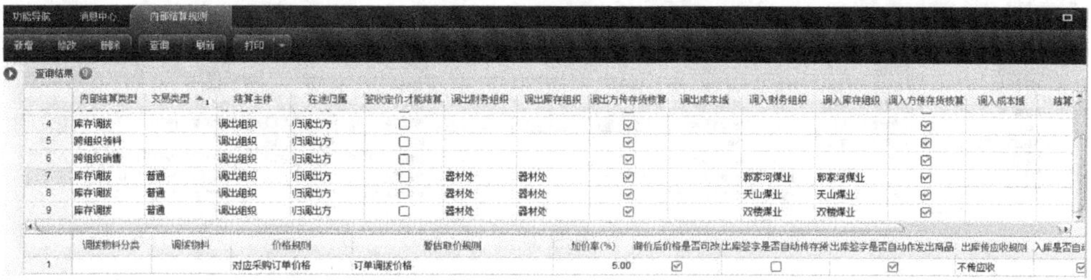

图 5-3-29

(3) 参数设置，界面见图 5-3-30～图 5-3-33。

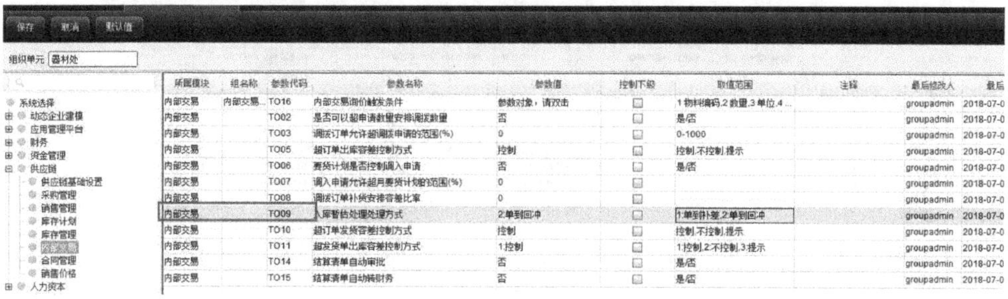

图 5-3-30

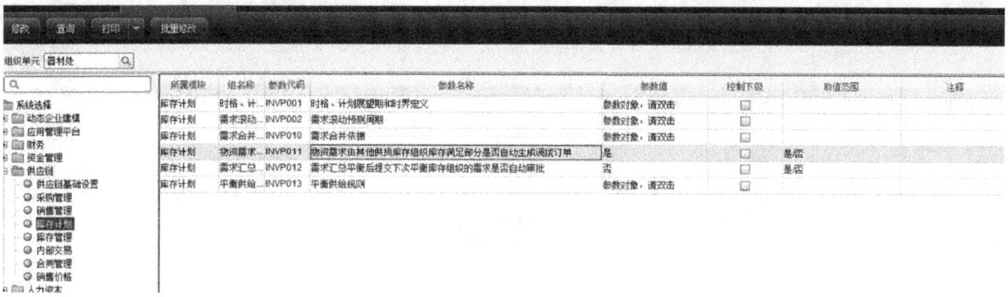

图 5-3-31

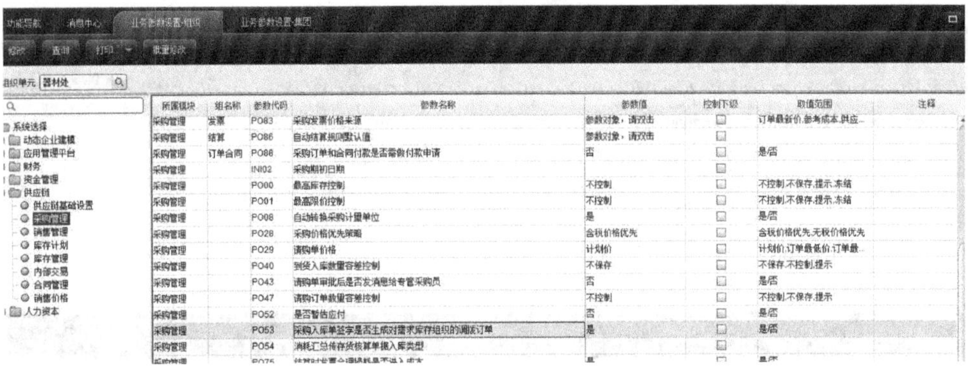

图 5-3-32

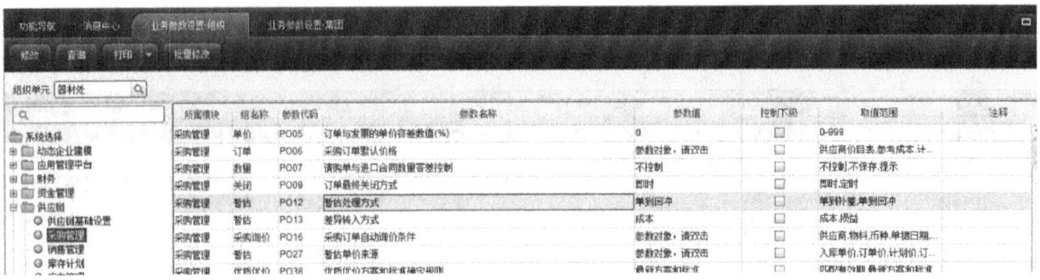

图 5-3-33

（4）基层单位提交物料需求，填制完毕后进行审核，界面见图 5-3-34～图 5-3-36。

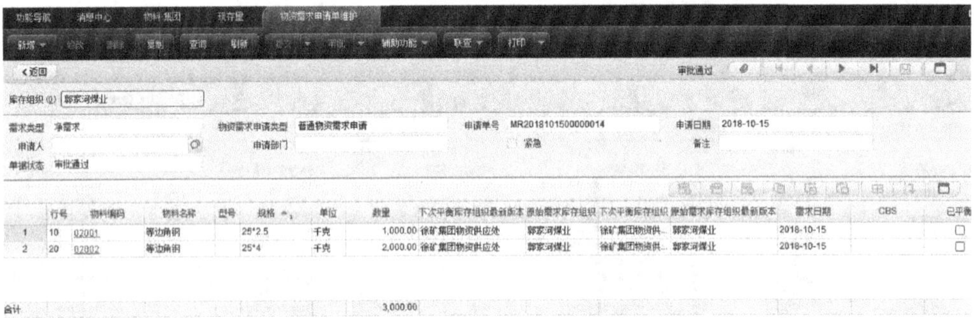

图 5-3-34

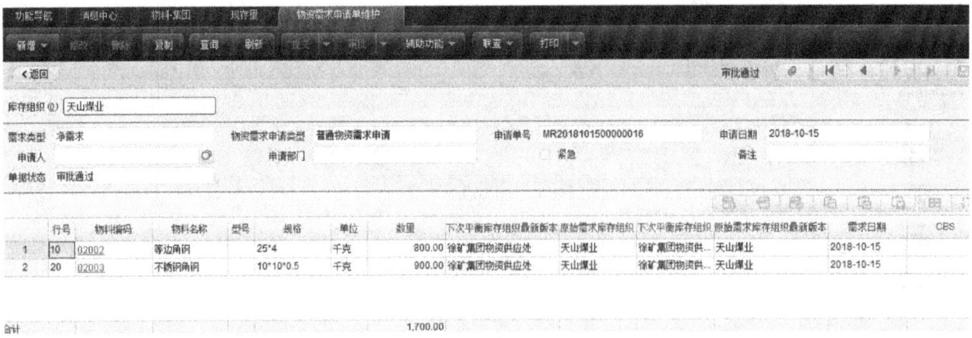

图 5-3-35

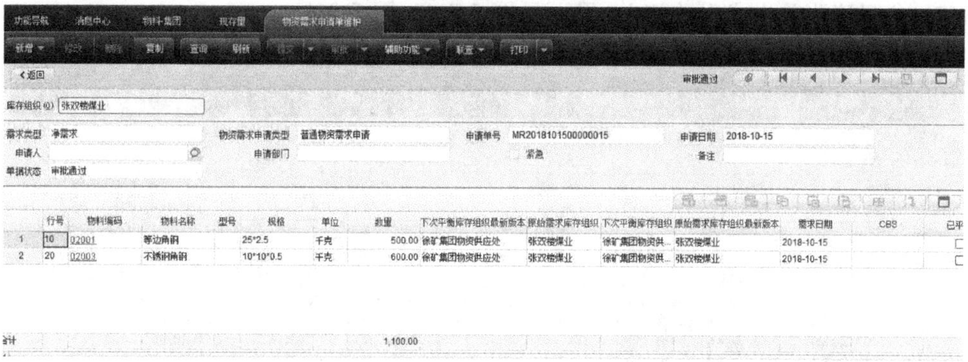

图 5-3-36

(5) 需求汇总平衡，平衡后的记录可以输出，界面见图 5-3-37、图 5-3-38。

图 5-3-37

图 5-3-38

(6) 查询请购单（采购计划），审核请购单（采购计划），界面见图 5-3-39。

图 5-3-39

(7) 参照请购单生成采购订单,界面见图 5-3-40、图 5-3-41。

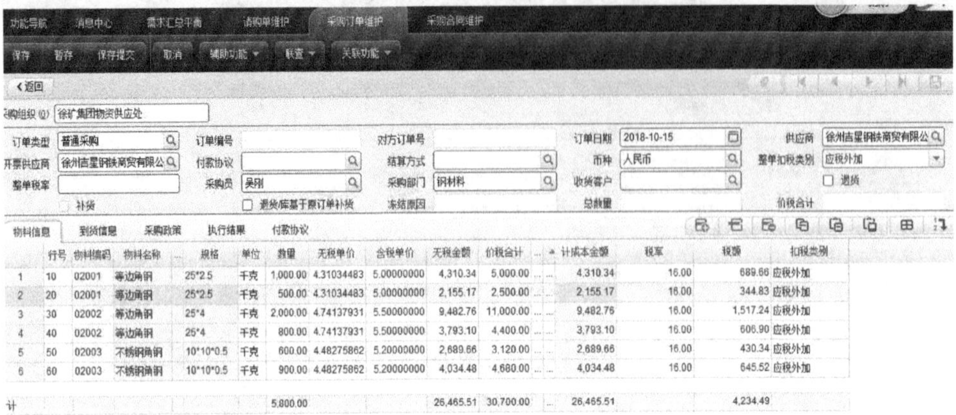

图 5-3-40

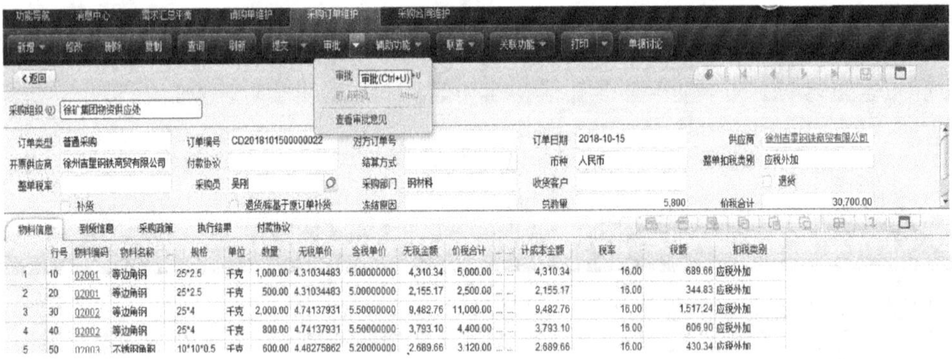

图 5-3-41

(8) 参照采购订单生成到货单,界面见图 5-3-42、图 5-3-43。

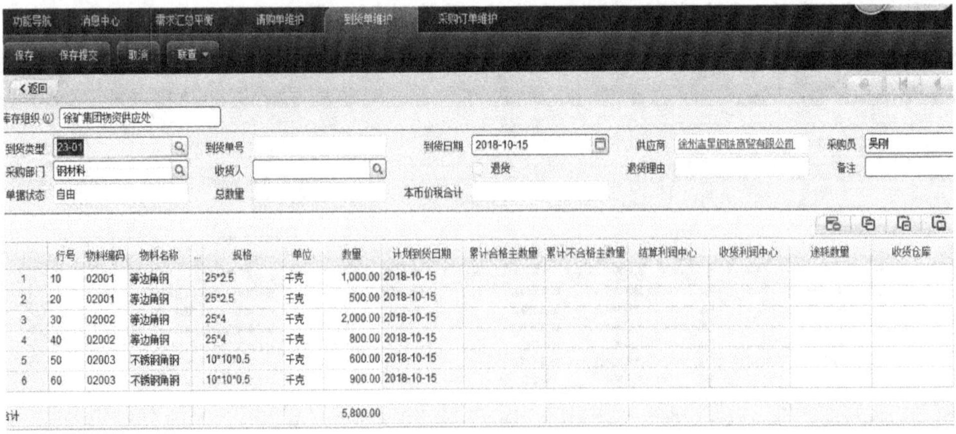

图 5-3-42

图 5-3-43

(9) 参照到货单生成采购入库单,界面见图 5-3-44、图 5-3-45。

图 5-3-44

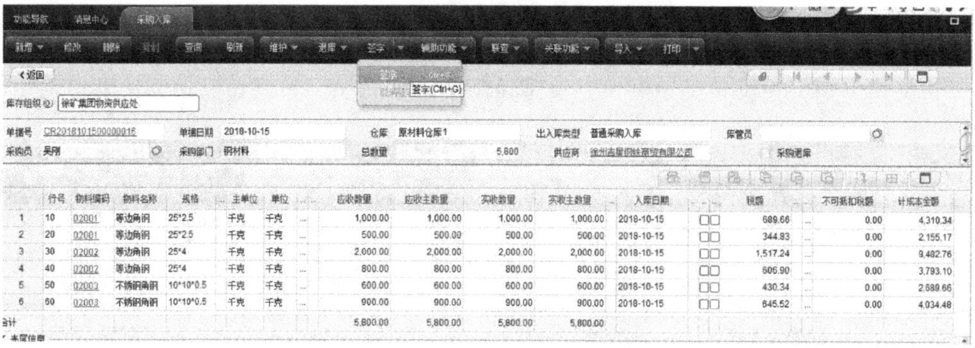

图 5-3-45

(10) 采购入库单审核后,系统自动生成调拨订单,对每一家调拨订单进行编辑,界面见图 5-3-46～图 5-3-49。

(11) 调拨订单审核后,系统自动生成调拨出库单(应发数量)。

(12) 调拨出库单审核后,系统自动生成调拨入库单(应发数量)。

(13) 调拨入库单签字后,调拨方进行结算。(图 5-3-50～图 5-3-54)

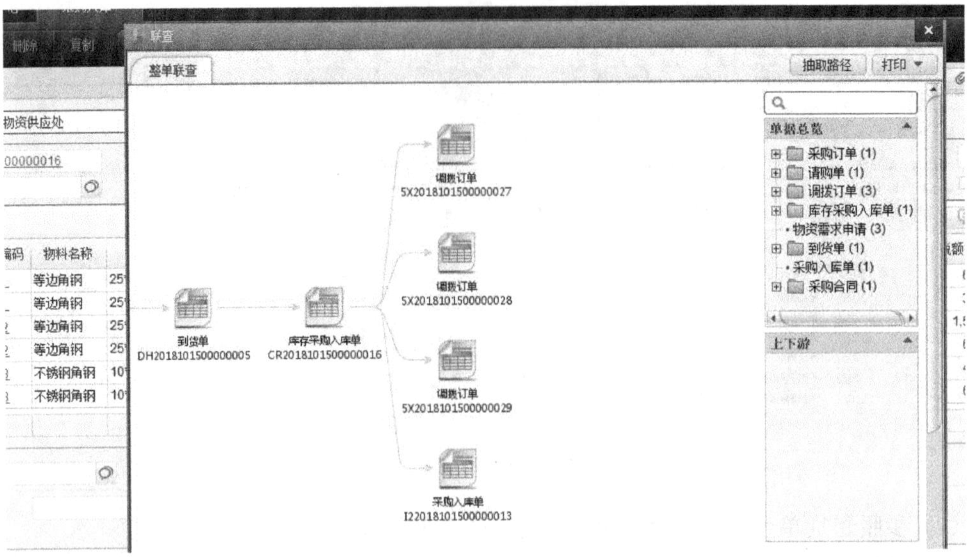

图 5-3-46

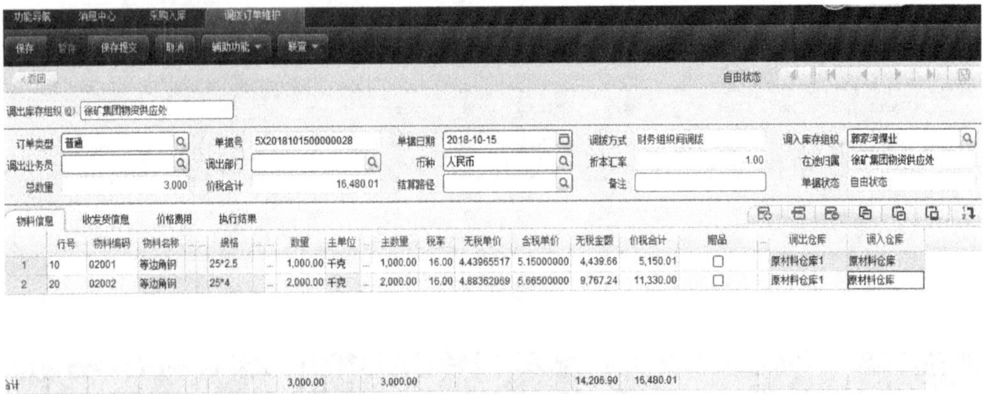

图 5-3-47

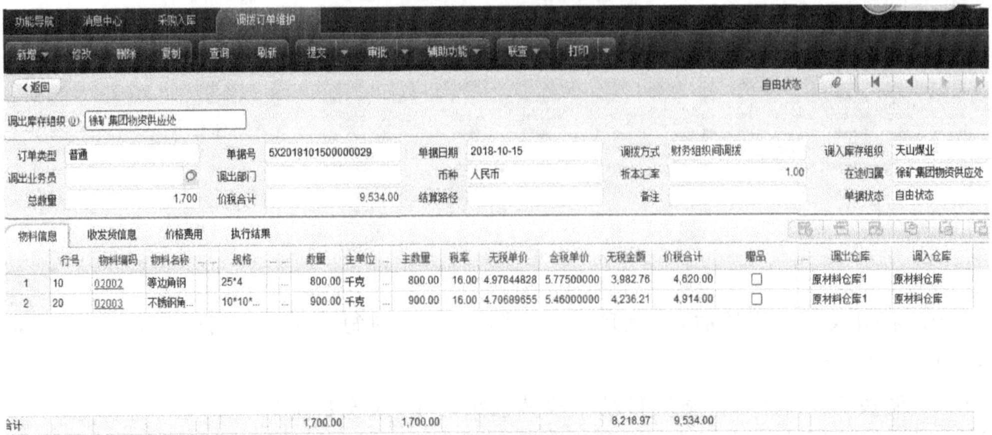

图 5-3-48

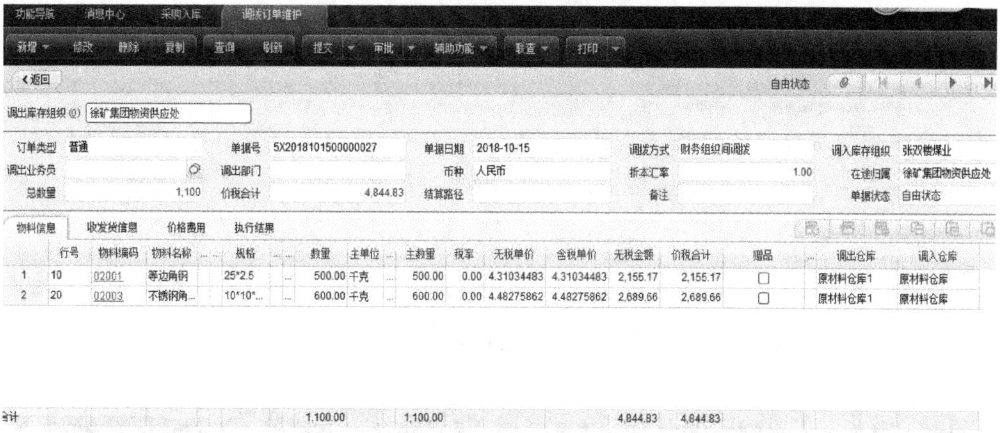

图 5-3-49

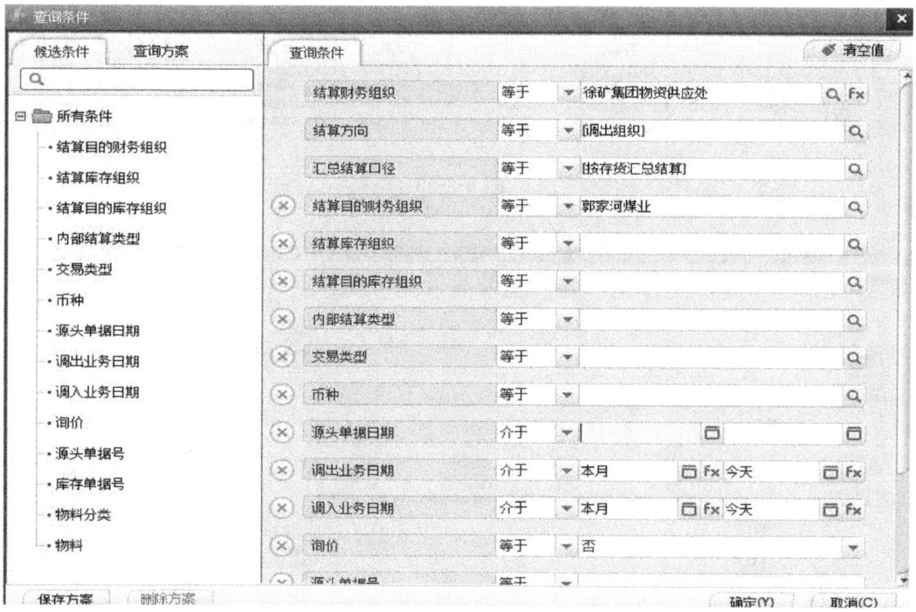

图 5-3-50

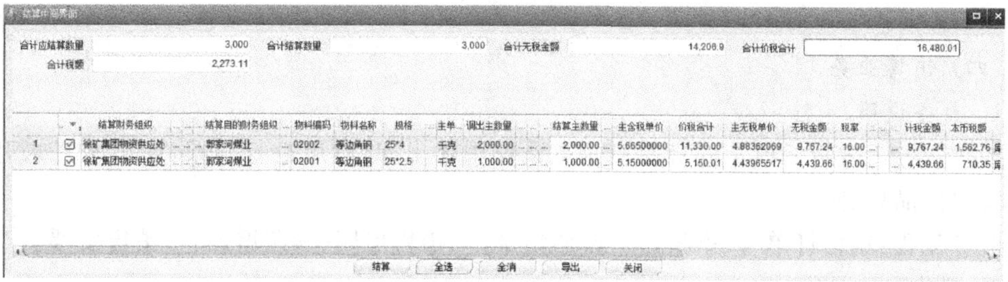

图 5-3-51

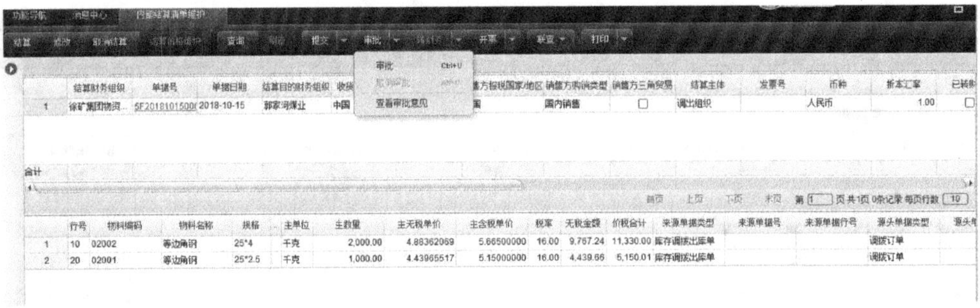

图 5-3-52

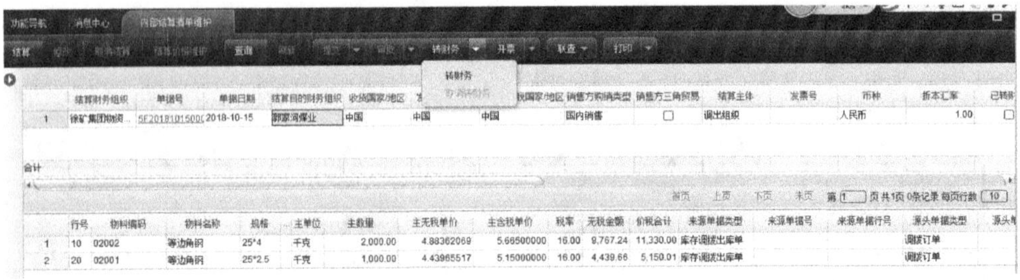

图 5-3-53

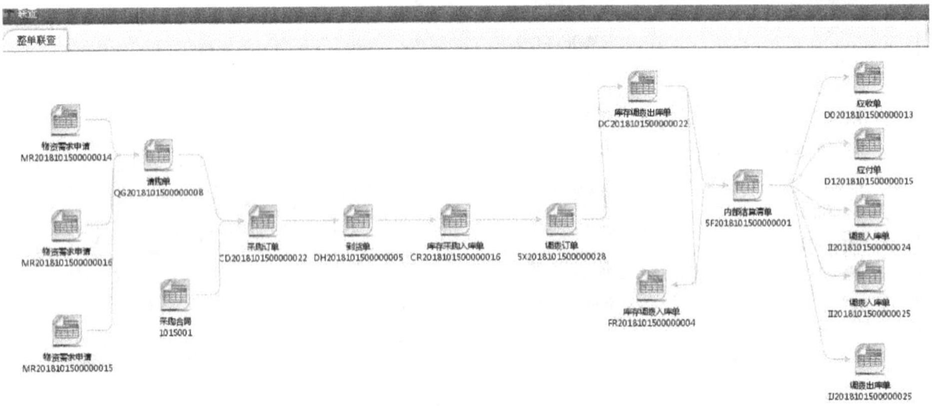

图 5-3-54

（四）销售业务

1. 业务说明

销售业务为先货后票。先货后票业务是先销售出库，然后进行开票，如果本月未开票，则做发出商品处理。

业务流程：销售订单—（审核）—（参照增加）—销售出库（参照增加）—销售发票。

2. 销售订单操作

操作路径：【供应链】—【销售管理】—【销售订单】—【销售订单维护】。（图 5-3-55）

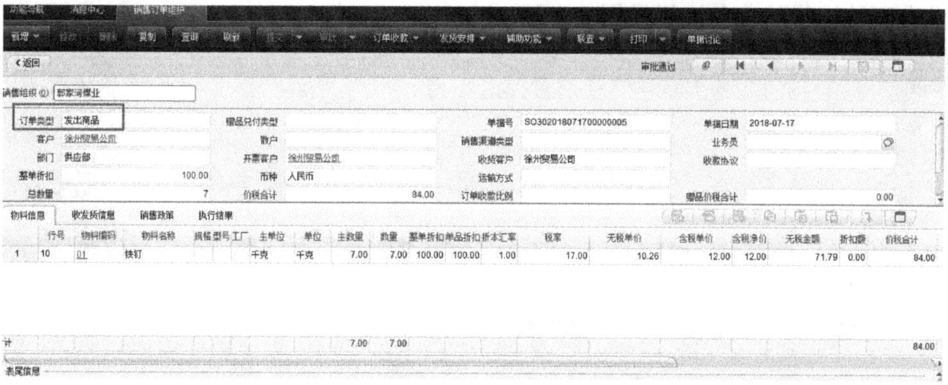

图 5-3-55

3. 销售出库操作

操作路径:【供应链】—【库存管理】—【出库业务】—【销售出库】。(图 5-3-56)

参照发货单生成销售出库单,销售出库单签字后系统自动发出商品处理。

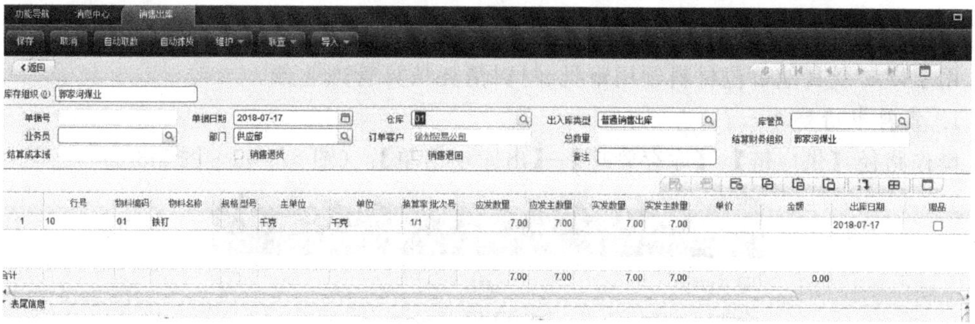

图 5-3-56

4. 销售发票操作

操作路径:【供应链】—【销售管理】—【销售发票】—【销售发票维护】。(图 5-3-57)

参照销售出库单生成销售发票。

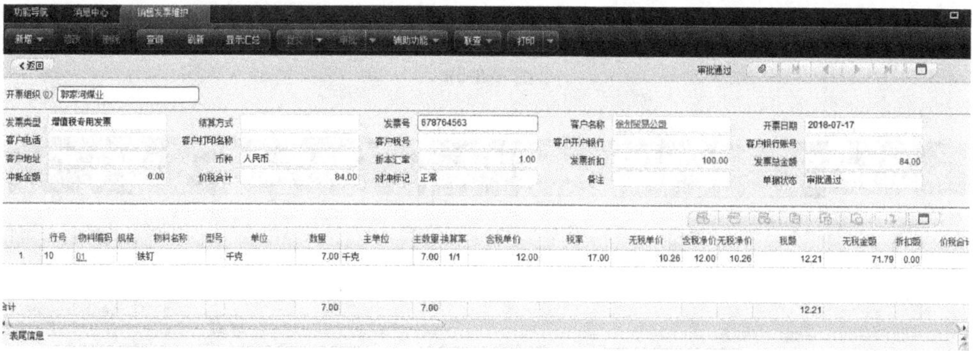

图 5-3-57

发出商品销售的业务流程见图 5-3-58)。

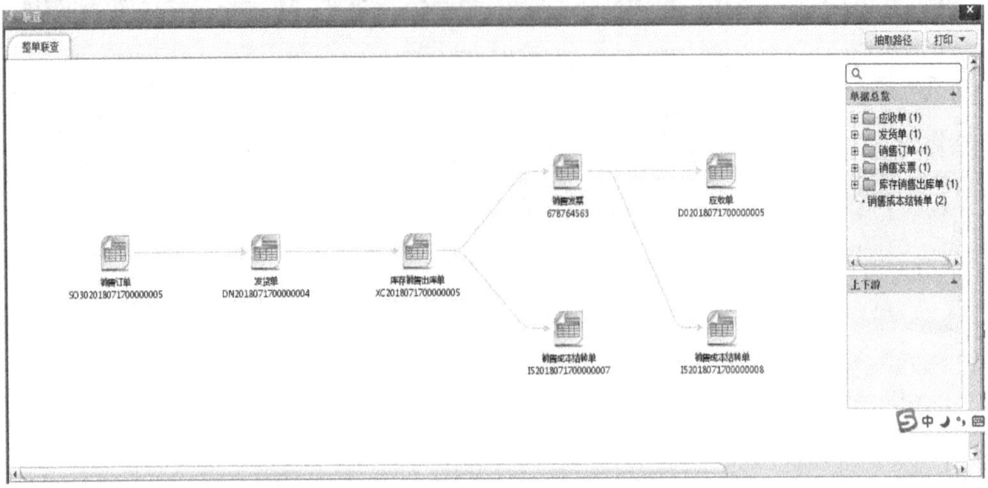

图 5-3-58

（五）物料领用管理

用于煤矿及其他单位材料领用审批、材料消耗核算管理业务。

1. 领料申请处理

操作路径:【供应链】—【库存管理】—【出库申请单】。(图 5-3-59～图 5-3-64)

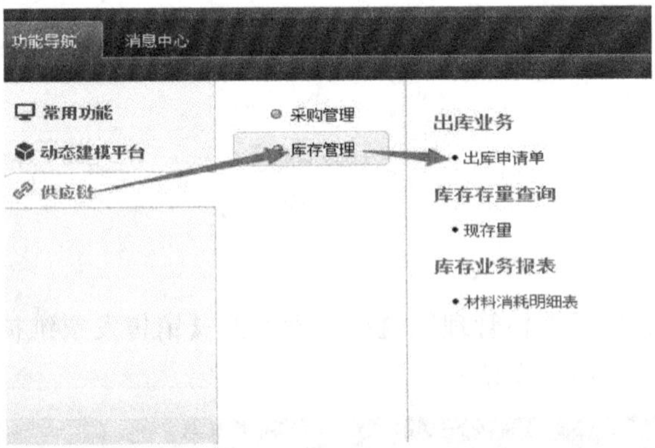

图 5-3-59

图 5-3-60

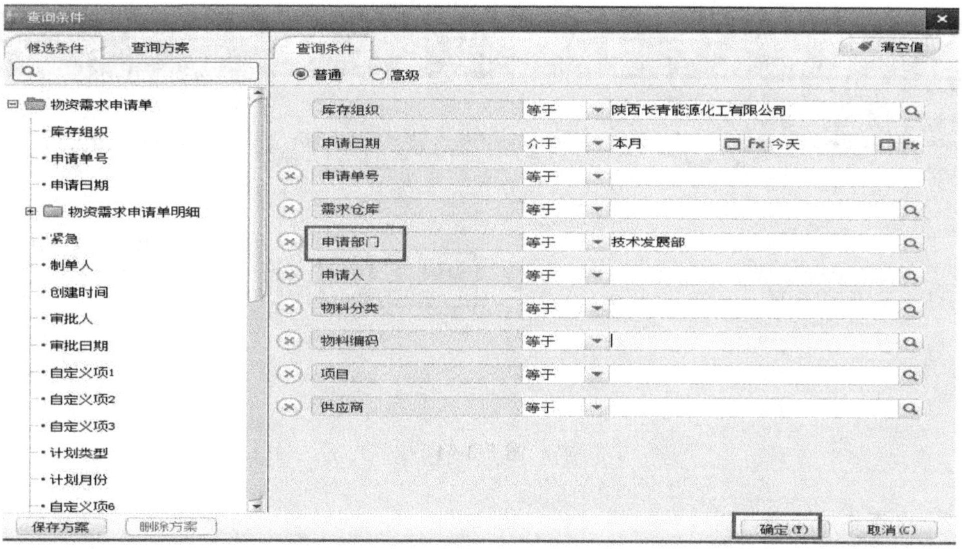

图 5-3-61

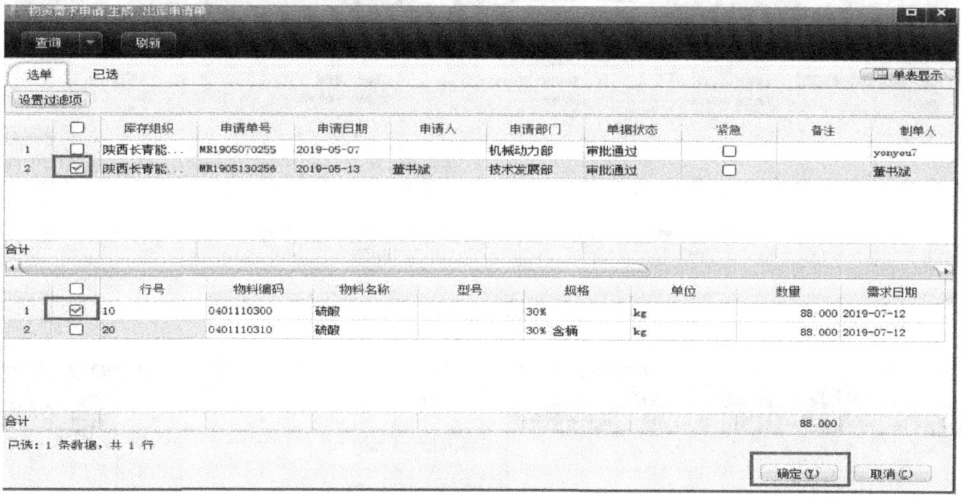

图 5-3-62

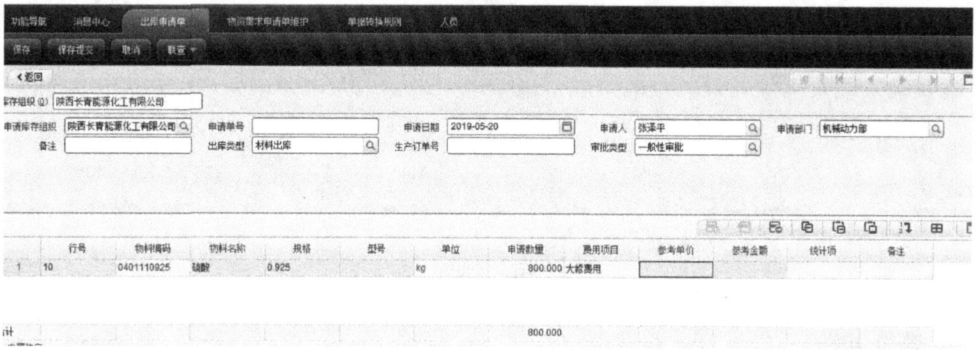

图 5-3-63

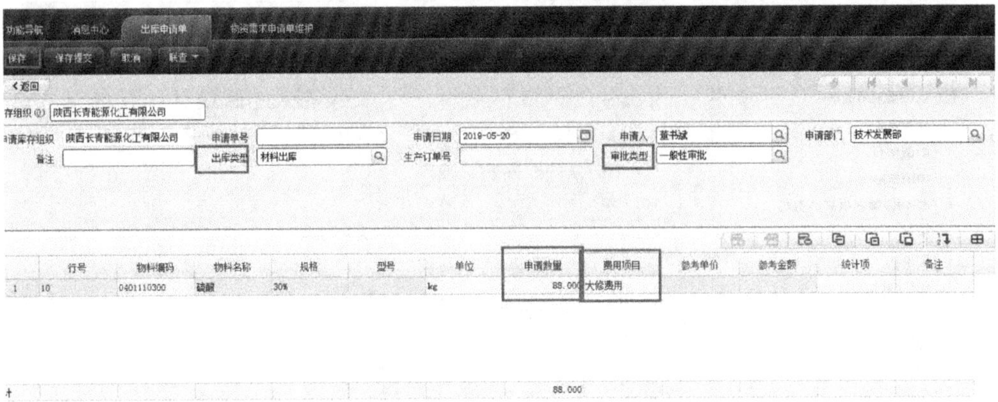

图 5-3-64

2. 出库申请审批

界面见图 5-3-65、图 5-3-66。

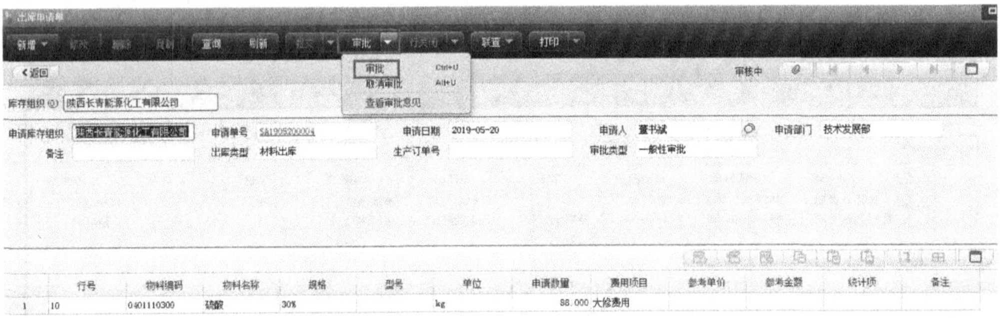

图 5-3-65

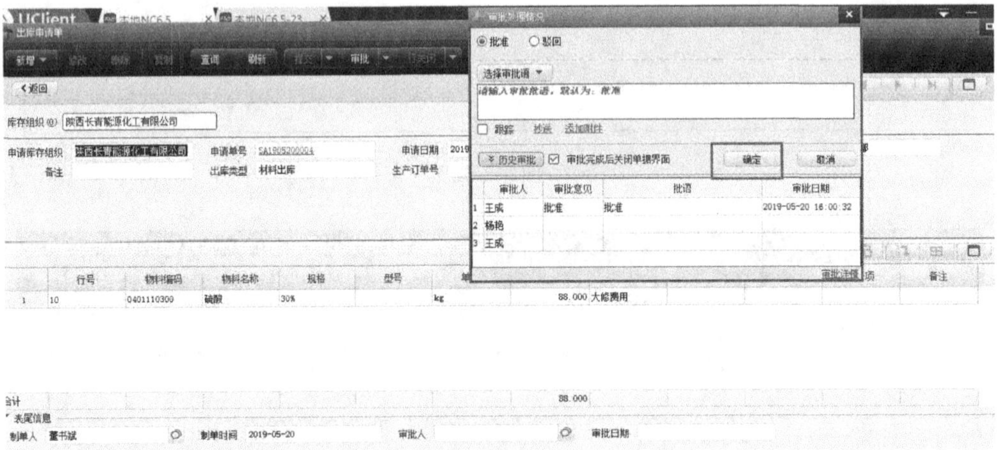

图 5-3-66

3. 批料出库

操作路径:【供应链】—【库存管理】—【出库业务】—【材料出库】。(图 5-3-67～图 5-3-71)

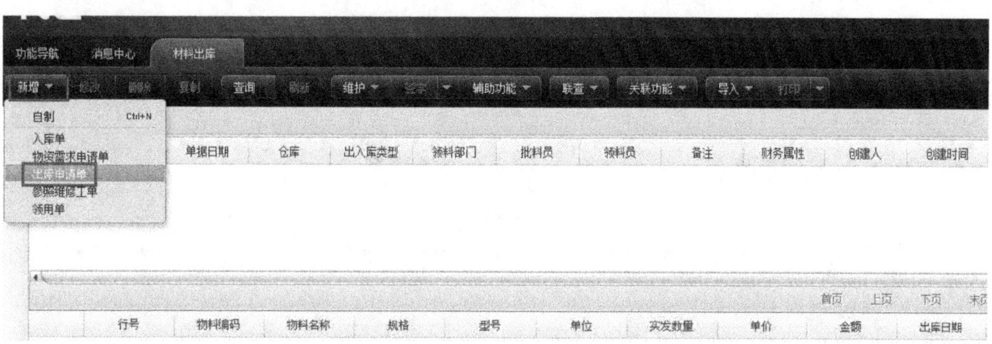

图 5-3-67

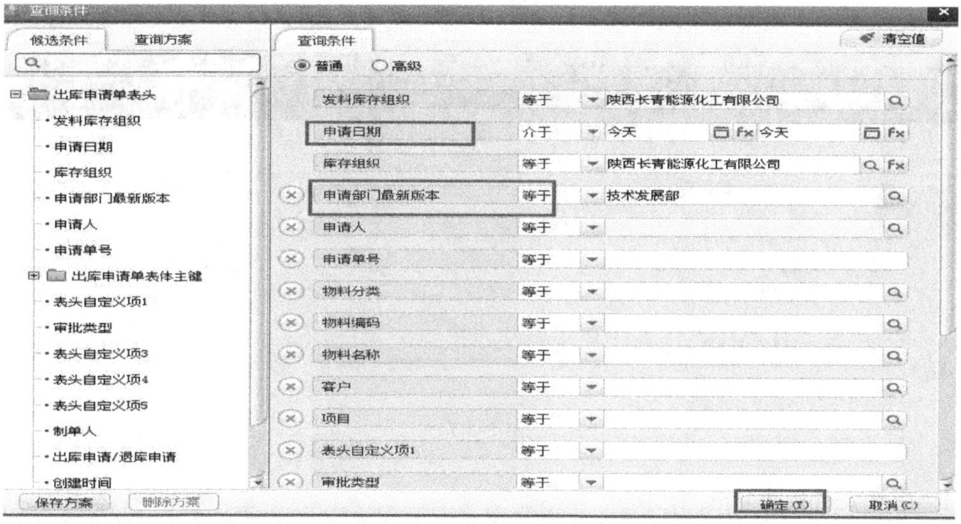

图 5-3-68

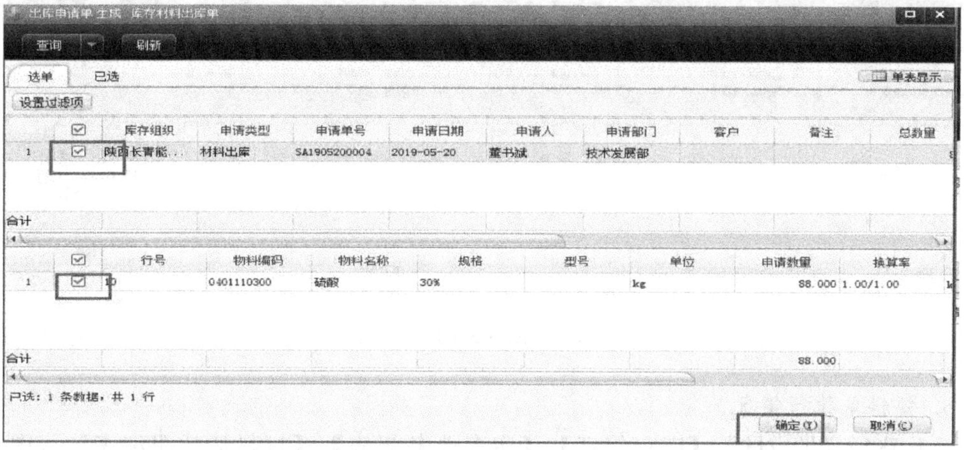

图 5-3-69

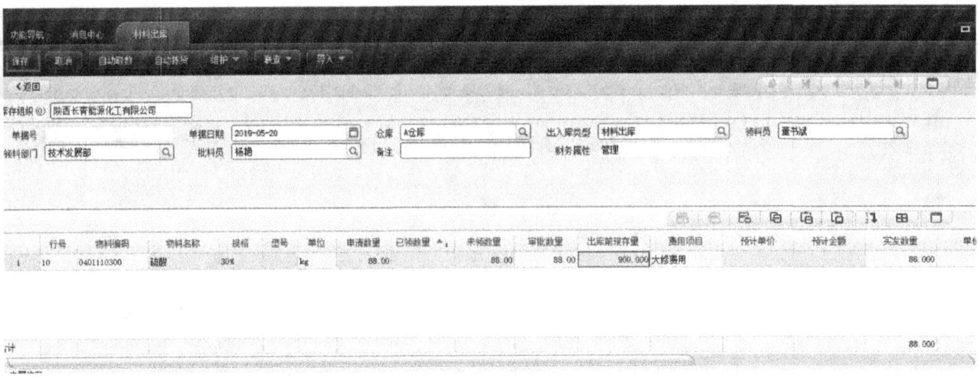

图 5-3-70

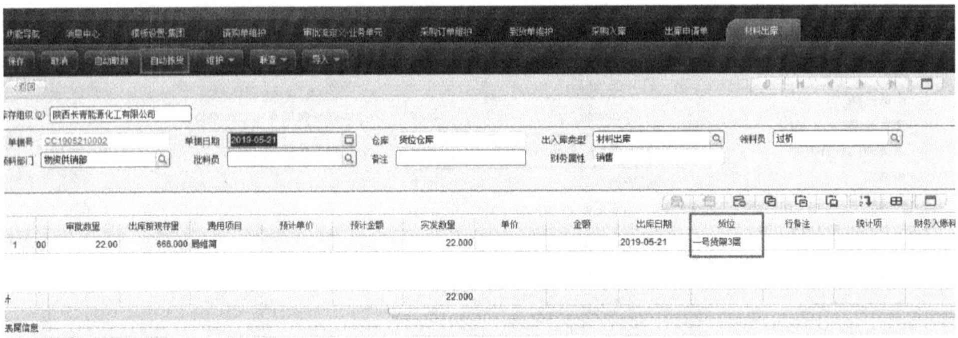

图 5-3-71

4. 库管人员出库确认

界面见图 5-3-72。

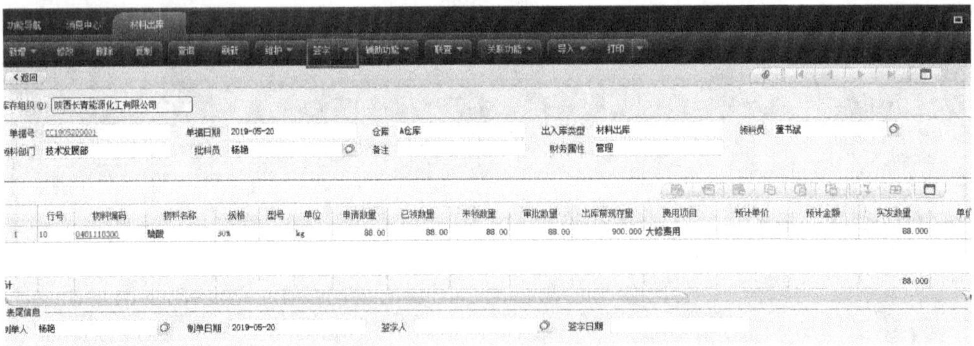

图 5-3-72

5. 领料单执行情况

操作路径:【供应链】—【库存管理】—【库存业务报表】—【材料消耗明细表】。(图 5-3-73、图 5-3-74)

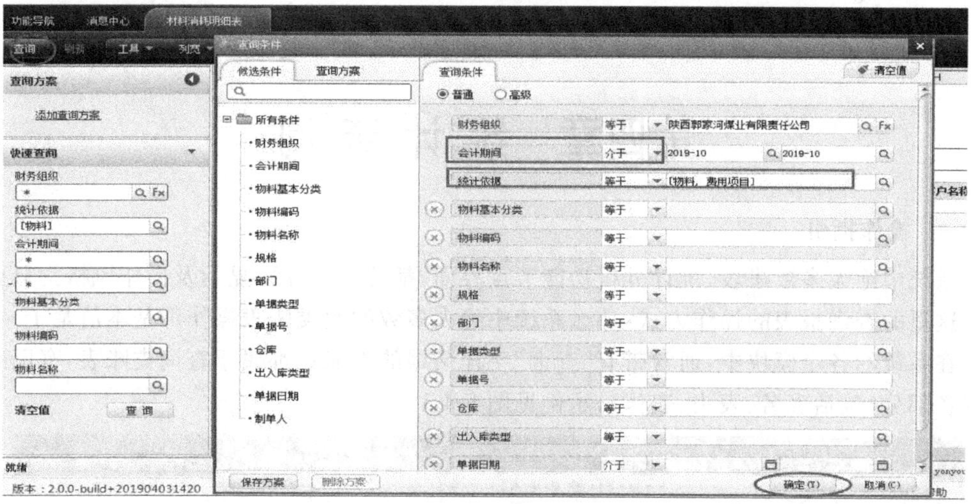

图 5-3-73

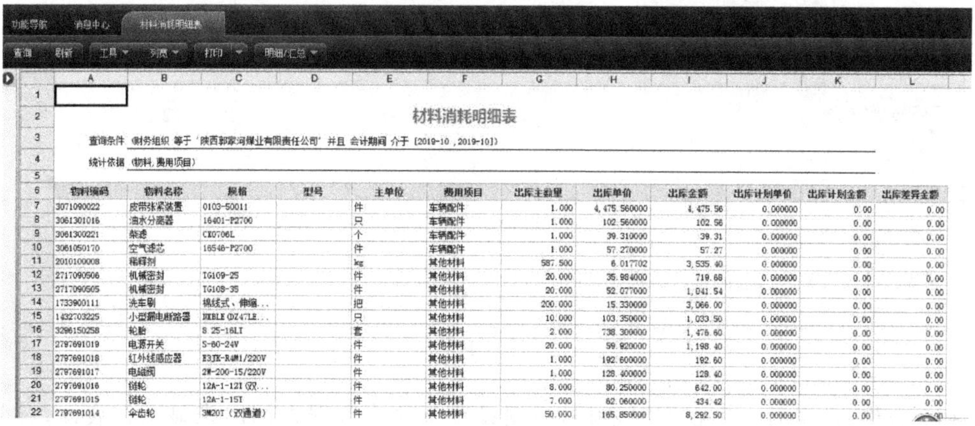

材料消耗明细表

查询条件 (财务组织 等于 '陕西郭家河煤业有限责任公司' 并且 会计期间 介于 [2019-10，2019-10])

统计依据 (物料，费用项目)

物料编码	物料名称	规格	型号	主单位	费用项目	出库主数量	出库单价	出库金额	出库计划单价	出库计划金额	出库差异金额
3071090022	皮带张紧装置	0103-50011		件	车辆配件	1.000	4,475.560000	4,475.56	0.000000	0.00	0.00
3061301016	油水分离器	16401-P2700		只	车辆配件	1.000	102.560000	102.56	0.000000	0.00	0.00
3061300221	柴滤	CX0706L		个	车辆配件	1.000	39.310000	39.31	0.000000	0.00	0.00
3061050170	空气滤芯	16546-P2700		件	车辆配件	1.000	57.270000	57.27	0.000000	0.00	0.00
2010100008	稀释剂			kg	其他材料	587.500	6.017702	3,535.40	0.000000	0.00	0.00
2717090506	机械密封	TG109-25		件	其他材料	20.000	35.984000	719.68	0.000000	0.00	0.00
2717090505	机械密封	TG108-35		件	其他材料	20.000	52.077000	1,041.54	0.000000	0.00	0.00
1733900111	洗车刷	棉线式、伸缩...		把	其他材料	200.000	15.330000	3,066.00	0.000000	0.00	0.00
1432703225	小型漏电断路器	DXBLE (DZ47LE...		只	其他材料	10.000	103.350000	1,033.50	0.000000	0.00	0.00
3296150258	轮胎	8.25-16LT		套	其他材料	2.000	738.300000	1,476.60	0.000000	0.00	0.00
2797691019	电源开关	S-60-24V		件	其他材料	20.000	59.920000	1,198.40	0.000000	0.00	0.00
2797691018	红外线感应器	E3JK-R4M1/220V		件	其他材料	1.000	192.600000	192.60	0.000000	0.00	0.00
2797691017	电磁阀	2W-200-15/220V		件	其他材料	1.000	128.400000	128.40	0.000000	0.00	0.00
2797691016	链轮	12A-1-12T (双...		件	其他材料	8.000	80.250000	642.00	0.000000	0.00	0.00
2797691015	链轮	12A-1-15T		件	其他材料	7.000	62.060000	434.42	0.000000	0.00	0.00
2797691014	伞齿轮	3M20T (双通道)		件	其他材料	50.000	165.850000	8,292.50	0.000000	0.00	[illegible]

图 5-3-74

第四章　统计查询

一、操作指引

系统中绝大多数账表、统计分析功能节点界面，都统一了界面显示及操作风格。只要掌握了这里的查询报表的操作方式，那么系统中绝大多数的此类账表操作都基本清楚了。

在系统的各个模块中，通常带有“查询”字样结尾的功能点都属于查询类账表，有已经预置的各部分(包括表名、表头、表体)，示例见图 5-4-1。

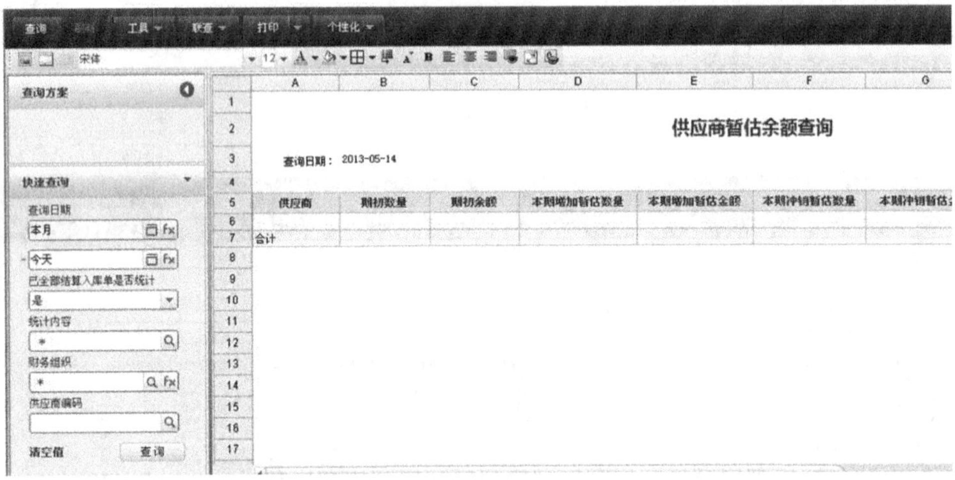

图 5-4-1

(1) 查询：点击后弹出查询对话框，根据设置条件将数据查询出来显示在表体，有关查询操作参见“查询条件操作指南”中的相关说明。也可以通过本界面左侧的“快速查询”进行查询操作。

(2) 工具：工具下有很多功能，其中“升序/降序”需要当光标对应于报表主体中的各栏目上方才有效；单元格设置可对应于报表主界面内任一区域，点击后弹出单元格属性窗口，用户可对选定的区域按自己的喜好进行字体图案、对齐、边框等的设置；工具栏提供“分析设置、格式工具栏、编辑工具栏、单元属性”等子菜单，勾选后则当前界面自动加载出相应的一组功能按钮；“是否区域联动”是针对含多页签或主子表格式的报表的，一旦勾选，选中一个区域或单元则相关的区域或单元随之变动。

(3) 联查：这个按钮不是所有查询类账表都有，通常用于对所选中对象的明细或相关信息进行联查。

(4) 打印：打印前可执行预览，可进行常规的打印设置如页眉、页脚，纸张及方向，页边距、打印区域，打印标题，打印顺序及对齐方式等。其应用方式可以参照 Office 办公系统的打印应用。

(5) 个性化：这个按钮下有两个子按钮，分别为“保存”和“恢复”。举例来说，如果用户对界面格式进行了格式调整,想在下一次打开的时候仍然保持这种格式,那么就对此进行“保存”;若是想恢复到默认的格式,就再通过“恢复”按钮来还原。

二、采购统计查询

(1) 请购单执行情况查询:查看请购单被采购订单执行的详细情况,比如哪些物料被采购了,订单号是多少,数量、价格分别是多少,到货、退货、补货情况是什么,等等。

① 表体是参照 Excel 的风格设计的,将鼠标分别放在列端、行端或单元格上,点击右键可以看到最常用的格式编辑工具,以定义个性化的报表。

② 可在左边工具栏的“查询方案”中添加自己常用或比较固定的查询方式,提高每次的查询效率。

(2) 采购订单执行查询:查看采购订单的执行情况,包括到货数量、退货数量、报检数量、入库情况、发票等关联信息等。

① 表体是参照 Excel 的风格设计的,将鼠标分别放在列端、行端或单元格上,点击右键可以看到最常用的格式编辑工具,以定义个性化的报表。

② 可在左边工具栏的“查询方案”中添加自己常用或比较固定的查询方式,提高每次的查询效率。

(3) 供应商暂估余额表:查看供应商期初、本期、期末的暂估及结算相关数据,比如某物料的期初数量、期初余额、本期增加了多少数量和金额、本期应冲销多少、期末的数量及余额,等等。

三、销售统计查询

(1) 销售订单执行查询:查询销售组织发生的销售订单的明细及执行情况,支持同时查询多销售组织的订单明细及执行情况。

(2) 发货执行查询:查询物流组织的发货单明细及执行情况,包括发货单的累计出库数量和累计安排运输数量。

四、库存统计查询

(1) 现存量:查询当前时点物料的结存数量,便于企业准确掌握当前时点的库存水平。

现存量主要包含如下类型的信息:存量的所有权管理组织、实物的存储地点、物料的 SKU 属性、外部所有权等相关信息。

现存量的主组织是库存组织,查询数据对象是现存量表。(图 5-4-2)

(2) 出入库流水账:仓管员实时查询出入库流水明细。

库存出入库流水账的查询对象是出入库单据,主组织是库存组织。

(3) 收发存汇总表:库存管理人员和仓管员实时查询收发存数据,进行对账等。

收发存汇总表查询的查询数据对象是出入库单,主组织是库存组织。

五、存货核算统计查询

(1) 存货明细账:按照成本域、会计期间对物料或“物料+批次”进行期初结存、收入、发出、期末结存情况的查询。

存货明细账的查询数据对象是出入库单、入库调整单、出库调整单、差异结转单,主组织是成本域。(图 5-4-3)

(2) 出入库流水账:用于查询任意日期范围内物料的出入库详细信息。

现存量

库存组织	仓库	货位	物料编码	物料名称	规格	型号	主单位	结存主数量	预留主数量
陕西长青能源...	备品备件库	B64号货架3层...	8104290060	偏心块上环	代号：JD-0022 P1409絮凝剂...	重庆水泵	件	1.000	
陕西长青能源...	备品备件库	B70号货架2层...	8101350160	填料部件	316L P1205 HYA65-200	添加剂槽给料泵 大连华能	件	1.000	
陕西长青能源...	备品备件库	B67号货架2层...	8101130270	低压油泵（泵...	CB3-63		套	1.000	0.000
陕西长青能源...	备品备件库	B64号货架1层...	8103270010	机封轴套	烧嘴冷却水泵P1304 规 格 ...		件	2.000	
陕西长青能源...	备品备件库	B64号货架3层...	8101290065	阀套	代号：J12-90 A-V 材质：31...	材质：316 重庆水泵厂	件	4.000	0.000
陕西长青能源...	备品备件库	B64号货架2层...	8103110040	密封水软管	JRG20L1-900		根	3.000	
陕西长青能源...	备品备件库	B64号货架3层...	8104290030	十字头	J5-0013	P1409絮凝剂泵LJ4-MF250...	件	1.000	
陕西长青能源...	备品备件库	B64号货架2层...	8103110140	过滤器滤芯	SFAX-160*10	北京航天石化	件	5.000	0.000
陕西长青能源...	备品备件库	B64号货架2层...	8103110090	O型圈	150*3.55 氟橡胶		件	10.000	
陕西长青能源...	备品备件库	B64号货架1层...	8103270025	叶轮螺母	XLK4 M30*1.5（右） OCr17N...		件	2.000	
陕西长青能源...	备品备件库	B64号货架1层...	8103270020	圆螺母	M60*2左		件	1.000	
陕西长青能源...	备品备件库	B64号货架3层...	8101290085	十字头销	代号：J5-0011 20Cr	添加剂给料泵J5-MF5000/...	件	2.000	
陕西长青能源...	备品备件库	B64号货架1层...	8101330015	骨架油封	413.01		件	2.000	
陕西长青能源...	备品备件库	B64号货架3层...	8109800545	联轴器	添加剂槽搅拌器6GTCD10/凯...		套	2.000	
陕西长青能源...	备品备件库	B64号货架1层...	8104250010	刮刀板	Dn-40/2500用		付	3.000	
陕西长青能源...	备品备件库	B68号货架1层...	8101290040	联轴器弹性块	CB2.3-87-3 橡胶		件	10.000	
陕西长青能源...	备品备件库	B64号货架3层...	8104290025	涡轮	LDA-5003-II	P1409絮凝剂泵LJ4-MF250...	件	1.000	
陕西长青能源...	备品备件库	待调整货位	8103110160	刀架 I I	代号：2-60 破渣机HTSC-L	航天石化	件	2.000	
陕西长青能源	备品备件库	B66号货架4层	8104130115	密封环衬套	SAT7M150-125-400	沉降槽给料泵(P1401)	件	2.000	

图 5-4-2

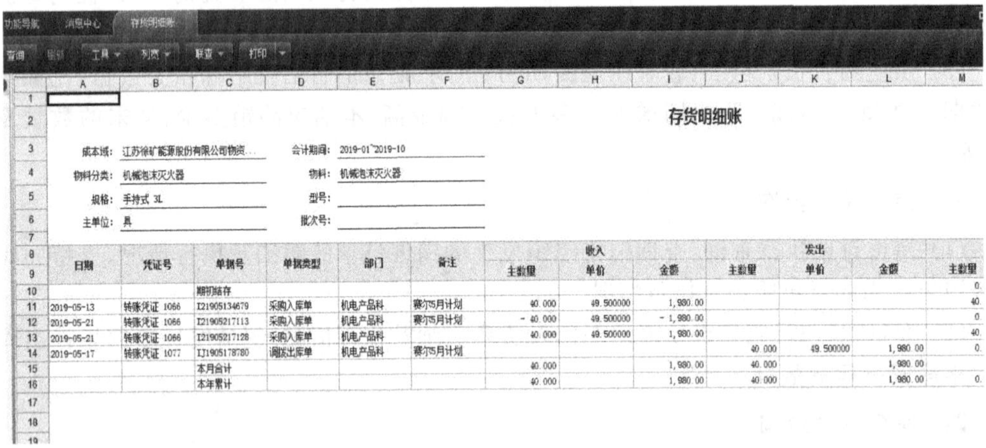

存货明细账

成本域：江苏徐矿能源股份有限公司物资...　　会计期间：2019-01~2019-10

物料分类：机械泡沫灭火器　　物料：机械泡沫灭火器

规格：手持式 3L　　型号：

主单位：具　　批次号：

日期	凭证号	单据号	单据类型	部门	备注	收入			发出			结存
						主数量	单价	金额	主数量	单价	金额	主数量
		期初结存										0.
2019-05-13	转账凭证 1066	I21905134679	采购入库单	机电产品科	赛尔5月计划	40.000	49.500000	1,980.00				40.
2019-05-21	转账凭证 1066	I21905217113	采购入库单	机电产品科	赛尔5月计划	- 40.000	49.500000	- 1,980.00				0.
2019-05-21	转账凭证 1066	I21905217128	采购入库单	机电产品科		40.000	49.500000	1,980.00				40.
2019-05-17	转账凭证 1077	IJ1905178780	调拨出库单	机电产品科	赛尔5月计划				40.000	49.500000	1,980.00	0.
		本月合计				40.000		1,980.00	40.000		1,980.00	
		本年累计				40.000		1,980.00	40.000		1,980.00	0.

图 5-4-3

出入库流水账的查询数据对象是出入库单和入库调整单、出库调整单，主组织是成本域。（图 5-4-4）

（3）发出商品余额表：查询在某会计期间范围内的，作发出商品核算的物料按照设置的统计依据对期初、借方、贷方、结存的汇总情况。

发出商品余额的查询数据对象是发出商品借方标志、贷方标志的销售成本结转单、调拨出库单、出库调整单、发出商品月结表，主组织是财务组织。（图 5-4-5）

（4）收发存汇总表：按照指定的统计依据对物料在一定日期内的期初、收入、发出、结存进行的汇总查询。

收发存汇总的查询数据对象是出入库单、入库调整单、出库调整单，主组织是财务组织。（图 5-4-6）

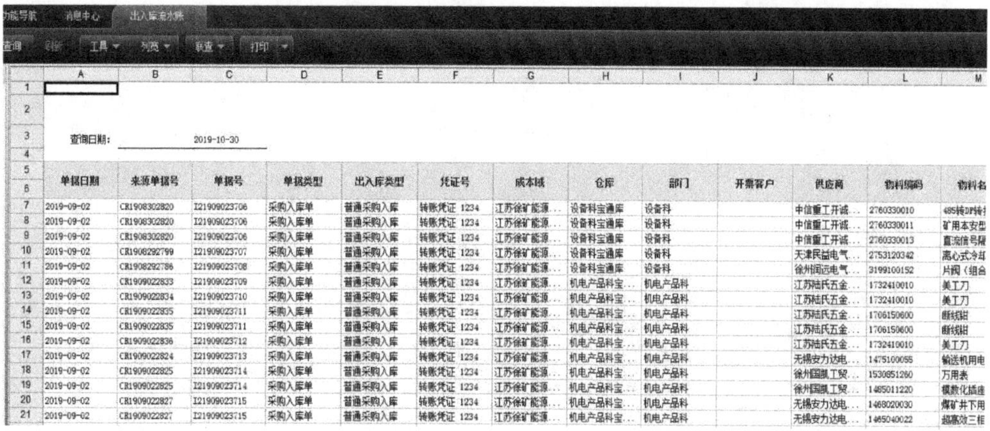

查询日期：2019-10-30

单据日期	来源单据号	单据号	单据类型	出入库类型	凭证号	成本域	仓库	部门	开票客户	供应商	物料编码	物料名
2019-09-02	CR1908302820	I21909023706	采购入库单	普通采购入库	转账凭证 1234	江苏徐矿能源...	设备科宝通库	设备科		中信重工开诚...	2760330010	485转DP转
2019-09-02	CR1908302820	I21909023706	采购入库单	普通采购入库	转账凭证 1234	江苏徐矿能源...	设备科宝通库	设备科		中信重工开诚...	2760330011	矿用本安型
2019-09-02	CR1908302820	I21909023706	采购入库单	普通采购入库	转账凭证 1234	江苏徐矿能源...	设备科宝通库	设备科		中信重工开诚...	2760330013	直流信号隔
2019-09-02	CR1908292799	I21909023707	采购入库单	普通采购入库	转账凭证 1234	江苏徐矿能源...	设备科宝通库	设备科		天津民益电气...	2753120342	离心式冷却
2019-09-02	CR1908292786	I21909023708	采购入库单	普通采购入库	转账凭证 1234	江苏徐矿能源...	设备科宝通库	设备科		徐州润远电气...	3199100152	片阀（组合
2019-09-02	CR1909022833	I21909023709	采购入库单	普通采购入库	转账凭证 1234	江苏徐矿能源...	机电产品科宝...	机电产品科		江苏陆氏五金...	1732410010	美工刀
2019-09-02	CR1909022834	I21909023710	采购入库单	普通采购入库	转账凭证 1234	江苏徐矿能源...	机电产品科宝...	机电产品科		江苏陆氏五金...	1732410010	美工刀
2019-09-02	CR1909022835	I21909023711	采购入库单	普通采购入库	转账凭证 1234	江苏徐矿能源...	机电产品科宝...	机电产品科		江苏陆氏五金...	1706150600	断线钳
2019-09-02	CR1909022835	I21909023711	采购入库单	普通采购入库	转账凭证 1234	江苏徐矿能源...	机电产品科宝...	机电产品科		江苏陆氏五金...	1706150600	断线钳
2019-09-02	CR1909022836	I21909023712	采购入库单	普通采购入库	转账凭证 1234	江苏徐矿能源...	机电产品科宝...	机电产品科		江苏陆氏五金...	1732410010	美工刀
2019-09-02	CR1909022824	I21909023713	采购入库单	普通采购入库	转账凭证 1234	江苏徐矿能源...	机电产品科宝...	机电产品科		无锡安力达电...	1475100055	输送机用电
2019-09-02	CR1909022825	I21909023714	采购入库单	普通采购入库	转账凭证 1234	江苏徐矿能源...	机电产品科宝...	机电产品科		徐州国凯工贸...	1530851260	万用表
2019-09-02	CR1909022825	I21909023714	采购入库单	普通采购入库	转账凭证 1234	江苏徐矿能源...	机电产品科宝...	机电产品科		徐州国凯工贸...	1485011220	模数化插座
2019-09-02	CR1909022827	I21909023715	采购入库单	普通采购入库	转账凭证 1234	江苏徐矿能源...	机电产品科宝...	机电产品科		无锡安力达电...	1468020030	煤矿井下用
2019-09-02	CR1909022827	I21909023715	采购入库单	普通采购入库	转账凭证 1234	江苏徐矿能源...	机电产品科宝...	机电产品科		无锡安力达电...	1465040022	超高效三相

图 5-4-4

会计期间：2019-04~2019-10

财务组织	成本域	客户基本分类	开票客户编码	开票客户名称	期初主数量	期初单价	期初金额	期初计划单价	期初计划金额	期初差异	借方主数量	借方
江苏徐矿能源...	江苏徐矿能源...	集团外单位	11412	河南中煤电子...	0.00000000		0.00		0.00		5,296,331.00...	
江苏徐矿能源...	江苏徐矿能源...	集团外单位	12480	天地（常州）...	0.00000000		0.00				59,880.00000000	2
江苏徐矿能源...	江苏徐矿能源...	集团内单位	1255	江苏新鹏能源...	0.00000000		0.00				770,984.0000...	
江苏徐矿能源...	江苏徐矿能源...	集团外单位	13037	徐州矿务局韩...	1,044,890.00000000	3.569238	3,729,460.73	0.000000	0.00		336,640.0000...	
江苏徐矿能源...	江苏徐矿能源...	集团外单位	13328	徐州苏煤矿山...	0.00000000		0.00				9,556.00000000	35
江苏徐矿能源...	江苏徐矿能源...	集团内单位	121508	徐州长城基础...	0.00000000		0.00				4.00000000	4,27
江苏徐矿能源...	江苏徐矿能源...	集团内单位	1157	徐矿集团煤炭...	0.00000000		0.00		0.00		1,444.00000000	2
江苏徐矿能源...	江苏徐矿能源...	集团外单位	70366	徐州中煤矿业...	0.00000000		0.00				9.00000000	8,79
江苏徐矿能源...	江苏徐矿能源...	集团外单位	11498	郑州煤机液压...	0.00000000		0.00		0.00		282,483.0000...	5
江苏徐矿能源...	江苏徐矿能源...	集团外单位	13881	江苏中煤电缆...	0.00000000		0.00		0.00		1,300,000.00...	4
江苏徐矿能源...	江苏徐矿能源...	集团外单位	14610	河北澳兰机械...	0.00000000		0.00				1,035.00000000	2,94
江苏徐矿能源...	江苏徐矿能源...	集团外单位	20504	山东神力索具...	0.00000000		0.00				290.02500000	8,98
江苏徐矿能源...	江苏徐矿能源...	集团外单位	11601	泰安众诚自动...	0.00000000		0.00				25.00000000	33,32
江苏徐矿能源...	江苏徐矿能源...	集团外单位	12484	常州科研试制...	0.00000000		0.00				20.00000000	49,55
江苏徐矿能源...	江苏徐矿能源...	集团外单位	12737	徐州东祥运输...	0.00000000		0.00				59.00000000	10

（“期初主数量”至“期初差异”六列的合并表头为“期初”。）

图 5-4-5

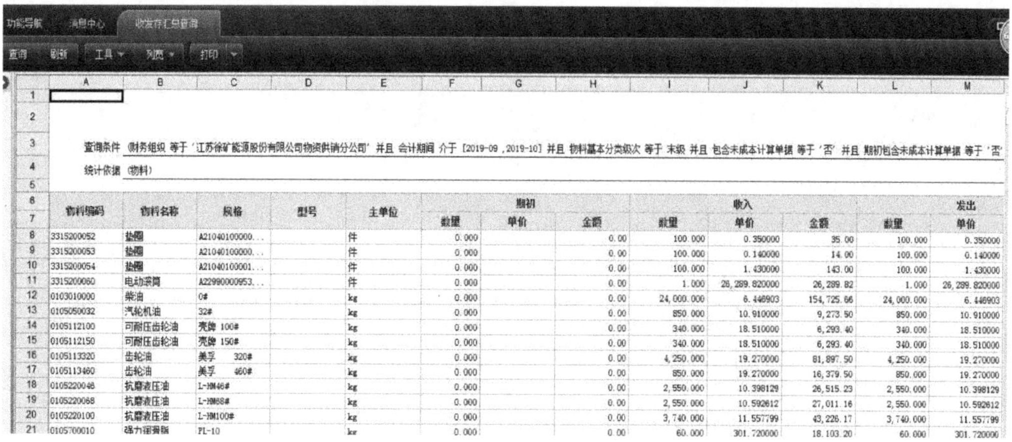

查询条件 （财务组织 等于 ‘江苏徐矿能源股份有限公司物资供销分公司’ 并且 会计期间 介于 [2019-09 ,2019-10] 并且 物料基本分类级次 等于 末级 并且 包含未成本计算单据 等于 ‘否’ 并且 期初包含未成本计算单据 等于 ‘否’

统计依据 （物料）

物料编码	物料名称	规格	型号	主单位	期初			收入			发出	
					数量	单价	金额	数量	单价	金额	数量	单价
3315200052	垫圈	A21040100000...		件	0.000		0.00	100.000	0.350000	35.00	100.000	0.350000
3315200053	垫圈	A21040100000...		件	0.000		0.00	100.000	0.140000	14.00	100.000	0.140000
3315200054	垫圈	A21040100001...		件	0.000		0.00	100.000	1.430000	143.00	100.000	1.430000
3315200060	电动滚筒	A22990000953...		件	0.000		0.00	1.000	26,289.820000	26,289.82	1.000	26,289.820000
0103010000	柴油	0#		kg	0.000		0.00	24,000.000	6.446903	154,725.66	24,000.000	6.446903
0105050032	汽轮机油	32#		kg	0.000		0.00	850.000	10.910000	9,273.50	850.000	10.910000
0105112100	可耐压齿轮油	壳牌 100#		kg	0.000		0.00	340.000	18.510000	6,293.40	340.000	18.510000
0105112150	可耐压齿轮油	壳牌 150#		kg	0.000		0.00	340.000	18.510000	6,293.40	340.000	18.510000
0105113320	齿轮油	美孚 320#		kg	0.000		0.00	4,250.000	19.270000	81,897.50	4,250.000	19.270000
0105113460	齿轮油	美孚 460#		kg	0.000		0.00	850.000	19.270000	16,379.50	850.000	19.270000
0105220046	抗磨液压油	L-HM46#		kg	0.000		0.00	2,550.000	10.398129	26,515.23	2,550.000	10.398129
0105220068	抗磨液压油	L-HM68#		kg	0.000		0.00	2,550.000	10.592612	27,011.16	2,550.000	10.592612
0105220100	抗磨液压油	L-HM100#		kg	0.000		0.00	3,740.000	11.557799	43,226.17	3,740.000	11.557799
0105700010	强力润滑脂	PL-10		kg	0.000		0.00	60.000	301.720000	18,103.20	60.000	301.720000

图 5-4-6

第六篇　费用报销

第一章　操作流程

一、登录系统

系统登录地址:http://10.100.1.182/portal,报销需登录portal端网址。登录系统前,保证本机IE为IE10及IE10以上版本或者使用360极速浏览器。360极速浏览器下载网址:http://chrome.360.cn/,安装完成后,打开该浏览器,切换至极速模式。(图6-1-1)

图 6-1-1

二、新增个性化桌面

填写报销单时,单击右上侧"+"打开,进入所选单据管理列表界面,选择发起费用类型。(图6-1-2)

图 6-1-2

进入菜单栏,添加常用报销单据或单击直接进入报销界面。(图6-1-3)

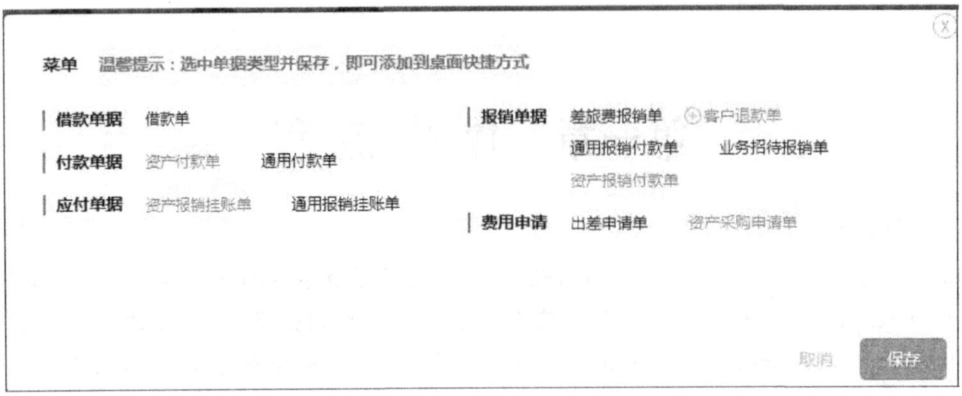

图 6-1-3

报账人查询界面见图 6-1-4。

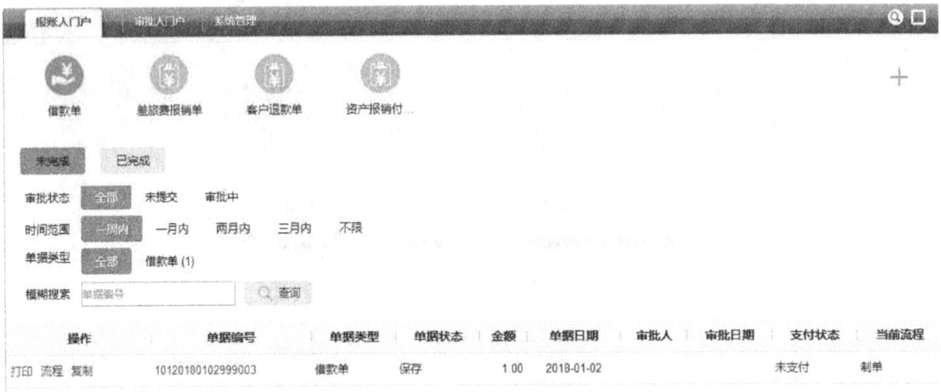

图 6-1-4

审批人界面见图 6-1-5。

图 6-1-5

第二章　操作指引

一、填制报销单

登录系统，选择需要填制的单据类型。如需填写差旅费报销单，则双击“差旅费报销单”，系统弹出单据录入界面。（图 6-2-1）

图 6-2-1

输入相应的信息，上传附件，检查无误后进行提交。（图 6-2-2～图 6-2-9）

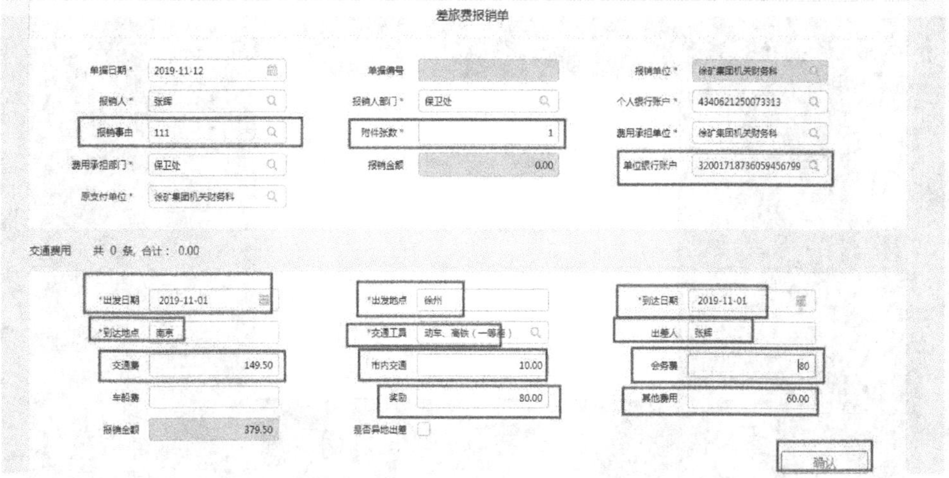

图 6-2-2

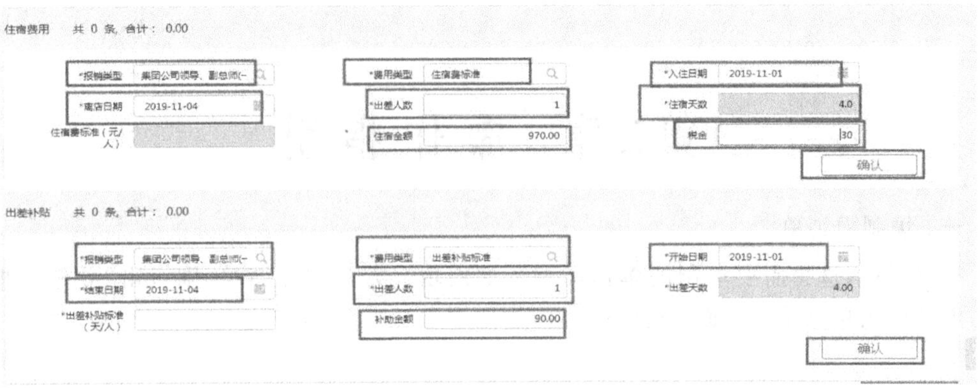

图 6-2-3

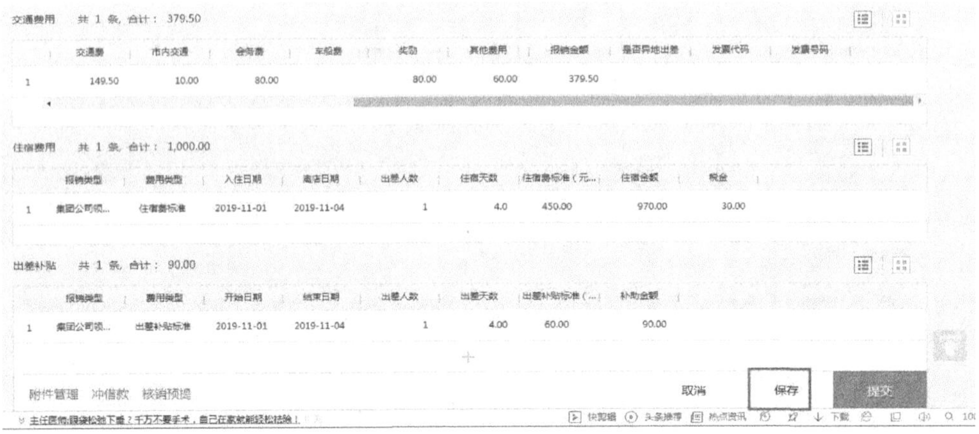

图 6-2-4

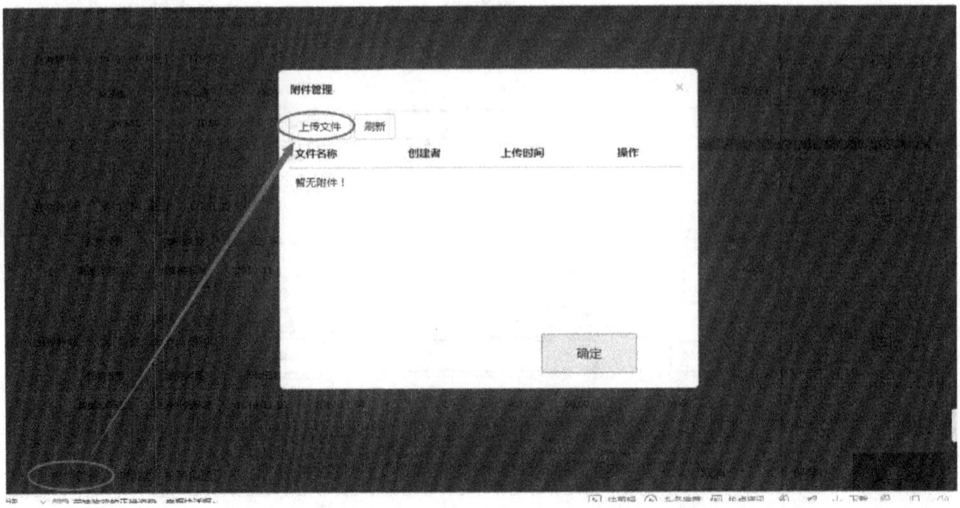

图 6-2-5

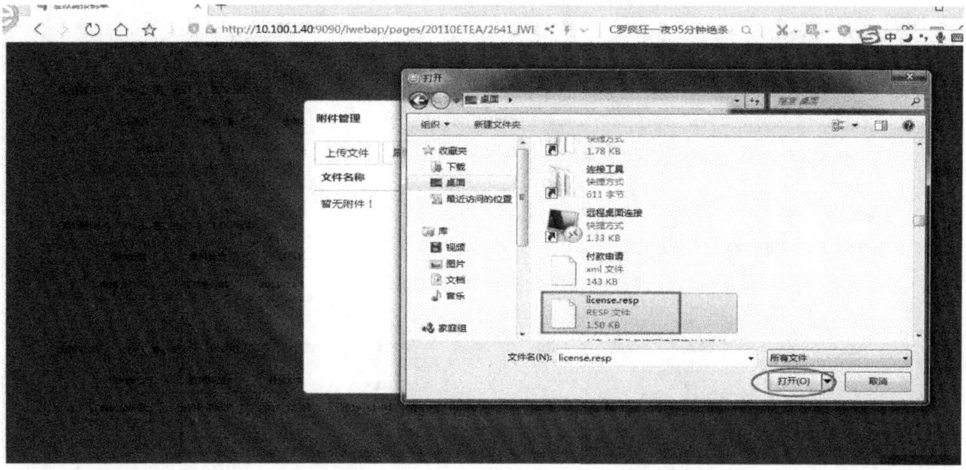

图 6-2-6

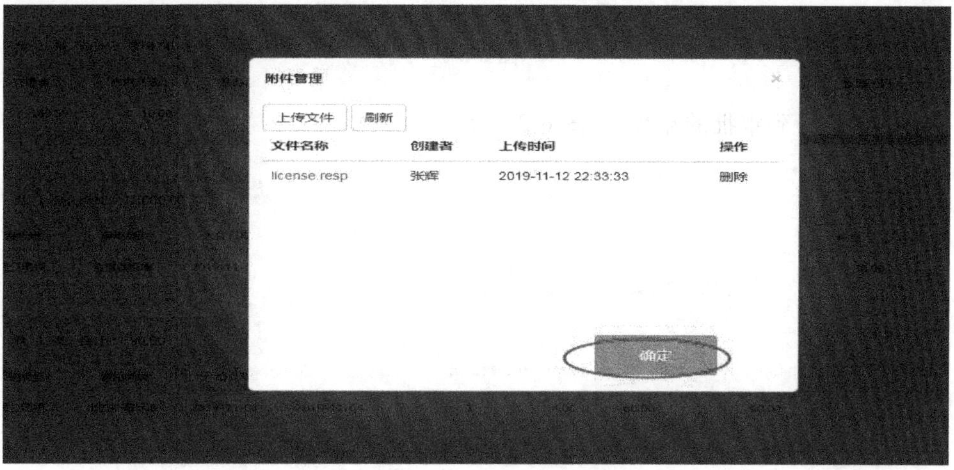

图 6-2-7

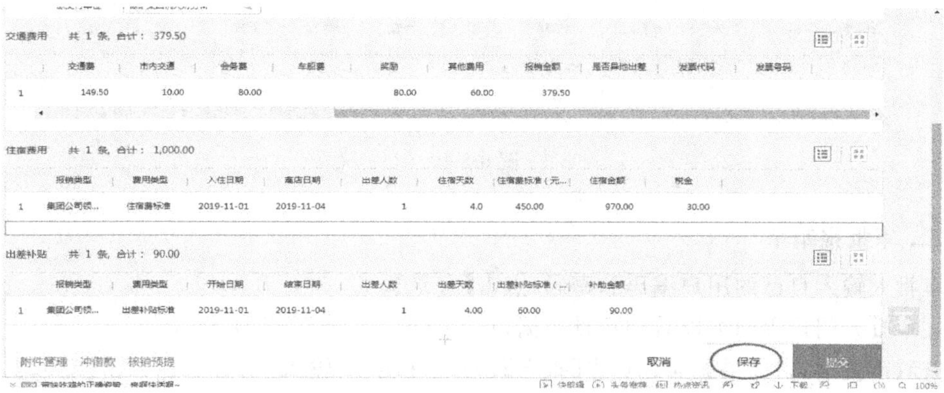

图 6-2-8

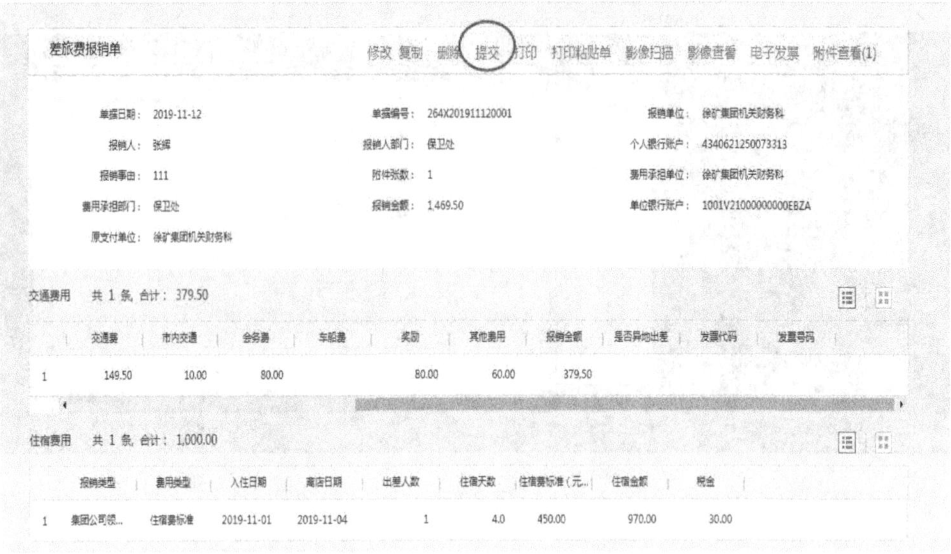

图 6-2-9

提交后可以看到审批的流程。(图 6-2-10)

图 6-2-10

二、审批报销单

审批人输入自己的用户编码和密码,点击【登录】。

在审批人门户界面可以看到审批单据,双击打开。(图 6-2-11)

查看审批信息,如果无误就点击【批准】;如果有误,则输入驳回意见,点击【驳回】。(图 6-2-12)

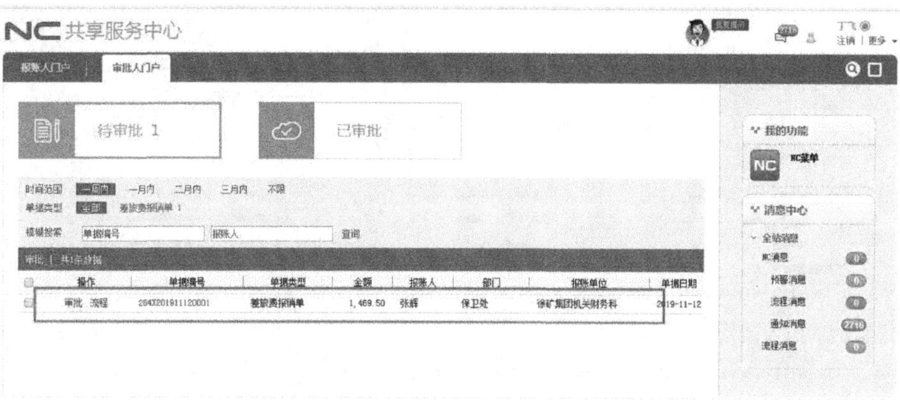

图 6-2-11

图 6-2-12

三、查询打印报销单

管理人员应用统计查询及打印输出的界面见图 6-2-13、图 6-2-14。

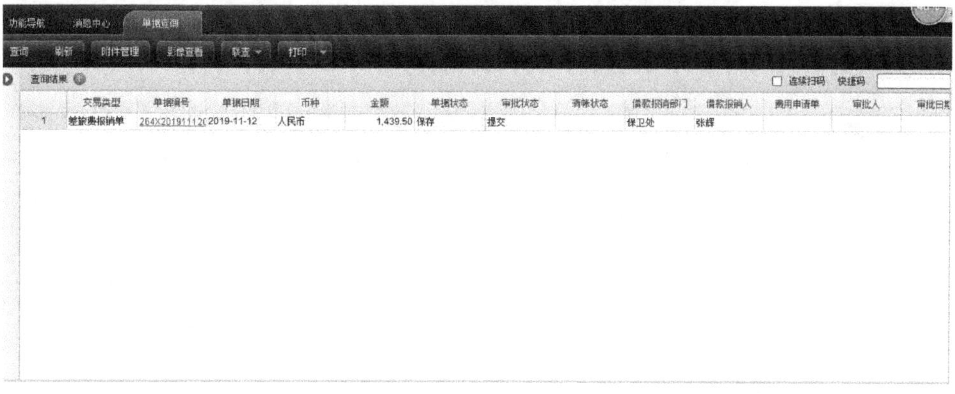

图 6-2-13

差旅费报销单
修改 复制 收回 打印 打印粘贴单 影像扫描 影像查看 电子发票 附件查看(1)
张辉
提交
丁飞
批准 同意
收回
查看流程
单据日期： 2019-11-12
单据编号： 264X201911120001
报销单位： 徐矿集团机关财务科
报销人： 张辉
报销人部门： 保卫处
个人银行账户： 4340621250073313
报销事由： 111
附件张数： 1
费用承担单位： 徐矿集团机关财务科
费用承担部门： 保卫处
报销金额： 1,469.50
单位银行账户： 1001V21000000000EBZA
原支付单位： 徐矿集团机关财务科
交通费用 共 1 条，合计： 379.50
出发日期 出发地点 到达日期 到达地点 交通工具 出差人 交通费 市内交通 会务费 车船费 奖励
1 2019-11-01 徐州 2019-11-01 南京 动车、高铁... 张辉 149.50 10.00 80.00 80.00
住宿费用 共 1 条，合计： 1,000.00

图 6-2-14

第七篇　财务报告

第一章 总体流程

财务报告总体流程见图 7-1-1。

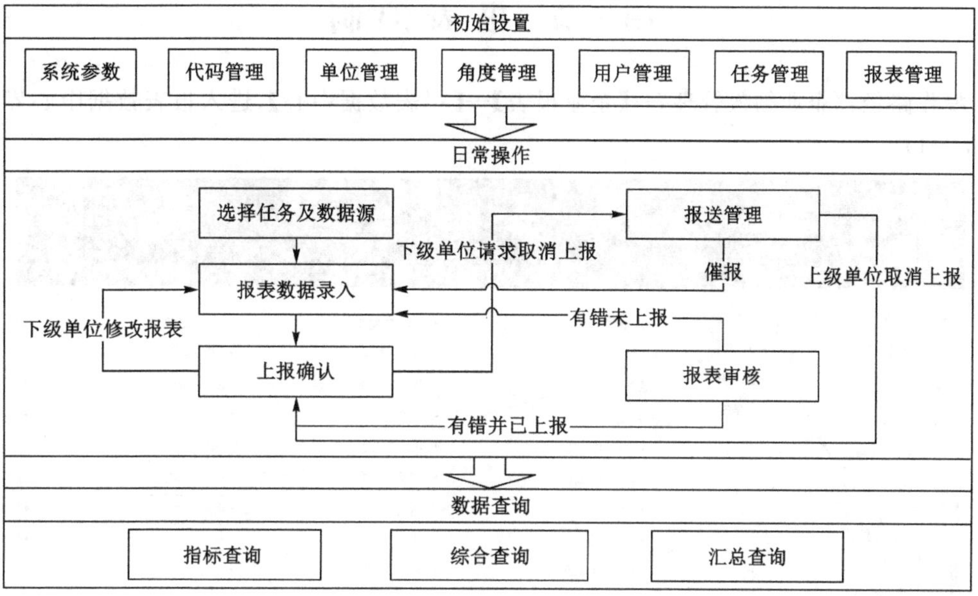

图 7-1-1

第二章　操作指引

第一节　报表编制

操作路径:【企业绩效管理】—【企业报表】—【报表数据中心】,进入报表数据中心界面。(图 7-2-1)

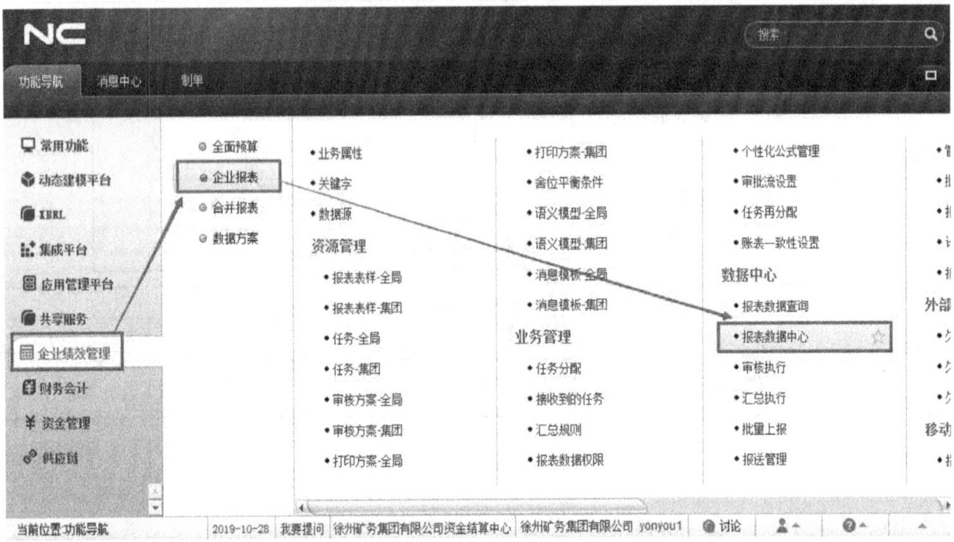

图 7-2-1

选择编制报表的单位即报表主组织和报表组织体系后点击【确定】按钮。(图 7-2-2)

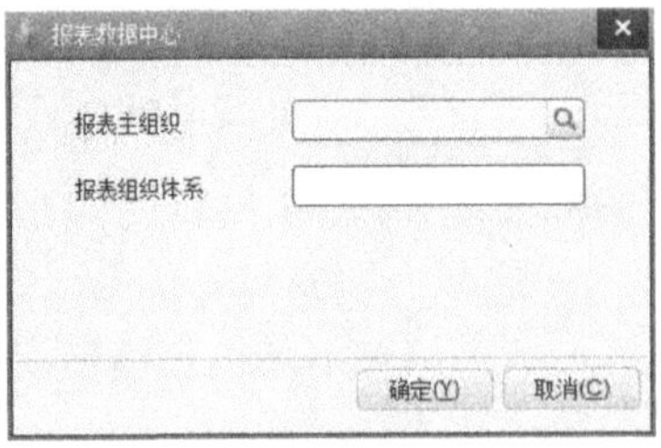

图 7-2-2

选择报表日期后,点击【查询】。(图 7-2-3)
点击【数据】—【计算】,系统自动取数生成报表。(图 7-2-4)
计算完成后点击【文件】—【保存】,保存报表。
可以导出为 Excel 文件,点击【导入导出】—【导出 Excel 格式】。(图 7-2-5)

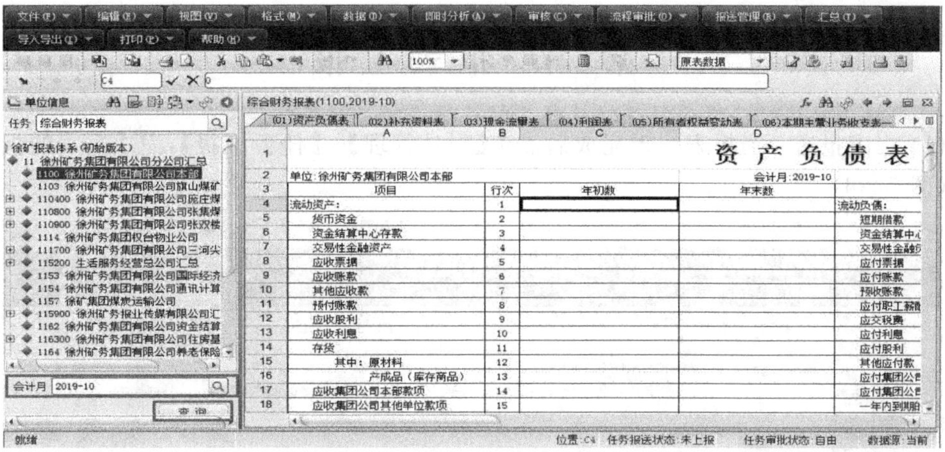

图 7-2-3

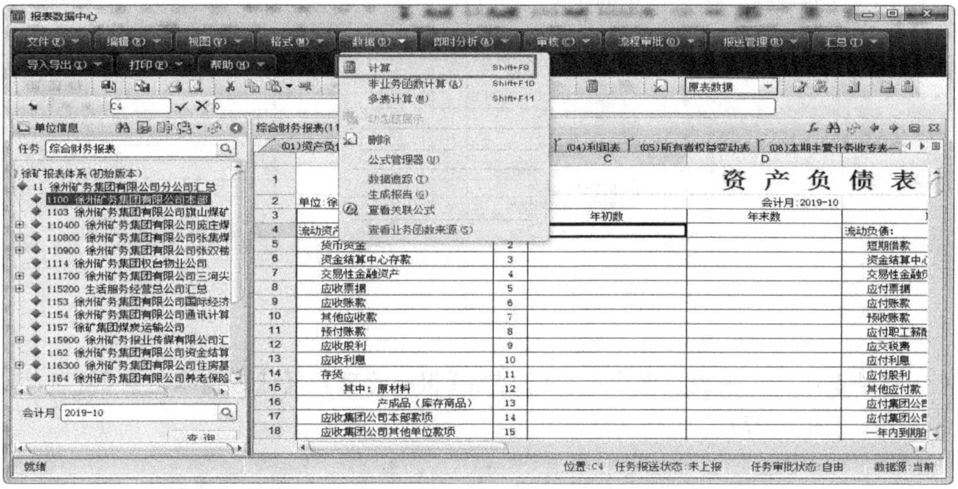

图 7-2-4

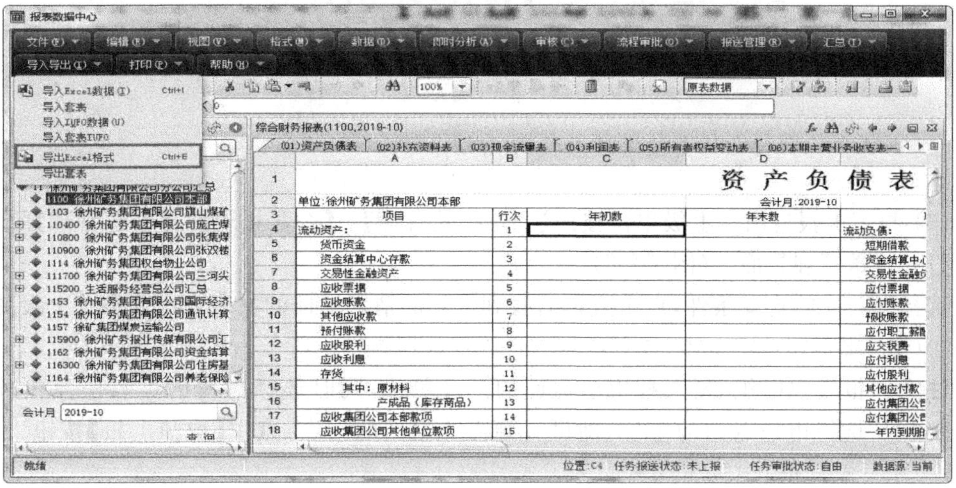

图 7-2-5

第二节 报表上报

(1) 报表报送。当报表编辑完成后点击【报送管理】—【任务上报】,完成报表的报送工作。(图 7-2-6)

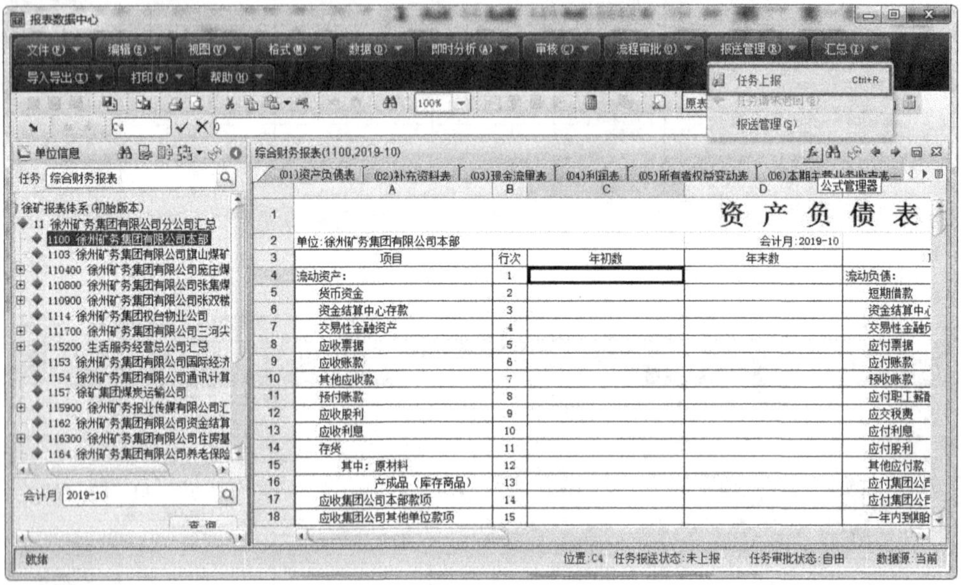

图 7-2-6

(2) 申请退回。在报表数据中心界面,点击【报送管理】—【任务请求退回】按钮,请求退回报表报送。(图 7-2-7)

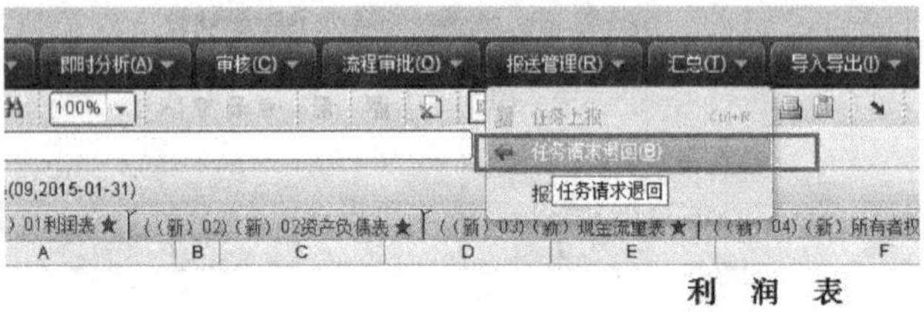

图 7-2-7

(3) 报表上报退回。上级单位按照【企业绩效管理】—【企业报表】—【报送管理】的操作路径打开报送管理界面。(图 7-2-8)

选择好对应的查询条件,点击查询后找到收到的请求退回的报表,点击【取消上报】按钮即可。(图 7-2-9)

注意:“报表主组织”要选择申请退回的上级单位,同时选择对应的报表任务和时间;“报表组织”选择申请退回的单位,即可看到需要退回的报表,点击【取消上报】按钮。

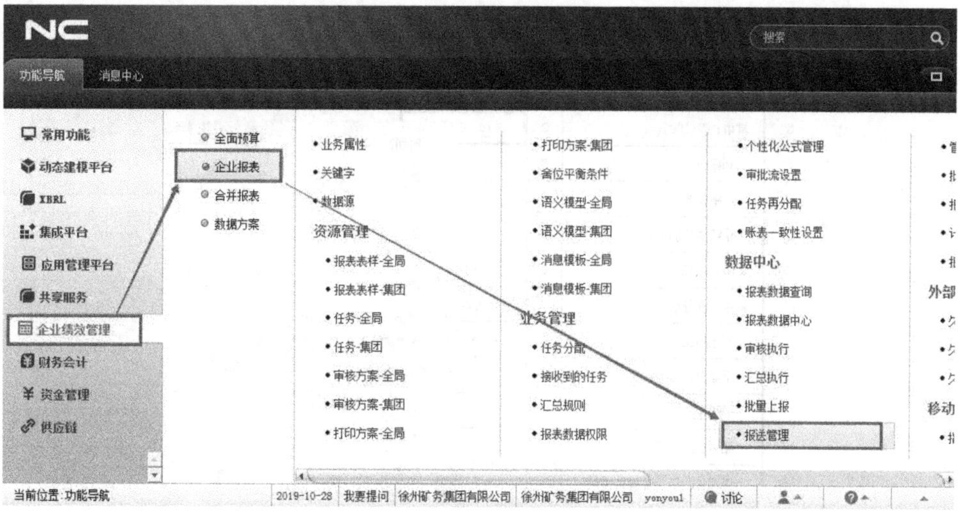

图 7-2-8

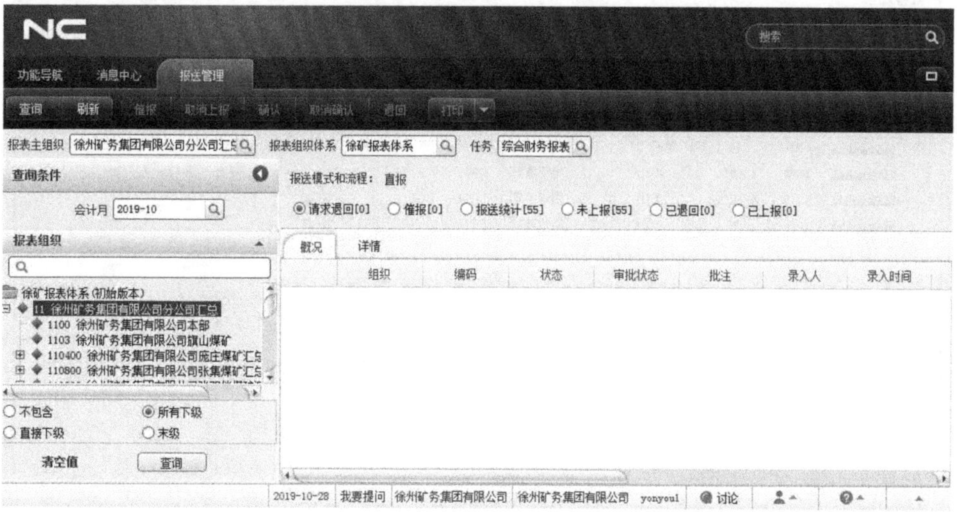

图 7-2-9

第三节 其他操作

(1) 数据追踪。右击报表上的某个数据,点击【数据追踪】,系统会追踪出该数据的取数来源。(图 7-2-10)

在数据追踪界面,可以看到该单元格是取哪个科目的数据,点击【计算】按钮可以计算出当前项目的数据。(图 7-2-11)

(2) 切换单位。点击【文件】—【切换报表主组织】,可以进行切换单位的操作。(图 7-2-12)

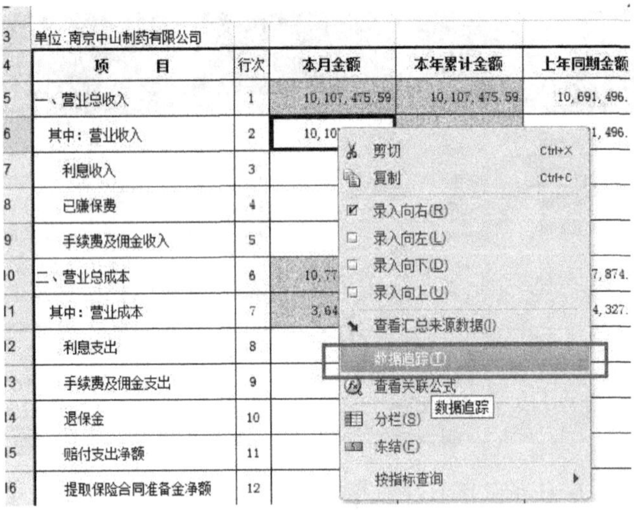

图 7-2-10

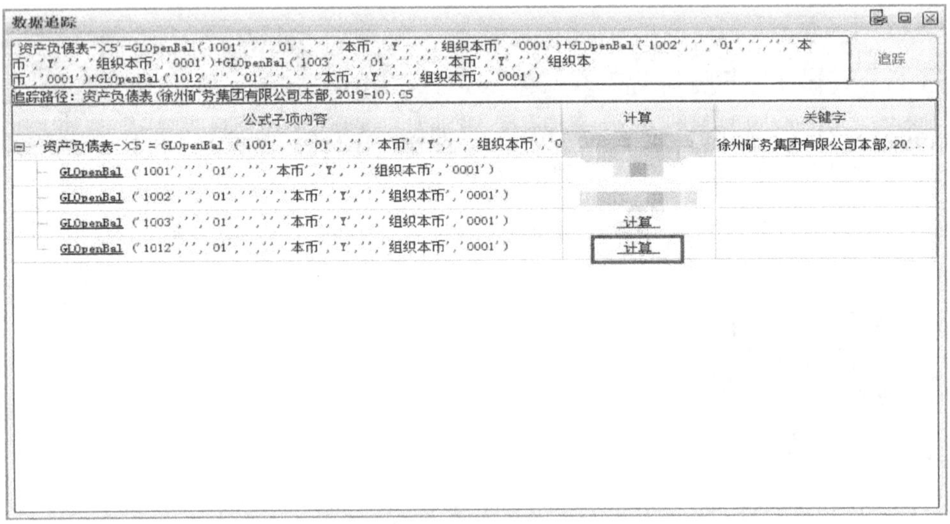

图 7-2-11

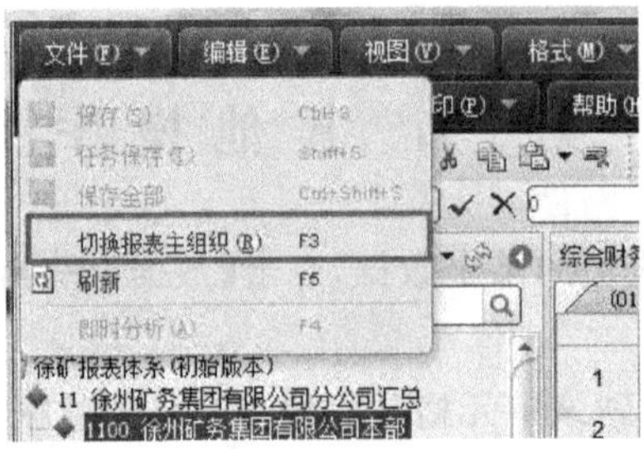

图 7-2-12

(3) 刷新。点击右上角黄色的刷新图标，可以刷新当前报表数据。(图 7-2-13)

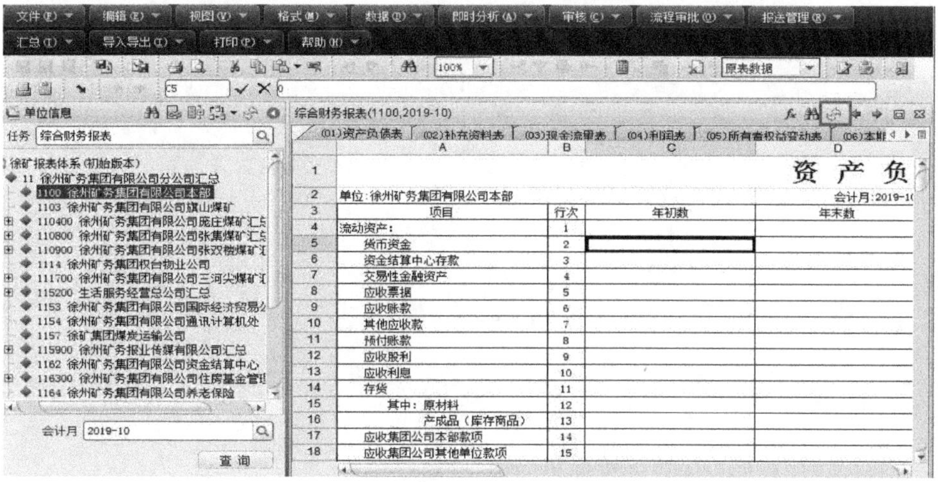

图 7-2-13

(4) 任务切换。点击左边的任务，可以选择不同的报表任务。(图 7-2-14)

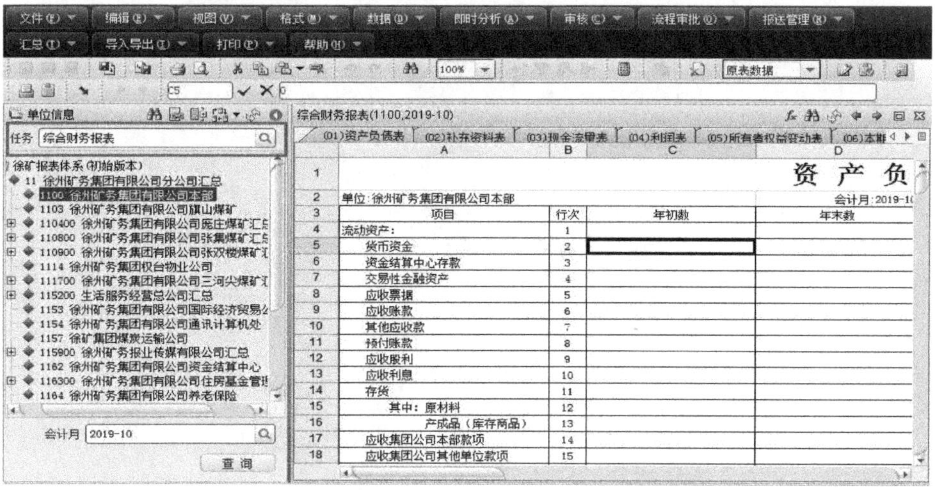

图 7-2-14

(5) 保存。点击左上角的【保存】按钮，可以快速保存报表。(图 7-2-15)

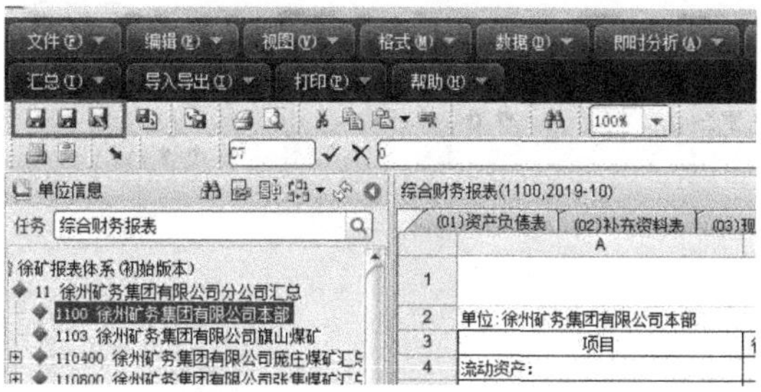

图 7-2-15

第八篇　技术维护

第一章　系统技术基础

第一节　硬件网络部署

财务经营系统计算资源应用拓扑结构见图 8-1-1。

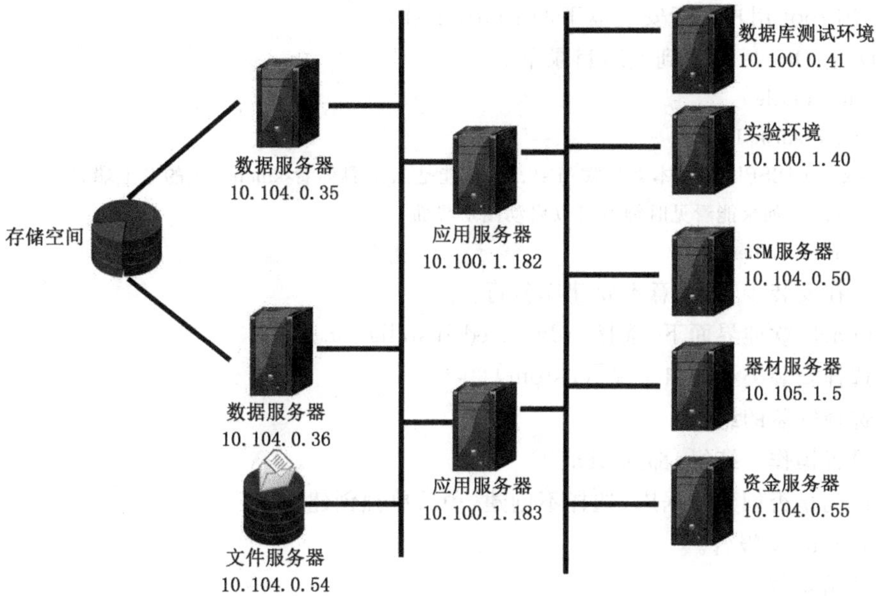

图 8-1-1

第二节　数据库及应用部署

一、数据库部署

(1) 在两台机器上都创建 Oracle 用户和 dba、hagsuer 用户组，注意 id 号相同。

(2) 本书中的 Oracle 的 id 是 500，dba 的 id 是 501，hagsuer 的 id 为 502。

(3) Oracle 用户的目录在/oracle。

(4) Oracle 用户的 primary group 为 dba. group，set 为 dba、hagsuser。

(5) 创建 Orcle 用户顺便改下参数。

```
soft file size －1
soft data segment －1
soft stack size －1
```

(6) 编辑 Oracle 的. profile 文件。

(7) 给/oracle 目录授权拥有者。

```
# chown -R oracle:dba /orale
# su -oracle
$ chmod -R 777 /oracle
$ exit
```

(8) 给 Oracle 安装软件赋予拥有者和执行读写权限。

```
# chown -R oracle:dba /oradisk
# su -oracle
$ chmod -R 777 /oradisk
$ exit
```

(9) 用 root 用户执行安装盘下的 rootpre. sh。

(10) 用 Oracle 用户到安装目录下。

```
# su -oracle
$ cd /oradisk/Disk1
$ export DISPLAY=本客户端 IP:0.0〔可能是 1.0,具体看 xmanager 的左上端。〕
$ xclock [如果能看见时钟就可以启动图形界面]
$ ./runInstaller
```

(11) 在安装步骤,注意不要建库就行。

☆ Oracle 欢迎界面下,选择 Adwanced Installation。

☆ 选择安装类型为自定义[custom]。

☆ 选择安装的组件。

☆ 设置操作系统组,都选 dba。

☆ 询问是否创建数据库,选择不创建,稍后单独创建。

☆ summary 报告。

☆ 开始安装。

☆ 到快要结束的时候提示执行用 root 用户执行 root. sh。

☆ 安装结束。

(12) Oracle 用户执行 netca 创建数据库的监听。

(13) 用 root 用户创建裸设备,可以用附录的脚本创建。

(14) 裸设备付给 Oracle 权限。

☆ 裸设备位置:/dev/下。

☆ rora 开头或者 rnnc 开头的就是我们创建的裸设备。

(15) Oracle 用户执行 dbca,创建数据库。创建的步骤和 Windows 下差不多。注意的事项有:

☆ 字符集选择。

☆ 指定 controlfile、dbfile、redolog 文件时选择创建好的裸设备。

(16) 升级 Oracle 到 9208。

☆ 关闭 Oracle 和监听。

☆ 用 Oracle 用户到补丁盘下执行./runInstaller 安装。

☆ 安装结束。

☆ 执行脚本。

```
SQL> STARTUP MIGRATE
SQL> @/rdbms/admin/catpatch. sql
SQL> shutdown immediate
SQL> startup
SQL> @/rdbms/admin/utlrp. sql
```

(17) 检查 A 机上数据库启动是否成功。

(18) 修改 Oracle 参数。

(19) 关闭数据库和监听。

(20) 将/oracle 下的所有文件 tar 个包。

```
$ cd /oracle
$ tar -cvf oracle. tar *
```

(21) ftp 到 B 机器上的/oracle 目录下,释放。tar -xvf *. tar。

(22) import vg 过程。

A 机过程:

```
# cd /
# varyoffvgoradata
```

B 机过程:

```
# smit
```

选择存储管理—>逻辑卷管理—>卷组管理—>import vg —>填写 oradata 和 hdisk2

```
# varyonvgoradata
```

启动 B 机数据库,看是否能启动。如果可以,则安装结束。

二、产品安装

找到 NC65 的安装包,找到 yonyou_nc 文件夹,进入后执行 setup. sh 文件。

进入界面。(图 8-1-2)

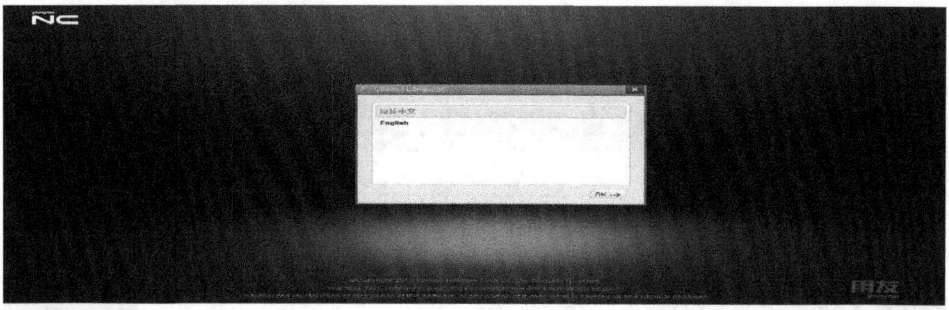

图 8-1-2

默认简体中文,点击【OK】进入安装界面。

选择【同意】,点击【下一步】进入安装界面。(图 8-1-3)

指定 NChome 路径,选择要安装的模块,点击【开始安装】进入安装界面。(图 8-1-4)

安装完成后,点击【完成】进入下一步。(图 8-1-5)

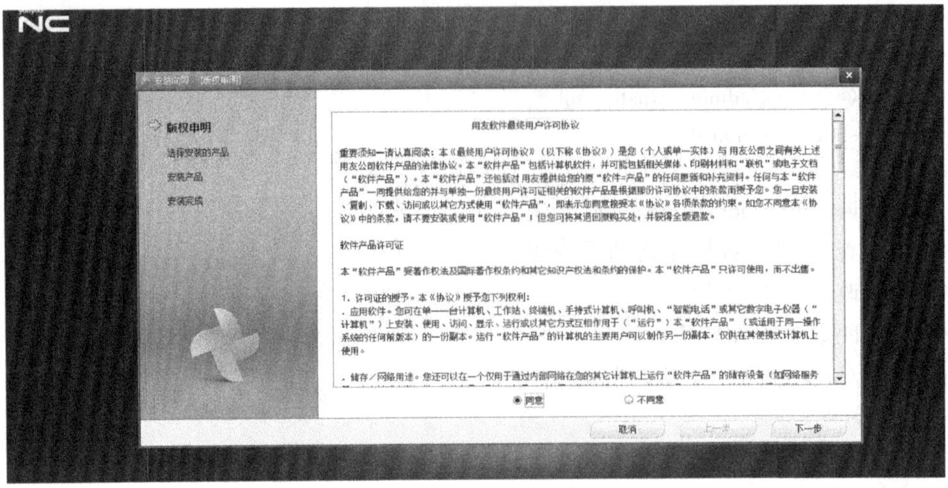

图 8-1-3

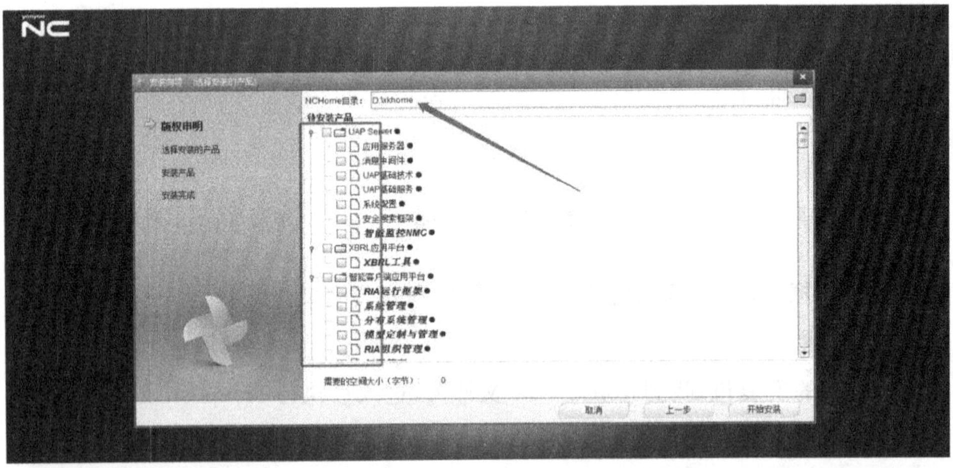

图 8-1-4

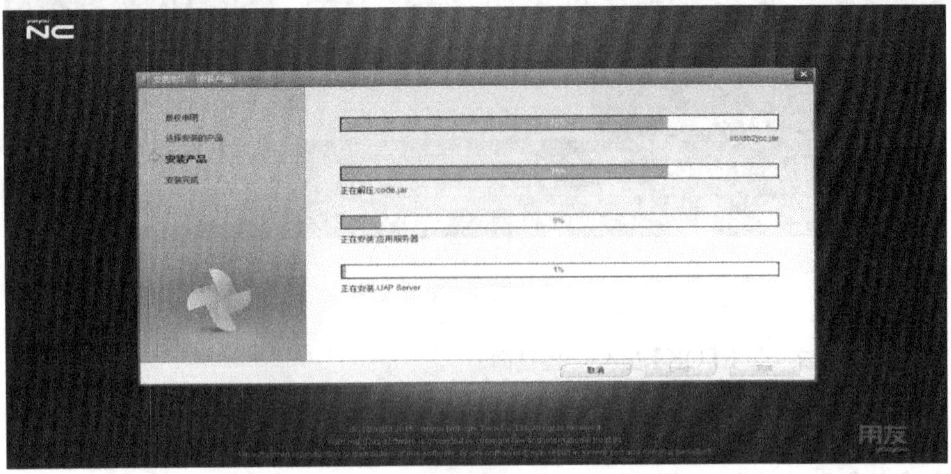

图 8-1-5

点击【完成】,完成安装。(图 8-1-6)

图 8-1-6

三、WAS 中间件的安装、配置与启动

首先找到 WebSphere6.1 Application Server 的安装文件包,在安装文件包内找到 launchpad.exe 文件,双击该文件后开始安装,我们将看到图 8-1-7 所示界面。

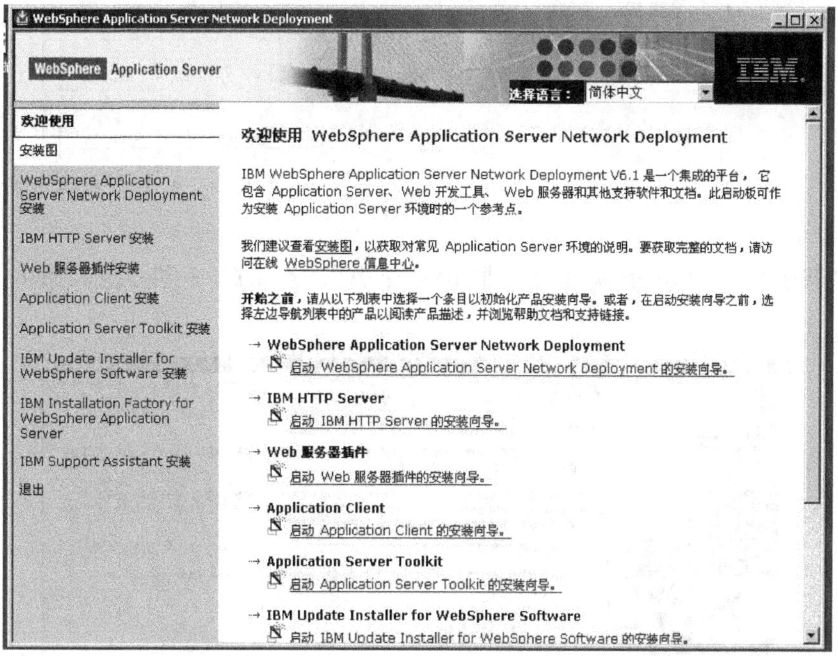

图 8-1-7

这里选择“启动 WebSphere Application Server Network Deployment 的安装向导”然后进入图 8-1-8 所示界面。点击【下一步】进入图 8-1-9 所示界面。

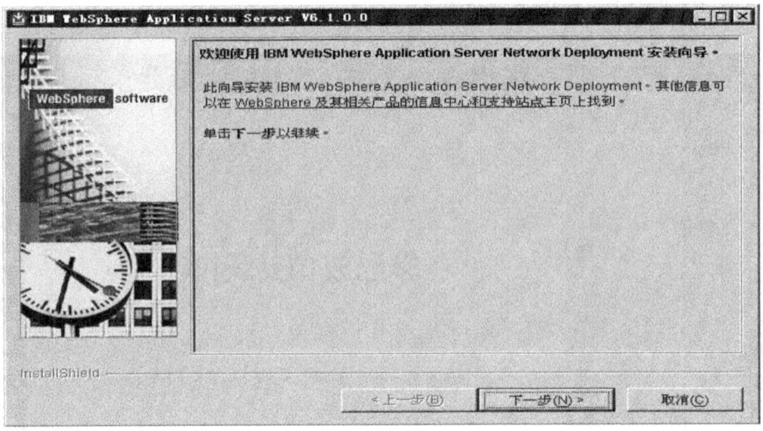

图 8-1-8

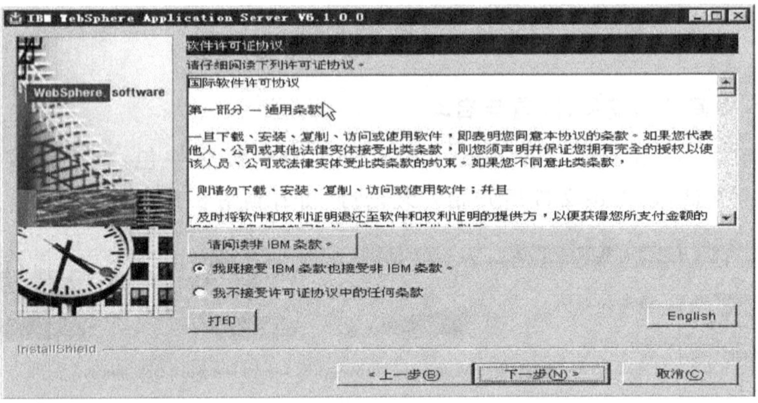

图 8-1-9

选择“我既接受 IBM 条款也接受非 IBM 条款”。点击【下一步】进入图 8-1-10 所示界面。

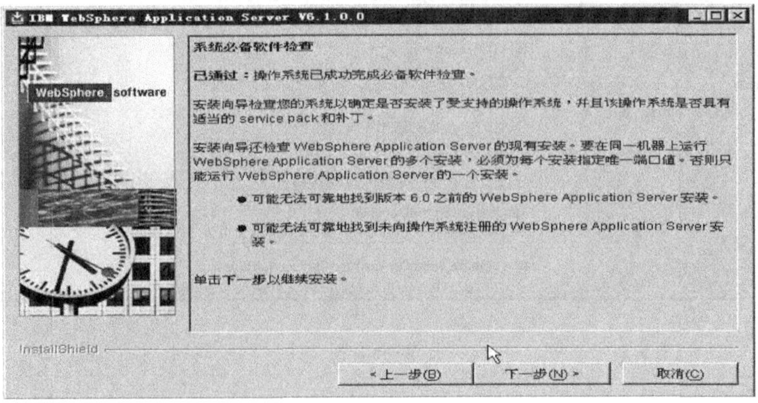

图 8-1-10

点击【下一步】进入图 8-1-11 所示界面。

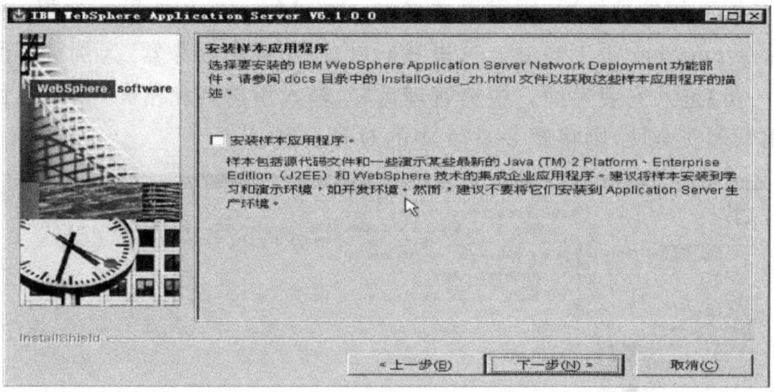

图 8-1-11

注意:这里我们不推荐安装样本应用程序。

点击【下一步】进入图 8-1-12 所示界面。(安装路径不要使用默认目录,而且不要太长)

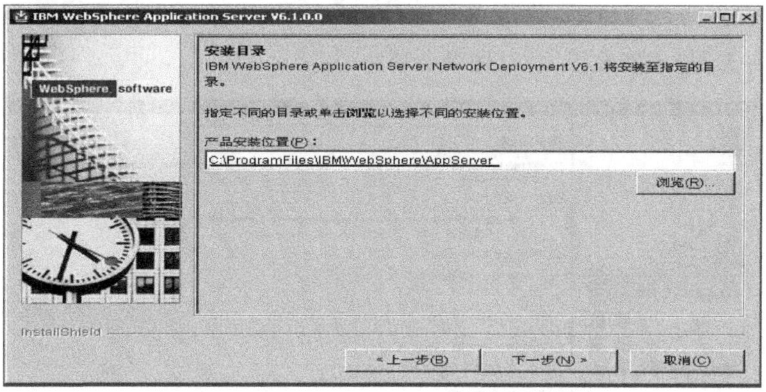

图 8-1-12

注意:不要使用默认路径,安装路径不要带有空格等特殊符号。

点击【下一步】进入图 8-1-13 所示界面。

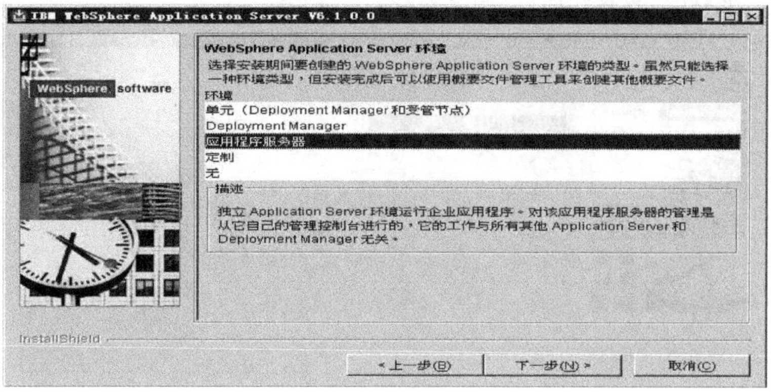

图 8-1-13

根据具体项目需要，选择安装不同的概要文件模板。如果是单节点环境，则需要选择“应用程序服务器”；如果是集群，则需要选择 Deploy Managerf；如果不选择，则在产品安装完成后通过命令 pmt. bat 手工建立。这里我们以“应用程序服务器”为例进行说明。

点击【下一步】进入安装界面。根据管理需要，输入用户名和密码，登录到管理工具。如果不需要启用管理安全性，则将图 8-1-14 中的对号去掉。

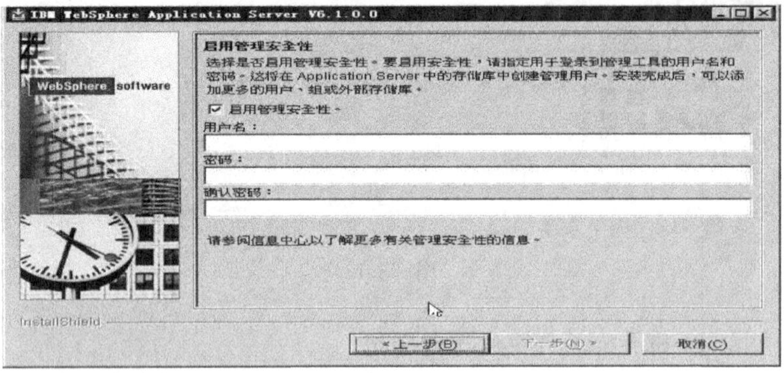

图 8-1-14

点击【下一步】进入安装界面。(图 8-1-15)

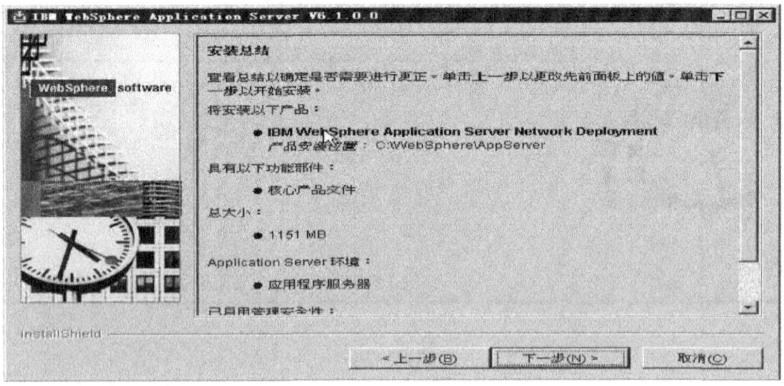

图 8-1-15

点击【下一步】进入安装界面。(图 8-1-16)

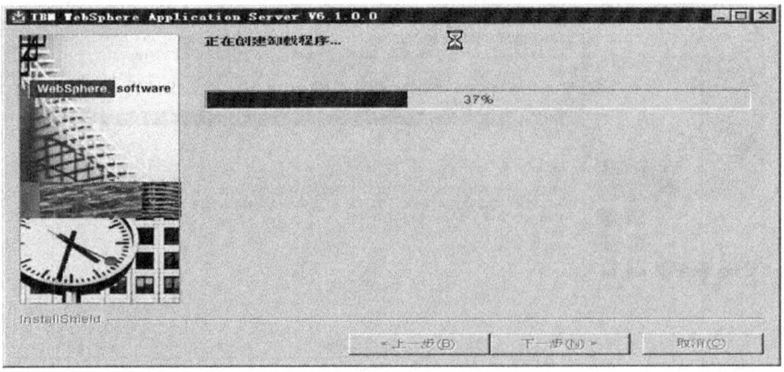

图 8-1-16

进入安装界面。(图 8-1-17)

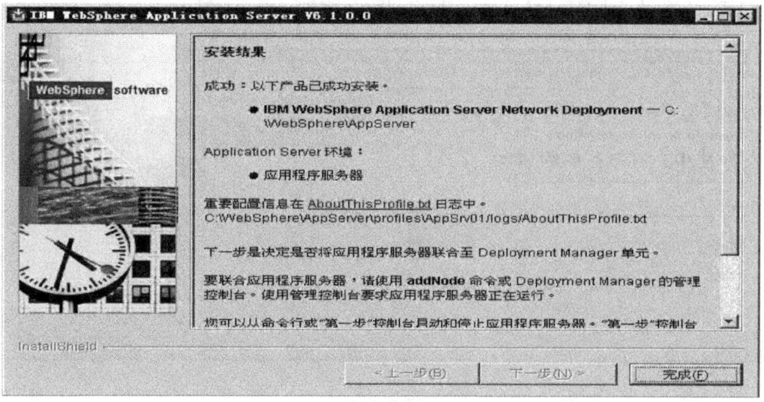

图 8-1-17

点击【完成】后,会看到图 8-1-18 所示界面。

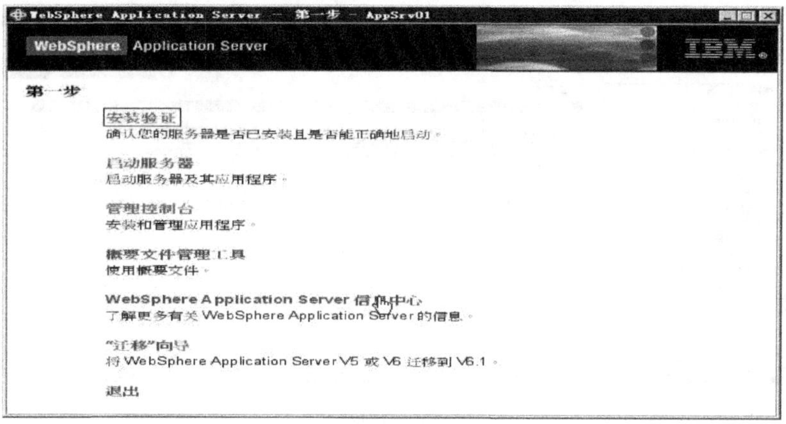

图 8-1-18

点击【安装验证】后,显示图 8-1-19 所示界面。

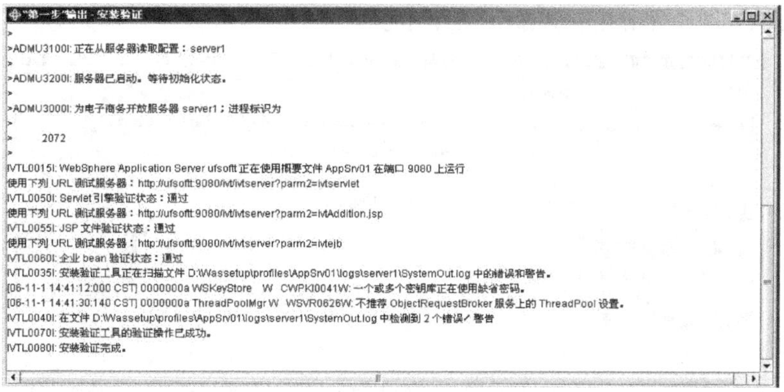

图 8-1-19

安装验证完成，此时服务器已经正常启动。

同样，我们可以进入到 WebSphere 服务器的控制台。（图 8-1-20）

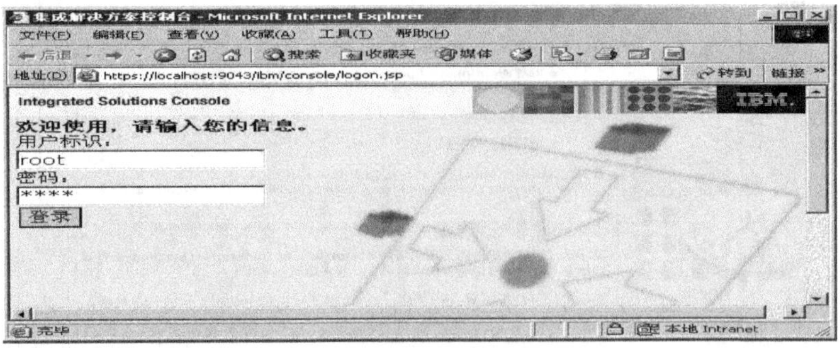

图 8-1-20

注意：访问的端口可以查看安装概要文件后 logs 目录中的 AboutThisProfile.txt 文件。

进入图 8-1-21 所示界面。

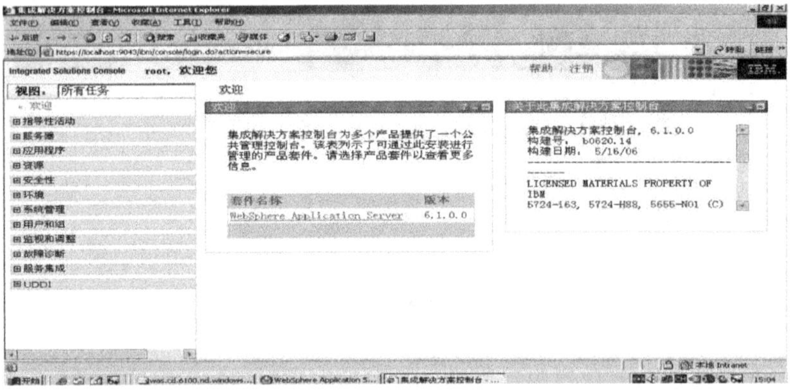

图 8-1-21

注意：当前我们安装的是单服务器模式的，所以不需要在控制台下对服务器进行设置。

四、安装 UpdateInstaller 及 JDK 补丁包

（1）安装 UpdateInstaller 工具。（图 8-1-22）

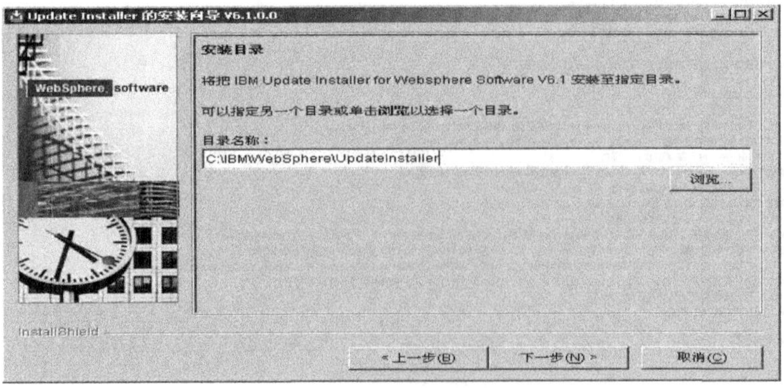

图 8-1-22

(2) 安装 JDK 补丁包。(图 8-1-23)

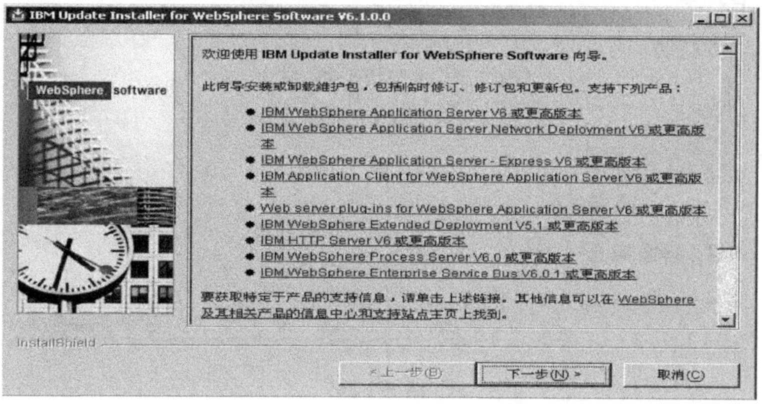

图 8-1-23

点击【下一步】进入图 8-1-24 所示界面,选择 WAS 安装路径。

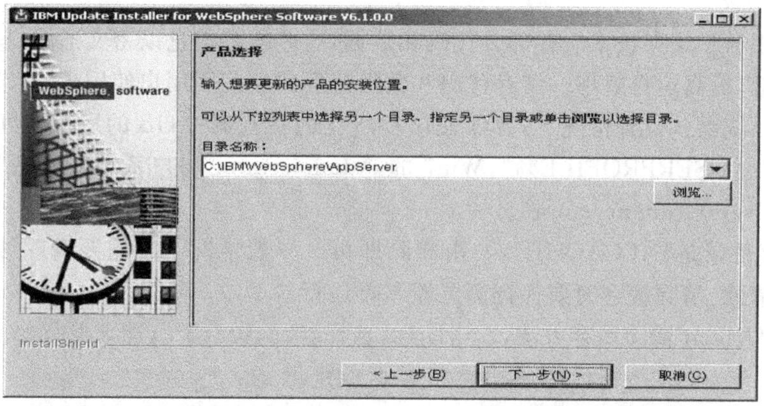

图 8-1-24

选择安装维护包。(图 8-1-25、图 8-1-26)

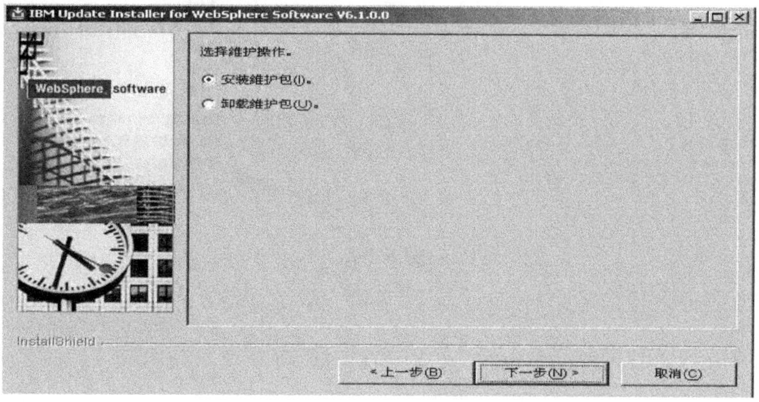

图 8-1-25

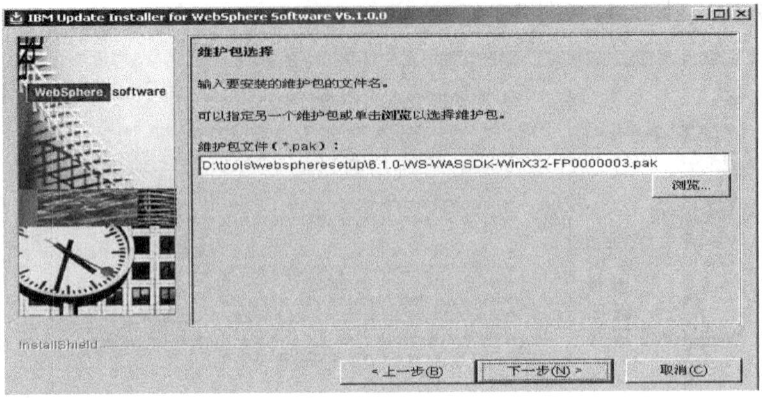

图 8-1-26

第三节 缓存清除

系统运用异步缓存技术缓存部分代码和数据,这些缓存信息以密文形式保存在客户端,减少网络流量,提高运行效率。缓存代码和数据需要的空间因用户使用模块、节点和用户数据量定。在系统默认设置情况下,要保证缓存所在的硬盘有 2 GB 的可用空间。系统默认缓存路径是"%USERPROFILE%",Win7 的 Administrator 用户系统默认是"USERPROFILE=C:\Users\Administrator"。

NC 缓存目录是"NCCACHE",右击删除即可。一般情况下不需要清除缓存。如果需要可以手动清除,清除缓存时要保证浏览器不再运行。

客户端 Uclient 清除缓存方法,右击图标,选择【清除缓存】。(图 8-1-27)

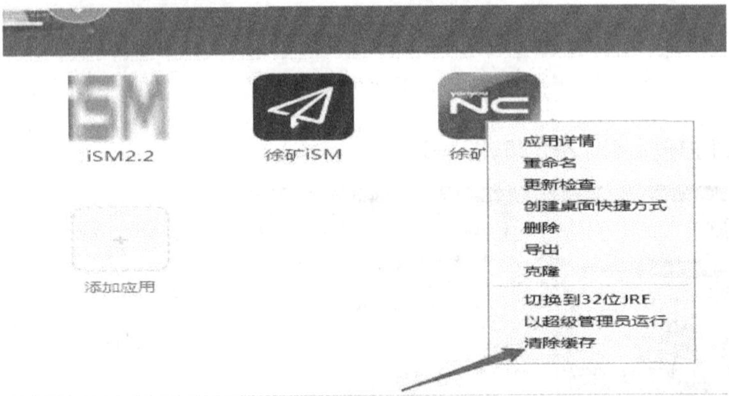

图 8-1-27

第二章 日常维护

第一节 Oracle 数据库

一、数据库的启动

(1) 启动数据库实例(Unix/Linux 系统需切换到 Oracle 用户下)。

sqlplus"/ as sysdba"

startup (启动数据库实例)

shutdown immediate (关闭数据库实例)

(2) 启动/关闭数据库监听进程。

lsnrctl

LSNRCTL> start (启动监听)

LSNRCTL> stop (关闭监听)

二、用户口令的修改

SQL> ALTER USER"用户名" IDENTIFIED BY "新口令"

如果数据库管理员的口令丢失，可执行如下步骤：

sqlplus"/ as sysdba"

SQL> ALTER USER"sys" IDENTIFIED BY "新口令"

SQL> ALTER USER"system" IDENTIFIED BY "新口令"

三、数据库参数文件 SPFILE 与 PFILE

(假设 Oracle 安装在 D:\Oracle 目录下)

(1) SPFILE 文件。

存储在 D:\Oracle\ora92\database 目录下，为二进制的参数文件,无法直接编辑。

文件名为“SPFILE＋例程名.ora”。

(2) PFILE 文件。

存储在 D:\Oracle\ora92\database 目录下，为文本的参数文件,可直接修改。文件名为“init＋例程名.ora”，打开此文件,内容为“IFILE＝‘d:\oracle\admin\实例名\pfile\init.ora’”，也就是说真正的参数文件为 init.ora，此文件为文本文件,可直接编辑。

(3) 数据库启动所使用的参数文件。

数据库启动时，首先寻找“SPFILE＋例程名.ora”文件,若文件存在,就按照文件设置的参数启动例程;若“SPFILE＋例程名.ora”文件不存在,转向寻找“init＋例程名.ora”文件,按照“init＋例程名.ora”文件里指定的实际参数文件 init.ora 的参数启动例程。

(4) SPFILE 和 PFILE 的相互转换。

① 用 SPFILE 文件创建 PFILE 文件。

Create spfile=′spfile 路径′ from pfile=′pfile 路径′

② 用 PFILE 文件创建 SPFILE 文件。

```
Create pfile='pfile 路径' from spfile='spfile 路径'
```

四、备份与恢复

(1) 逻辑备份。使用 EXPDP 命令，expdp help＝y 得到所有关于 expdp 命令的参数。

例：将 xkdata 用户的所有数据备份到 xkdatabak. dmp 文件中。

```
expdpxkdata/xkdata directory=dumps_dirdumpfile=xkdatabak.dmp schemas=xkdata
```

其中：

xkdata/xkdata：NC 的 Oracle 用户名与密码。

dumps_dir：指定 directory。

xkdatabak. dmp：为导出文件。

schemas＝xkdata：指定导出用户。

(2) 逻辑恢复。使用 IMPDP 命令，用 impdp help＝y 得到所有关于 impdp 命令的参数。

例：将 xkdatabak. dmp 文件中的 xkdata 用户的所有数据恢复到 xkdata01 用户下。

```
impdpxkdata01/xkdata01directory=dumps_dirdumpfile=xkdatabak.dmp
remap_schema=xkdata:xkdata01
```

其中：

xkdata01/xkdata01：要导入的 Oracle 用户名与密码。

dumps_dir：指定 directory。

xkdatabak. dmp：要导入文件。

remap_schema＝xkdata：xkdata01：xkdata 为导出用户，xkdata01 为导入用户。

五、执行统计分析更新

为保证统计信息的最新与准确性，最好每周做一下统计信息更新。

(1) sqlplus。

```
conn sys/sys as sysdba
set serverout on
用系统用户给 NC 用户赋权
grant create any table to xkdata
/*
如果个别表分析出错后，继续处理其他表，并将错误信息写入 analyze_log 表
*/
```

(2) connect NC 用户名/密码。

```
CREATE OR REPLACE PROCEDURE ANALYZE_TB
AS
  V_TABLENAME VARCHAR2(50); ——table 的名称
  V_SQL VARCHAR2(300);
  V_SQL1 VARCHAR2(300);
  OWNER_NAME VARCHAR2(100);
  V_LOG INTEGER;
——游标
```

```
  CURSOR CUR_TABLE IS
——no temp table
  SELECT TABLE_NAME FROM USER_TABLES WHERE temporary='N';
  CURSOR CUR_TABLE_TEMP IS
  SELECT TABLE_NAME FROM USER_TABLES WHERE temporary='Y';
  CURSOR CUR_LOG IS
  SELECT COUNT(TABLE_NAME) FROM USER_TABLES WHERE TABLE_NAME='ANA-
LYZE_LOG';
  BEGIN
    BEGIN
OPEN CUR_LOG;
    FETCH CUR_LOG INTO V_LOG;
    IF V_LOG=0 THEN
    EXECUTE IMMEDIATE 'CREATE TABLE ANALYZE_LOG (USER_NAME VARCHAR
  (20),OP_TIME CHAR(19) DEFAULT to_char(sysdate,'yyyy—mm—dd hh24:mi:ss'),ERROR
  _TEXTVARCHAR(200),TABLE_NAME VARCHAR(40))';
    END IF;
      EXCEPTION
        WHEN OTHERS THEN
        dbms_output.put_line('——CREATE LOG_TABLE:err! ');
      END;
      SELECT USER INTO OWNER_NAME FROM DUAL;
       V_SQL1:='INSERT INTO ANALYZE_LOG (USER_NAME,ERROR_TEXT,TABLE_
     NAME) VALUES ('||OWNER_NAME||','ANALYZE BEGIN','ALL')';
      EXECUTE IMMEDIATE V_SQL1;
      OPEN CUR_TABLE;
LOOP
—— begin
        FETCH CUR_TABLE INTO V_TABLENAME;
        EXIT WHEN CUR_TABLE%NOTFOUND;
        begin
          V_SQL:='ANALYZE TABLE'||V_TABLENAME||'COMPUTE STATISTICS';
          EXECUTE IMMEDIATE V_SQL;
dbms_output.put_line('EXECUTE: '||V_SQL||' OK! ');
          V_SQL:='ANALYZE TABLE'||V_TABLENAME||'COMPUTE STATISTICS FOR
        ALL INDEXED COLUMNS';
          EXECUTE IMMEDIATE V_SQL;
dbms_output.put_line('EXECUTE: '||V_SQL||' OK! ');
          EXCEPTION
        WHEN OTHERS THEN
dbms_output.put_line('——EXECUTE: '||V_SQL||' err! ');
          V_SQL1:='INSERT INTO ANALYZE_LOG (USER_NAME,ERROR_TEXT,TABLE_
        NAME) VALUES ('||OWNER_NAME||','||V_SQL||','||V_TABLENAME||')';
```

```
            EXECUTE IMMEDIATE V_SQL1;
            end;
              END LOOP;
——关闭游标
    CLOSE CUR_TABLE;
    OPEN CUR_TABLE_TEMP ;
LOOP
      FETCH CUR_TABLE_TEMP INTO V_TABLENAME;
      EXIT WHEN CUR_TABLE_TEMP%NOTFOUND ;
      V_SQL:= 'ANALYZE TABLE '|| V_TABLENAME ||' DELETE STATISTICS ';
      EXECUTE IMMEDIATE V_SQL;
    END LOOP;
——关闭游标
    CLOSE CUR_TABLE_TEMP ;
    CLOSE CUR_LOG ;
    EXCEPTION
    WHEN OTHERS THEN
    IF CUR_TABLE %NOTFOUND THEN
      CLOSE CUR_TABLE;
    END IF;
    IF CUR_TABLE_TEMP%NOTFOUND THEN
      CLOSE CUR_TABLE_TEMP ;
    END IF;
    IF CUR_LOG %NOTFOUND THEN
      CLOSE CUR_LOG;
    END IF;
    commit;
  END;
```

(3) exec ANALYZE_TB。

上述语句会把该用户模式下的所有表、索引的统计信息更新。

如果只想更新其中某个对象的统计信息，可执行 analyze table 表名 compute statisticsanalyze table 表名 compute statistics for all indexes; analyze table 表名 compute statistics for all columns。

六、重建索引

如果系统已经运行三个月以上，并且数据变化很大，可以考虑重建索引。

执行：

```
set pagesize 20000
spool c:\index.sql;
select 'alter index '||index_name||' rebuild online;' from user_indexes;
spool off;
```

编辑 c:\index.sql 文件，删除除'alter index...'外的其他内容。运行：

```
@@c:\index.sql;
```

第二节　系统更新

使用 SSH Secure ShellClient 工具对徐矿 NC 系统打补丁。

(1) 停止中间件方法。

使用 SSH Secure Shell Client 连接服务器，点击左上角按钮连接服务器，输入服务器地址、用户名，点击连接。(图 8-2-1)

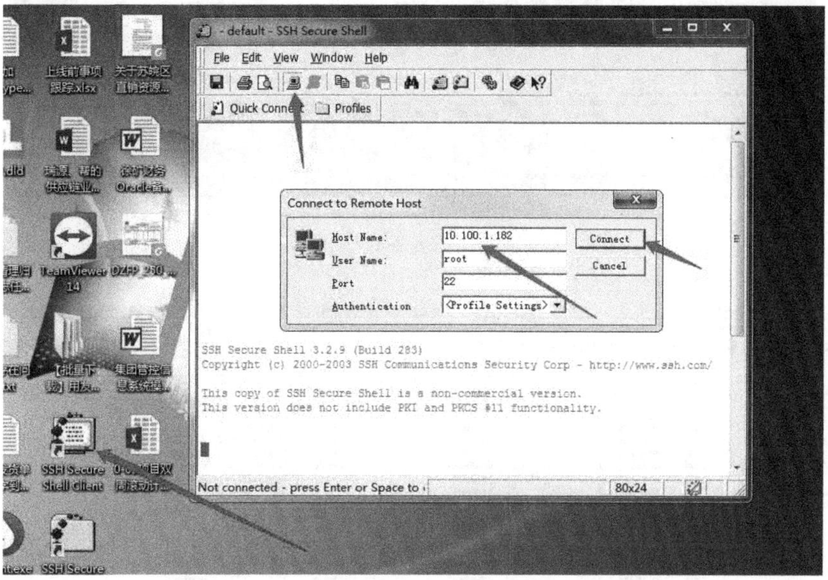

图 8-2-1

输入密码，注意大小写。

在/home 路径下执行 stopwas. sh 文件，停止中间件。(图 8-2-2)

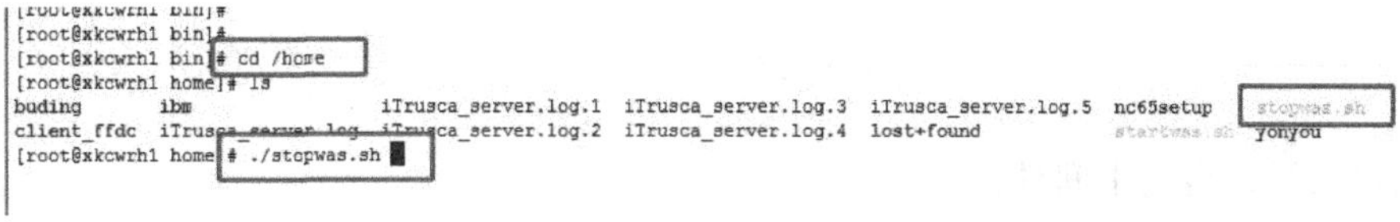

图 8-2-2

(2) 执行 stopwas. sh 关闭中间件，待完全停止后打上补丁，水平集群需在每个节点(182/183)都打上补丁。

使用 SSH Secure File Transfer Client 上传补丁，此工具界面和 ftp 工具相似。

点击左上角按钮连接服务器，输入服务器地址、用户名，点击连接。(图 8-2-3)

输入密码，注意大小写。

将补丁从本地拖拽到服务器/home/yonyou/home 代码下对应文件夹下。(图 8-2-4)

注意：主机 10. 100. 1. 182 和从机 10. 100. 1. 183 都需要打补丁。

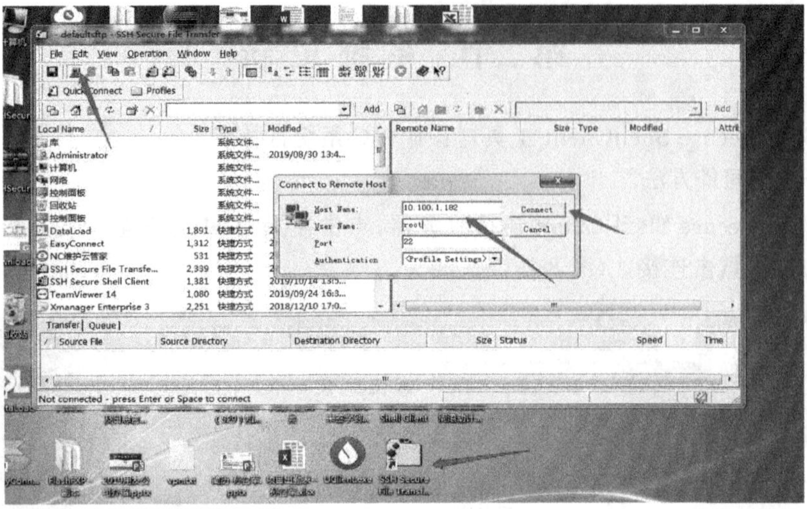

图 8-2-3

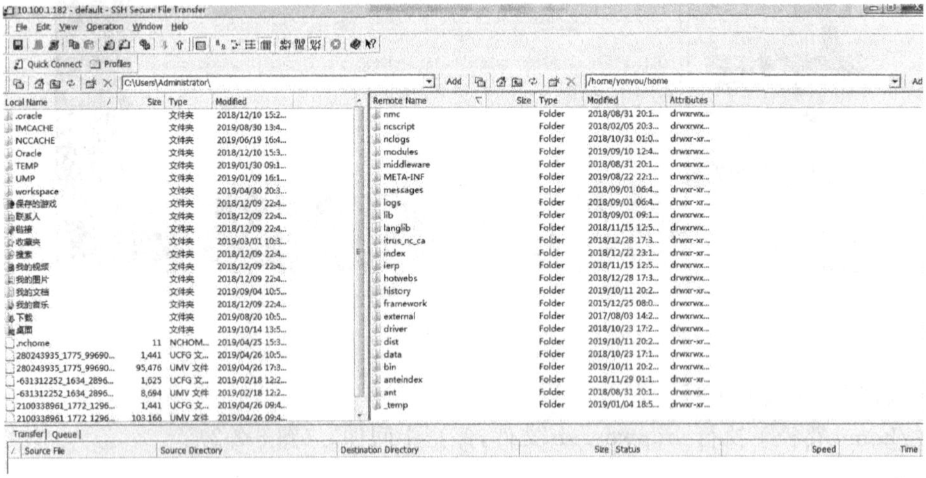

图 8-2-4

(3) 按照步骤(1)启动中间件。

在/home 路径下执行 startwas. sh 文件,启动中间件。(图 8-2-5)

```
Last login: Mon Oct 14 14:48:22 2019 from 10.100.0.10
[root@xkcwrh1 ~]# cd /home
[root@xkcwrh1 home]# ./startwas.sh
```

图 8-2-5

(4) 部署。/home/yonyou/home/bin 路径下执行 sysConfig. sh 文件。(图 8-2-6)

在弹出的界面中点击 Deploy,选择 Full Deployment,之后点击 Select All,勾选 Phase 2 Deployment,点击 Generate EJB,待完毕后点击 Deploy EJB。

按照步骤(1)、(3)重启中间件。

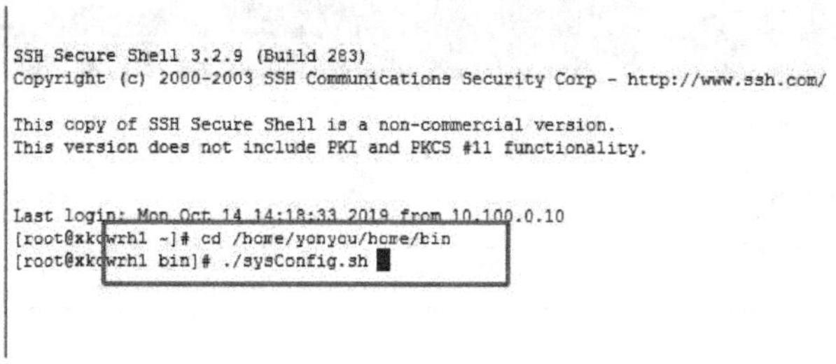

图 8-2-6

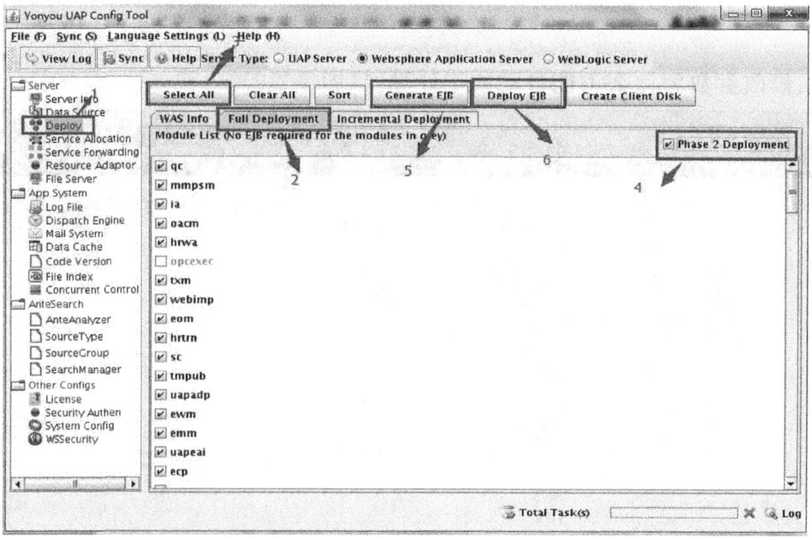

第三节　常见应用问题及解决方法

问题 1：NC65 里面怎么设置请购单数量容差数值？

解决方案：在“物料-集团”节点下的“基本信息”页签。（图 8-2-7、图 8-2-8）

图 8-2-7

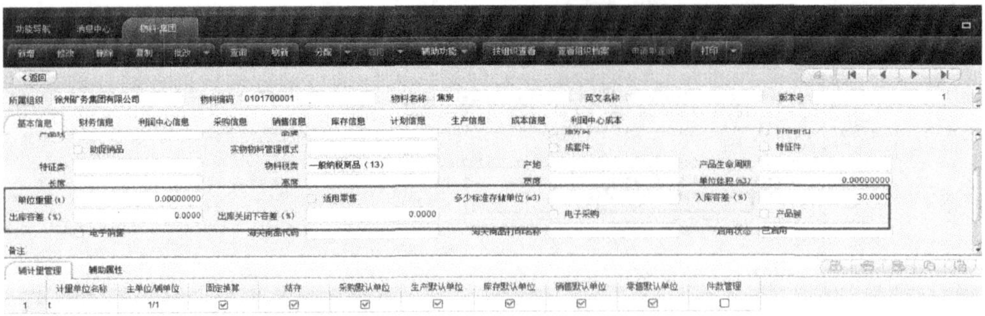

图 8-2-8

问题 2:修改参数为什么不能自动成本计算?(图 8-2-9)

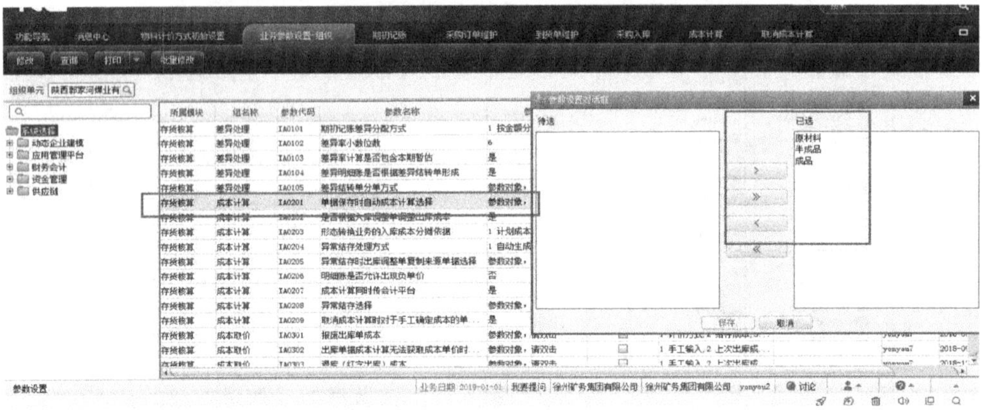

图 8-2-9

解决方案:物料分配的业务单元要勾选“工厂”。(图 8-2-10)

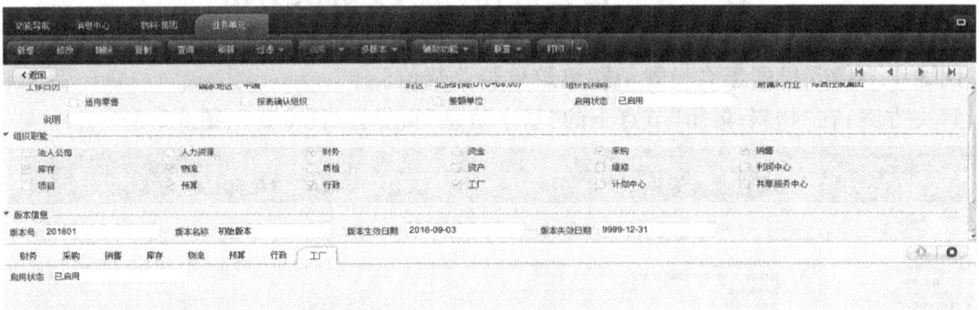

图 8-2-10

问题 3:怎么反关账?

解决方案:由于结账的时候自动关账,反结账之后不会自动反关账,可以在总账模块下,打开关账节点进行反关账。(图 8-2-11)

问题 4:提折旧后生成的单据在哪里删除?

解决方案:在动态建模平台、会计平台模块下,单据生成节点里面删除。(图 8-2-12)

图 8-2-11

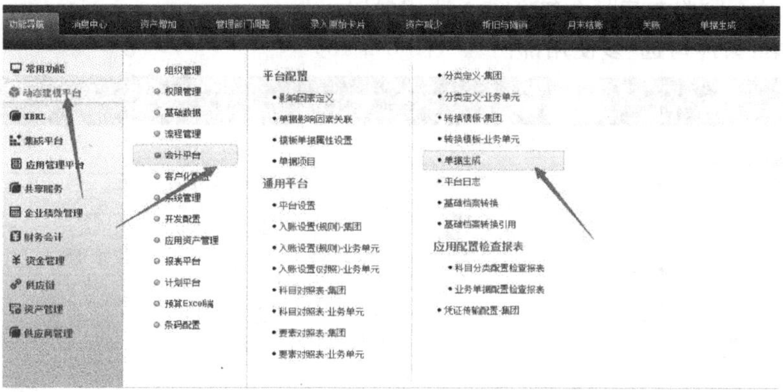

图 8-2-12

问题 5:怎么反记账?

解决方案:在下图方框内任意位置连续点三下,会出现取消记账按钮。(图 8-2-13)

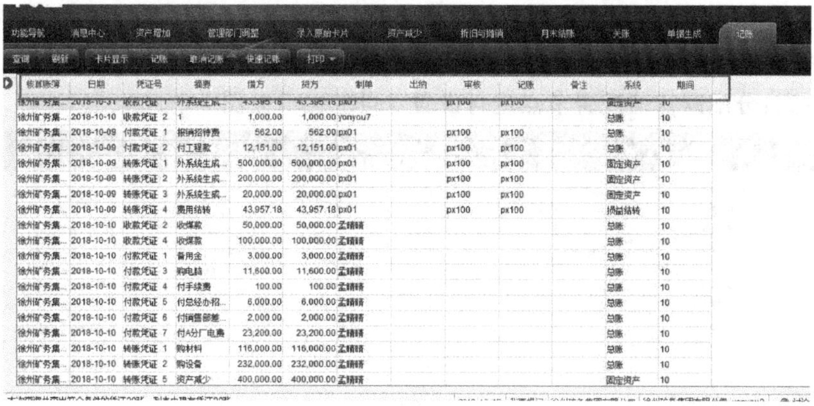

图 8-2-13

问题 6:期初余额不让输入(选择末级)。

解决方案:录入期初时,选择币种,在末级科目中录入,带有辅助的,点击辅助按钮录入。(图 8-2-14)

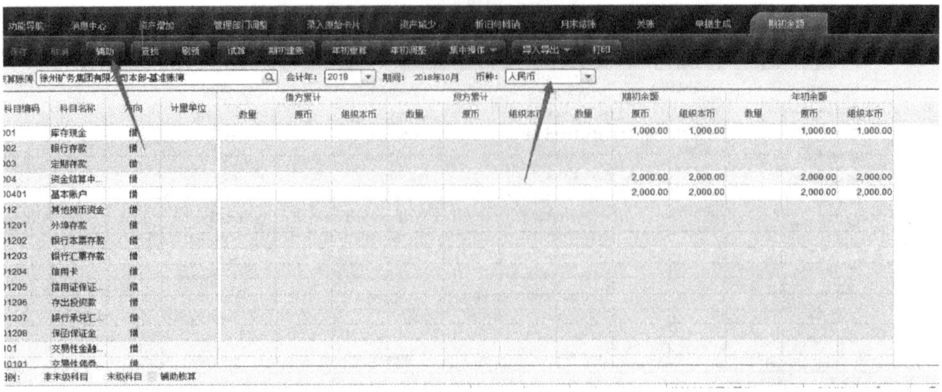

图 8-2-14

问题 7：录入资产卡片时不允许录入使用部门。

解决方案：去掉勾选“多使用部门”。（图 8-2-15）

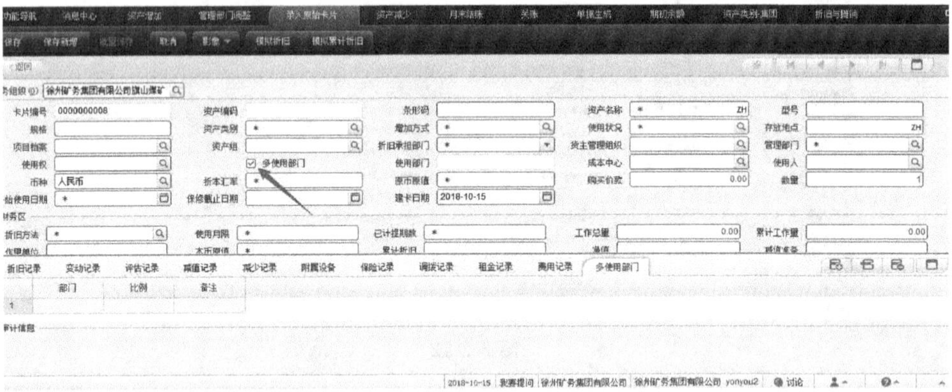

图 8-2-15

问题 8：单据模板设置的默认物料类型是工厂补货，为什么分配的物料档案的物料类型还是制造件？怎么设置才能使分配的物料默认类型是工厂补货

解决方案：分配默认值配置节点进行设置。（图 8-2-16、图 8-2-17）

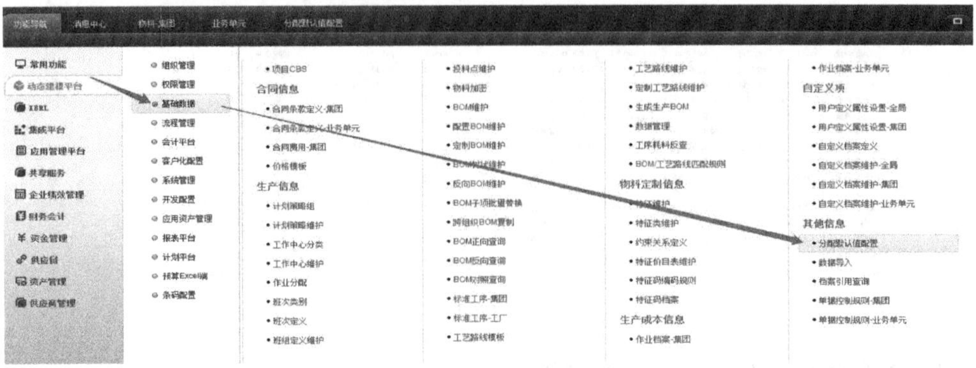

图 8-2-16

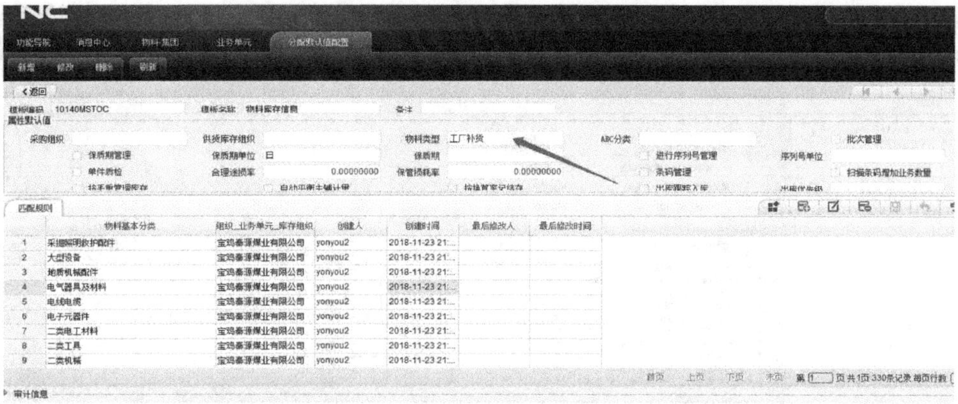

图 8-2-17

问题 9：参数设置的是参考成本，物料成本信息设置了参考成本，需求申请单无法带出参考成本。

解决方案：在“物料-集团”节点下的“财务信息”页签下设置参考成本。（图 8-2-18、图 8-2-19）

图 8-2-18

图 8-2-19

问题 10：库龄分析里的单价、金额是从哪里取数的，为什么没有值？

解决方案：成本域是库存组织＋仓库，查询时分析范围要选择仓库。（图 8-2-20）

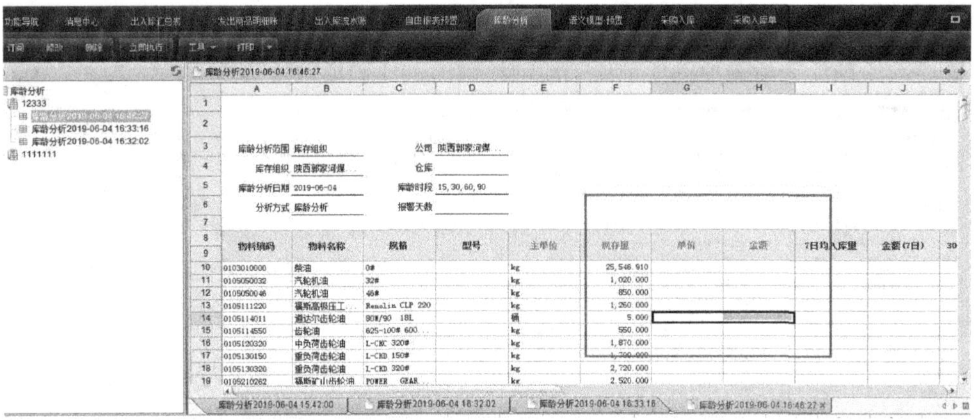

图 8-2-20

问题 11:到货检验不合格的物料采用退货的形式与供应商换货,换回的物料怎么到货、入库?

解决方案:在销售订单表头勾选【退货/基于原订单补货】后,如果发生退货,则在到货单节点,点击【退货】—【采购订单】生成红字到货单进行操作,再次补货时,在到货单【新增】选择采购订单再次参照进行到货入库即可。如果在销售订单表头没有勾选【退货/基于原订单补货】,则只能退货,无法再次参照进行补货操作。

问题 12:单据模板里的打印次数为 0 或为空。

解决方案:单据上打印次数只是预留的字段,并不会显示,NC65 的打印次数都放在客户化配置下。可以变通的公式处理 方案说明:在各单据对应字段上设置显示公式:printcount -> getcolnmv2(pub_printnumber,printnumber,billcode,vbillcode,billid,cbillid);打印次数设置里面的控制方式必须为“严格控制”或者“提示”,才会记录打印次数。

问题 13:运费应如何设置? 在 NC57 里面有应税劳务属性,NC65 里没有了,应如何处理? 运费如何分摊?

解决方案:可以设置为服务类属性的物料,需要在采购成本要素定义界面配置分摊方式。(图 8-2-21)

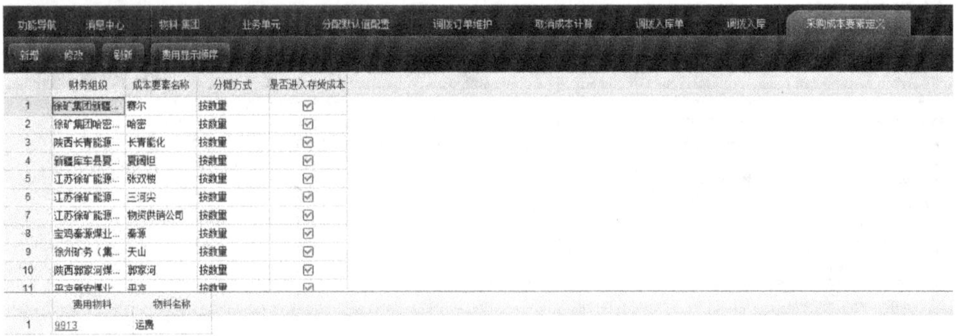

图 8-2-21

问题 14:NC65 有供应商合并和客户合并,那么既是客户又是供应商的应该如何合并?

解决方案:既是客户又是供应商的,在客户合并节点合并。